普通高等教育规划教材

财务管理

主　编　程腊梅　王　忠

副主编　贾万军　高　媛

参　编　刘景波　许贵良　王吉凤

孙　妍　程　巍

机械工业出版社

本书由财务管理的基本理论、基本理念、主要内容和管理环节四部分组成。财务管理的基本理论主要包括财务管理的概念、目标、环境、原则和方法等；财务管理的基本理念主要是介绍财务管理的基本工具，包括货币时间价值和风险价值；财务管理的主要内容包括筹资概论、长期筹资决策、长期投资决策、对外投资管理、营运资金管理、收益分配；财务管理的管理环节包括财务预算、财务控制和财务分析等内容。

本书在编写过程中，特别关注企业外部理财环境对企业理财活动的影响，尤其是近些年来我国资本市场的发展和市场结构的调整，以及与企业理财相关的法律、法规和制度方面的变化。

本书既可作为高等院校经济类、管理类专业本科教材，也可作为报考注册会计师、注册资产评估师、证券业从业人员资格考试的参考教材，还可作为从事公司理财、证券投资、资产评估、资本运营等行业的相关工作人员的自学参考书。

图书在版编目（CIP）数据

财务管理/程腊梅，王忠主编．—北京：机械工业出版社，2012.3（2015.1 重印）
普通高等教育规划教材
ISBN 978-7-111-36883-0

Ⅰ.①财… Ⅱ.①程… ②王… Ⅲ.①财务管理—高等学校—教材 Ⅳ.①F275

中国版本图书馆 CIP 数据核字（2012）第 005251 号

机械工业出版社（北京市百万庄大街 22 号 邮政编码 100037）
策划编辑：曹俊玲 责任编辑：曹俊玲 安虹萱 卢若微
版式设计：石 冉 责任校对：赵 蕊
封面设计：张 静 责任印制：李 洋

北京市四季青双青印刷厂印刷

2015 年 1 月第 1 版第 2 次印刷
184mm×260mm・21.25 印张・521 千字
标准书号：ISBN 978-7-111-36883-0
定价：38.00 元

凡购本书，如有缺页、倒页、脱页，由本社发行部调换
电话服务 网络服务
社服务中心：（010）88361066 教材网：http://www.cmpedu.com
销售一部：（010）68326294 机工官网：http://www.cmpbook.com
销售二部：（010）88379649 机工官博：http://weibo.com/cmp1952
读者购书热线：（010）88379203 **封面无防伪标均为盗版**

前　言

财务管理是一门应用性很强的管理学科，特别是金融创新和资本市场的不断完善对财务理论产生了强大的外在推动力。可见，财务管理是个多学科交融的实用性学科。作为本科学生使用的教材，如何协调处理好教材的理论性与应用性的关系，显得尤为关键。本书在以下几方面具有突出特点：

第一，注重理财的应用性和时效性。本书在编写过程中，特别关注企业外部理财环境对企业理财活动的影响，尤其是近些年来我国资本市场的发展和市场结构的调整，以及与企业理财相关的法律、法规和制度方面的变化，如股权分置改革后上市公司的资本结构和法人治理结构发生的重大变化。同时，近几年我国经济立法的节奏也在不断加快，随着我国《公司法》、《证券法》、《破产法》、《企业所得税法》等多部法律的修订，以及《证券投资基金法》等新法律法规的陆续颁布，规范企业的法制管理又上了一个新台阶。从财务制度上看，2006年财政部对《企业财务通则》进行了修订，新的《企业财务通则》对规范企业理财行为提出了更高的要求。本书在借鉴和继承了一般教材的架构的基础上，充分融入了新的法律、法规、制度的精髓。

第二，全书由财务管理的基本理论、基本理念、主要内容和管理环节四部分组成。财务管理的基本理论主要包括财务管理的概念、目标、环境、原则和方法等；财务管理的基本理念主要是介绍财务管理的基本工具，包括货币时间价值和风险价值；财务管理的主要内容包括筹资概论、长期筹资决策、长期投资决策、对外投资管理、营运资金管理、收益分配；财务管理的管理环节包括财务预算、财务控制和财务分析。

第三，本书注重培养学生的基本理财观念和解决实际问题的能力与方法，每章设有本章要点、复习思考题、练习题、案例分析。书末附录列出了复利终、现值系数表和年金终、现值系数表，可供查阅。

本书由长春工业大学程腊梅、王忠担任主编，贾万军、高媛担任副主编，由程腊梅负责全书的总纂和统稿工作。第一、六章由刘景波编写；第二、七章由许贵良编写；第三、八章由高媛编写；第四章由程腊梅、孙妍编写；第五章由程腊梅、程巍编写；第九章由王吉凤编写；第十章由王忠编写；第十一章由贾万军编写。

本书既可作为高等院校经济类、管理类专业本科教材，也可作为报考注册会计师、注册资产评估师、证券业从业人员资格考试的参考教材，还可作为从事公司理财、证券投资、资产评估、资本运营等行业的相关工作人员的自学参考书。

本书配有电子课件，凡使用本书作为教材的教师可登录机械工业出版社教育服务网（www.cmpedu.com），注册后下载。

编　者

目　录

第一章 总论

本章要点：

本章介绍财务管理的概念、目标、环境、原则和方法。重点掌握以下内容：

1. 掌握财务管理的概念。
2. 掌握财务管理的目标。
3. 理解财务管理的环境。
4. 掌握财务管理的原则和方法。

第一节 财务管理的概念

财务管理是组织企业财务活动、处理财务关系的一项经济管理工作。为此，要了解什么是财务管理，必须先分析企业的财务活动和财务关系。

一、企业财务活动

企业财务活动是以现金收支为主的企业资金收支活动的总称。企业财务活动可分为以下四个方面：

1．企业筹资引起的财务活动

在市场经济条件下，经济资源首先表现为与生产经营规模和技术结构相适应的一定量的资本。因此，在企业创办之初，投资者应当按照有关法律的规定投入一定量的资本。企业投入运营后，还将根据生产经营需要进一步筹集必要的资金。总体来说，企业筹集的资金包括所有者投入的资金和借入的资金两类。前者通常称为所有者权益，后者通常称为负债。所有者权益主要包括两项：一是实收资本，即企业所有者按照法律规定在创立时投入的资本或在创立后增加的资本，在股份制企业又称为股本；二是留存收益，即企业按照法律规定或企业内部分配政策，为用于补充生产经营资金、职工集体福利设施、后备或以后年度分配等，将税后利润留在企业的部分。另外，因股本溢价等形成的资金，也是企业所有者权益的一项内容。负债主要包括银行借款、债券、商业信用等。

2．企业投资引起的财务活动

企业通过各种途径取得资金后，将按照生产经营的实际需要，投放资金。其主要包括以下用途：一是用于购建房屋、建筑物、机器设备等固定资产；二是用于开发或外购专利、土地使用权等无形资产；三是用于对外直接投资，如设立子公司或联营公司、购买股票等。进行资金投放时企业会支出资金，而企业获取投资收益、收回投资时会产生资金的收入。这种因企业投资而产生的资金收支，便是投资引起的财务活动。

3. 企业经营引起的财务活动

企业在正常经营过程中，会发生一系列的资金收支。企业要购买材料物资以便从事生产和销售活动，还要支付工资和其他费用；当企业销售产品时，又可取得收入，收回资金。这种由于企业经营而引起的资金收支就是企业经营引起的财务活动。

4. 企业分配引起的财务活动

企业在生产经营过程中取得的利润，在缴纳所得税后，要按照法律规定以及企业收益分配政策进行分配。企业税后利润通常按以下顺序进行分配：一是弥补企业以前年度亏损；二是提取盈余公积；三是向投资者分配利润。这种由于利润分配而产生的资金收支便属于由企业分配引起的财务活动。

上述财务活动的四个方面，不是相互割裂、互不相关的，而是相互联系、相互依存的。正是上述互相联系又有一定区别的四个方面，构成了完整的企业财务活动。这四个方面就是财务管理的基本内容，即筹资管理、投资管理、营运资金管理、利润及其分配管理。

二、企业财务关系

企业财务关系是指企业在组织财务活动过程中与各有关方面发生的经济关系。企业的筹资活动、投资活动、经营活动、利润及其分配活动与企业各方面有着广泛的联系。

企业财务关系可概括为以下几个方面：

（1）企业与其所有者之间的财务关系。这主要是指企业的所有者向企业投入资金，企业向其所有者支付投资报酬所形成的经济关系。企业与其所有者之间的财务关系，体现着所有权的性质，反映着经营权和所有权的关系。

（2）企业与其债权人之间的财务关系。这主要是指企业向债权人借入资金，并按借款合同的规定按时支付利息和归还本金所形成的经济关系。企业与其债权人之间的关系体现的是债务与债权的关系。

（3）企业与其被投资单位之间的财务关系。这主要是指企业将其闲置资金以购买股票或直接投资的形式向其他企业投资所形成的经济关系。企业与被投资单位之间的关系体现的是所有权性质的投资与受资的关系。

（4）企业与其债务人之间的财务关系。这主要是指企业将其资金以购买债券、提供借款或商业信用等形式出借给其他单位所形成的经济关系。企业与其债务人之间的关系体现的是债权与债务的关系。

（5）企业内部各单位之间的财务关系。这主要是指企业内部各单位之间在生产经营各环节中相互提供产品或劳务所形成的经济关系。这种在企业内部形成的资金结算关系，体现了企业内部各单位之间的利益关系。

（6）企业与职工之间的财务关系。这主要是指企业向职工支付劳动报酬过程中所形

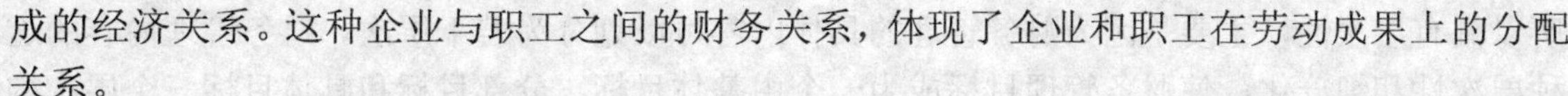

成的经济关系。这种企业与职工之间的财务关系，体现了企业和职工在劳动成果上的分配关系。

（7）企业与税务机关之间的财务关系。这主要是指企业要按税法的规定依法纳税而与国家税务机关所形成的经济关系。企业与税务机关之间的关系反映的是依法纳税和依法征税的权利义务关系。

三、财务管理的特点

（1）财务管理是一项综合性的管理工作。

（2）财务管理与企业各方面具有广泛的联系。

（3）财务管理能迅速地反映企业生产经营状况。

综上所述，可以把财务管理的概念概括为：财务管理是企业管理的一个组成部分，是根据财经法规制度，按照财务管理的原则，组织企业财务活动，处理财务关系的一项经济管理工作。

第二节 财务管理的目标

由系统论可知，正确的目标是系统良性循环的前提条件，企业财务管理的目标对企业财务管理系统的运行也具有同样的意义。为此，应先明确财务管理的目标。

一、财务管理目标的概念

财务管理的目标是企业理财活动所希望实现的结果，是评价企业理财活动是否合理的基本标准。财务管理目标，直接反映着理财环境的变化，并根据环境的变化作适当调整，是财务管理理论体系中的基本要素和行为导向，是财务管理实践中进行财务决策的出发点和归宿。

二、财务管理目标的基本特征

1. 财务管理目标具有相对稳定性

人们对财务管理目标的认识是不断深化的，财务管理目标是财务管理的根本目的，对财务管理目标的概括，凡是符合财务管理基本环境和财务活动基本规律的，就能为人们所公认，否则就会被遗弃。但在一定时期或特定条件下，财务管理的目标是保持相对稳定的。

2. 财务管理目标具有多元性

多元性是指财务管理目标不是单一的，而是适应多因素变化的综合目标群。现代财务管理是一个系统，其目标也是一个多元的有机构成体系。在这多元的目标中，有一个处于支配地位，起主导作用的目标，称之为主导目标；其他一些处于被支配地位，对主导目标的实现有配合作用的目标，称之为辅助目标。

3. 财务管理目标具有层次性

层次性是指财务管理目标是由不同层次的系列目标所组成的目标体系。财务管理目标之所以具有层次性，主要是因为财务管理的具体内容可以划分为若干层次。财务管理内容的这种层次性和细分化，使财务管理目标成为一个由整体目标、分部目标和具体目标三个层次构成的层次体系。

（1）整体目标是指整个企业财务管理所要达到的目标。整体目标决定着分部目标和具体目标，决定着整个财务管理过程的发展方向，是企业财务活动的出发点和归宿。

（2）分部目标是指在整体目标的制约下，进行某一部分财务活动所要达到的目标。财务管理的分部目标会随整体目标的变化而变化，但对整体目标的实现有重要作用。

（3）具体目标是指在整体目标和分部目标的制约下，从事某项具体财务活动所要达到的目标。具体目标是财务管理目标层次体系中的基层环节，它是整体目标和分部目标的落脚点，对保证整体目标和分部目标的实现有重要意义。

财务管理目标多元性中的主导目标和财务管理目标层次性中的整体目标，都是指整个企业财务管理工作所要达到的最终目的，是同一事物的不同提法。因此，这两个目标应是统一的和一致的，对企业财务活动起着决定性的影响，可以把它们统称为财务管理的基本目标。基本目标在财务管理体系中具有极其重要的地位，当人们谈到财务管理目标时，通常是指的基本目标。

财务管理目标的稳定性、多元性和层次性是财务管理目标的基本特征。研究这三个特征对确定财务管理目标体系具有重要意义。

（1）财务管理目标的稳定性，要求在财务管理中必须把不同时期的经济形势、外界环境的变化与财务管理的内在规律结合起来，适时提出并坚定不移地抓住企业财务管理的基本目标，防止忽冷忽热、忽左忽右。

（2）财务管理目标的多元性，要求既了解各目标之间的统一性，又要了解各目标之间的差别性，要以主导目标为中心，协调各目标之间的矛盾。

（3）财务管理目标的层次性，要求把财务管理的共性与财务管理具体内容的个性结合起来，以整体目标为中心，做好各项具体工作。

根据财务管理目标的稳定性、多元性、层次性，可以建立一种协调不同时间、不同系列、不同层次的财务管理目标体系，以完善企业财务管理理论，指导企业财务管理实践。

三、财务管理的整体目标

1. 以总产值最大化为目标

这一目标存在如下缺点：①只讲产值，不讲效益。②只求数量，不求质量。③只抓生产，不抓销售。④只重投入，不重挖潜。由于总产值最大化目标存在上述缺点，因此，把总产值最大化当做财务管理的目标是不符合财务活动规律的，是一种错误的认识。

2. 以利润最大化为目标

利润最大化是微观经济学的理论基础。以利润最大化作为财务管理的目标，有其合理的一面。企业追求利润最大化，就必须讲求经济核算，加强管理，改进技术，提高劳动生产率，降低产品成本。这些措施都有利于资源的合理配置，有利于经济效益的提高。但是，以利润最大化作为财务管理的目标存在如下缺点：①利润最大化没有考虑利润实现的时间，没有考虑货币时间价值。②利润最大化没能有效地考虑风险问题，这可能会使财务人员不顾风险的大小去追求最多的利润。③利润最大化往往会使企业财务决策带有短期行为的倾向，即只顾实现目前的最大利润，而不顾企业的长远发展。应该看到，将利润最大化作为企业财务管理的目标，只是对经济效益的浅层次的认识，存在一定的片面性，所以，现代财务管理理论认为，利润最大化并不是财务管理的最优目标。

3．以股东财富最大化为目标

股东财富最大化是指通过财务上的合理经营，为股东带来最多的财富。在股份经济条件下，股东财富由其所拥有的股票数量和股票市场价格两方面来决定。在股票数量一定时，当股票价格达到最高时，则股东财富也达到最大。所以，股东财富最大化，又演变为股票价格最大化。

与利润最大化目标相比，股东财富最大化目标有其积极的方面，这是因为：①股东财富最大化目标考虑了风险因素，因为风险的高低，会对股票价格产生重要影响。②股东财富最大化在一定程度上能够克服企业在追求利润上的短期行为，因为不仅目前的利润会影响股票价格，预期未来的利润对企业股票价格也会产生重要影响。③股东财富最大化目标比较容易量化，便于考核和奖惩。

但应该看到，股东财富最大化也存在一些缺点：①它只适合上市公司，对非上市公司则很难适用。②它只强调股东的利益，而对企业其他关系人的利益重视不够。③股票价格受多种因素影响，并非都是公司所能控制的，把不可控因素引入理财目标是不合理的。尽管股东财富最大化存在上述缺点，但如果一个国家的证券市场高度发达，市场效率极高，则上市公司可以把股东财富最大化作为财务管理的目标。

4．以企业价值最大化为目标

企业价值最大化是指通过企业财务上的合理经营，采用最优的财务政策，充分考虑货币时间价值和风险与报酬的关系，在保证企业长期稳定发展的基础上使企业总价值达到最大。企业价值最大化的基本思想是将企业长期稳定发展摆在首位，强调在企业价值增长中满足各方利益关系。其具体内容包括以下几个方面：①强调风险与报酬的均衡，将风险限制在企业可以承担的范围之内。②创造与股东之间的利益协调关系，努力培养安定性股东。安定性股东是指那些主要从事中、长期投资的股东，他们一般不会轻易出售所持有的股票，因此，他们更多地关心企业的长远发展。③关心本企业职工利益，创造优美和谐的工作环境。④不断加强与债权人的联系，重大财务决策请债权人参加讨论，培养可靠的资金供应者。⑤关心客户的利益，在新产品的研制和开发上有较高投入，不断推出新产品来满足顾客的要求，以便保持销售收入的长期稳定增长。⑥讲求信誉，注意企业形象的宣传。⑦关心政府政策的变化，努力争取参与政府制定政策的有关活动，以便争取出现对自己有利的法规，但一旦立法颁布实施，不管是否对自己有利，都会严格执行。

企业价值最大化这一目标，最大的问题可能是其计量问题，从实践上看，可以通过资产评估来确定企业价值的大小。从理论上来讲，企业价值可以通过下列公式进行计量：

$$V=\sum_{t=1}^{n}\mathrm{FCF}_t/(1+i)^t \qquad (1\text{-}1)$$

式中 V——企业价值；

t——取得报酬的具体时间；

FCF_t——第 t 年的企业报酬，通常用现金流量来表示；

i——与企业风险相适应的贴现率；

n——取得报酬的持续时间，在持续经营假设的条件下，n 为无穷大。

如果各年的现金流量相等，则公式（1-1）可简化为：

$$V \approx FCF/i \qquad (1\text{-}2)$$

从公式（1-2）中可以看出，企业的总价值 V 与 FCF 成正比，与 i 成反比。在 i 不变时，FCF 越大，则企业价值越大；在 FCF 不变时，i 越大，则企业价值越小。i 的高低，主要由企业风险的大小来决定，当风险大时，i 就高，当风险小时，i 就低。也就是说，企业的价值，与预期的报酬成正比，与预期的风险成反比。在市场经济条件下，报酬和风险是同增的，即报酬越大，风险越大，报酬的增加是以风险的增加为代价的，而风险的增加将会直接威胁企业的生存。企业的价值只有在风险和报酬达到比较好的均衡时才能达到最大。

以企业价值最大化作为财务管理的目标，具有以下优点：①企业价值最大化目标考虑了取得报酬的时间，并用货币时间价值的原理进行了计量。②企业价值最大化目标科学地考虑了风险与报酬的联系。③企业价值最大化能克服企业在追求利润上的短期行为，因为不仅目前的利润会影响企业的价值，而且预期未来的利润对企业价值的影响所起的作用更大。

企业价值最大化的观点，体现了对经济效益的深层次认识，是现代财务管理的最优目标。企业价值最大化的意义：

（1）企业价值最大化扩大了考虑问题的范围。

（2）企业价值最大化注重在企业发展中考虑各方利益关系。

（3）企业价值最大化目标更符合我国处于社会主义初级阶段的国情。

四、财务管理的分部目标

财务管理的分部目标，取决于财务管理的具体内容。财务管理的分部目标可以概括为如下几个方面：

（1）企业筹资管理的目标——在满足生产经营需要的情况下，不断降低资金成本和财务风险。

（2）企业投资管理的目标——认真进行投资项目的可行性研究，力求提高投资报酬，降低投资风险。

（3）企业营运资金管理的目标——合理使用资金，加速资金周转，不断提高资金的利用效果。

（4）企业利润管理的目标——采取各种措施，努力提高企业利润水平，合理分配企业利润。

五、财务管理的具体目标

财务管理的具体目标是在整体目标和分部目标的制约下，从事某项具体财务活动所要达到的目标，如现金管理要达到的目标、应收账款管理要达到的目标等。具体目标是财务管理目标体系中的基础环节。它是整体目标和分部目标的落脚点，对保证整体目标和分部目标的

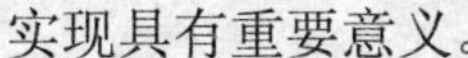

实现具有重要意义。

企业的财务管理目标绝不是一种单一的目标，而是经过合理组合的目标群，并不断提高企业价值才能获得财富最大化。

此外，还要特别指出，企业要正确处理提高经济效益和履行社会责任的关系。企业在谋求自身的经济效益的过程中，必须尽到自己的社会责任。一是要保证产品质量，搞好售后服务，不能以不正当手段追求企业的利润。二是要维护社会公共利益，不能以破坏资源、污染环境为代价谋求企业的效益。另外，企业承担不定期的社会义务、出资参与社会公益事业，也是应当的。企业管理层应加强企业管理并促进财务管理具体目标的实现。

第三节　财务管理的环境

企业的财务管理环境又称理财环境，是指对企业财务活动和财务管理产生影响的企业内外部的各种条件。任何理财活动都是在一定环境之下开展的，所以，理财首先要分析财务管理环境的现状、变化及其趋势。通过环境分析，提高企业财务行为对环境的适应能力、应变能力和利用能力，以便更好地实现企业财务管理目标。

由于内部财务环境存在于企业内部，是企业可以从总体上采取一定的措施施加控制和改变的因素。而存在于企业外部的外部财务环境，对企业财务行为的影响无论是有形的硬环境，还是无形的软环境，企业都难以控制和改变，更多的只是适应和因势利导。因此，本节主要介绍外部财务环境。影响企业外部财务环境的因素包括政治、经济、法律、金融、文化等许多方面，其中最主要的有经济环境、法律环境和金融环境等因素。

一、经济环境

企业的理财活动必须融于宏观经济运行中，微观理财主体的投入产出效益和宏观经济环境是密切相连的，因此，才有所谓股市是宏观经济的晴雨表之说。宏观经济环境也是一个十分宽泛的概念，大的方面包括世界经济环境、洲际经济环境、国家或地区经济环境，小的方面包括行业经济环境、产品的市场经济环境等。无论是哪一方面，对其作出正确的分析、评估是企业采取适应性财务行为、规避风险的基本条件。

（一）经济周期

经济周期是指总体经济活动的扩张和收缩交替反复出现的过程，也称经济波动。每一个经济周期都可以分为上升和下降两个阶段。上升阶段称为繁荣，最高点称为顶峰。然而，顶峰也是经济由盛转衰的转折点，此后经济就进入下降阶段，即衰退。衰退严重则经济进入萧条，衰退的最低点称为谷底。当然，谷底也是经济由衰转盛的一个转折点，此后经济进入上升阶段。经济从一个顶峰到另一个顶峰，或者从一个谷底到另一个谷底，就是一次完整的经济周期。现代经济学关于经济周期的定义，建立在经济增长率变化的基础上，指的是增长率上升和下降的交替过程。

经济周期的各个阶段都具有一些典型特征，大致如下：

1．繁荣阶段

该阶段的经济活动水平高于趋势水平，经济活动较为活跃，需求不断增加，产品销售通畅，投资持续增加，产量不断上升，就业不断扩大，产出水平逐渐达到高水平，经济持续扩张。不过，繁荣阶段一般持续时间不长，当需求扩张开始减速时会诱发投资减速，经济就会从峰顶开始滑落。通常当国内生产总值连续两个季度下降时，可以认为经济已经走向衰退阶段。

2．衰退阶段

该阶段经济活动水平开始下降，消费需求也开始萎缩，闲置生产能力开始增加，企业投资开始以更大的幅度下滑，产出增长势头受到抑制，国民收入水平和需求水平进一步下降，最终将使经济走向萧条阶段。

3．萧条阶段

这时，经济处于收缩较为严重的时期，逐渐降低到低水平，即低于长期趋势值，就业减少，失业水平提高，企业投资降至低谷，一般物价水平也在持续下跌。当萧条持续一段时间后，闲置生产能力因投资在前些阶段减少而逐渐耗尽，投资开始出现缓慢回升，需求水平开始出现增长，经济逐渐走向复苏阶段。

4．复苏阶段

这时，经济活动走向上升通道，经济活动开始趋于活跃，投资开始加速增长，需求水平也开始逐渐高涨，就业水平提高，失业水平下降，产出水平不断增加。随着经济活动不断恢复，整个经济走向下一个周期的繁荣阶段。

在市场经济条件下，企业家们越来越多地关心经济形势，也就是“经济大气候”的变化。一个企业生产经营状况的好坏，既受其内部条件的影响，又受其外部宏观经济环境和市场环境的影响。一个企业，无力决定它的外部环境，但可以通过内部条件的改善，来积极适应外部环境的变化，充分利用外部环境，并在一定范围内，改变自己的小环境，以增强自身活力，扩大市场占有率。因此，作为企业家对经济周期波动必须了解、把握，并能制定相应的对策来适应周期的波动，否则将在波动中丧失生机。

经济周期波动的扩张阶段，是宏观经济环境和市场环境日益活跃的季节。这时，市场需求旺盛，订货饱满，商品畅销，生产趋升，资金周转灵便。企业的供、产、销和人、财、物都比较好安排。企业处于较为宽松有利的外部环境中。

经济周期波动的收缩阶段，是宏观经济环境和市场环境日趋紧缩的季节。这时，市场需求疲软，订货不足，商品滞销，生产下降，资金周转不畅。企业在供、产、销和人、财、物方面都会遇到很多困难。企业处于较恶劣的外部环境中。经济的衰退既有破坏作用，又有自动调节作用。在经济衰退中，一些企业破产，退出商海；一些企业亏损，陷入困境，寻求新的出路；一些企业顶住恶劣的环境，在逆境中站稳了脚，并求得新的生存和发展。这就是市场经济下优胜劣汰的企业生存法则。

对于企业来说，对经济运行周期阶段的识别与评判是评价经济发展现状、预测经济发展趋势的重要前提，也是企业正确规划财务发展战略、选择财务政策的基本前提。

（二）经济发展状况

经济发展状况是指宏观经济的短期运行特征。国家统计部门会定期公布经济发展状况的各种经济指标，如经济增长速度、失业率、物价指数、进出口贸易额增长率、税收收入以及各个行业的经济发展状况指标等。对各种经济发展状况指标的跟踪观察有利于企业正确把握宏观经济运行的态势，及时调整财务管理策略。任何国家的经济发展都不可能呈长期的快速增长之势，而总是表现为“波浪式前进，螺旋式上升”的状态。当经济发展处于繁荣时期，经济发展速度较快，市场需求旺盛，销售额大幅度上升，企业为了扩大生产，需要增加投资，与此相适应，则需筹集大量的资金以满足投资扩张的需要。当经济发展处于衰退时期，经济发展速度缓慢，甚至出现负增长，企业的产量和销售量下降，投资锐减，资金时而紧缺、时而闲置，财务运作出现较大困难。另外，经济发展中的通货膨胀也会给企业财务管理带来较大的不利影响，主要表现在：①资金占用额迅速增加。②利率上升，企业筹资成本加大。③证券价格下跌，筹资难度增加。④利润虚增、资金流失。

（三）宏观调控政策

宏观调控政策是政府对宏观经济进行干预的重要手段，主要包括产业政策、金融政策和财政政策等。政府通过宏观经济政策的调整引导微观财务主体的经济行为，达到调控宏观经济的目的。这些宏观经济调控政策对企业财务管理的影响是直接的，企业必须按国家政策办事，否则将寸步难行。例如，国家采取收缩的调控政策时，会导致企业的现金流入减少、现金流出增加、资金紧张、投资压缩。反之，当国家采取扩张的调控政策时，企业财务管理则会出现与之相反的情形。所以，作为微观的市场竞争主体，企业必须关注宏观经济政策的取向及其对企业经济行为的影响；并根据宏观经济政策的变化及时调整自身的行为，以规避政策性风险对企业财务运行的影响。

（四）通货膨胀

一般认为，在产品和服务质量没有明显改善的情况下，价格的持续提高就是通货膨胀。通货膨胀犹如一个影子，始终伴随着现代经济的发展。通货膨胀不仅对消费者不利，而且对企业的财务活动的影响更为严重。它是困扰企业管理人士的一个重要因素。因为，大规模的通货膨胀会引起资金占用的迅速增加；通货膨胀会引起利率的上升，增加企业筹资成本；通货膨胀时期有价证券价格的不断下降，给筹资带来较大的困难；通货膨胀会引起利润的虚增，造成企业的资金流失。通货膨胀的程度直接影响投资收益、资本成本，加剧企业财务状况和经营成果的不确定性，增大企业的经营风险。企业对通货膨胀本身无能为力，只有政府才能调控通货膨胀的程度。企业为实现期望的报酬率，必须在财务决策时考虑通货膨胀因素，并使用套期保值等措施减少损失。

（五）市场竞争

竞争广泛存在于市场经济之中，任何企业都不能回避，财务管理行为的选择在很大程度上取决于企业的竞争环境。不了解企业所处的市场环境，就不可能深入地了解企业的运行状态，也就很难作出科学的、行之有效的财务决策。

竞争市场又分为：完全竞争市场、不完全竞争市场、完全垄断市场、寡头垄断市场。不同的市场环境对财务管理有不同的影响。处于完全垄断市场的企业，销售一般都不成问题，价格波动不大，利润稳中有升，经营风险较小，企业可利用较多的债务资本。处于完全竞争市场的企业，销售价格完全由市场来决定，企业利润随价格波动而波动，企业不宜过多地采用负债方式去筹集资本。处于不完全竞争市场和寡头垄断市场的企业，关键是要使企业的产品具有优势、特色和品牌效应，这就要求在研究与开发上投入大量资本，研制出新的优质产品，并搞好售后服务，给予优惠的信用条件。企业竞争环境对于财务管理行为的影响表现在各个方面，各种财务策略的谋划和运用应注意相通性，避免激烈的互相伤害，企业欲取得竞争优势，必须正确制定和实施科学的财务管理战略，并关注竞争对手的财务策略。

二、法律环境

财务管理的法律环境是指企业和外部发生经济关系时所应遵守的各种法律、法规和规章。企业在其经营活动中，要和国家、其他企业或社会组织、企业职工或其他公民，及国外的经济组织或个人发生经济关系。国家管理这些经济活动和经济关系的手段包括行政手段、经济手段和法律手段三种。在市场经济条件下，行政手段逐步减少，而经济手段，特别是法律手段日益增多，越来越多的经济关系和经济活动的准则用法律的形式固定下来。同时，众多的经济手段和必要的行政手段的使用，也必须逐步做到有法可依，从而转化为法律手段的具体形式，真正实现国民经济管理的法制化。一方面，法律提出了企业从事一切经济业务所必须遵守的规范，从而对企业的经济行为进行约束；另一方面，法律也为企业合法从事各项经济活动提供了保护。

1．企业组织法律规范

企业组织必须依法成立。组建不同的企业，要依照不同的法律规范。它们包括《中华人民共和国公司法》（以下简称《公司法》）、《中华人民共和国全民所有制工业企业法》、《中华人民共和国外资企业法》、《中华人民共和国中外合资经营企业法》、《中华人民共和国中外合作经营企业法》、《中华人民共和国个人独资企业法》、《中华人民共和国合伙企业法》等。这些法律规范既是企业的组织法，又是企业的行为法。

例如，《公司法》对公司企业的设立条件、设立程序、组织机构、组织变更和终止的条件及程序等都作了规定，包括股东人数、法定资本的最低限额、资本的筹集方式等。只有按其规定的条件和程序建立的企业，才能称为公司。《公司法》还对公司生产经营的主要方面作出了规定，包括股票的发行和交易、债券的发行和转让、利润的分配等。公司一旦成立，其主要的活动，包括财务管理活动，都要按照《公司法》的规定来进行。因此，《公司法》是公司企业财务管理最重要的强制性规范，公司的理财活动不能违反该法律，公司的自主权不能超出该法律的限制。

其他企业也要按照相应的企业法来进行其理财活动。

2．税务法律规范

任何企业都有法定的纳税义务。有关税收的立法分为三类：所得税的法规、流转税的法规、其他地方税的法规。税负是企业的一种费用，会增加企业的现金流出，对企业理财有重要影响。企业无不希望在不违反税法的前提下减少税务负担。税负的减少，只能靠精心安排和筹划投资、筹资和利润分配等财务决策，而不允许在纳税行为已经发生时去偷税、漏税。精通税法，对财务主管人员有着重要的意义。

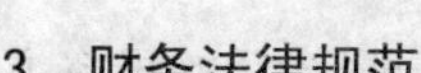

3．财务法律规范

财务法律规范主要是《企业财务通则》及有关财务制度。其分为三个层次：第一层是《企业财务通则》，明确了财政管理的界限、投资者与经营者之间的“游戏规则”、财务制度的内涵和范围；第二层是具体的财务规范，是关于具体财务行为与财政资金相关的操作性规定；第三层是企业财务管理的指导意见，属于服务性公共产品，引导企业形成共同的财务理念。

《企业财务通则》是企业财务管理的基本准则，是各类企业进行财务活动、实施财务管理的基本规范。《企业财务通则》明确了其适用于“在中华人民共和国境内依法设立的具备法人资格的国有及国有控股企业”。由于金融企业在资产管理、财务运行、财务风险控制、财政监管等方面具有一定的特殊性，财政部专门发布了《金融企业财务规则》。该规则适用于在我国境内依法设立的金融企业，该规则的制定有助于加强金融企业财务管理，规范金融企业财务行为，促进金融企业法人治理结构的建立和完善，防范金融企业财务风险，保护金融企业及其相关方的合法权益，维护社会经济秩序。

三、金融环境

（一）金融市场

金融市场是指资金筹集的场所。广义的金融市场，是指一切资本流动（包括实物资本和货币资本）的场所。其交易对象有货币借贷、票据承兑和贴现、有价证券买卖、黄金和外汇买卖、办理国内外保险、生产资料的产权交换等。狭义的金融市场，一般是指有价证券市场，即股票和债券的发行和买卖市场。

企业总是需要资金来从事投资和经营活动的。而资金的取得，除了自有资金外，主要从金融机构和金融市场取得。金融政策的变化必然影响企业的筹资、投资和资金运营活动。所以，金融环境是企业最主要的环境因素之一。

1．金融市场的分类

（1）根据交易期限的不同，可分为短期资金市场和长期资金市场。短期资金市场是指期限不超过一年的资金交易市场，因为短期有价证券易于变成货币或作为货币使用，所以也叫货币市场。长期资金市场是指期限在一年以上的股票和债券交易市场，因为发行股票和债券主要用于固定资产等资本货物的购置，所以也叫资本市场。

（2）根据交易性质的不同，可分为发行市场和流通市场。发行市场是指从事新证券和票据等金融工具买卖的转让市场，也叫初级市场或一级市场。流通市场是指从事已上市的旧证券或票据等金融工具买卖的转让市场，也叫次级市场或二级市场。

（3）根据直接交易对象的不同，可分为同业拆借市场、国债市场、企业债券市场、股票市场和金融期货市场等。

（4）根据交割时间的不同，可分为现货市场和期货市场。现货市场是指买卖双方成交后，当场或几天之内买方付款、卖方交出证券的交易市场。期货市场是指买卖双方成交后，在双方约定的未来某一特定的时日才交割的交易市场。

2．金融市场对财务管理的影响

（1）金融市场为企业提供了良好的投资和筹资场所。金融市场能够为资本所有者提供多种投资渠道，为资本筹集者提供多种可供选择的筹资方式。企业需要资金时，可以到金融市场选择适合自己的方式筹资。企业有了剩余的资金，也可以在市场上选择合适的投资方式，为其资金寻找出路。

(2) 促进企业资本灵活转换。企业可以通过金融市场将长期资金转为短期资金，如将股票、债券等变现；也可以通过金融市场将短期资金转为长期资金，如购进股票、债券等。金融市场为企业的长、短期资金相互转化提供了方便。

(3) 金融市场为企业财务管理提供有意义的信息。金融市场的利率变动反映资金的供求状况，有价证券市场的行情反映投资者对企业经营状况和盈利水平的评价。这些都是企业生产经营和财务管理的重要依据。

(二) 金融机构

金融机构包括银行金融机构和其他金融机构。社会资金从资金供应者手中转移到资金需求者手中，大多要通过金融机构。

1. 中国人民银行

中国人民银行是我国的中央银行，它代表政府管理全国的金融机构和金融活动，经理国库。其主要职责是制定和实施货币政策，保持货币币值稳定；依法对金融机构进行监督管理，维持金融业的合法、稳健运行；维护支付和清算系统的正常运行；持有、管理、经营国家外汇储备和黄金储备；代理国库和其他与政府有关的金融业务；代表政府从事有关的国际金融活动。

2. 政策性银行

政策性银行是指由政府设立，以贯彻国家产业政策、区域发展政策为目的，不以盈利为目的的金融机构。政策性银行与商业银行相比，特点在于：①不面向公众吸收存款，而以财政拨款和发行政策性金融债券为主要资金来源。②其资本主要由政府拨付。③不以盈利为目的，经营时主要考虑国家的整体利益和社会效益。④其服务领域主要是对国民经济发展和社会稳定有重要意义、而商业银行出于盈利的目的不愿借贷的领域。⑤一般不普遍设立分支机构，其业务由商业银行代理。但是，政策性银行的资金并非财政资金，必须有偿使用，对贷款也要进行严格审查，并要求还本付息、周转使用。我国目前有三家政策性银行：中国进出口银行、国家开发银行和中国农业发展银行。

3. 商业银行

商业银行是以经营存款、放款、办理转账结算为主要业务，以盈利为主要经营目标的金融企业。商业银行的建立和运行，受《中华人民共和国商业银行法》规范。我国的商业银行可以分成三类：一类是国有控股商业银行，是由国家专业银行演变而来的，包括中国工商银行、中国农业银行、中国银行、中国建设银行。它们过去分别在工商业、农业、外汇业务和固定资产贷款领域中提供服务，近些年来其业务交叉进行，传统分工已经淡化。另一类是股份制商业银行，是 1987 年以后发展起来的，包括交通银行、深圳发展银行、中信银行、中国光大银行、华夏银行、招商银行、兴业银行、上海浦东发展银行、中国民生银行以及各地方的商业银行、城市信用合作社等。最后一类是外资银行。按照我国与世界贸易组织签订的协议，我国金融市场要逐渐对外开放，外资银行可以在我国境内设立分支机构或营业网点，可以经营人民币业务。

4. 非银行金融机构

目前，我国主要的非银行金融机构有金融资产管理公司、保险公司、信托投资公司、证券机构、财务公司、金融租赁公司。

（1）金融资产管理公司，主要使命是收购、管理、处置商业银行剥离的不良资产。1999年4月20日，中国信达资产管理公司在北京成立，这是经国务院批准的，我国第一家经营、管理、处置国有银行不良资产的公司。随后不久，我国又先后成立了长城、东方、华融三家金融资产管理公司。与国外相比，我国四家金融资产管理公司除了上述使命外，还同时肩负着推动国有企业改革的使命。即运用债权转股权、资产证券化、资产置换、转让和销售等市场化债权重组手段，实现对负债企业的重组，推动国有大中型企业优化资本结构、转变经营机制，最终建立现代企业制度，达到脱困的目标。

（2）保险公司，主要经营保险业务，包括财产保险、责任保险、保证保险和人身保险。目前，我国保险公司的资金运用于下列形式：银行存款，买卖债券、股票、证券投资基金份额等有价证券，投资不动产，国务院规定的其他资金运用形式。保险资金从事境外投资的，应当符合中国保险监督管理委员会有关监管规定。

（3）信托投资公司，主要是以受托人的身份代人理财。其主要业务有经营资金、财产委托、代理资产保管、金融租赁、经济咨询以及投资等。

（4）证券机构，是指从事证券业务的机构，包括：①证券公司，其主要业务是推销政府债券、企业债券和股票，代理买卖和自营买卖已上市流通的各类有价证券，参与企业收购、兼并，充当企业财务顾问等。②证券交易所，提供证券交易的场所和设施，制定证券交易的业务规则，接受公司上市申请并安排上市，组织、监督证券交易，对会员和上市公司进行监管等。③登记结算公司，主要是办理股票交易中所有权转移时的过户和资金的结算。

（5）财务公司，通常类似于投资银行。我国的财务公司是由企业集团内部各成员单位入股，向社会募集中长期资金，为企业技术进步服务的金融股份有限公司。它的业务被限定在本集团内，不得从企业集团之外吸收存款，也不得对非集团单位和个人贷款。

（6）金融租赁公司，是指办理筹资租赁业务的公司组织。其主要业务有动产和不动产的租赁、转租赁、回租租赁。

（三）金融市场的利率

在金融市场上，利率是资金使用权的价格，其计算公式为：

利率=纯利率+通货膨胀附加率+风险附加率

纯利率是指没有风险和通货膨胀情况下的平均利率。在没有通货膨胀时，国库券的利率可以视为纯利率。

通货膨胀附加率是由于通货膨胀会降低货币的实际购买力，为弥补其购买力损失而在纯利率的基础上加上的附加率。

风险附加率是由于存在违约风险、流动性风险和期限风险而要求在纯利率和通货膨胀附加率之外附加的利率。其中，违约风险附加率是指为了弥补因债务人无法按时还本付息而带来的风险，由债权人要求附加的利率；流动性风险附加率是指为了弥补因债务人资产流动不好而带来的风险，由债权人要求附加的利率；期限风险附加率是指为了弥补因偿债期长而带来的风险，由债权人要求附加的利率。

第四节　财务管理的原则

财务管理的原则是企业财务管理工作必须遵循的准则。财务管理的原则一般包括如下几项。

一、系统原则

财务管理从资金筹集开始，到资金收回为止，经历了资金筹集、资金投放、资金收回与资金分配等几个阶段，这几个阶段互相联系、互相作用，组成一个整体，具有系统的性质。为此，做好财务管理工作，必须从财务管理系统的内部和外部联系出发，从各组成部分的协调和统一出发，这就是财务管理的系统原则。在财务管理中应用系统原则的核心是在管理中体现系统的基本特征。

1．系统具有目的性

任何管理都是有目的的行为，财务管理也不例外。要体现财务管理系统的目的性，就必须确定正确的财务管理目标，因为目标决定着财务管理的内容和方法，影响着企业的财务行为。如果确定了错误的目标，则必然导致财务管理系统的紊乱。

2．系统具有整体性

财务管理系统可以从不同的角度分解成不同的子系统，各个子系统从总体上来说目标是一致的，但有时也会产生矛盾。根据系统原则，必须把财务管理系统作为一个整体来进行分析，只有整体的目标才是系统的最高目标，只有整体功能最佳的系统才是最佳的财务管理系统，这便是系统的整体性。

3．系统具有层次性

财务管理系统是由若干个子系统组成的，每个子系统又由若干个分系统组成。例如，按管理的内容不同，可把财务管理系统分解成企业筹资子系统、企业投资子系统、企业营运资金子系统、企业利润及其分配子系统等。而企业投资子系统又可以分为流动资产投资、固定资产投资、证券投资等若干个分系统。财务管理系统的不同层次有不同的职能，同时也有不同的权、责、利关系，打乱合理的层次界限会导致系统的无序状态。我国财务管理中的归口分级管理就是根据系统的层次性和整体性来进行的。

4．系统具有环境适应性

环境是指存在于系统以外的事物，是一种更高级、更复杂的系统。系统处于环境之中，必须不断地与环境进行物质、能量、信息的交换，以适应环境的变化。能够经常与环境保持最佳适应状态的系统是理想的系统。为此，企业在进行财务管理时，必须认真研究财务管理的环境，以适应环境和利用环境。是否适应环境的变化，是企业财务管理能否正常运行的关键。

系统原则是财务管理的一项基本原则。在财务管理实践中，分级分口管理、目标利润管理、投资项目的可行性分析都是根据这一原则来进行的。

二、平衡原则

在财务管理中，要力求使资金的收支在数量上和时间上达到动态的协调平衡，这就是财务管理的平衡原则。资金收支动态的平衡公式为：

目前现金余额+预计现金收入–预计现金支出=预计现金余额

如果预计的现金余额远远低于理想的现金余额，则应积极筹措资金，以弥补现金的不足。

如果预计的现金余额远远大于理想的现金余额，则应积极组织还款或进行投资，以保持资金收支上的动态平衡，实现收支相抵、略有结余。

平衡原则也是财务管理的一项基本原则，财务管理的过程就是追求平衡的过程。在财务管理实践中，现金的收支计划、企业证券投资决策、企业筹资数量决策，都必须在这一原则指导下进行。

三、弹性原则

在财务管理中，必须在追求准确和节约的同时，留有合理的伸缩余地，这就是财务管理的弹性原则。在财务管理中，之所以要保持合理的弹性，主要是因为以下几个方面的原因：

（1）财务管理的环境是复杂多变的，企业缺乏完全的控制能力。

（2）企业财务管理人员的素质和能力也不可能达到理想的境界，因而，在管理中可能会出现失误。

（3）财务预测、财务决策、财务计划都是对未来的一种大致的规划，也不可能完全准确。为此，要求在财务管理的各个方面和各个环节都保持可调节的余地。

弹性原则是财务管理中必须遵循的一项原则。在财务管理中，只有允许各子系统都保持一定的弹性，才能保证财务管理系统的整体具有确定性。财务管理实践中，对现金、存货留有一定的保险储备，在编制财务计划时留有余地，都是弹性原则的具体应用。

四、比例原则

财务管理除了对绝对量进行规划和控制外，还必须通过各因素之间的比例关系来发现管理中存在的问题，采取相应的措施，使有关比例趋于合理，这便是财务管理的比例原则。

比例原则是财务管理的一项重要原则。在财务管理实践中，财务分析中的比率分析、企业筹资中的资本结构决策、企业投资中的投资组合决策都必须贯彻这一原则。

五、优化原则

财务管理过程是一个不断地进行分析、比较和选择，以实现最优的过程，这就是财务管理的优化原则。在财务管理中贯彻优化原则，主要包括如下几方面内容：

（1）多方案的最优选择问题。

（2）最优总量的确定问题。

（3）最优比例关系的确定问题。

优化原则是财务管理的一项重要原则，财务管理的过程就是优化的过程。如果不需要优化，则财务管理就会失去意义。

第五节　财务管理的方法

财务管理方法是为了实现财务管理目标，完成财务管理任务，在进行理财活动时所采用的各种技术和手段。财务管理方法有很多，可按以下多种标准进行分类：

（1）根据财务管理具体内容的不同，可分为资金筹集方法、投资管理方法、营运资金管理方法、利润及其分配管理方法。

（2）根据财务管理环节的不同，可分为财务预测方法、财务决策方法、财务计划方法、财务控制方法、财务分析方法。

（3）根据财务管理方法特点的不同，可分为定性财务管理方法和定量财务管理方法。

现以财务管理环节为标准，对财务管理的方法说明如下。

一、财务预测方法

财务预测是财务人员根据历史资料，依据现实条件，运用特定的方法对企业未来的财务活动和财务成果所作出的科学预计和测算。财务预测的作用表现在以下几个方面：①财务预测是财务决策的基础。②财务预测是编制财务计划的前提。③财务预测是组织日常财务活动的必要条件。

预测的工作过程一般包括如下几个方面：①明确预测的对象和目的。②收集和整理有关信息资料。③选用特定的预测方法进行预测。

近年来，由于预测越来越受到重视，预测方法的发展也很快。据国外的相关统计，预测方法已有约 130 种。显然，在预测时应根据具体情况有选择地利用这些方法。现将财务管理中常用的方法介绍如下：

1．定性预测法

定性预测法主要是利用直观材料，依靠个人经验的主观判断和综合分析能力，对事物未来的状况和趋势作出预测的一种方法。

2．定量预测法

定量预测法是根据变量之间存在的数量关系（如时间关系、因果关系），建立数学模型来进行预测的方法。定量预测法又可分为趋势预测法和因果预测法。

（1）趋势预测法。趋势预测法是按时间顺序排列历史资料，根据事物发展的连续性来进行预测的一种方法。因为是按时间顺序排列历史资料，所以又称时间序列预测法。这类方法又可细分为算术平均法、加权平均法、指数平滑法、直线回归趋势法、曲线回归趋势法等。

（2）因果预测法。它是根据历史资料，并通过足够分析，找出要预测因素与其他因素之间明确的因果关系，建立数学模型来进行预测的一种方法。因果预测法中的因果关系可能是简单因果关系，也可能是复杂因果关系。

定性预测法和定量预测法各有优缺点，在实际工作中可把两者结合起来应用，既进行定性分析，又进行定量分析。

二、财务决策方法

财务决策是指财务人员在财务目标的总体要求下，从若干个可以选择的财务活动方案中选择最优方案的过程。在商品经济条件下，财务管理的核心是财务决策，财务预测是为财务决策服务的，财务计划是财务决策的具体化。财务决策一般包括如下步骤：①根据财务预测的信息提出问题。②确定解决问题的备选方案。③分析、评价、对比各种方案。④拟定择优标准，选择最佳方案。

决策的方法有很多，以下是财务管理中常见的方法。

1. 优选对比法

优选对比法是把各种不同方案排列在一起，按其经济效益的好坏进行优选对比，进而作出决策的方法。优选对比法是财务决策的基本方法。

2. 数学微分法

数学微分法是根据边际分析原理，运用数学上的微分方法，对具有曲线联系的极值问题进行求解，进而确定最优方案的一种决策方法。

3. 线性规划法

线性规划法是根据运筹学原理，用来对具有线性联系的极值问题进行求解，进而确定最优方案的一种方法。在有若干个约束条件（如资金供应、人工工时数量、产品销售数量）的情况下，这种方法能帮助管理人员对合理组织人力、物力、财力等作出最优决策。

4. 概率决策法

这是进行风险决策的一种主要方法。所谓风险决策，是指未来情况虽不十分明了，但各有关因素的未来状况及其概率是可以预知的决策。这种方法往往把各个概率分枝用树形图表示出来，故有时也称为决策树法。

5. 损益决策法

这是在不确定情况下进行决策的一种方法。所谓不确定性决策，是指在未来情况很不明了的情况下，只能预测有关因素可能出现的状况，但其概率是不可预知的决策。在这种情况下决策是十分困难的，财务管理中常采用最大最小收益值法或最小最大后悔值法来进行决策，统称为损益决策法。

三、财务计划方法

财务计划是在一定的计划期内以货币形式反映生产经营活动所需要的资金及其来源、财务收入和支出、财务成果及其分配的计划。财务计划是以财务决策确立的方案和财务预测提供的信息为基础来编制的，是财务决策和财务预测的具体化，是控制财务活动的依据。财务计划一般包括如下内容：①根据财务决策的要求，分析主、客观条件，全面安排计划指标。②对需要与可能进行协调，实现综合平衡。③调整各种指标，编制出计划表格。财务计划的编制过程，实际上就是确定计划指标，并对其进行平衡的过程。

四、财务控制方法

财务控制是指在财务管理过程中，利用有关信息和特定手段，对企业的财务活动施加影

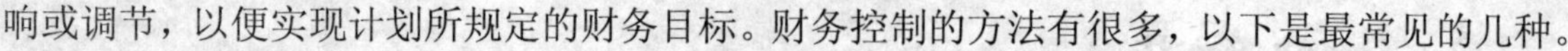

响或调节，以便实现计划所规定的财务目标。财务控制的方法有很多，以下是最常见的几种。

1. 防护性控制

防护性控制又称排除干扰控制，是指在财务活动发生前，就制定一系列制度和规定，把可能产生的差异予以排除的一种控制方法。

2. 前馈性控制

前馈性控制又称补偿干扰控制，是指通过对实际财务系统运行的监视，运用科学方法预测可能出现的偏差，采取一定措施，使差异得以消除的一种控制方法。

3. 反馈性控制

反馈性控制又称平衡偏差控制，是指在认真分析的基础上，发现实际与计划之间的差异，确定差异产生的原因，采取切实有效的措施，调整实际财务活动或调整财务计划，使差异得以消除或避免今后出现类似差异的一种控制方法。

五、财务分析方法

财务分析是根据有关信息资料，运用特定方法，对企业财务活动过程及其结果进行分析和评价的一项工作。财务分析的一般程序是：①确立题目，明确目标。②收集资料，掌握情况。③运用方法，揭示问题。④提出措施，改进工作。财务分析的方法有很多，以下是几种常用的分析方法。

1. 对比分析法

对比分析法是通过把有关指标进行对比来分析企业财务情况的一种方法。

2. 比率分析法

比率分析法是把有关指标进行对比，用比率来反映它们之间的财务关系，以揭示企业财务状况的一种分析方法。其中最主要的比率有：①相关指标比率。②构成比率。③动态比率。

比率分析法是财务分析的一种重要方法。通过各种比率的计算和对比，基本上能反映出一个企业的偿债能力、盈利能力、资产周转状况和盈余分配情况。该方法具有简明扼要、通俗易懂的特点，很受各种分析人员的欢迎。

3. 综合分析法

综合分析法是把有关财务指标和影响企业财务状况的各种因素都有序地排列在一起，综合地分析企业财务状况和经营成果的一种方法。在进行综合分析时，可采用财务比率综合分析法、因素综合分析法和杜邦体系分析法等。

综合分析法是一种重要的分析方法，它对全面、系统、综合地评价企业财务状况具有十分重要的意义。但综合分析法一般都比较复杂，所需资料很多，工作量比较大。

本章小结

财务管理是组织企业财务活动、处理财务关系的一项经济管理工作。财务管理的对象是资金及其运动。财务管理的主要内容包括投资、筹资、利润分配和营运资金管理。

财务管理目标是财务管理工作的出发点，也是评价财务管理工作效果的基准。现代企业

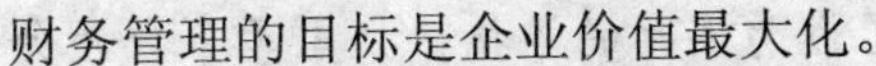

财务管理的目标是企业价值最大化。

企业的财务管理环境又称理财环境，是指对企业财务活动和财务管理产生影响的企业内外部的各种条件。影响企业外部财务环境的因素包括政治、经济、法律、金融、文化等许多方面，其中最主要的有经济环境、法律环境和金融环境等因素。

财务管理原则是企业财务管理工作必须遵循的准则。企业财务管理的原则一般包括系统原则、平衡原则、弹性原则、比例原则、优化原则。

财务管理方法是为了实现财务管理目标，完成财务管理任务，在进行理财活动时所采用的各种技术和手段。财务管理方法有财务预测方法、财务决策方法、财务计划方法、财务控制方法、财务分析方法。

复习思考题

1. 什么是财务管理？
2. 简述企业的财务活动。
3. 简述企业的财务关系。
4. 论述财务管理目标的特点。
5. 简述以利润最大化作为财务管理目标的缺点。
6. 论述企业价值最大化是财务管理的最优目标。

案例分析

青鸟天桥的财务管理目标

天桥百货商场是一家老字号商业企业，成立于 1953 年。20 世纪 50 年代，天桥百货商场被授予“全国第一面商业红旗”。20 世纪 80 年代初，天桥百货商场第一个打破我国 30 年来的工资制，将商业 11 级改为新 8 级。1984 年天桥百货商场改制成立北京天桥百货股份有限公司（以下简称北京天桥）。1993 年 5 月，北京天桥股票在上海证券交易所上市。1998 年 12 月 30 日，北大青鸟有限责任公司（以下简称北大青鸟）和北京天桥发布公告，宣布北大青鸟通过协议受让方式受让北京天桥部分法人股股权。北大青鸟出资 6 000 多万元，拥有了天桥百货商场 16.76%的股份，天桥百货商场更名为北京天桥北大青鸟科技股份有限公司（以下简称青鸟天桥）。此后，天桥百货商场的经营滑落到盈亏临界点。面对严峻的形势，公司决定裁员，控制成本，以谋求长远发展。

1999 年 11 月 18 日下午，天桥百货商场里面闹哄哄的，商场大门也挂上了“停止营业”的牌子。11 月 19 日，很多顾客惊讶地发现，天桥百货商场在周末居然没开门。据一位售货员模样的人说：“商场管理层年底要和我们终止合同，我们就不给他们干活了。”1999 年 11 月 18 日～12 月 2 日，对青鸟天桥的管理层和广大员工来说，是黑色的 15 天。在这 15 天里，天桥百货商场经历了 46 年来的第一次大规模裁员。天桥百货商场被迫停业 8 天之久，公司管理层经受了职业道德与人道主义的考验，作出了在改革道路上是前进还是后退的抉择。

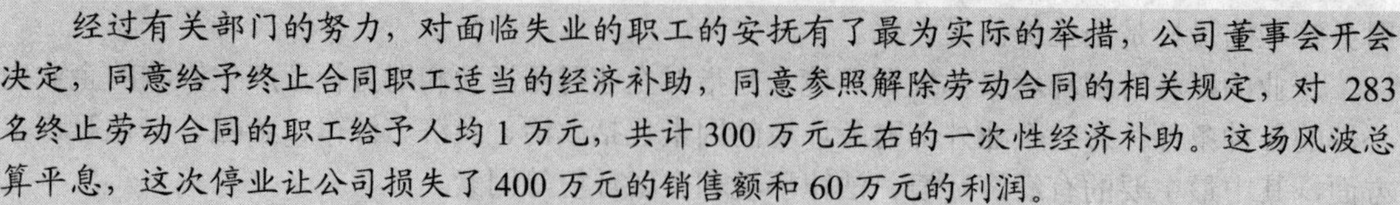

经过有关部门的努力，对面临失业的职工的安抚有了最为实际的举措，公司董事会开会决定，同意给予终止合同职工适当的经济补助，同意参照解除劳动合同的相关规定，对283名终止劳动合同的职工给予人均1万元，共计300万元左右的一次性经济补助。这场风波总算平息，这次停业让公司损失了400万元的销售额和60万元的利润。

讨论：

1．从案例介绍的情况，能否推断该公司的财务管理目标？

2．青鸟天桥的最初决策是合理的吗？以后的让步是否合适？

3．青鸟天桥案例给你什么启示？

第二章

财务管理的价值观念

本章要点：

本章介绍货币时间价值及风险观念。重点掌握以下内容：

1. 掌握复利现值、复利终值的含义与计算方法。
2. 掌握年金现值、年金终值的含义与计算方法。
3. 掌握名义利率、实际利率的换算。
4. 掌握风险测定和风险报酬的计算方法。

第一节 货币时间价值

一、货币时间价值的概念

货币时间价值或资金时间价值是指货币经历一定时间的投资和再投资所增加的价值，是在没有风险和没有通货膨胀条件下的社会平均资金利润率。

西方国家给货币时间价值下的定义：由于放弃现在使用货币的机会所得到的按放弃时间长短计算的报酬。

社会平均资金利润率不仅包括风险价值和通货膨胀，也包括货币时间价值，扣除风险价值和通货膨胀后的社会平均资金利润率才是货币时间价值。

货币时间价值可以有两种表现形式。其相对数即时间价值率，是指扣除风险报酬和通货膨胀贴水后的平均资金利润率或平均报酬率；其绝对数即时间价值，是资金在生产经营过程中带来的真实增值额，即一定数额的资金与时间价值率的乘积。在考虑货币时间价值时，假设没有风险和通货膨胀，以利率代表货币时间价值。

二、货币时间价值的计算制度

1. 本金、利息与本利和的关系

如果到银行存款，则开始存入银行的款项称为本金。本金是计算利息的基础，利息是按照事先规定的利率和存款时间所计算的存款报酬。本金加上利息即为本利和。

2. 利息的计算制度

利息的计算制度有单利制和复利制两种。单利制是指只有本金产生利息，而利息不产生利息的计算制度。复利制是指除了本金产生利息之外，利息也产生利息的计算制度。

三、一次性收付款项终值与现值的计算

在利息的计算过程中，将本金称为现值，本利和称为终值。其计算符号为：

P 表示本金、现值；F 表示本利和、终值；i 表示利率、折现率；n 表示时间、期限。

（一）单利终值与现值的计算

1. 单利终值的计算

单利终值是指一定量资金若干期后按单利制计算货币时间价值的本利和。其计算公式为：

$$F=P(1+ni)$$

例 2-1

某企业收到一张面值为 10 000 元，票面利率为 1%，期限为 6 个月的商业汇票，则到期时的本利和为：

$$F=10\,000\times(1+1\%\times 6/12)=10\,050\text{（元）}$$

2. 单利现值的计算

单利现值通常根据终值来计算，即单利终值的逆运算。其计算公式为：

$$P=F\frac{1}{1+ni}$$

例 2-2

某企业 3 年后将收到 1 000 元，若年利率为 12%，则其现值为：

$$P=1\,000\times\frac{1}{1+12\%\times 3}=1\,000\times 0.73529=735.29\text{（元）}$$

（二）复利终值与现值的计算

1. 复利终值的计算

复利终值是指一定量资金若干期后按复利制计算货币时间价值的本利和。其计算公式为：

$$F=P(1+i)^n \tag{2-1}$$

上述公式（2-1）中的 $(1+i)^n$ 称为“复利终值系数”或“一元的复利终值”，用符号（F/P，i，n）表示。例如，（F/P，10%，3）表示复利利率为 10%的 3 年期的复利终值系数，可通过查附表 A-复利终值系数表获得。

例 2-3

某企业将 10000 元存入银行，存期为 3 年，若存款年复利利率为 5%，则到期时的本利和为：

查附表 A 复利终值系数表得：

$$(F/P，5\%，3)=1.1576$$

则

$$F=10\,000\times1.1576=11\,576（元）$$

2．复利现值的计算

复利现值是复利终值的逆运算，是未来一定时期的特定价值按复利计算的现在的价值。其计算公式为：

$$P=F\frac{1}{(1+i)^n} \tag{2-2}$$

上述公式（2-2）中的 $\frac{1}{(1+i)^n}$ 称为"复利现值系数"或"一元的复利现值"，用符号（P/F，i，n）表示。例如，（P/F，10%，3）表示复利利率为 10%的 3 年期的复利现值系数，可通过查附表 B-复利现值系数表获得。

例 2-4

某人拟在 5 年后从银行取出 10 000 元，若按 5%的复利计算，现在应一次存入的金额为：

查附表 B-复利现值系数表得：

$$(P/F，5\%，5)=0.7835$$

则

$$P=10\,000\times0.7835=7\,835（元）$$

四、年金的含义及计算

（一）年金的含义及构成

年金是指一定时期内每期等额收付的款项。折旧、租金、保险金、等额分期付款、等额分期收款、零存整取储蓄等，都属于年金问题。年金有两个基本特征：一是连续性；二是等额性。不符合年金特征的款项不能按年金计算，而只能用复利的方法计算。

根据定期等额的系列款项发生的时点不同，年金可以分为普通年金、预付年金、递延年金和永续年金四种。

（二）普通年金的终值与现值

普通年金是指定期等额的系列款项发生于每期期末的年金，也称后付年金。其基本特征是从第一期期末起各期末都发生系列等额的款项，如计提折旧、支付保险费等。

1．普通年金终值与偿债基金的计算

（1）普通年金终值的计算。普通年金终值是一定时期内每期期末等额收付款项的复利终值之和。计算普通年金终值，实际上就是求复利终值的总计金额。其计算公式为：

$$F=A\frac{(1+i)^n-1}{i} \tag{2-3}$$

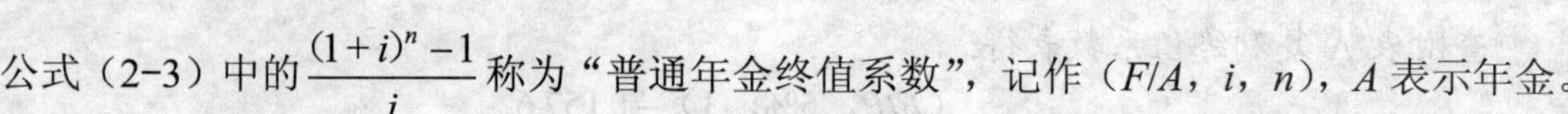

公式（2-3）中的$\frac{(1+i)^n-1}{i}$称为“普通年金终值系数”，记作（F/A，i，n），A表示年金。

例 2-5

某人每月月末存入银行1 000元，月存款利率为1%，按月复利计算，则年末年金的终值为：

查附表C年金终值系数表得：

$$(F/A，1\%，12)=12.6825$$

则

$$F=A(F/A，i，n)=1\,000\times12.6825=12\,682.50（元）$$

（2）偿债基金的计算。普通年金终值是已知年金求终值，若已知终值求年金，则这时的年金称为偿债基金，即为偿还若干期后到期的一笔债务，现在每期末的准备金。

偿债基金的计算是普通年金终值的逆运算，可通过普通年金终值系数的倒数求得。其计算公式为：

$$A=F\frac{1}{(F/A，i，n)}$$

例 2-6

某企业为偿还一笔4年后到期的100万元的借款，现在每年年末存入一笔等额的款项设立偿债基金。若存款年复利利率为10%，则偿债基金为：

$$A=F\frac{1}{(F/A，i，n)}=100\times\frac{1}{4.6410}=21.55（万元）$$

2．**普通年金现值及投资回收额的计算**

（1）普通年金现值的计算。普通年金现值是指一定时期内每期期末等额收付款项的复利现值之和。其计算公式为：

$$P=A\frac{1-(1+i)^{-n}}{i} \tag{2-4}$$

公式（2-4）中$\frac{1-(1+i)^{-n}}{i}$称为“年金现值系数”，记作（P/A，i，n），可通过查附表D年金现值系数表求得。

例 2-7

某人拟在银行存入一笔款项，年复利利率为10%，想在今后的5年内每年年末取出1 000元，则现在应一次存入的金额为：

$$P=A（P/A，10\%，5）=1\,000\times 3.790\,8=3\,790.80（元）$$

（2）投资回收额的计算。投资回收额是指一定时期内等额收回所投入资本或清偿所欠债务的价值指标。年金现值是已知年金求现值，若已知现值求年金，则此时的年金即为投资回收额。因此，投资回收额的计算是年金现值计算的逆运算。其计算公式为：

$$A=P\frac{1}{(P/A，i，n)} \tag{2-5}$$

公式（2-5）中的$\frac{1}{(P/A，i，n)}$称为“投资回收系数”，记作：$(A/P，i，n)$。

例 2-8

某企业投资一项目，投资额为 1 000 万元，年复利利率为 8%，投资期限预计为 10 年，要想收回投资，则每年应收回的投资为：

$$A=P\frac{1}{(P/A,8\%,10)}=1\,000\times\frac{1}{6.7101}=149.03（万元）$$

（三）预付年金的终值与现值

预付年金是指定期等额的系列款项发生在每期期初的年金，也称为即付年金。它的特征是从第一期开始每期期初都有一个等额的款项，如零存整取、等额支付租金等。

预付年金与普通年金的区别在于付款时间的不同。预付年金的计算可通过普通年金的计算转化后求得。

1．预付年金终值的计算

预付年金终值是每期期初等额款项的复利终值之和。

预付年金与普通年金付款次数相同，但由于付款时间不同，比普通年金多计算一期利息，因此，预付年金终值等于普通年金终值再乘以（1+i）。其计算公式为：

$$F=A\frac{(1+i)^n-1}{i}(1+i)=A(F/A，i，n)(1+i) \tag{2-6}$$

或

$$F=A\left[\frac{(1+i)^{n+1}-1}{i}-1\right]=A[(F/A，i，n+1)-1] \tag{2-7}$$

公式（2-6）中的$\frac{(1+i)^n-1}{i}(1+i)$或公式（2-7）中的$\left[\frac{(1+i)^{n+1}-1}{i}-1\right]$称为“预付年金终值系数”，有两种求法：一是查 n 年普通年金终值系数之后再乘以（1+i）；二是查 n+1 年的普通年金终值系数后再减 1。

例 2-9

某企业每年年初存入银行 10 000 元，存款利率为 5%，则第 5 年年末的终值为：

$F=A（F/A，5\%，5）（1+5\%）=10\,000\times5.525\,6\times1.05=58\,019$（元）

或 $F=A[（F/A，5\%，6）-1]=10\,000\times（6.801\,9-1）=58\,019$（元）

2．预付年金现值的计算

预付年金现值是每期期初等额款项的复利现值之和。

预付年金与普通年金付款次数相同，但由于付款时间不同，比普通年金现值多折现一期利息，也就是说，与普通年金相比，在折现时将其折到了折算点的前一期，因而将普通年金现值再乘以（$1+i$）就是折算点的价值。其计算公式为：

$$P=A\frac{1-(1+i)^{-n}}{i}（1+i）=A（P/A，i，n）（1+i） \quad (2\text{-}8)$$

或

$$P=A\left[\frac{1-(1+i)^{-(n-1)}}{i}+1\right]=A[（P/A，i，n-1）+1] \quad (2\text{-}9)$$

公式（2-8）中的 $\frac{1-(1+i)^{-n}}{i}$ 或公式（2-9）中的 $\left[\frac{1-(1+i)^{-(n-1)}}{i}+1\right]$ 称为“预付年金现值系数”，有两种求法：一是查 n 年普通年金现值系数之后再乘以（$1+i$）；二是查 $n-1$ 年的普通年金现值系数后再加 1。

例 2-10

某企业投资一项目，每年年初投入 100 万元，若复利利率为 10%，建设期为 3 年，则该项目投资的总现值为：

$P=A（P/A，10\%，3）（1+i）=100\times2.486\,9\times1.10=273.55$（万元）

或 $P=A[（P/A，10\%，2）+1]=100\times（1.735\,5+1）=273.55$（万元）

（四）递延年金

递延年金是指开始若干期内没有年金，若干期后才有的年金。递延年金是普通年金的特殊形式，凡不是从第一年开始的年金都是递延年金。由于递延年金的终值实际上就是普通年金的终值，所以只计算递延年金的现值。

假设没有年金的期限为 m 期，有年金的期限为 n 期，则递延年金现值的计算公式为：

$$P=A（P/A，i，n）（P/F，i，m） \quad (2\text{-}10)$$

或

$$P=A[（P/A，i，m+n）-（P/A，i，m）] \quad (2\text{-}11)$$

或

$$P=A（F/A，i，n）（P/F，i，m+n） \quad (2\text{-}12)$$

上述公式（2-10）在计算时分两步走，先计算 n 期普通年金现值，再用 m 期的复利现值进行折算；公式（2-11）是假设前 m 期也有年金，按 $m+n$ 期普通年金现值计算，再扣除 m 期的年金现值；公式（2-12）是将 n 期的年金按年金终值折到最后，再按 $m+n$ 期的复利现值进行折算。

例 2-11

某人在年初存入银行一笔款项，想要从第 5 年开始每年年末取出 1 000 元，至第 10 年取完，年复利利率为 10%，则年初应存入的金额为：

$$P=A（P/A，10\%，6）（P/F，10\%，4）=1\,000×4.355\,3×0.683\,0=2\,975（元）$$

或 $$P=A[（P/A，10\%，10）-（P/A，10\%，4）]=1\,000×（6.144\,6-3.169\,9）=2\,975（元）$$

或 $$P=A（F/A，10\%，6）（P/F，10\%，10）=1\,000×7.715\,6×0.385\,5=2\,975（元）$$

（五）永续年金

永续年金是无限期等额收付的系列款项，也是普通年金的特殊形式，是无限期的普通年金，如存本取息、购买优先股定期取得的固定股利等。由于永续年金持续期无限，没有终止的时间，因此不能计算终值，而只能计算现值。其计算公式为：

$$P=\frac{A}{i}$$

例 2-12

某人持有某公司优先股，每年每股股利 5 元，若想长期持有，在利率为 10%的情况下，则现在该股票的价值为：

$$P=\frac{A}{i}=\frac{5}{10\%}=50（元）$$

五、折现率（利率）和期间的计算

1．折现率（利率）的计算

求折现率（利率）可分两步进行：①求出换算系数。②根据换算系数和有关系数表求折现率（利率）。

例 2-13

某企业向银行一次性借入款项 100 万元，今后 5 年每年年末等额偿还本息 40 万元，则借款利率应为：

依题意：P=100 万元，A=40 万元，n=5。

$$(P/A,\ i,\ 5)=100/40=2.50$$

查附表 D-年金现值系数表，当 n=5 时，在系数表上没有 2.50 这个数值，当利率为 28%时，系数值为 2.532 0，当利率为 30%时，系数值为 2.435 6，所查的利率在 28%～30%之间，可采用插值法计算：

$$i=28\%+\frac{2.50-2.5320}{2.4356-2.5320}\times(30\%-28\%)$$

$$i=28.66\%$$

2．期间的计算

对于期间的计算，其原理和步骤与折现率相似。

例 2-14

某企业存入银行一笔款项，若存款年利率为 10%，问存多少年款项能翻一番？

设该款项为 P，若干年后为 2P，i=10%，则

$$P\times(1+i)^n=2P$$

$$(1+10\%)^n=2$$

查附表 A-复利终值系数表，当年限为 7 时，系数值为 1.948 7，当年限为 8 时，系数值为 2.143 6，则所求的年限在 7～8 之间，可用插值法求得：

$$n=7+\frac{2-1.9487}{2.1436-1.9487}\times(8-7)=7.26\text{（年）}$$

六、货币时间价值计算的特殊情况

1．名义利率与实际利率

当利息在一年内要复利几次时，将给出的年利率叫做名义利率，而把相当于一年复利一次的利率称为实际利率。

对于一年内复利多次的情况，可将名义利率调整为实际利率，然后再按实际利率来计算货币时间价值。其计算公式为：

$$(1+i)=(1+r/m)^m$$

$$i=(1+r/m)^m-1$$

式中　i——实际利率；

r——名义利率；

m——每年复利次数。

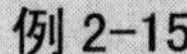

例 2-15

某企业年初存入 10 万元，年利率为 10%，每半年计息一次，5 年后的本利和为：

依题意：P=10 万元，r=10%，m=2，n=5，则

$$i=(1+r/m)^{m}-1=(1+10\%/2)^{2}-1=10.25\%$$

$$F=P(1+i)^{n}=10\times(1+10.25\%)^{5}=16.29\text{（万元）}$$

2．不等额现金流量终值与现值的计算

不等额现金流量终值与现值的计算方法是分别将不同时期不等额的现金收付流量折算为终值或现值，然后相加求和。

总终值公式为：

$$F=\sum_{t=0}^{n}A(1+i)^{t}$$

式中　t——第 t 年。

例 2-16

某企业第一年年初存入银行 1 万元，第二年年初存入银行 2 万元，第三年没存款，第四年年初存入银行 1.50 万元，若存款利率为 5%，则第四年年末可取出多少钱？

$$F=1.50\times(1+5\%)+2\times(1+5\%)^{3}+1\times(1+5\%)^{4}=5.11\text{（万元）}$$

总现值公式为：

$$P=\sum_{t=0}^{n}A\frac{1}{(1+i)^{t}}$$

例 2-17

一项工程需 3 年完成。第一年投入资金 10 000 元，第二年投入资金 40 000 元，第三年投入资金 20 000 元，若折现率为 10%，则其总现值为：

$$P=10\,000\times\frac{1}{(1+10\%)}+40\,000\times\frac{1}{(1+10\%)^{2}}+20\,000\times\frac{1}{(1+10\%)^{3}}$$

$$=10\,000\times0.909\,1+40\,000\times0.826\,4+20\,000\times0.751\,3$$

$$=57\,173\text{（元）}$$

第二节 风 险 价 值

一、风险的概念及类别

（一）风险的概念

风险是指在一定条件下和一定时期内可能发生的各种结果的变动程度。

如果企业的一项活动有多种可能的结果，其将来的财务后果是不肯定的，就叫风险。若只有一种结果，就叫无风险。风险就是某项行动的结果具有多样性。

风险具有两个特征：一是客观性，即风险是客观存在的，是条件本身的不确定性。二是动态性，即风险的大小是随着时间的推移而变化的，是一定时期的风险。

风险与不确定性的区别在于风险是指事先知道所有可能的结果，以及每种后果的概率，而不确定性是指事先不知道结果，或者虽然知道可能的结果，但不知道它们出现的概率。

（二）风险的类别

风险分为市场风险和公司特有风险。

1．市场风险

市场风险是指对所有企业都发生影响的因素引起的风险，如战争、通货膨胀、高利率、经济衰退、政权更迭等。它涉及的是企业所处的宏观环境，企业无法通过有效的投资组合来分散或消除这类风险，因此又称为不可分散风险或系统风险。

2．公司特有风险

公司特有风险是指发生个别企业特有事件造成的风险，如诉讼失败、失去销售市场等。这类风险涉及的是企业所处的微观环境，并非所有企业都发生，有较大的随机性，可以通过多元化的投资来分散或消除，故此类风险又称为可分散风险或非系统风险。

公司特有风险又分为经营风险和财务风险。

经营风险是指企业因经营上的原因，如经营环境的变化、经营方式的改变或经营决策失误等所产生的不利影响，也称商业风险。经营风险可通过加强市场调查、提高企业各方面素质来降低。

财务风险是指由于企业举债而带来的风险，也称筹资风险。财务风险表现为两方面：一是因负债而产生的丧失偿债能力的可能性；二是因借款而使企业所有者收益下降的可能性。

二、风险的测定

（一）概率及其分布

一个事件的概率是指这一事件可能发生的机会。通常将必然发生的事件的概率定为 1，将不可能发生的事件的概率定为 0，将一般随机发生的概率定为 0～1 的某个数值，概率的数值越大，发生的可能性越大。概率分布应符合以下两个条件：

（1）所有概率（P_i）都在 0～1 之间，即 $0 \leq P_i \leq 1$。

（2）所有结果的概率之和等于 1，即 $\sum_{i=1}^{n} P_i = 1$。

例 2-18

某企业有两个投资机会，其未来的预期报酬率及发生的概率如表 2-1 所示。

表 2-1 未来的预期报酬率及发生的概率

经济情况	概 率	A 项目预期报酬率	B 项目预期报酬率
较 好	0.30	40%	16%
一 般	0.50	10%	15%
较 差	0.20	−10%	13.50%

上述 A、B 两个项目均属于离散型概率分布。A 项目在经济情况较好时，报酬率较高，而在经济情况较差时，报酬率较低；B 项目无论经济情况如何，报酬率都相差不大。因此，A 项目风险较大，B 项目风险较小。

（二）离散程度的计算

1. 期望值

期望值是概率分布中所有可能的结果以其各自的概率为权数计算的加权平均值。其计算公式为：

$$E = \sum_{i=1}^{n} X_i P_i$$

式中 E——期望值；

X_i——第 i 种可能的结果；

P_i——第 i 种可能的结果的概率；

n——可能结果的个数。

例 2-19

用例 2-18 中的数据，分别计算两个项目预期报酬率的期望值如下：

A 项目：E=0.30×40%+0.50×10%+0.20×（−10%）=15%

B 项目：E=0.30×16%+0.50×15%+0.20×13.50%=15%

两个项目预期报酬率的期望值相同，但其概率分布不同。A 项目的分散程度大，而 B 项目的分散程度小。为衡量风险的大小，还要使用衡量概率分布离散程度的指标。

离散程度是用以衡量风险大小的统计指标。一般来说，离散程度越大，风险越大；离散程度越小，风险越小。

2．标准离差

标准离差是随机变量的预期值偏离期望值的程度。其计算公式为：

$$\delta=\sqrt{\sum_{i=1}^{n}(X_i-E)^2P_i}$$

标准离差越大，说明分散程度越大，其风险也就越大；标准离差越小，其风险也就越小。

例 2-20

依例 2-19 的计算结果，分别计算两个投资项目的标准离差如下：

A 项目：$\delta=\sqrt{(40\%-15\%)^2\times0.30+(10\%-15\%)^2\times0.50+(-10\%-15\%)^2\times0.20}=18.03\%$

B 项目：$\delta=\sqrt{(16\%-15\%)^2\times0.30+(15\%-15\%)^2\times0.50+(13.50\%-15\%)^2\times0.20}=0.87\%$

A 项目的标准离差远大于 B 项目的标准离差，说明 A 项目的风险比 B 项目的风险大。

但标准离差是一个绝对数，只能用于直接比较在期望值相同的各个投资项目的基础上的风险程度。若各项目的期望值不同，则还要进一步计算标准离差率，才能准确衡量其风险程度的大小。

3．标准离差率

标准离差率是标准离差与期望值的比值。其计算公式为：

$$Q=\delta/E$$

在期望值相同或不同的情况下，标准离差率越大，风险越大；标准离差率越小，风险越小。

以例 2-20 中的数据为例，计算两个投资项目的标准离差率如下：

A 项目：$Q=\delta/E=18.03\%/15\%=1.20$

B 项目：$Q=\delta/E=0.87\%/15\%=0.06$

A 项目的标准离差率比 B 项目大，说明 A 项目比 B 项目风险大。

三、投资的风险报酬

投资的风险报酬是指投资者冒风险进行投资而获得的超过货币时间价值的额外收益，又称为投资风险收益或投资风险价值。

1．风险报酬率

风险报酬率与风险程度有关，风险程度越大，风险报酬率越高。其具体的关系可表示为：

风险报酬率=风险报酬系数×标准离差率

投资报酬率=无风险报酬率+风险报酬率

=无风险报酬率+风险报酬系数×标准离差率

无风险报酬率是指包括通货膨胀贴补在内的货币时间价值，一般把国库券的利率作为无风险报酬率。

风险报酬系数就是把标准离差率转化为风险报酬的一种系数。其确定方法主要有：

（1）根据以往同类项目加以确定。其计算公式为：

风险报酬系数=（投资报酬率-无风险报酬率）/标准离差率

例 2-21

某项目投资报酬率为 10%，标准离差率为 30%，无风险报酬率为 7%，则：

风险报酬系数=（10%-7%）/30%=10%

（2）由专家确定。风险报酬系数的确定取决于企业对风险的态度。敢于冒险的企业，往往将系数定得低点；而比较保守的企业，则会把系数定得较高。

2．风险报酬的计算

（1）根据投资额与风险报酬率来计算。其计算公式为：

风险报酬=总投资额×风险报酬率

（2）根据投资总报酬和有关报酬率的关系来计算。如果不知总投资额，而已知投资报酬额、无风险报酬率和风险报酬率，则：

风险报酬=总报酬额×风险报酬率/（无风险报酬率+风险报酬率）

例 2-22

某企业投资项目总报酬额为 100 万元，无风险报酬率为 8%，风险报酬率为 2%，则项目的风险报酬为：

风险报酬=100×2%/（8%+2%）=20（万元）

四、风险的控制

风险控制是指风险管理者采取各种措施和方法，消灭或减少风险事件发生的各种可能性，或者减少风险事件发生时造成的损失。

风险控制的四种基本方法是风险回避、损失控制、风险转移和风险保留。

1．风险回避

风险回避是投资主体有意识地放弃风险行为，完全避免特定的损失风险。简单的风险回避是一种最消极的风险处理办法，因为投资者在放弃风险行为的同时，往往也放弃了潜在的目标收益。因此，一般只有在以下情况下才会采用这种方法：

（1）投资主体对风险极端厌恶。

（2）存在可实现同样目标的其他方案，其风险更低。

（3）投资主体无能力消除或转移风险。

（4）投资主体无能力承担该风险，或承担风险得不到足够的补偿。

2．损失控制

损失控制不是放弃风险，而是制订计划和采取措施降低损失的可能性或者是减少实际损失。损失控制的阶段包括事前、事中和事后三个阶段。事前控制的目的主要是为了降低损失的概率，事中和事后的控制主要是为了减少实际发生的损失。

3．风险转移

风险转移是指通过契约，将让渡人的风险转移给受让人承担的行为。通过风险转移，有时可大大降低经济主体的风险程度。风险转移的主要形式是合同和保险。

（1）合同转移。通过签订合同，可以将部分或全部风险转移给一个或多个其他参与者。

（2）保险转移。保险是使用最为广泛的风险转移方式。

4．风险保留

风险保留即风险承担，也就是说，如果损失发生，经济主体将以当时可利用的任何资金进行支付。风险保留包括无计划自留、有计划自我保险。

（1）无计划自留。无计划自留是指风险损失发生后从收入中支付，即不是在损失前作出资金安排。当经济主体没有意识到风险并认为损失不会发生时，或将意识到的与风险有关的最大可能损失显著低估时，就会采用无计划自留方式承担风险。一般来说，无计划自留应当谨慎使用，因为如果实际总损失远远大于预计损失，则会引起资金周转困难。

（2）有计划自我保险。有计划自我保险是指可能的损失发生前，通过作出各种资金安排以确保损失出现后能及时获得资金以补偿损失。有计划自我保险主要通过建立风险预留基金的方式来实现。

本 章 小 结

货币时间价值是指在不考虑风险、不考虑通货膨胀情况下的社会平均报酬率。

如果到银行存款，则开始存入银行的款项称为本金，是计算利息的基础，利息是按照事先规定的利率和存款时间所计算的存款报酬。本金加上利息即为本利和。

年金是指一定时期内每期等额收付的款项。折旧、租金、保险金、等额分期付款、等额分期收款、零存整取储蓄等，都属于年金问题。年金有两个基本特征：一是连续性；二是等额性。不符合年金特征的款项不能按年金计算，而只能用复利的方法计算。根据定期等额的系列款项发生的时点不同，年金可以分为普通年金、预付年金、递延年金和永续年金四种。

风险是指在一定条件下和一定时期内可能发生的各种结果的变动程度。投资的风险报酬是指投资者冒风险进行投资而获得的超过货币时间价值的额外收益，又称为投资风险收益或投资风险价值。

复习思考题

1．什么是货币时间价值？货币时间价值的实质是什么？

2．货币时间价值与一般的利息率之间是什么关系？

3．什么是年金？年金有哪几种类型？预付年金与普通年金之间是什么关系？

4．企业投资于两种股票，这两种股票的投资报酬率呈正相关对于风险的防范有什么样的影响？

5．如何衡量风险的大小？风险与报酬之间是什么关系？

练 习 题

1．某人存入银行 40 000 元，年利率为 6%，每季度复利一次。

要求：

（1）计算此笔存款达到 100 000 元的存款期限。

（2）计算在 3 年后使存款本息达到 60 000 元的存款利率。

2．某企业借入资金 50 000 元，期限为 5 年，年利率为 12%。

要求：

（1）计算半年计息一次时，到期一次性偿还本息的金额。

（2）计算每年等额偿还本息时，每年的还款额。

3．某人现在存入银行一笔现金，计划 8 年后每年年末从银行提取现金 5 000 元，连续提取 10 年，在利率为 4%的情况下，现在应存入银行多少元？

4．某人 5 年后需用现金 80 000 元，如果每年年末存款一次，则在年利率为 6%的情况下，每年年末应存入现金多少元？

5．某企业将 50 000 元资金存入银行，准备在 5 年内分 5 次平均取出，年利率为 8%，每次能取多少资金（按复利计息）？

6．某企业需要设备一台，设备价值为 80 万元，该设备预计每年为企业增加收益 15 万元，使用寿命为 8 年，现有三种方式可取得设备：

方式一：购进并一次性付款，可享受优惠 10%。

方式二：购入并采取分期付款，每年年初付 20 万元，分 4 年付清。

方式三：租入 8 年，每年年初付租金 10 万元。

设年利率为 10%，则企业该采用哪种方式取得设备？为什么？

7．某公司准备在下一会计年度将现有闲置资金对外投资。现有甲、乙、丙三家公司可供选择。这三家公司的年报酬率及概率的资料如表 2-2 所示。

表 2-2 年报酬率及概率资料

市场状况	发生概率	投资报酬率		
		甲公司	乙公司	丙公司
繁荣	0.30	40%	50%	60%
一般	0.50	20%	20%	20%
较差	0.20	0	−15%	−30%

设甲公司的风险报酬系数为 8%，乙公司的风险报酬系数为 9%，丙公司的风险报酬系数为 10%。此时的无风险报酬率为 6%。该公司的财务经理希望投资于预期报酬率较高而风险较低的公司，应作何选择?

案例分析

YD 公司的债务偿还

2001 年年初，YD 公司计划从银行获取 1 000 万元贷款，贷款的年利率为 10%，贷款期限为 10 年，银行提出四种还款方式让公司自行选择，以便签订借款合同。这四种还款方式为:

（1）每年支付利息，债务期末一次付清本金。

（2）全部本息到债务期末一次还清。

（3）在债务期间每年均匀偿还本利和。

（4）在债务期间过半后，每年再均匀偿还本利和。

假如你是公司的总经理，你将选用哪种还款方式来偿还贷款？为什么？在何种情况下企业负债经营才是有利的?

第三章

财务分析

本章要点:

本章介绍财务分析的意义和方法，偿债能力分析、营运能力分析及盈利能力分析等分析方法。重点掌握以下内容:

1. 了解短期偿债能力、长期偿债能力、盈利能力等指标。
2. 掌握财务分析各种方法的运用。
3. 掌握杜邦财务分析体系的应用。
4. 熟悉财务状况的其他综合评价方法。

第一节 财务分析的意义与内容

一、财务分析的含义

财务分析是以会计核算和报表资料为主要依据，参考市场信息等其他相关资料，采用一系列专门的分析技术和方法，对企业等经济组织过去和现在的财务状况、经营成果及未来前景进行分析与评价，从而为企业的投资者、债权人、经营者及其他关心企业的组织或个人了解企业过去、评价企业利弊得失、预测企业发展趋势、作出正确决策，提供准确的信息或依据。

不论是静态的资产负债表，还是动态的利润表与现金流量表，所提供的有关财务状况和经营成果的信息都是历史性的描述。尽管过去的信息是进行决策的主要依据之一，但过去未必能代表现在和将来。因此，财务报表上所列示的各类项目的金额，如果孤立起来看，是没有多大意义的，而必须与其他金额相关联或相比较才能成为有意义的信息，供决策者使用。这些正是财务分析所要解决的问题。

财务分析，可以正确评价企业过去、全面反映企业现状、客观预测企业未来，不仅对企业内部生产经营管理有着重要作用，而且对企业外部投资决策、贷款决策、赊销决策等也有着重要作用，对于正确评价、考核、计划、控制、决策、预测都有着重要作用。

二、财务分析的内容

由于分析主体和分析服务对象的不同，财务分析的具体内容也有差异。各种财务分析主体的分析目的和财务分析服务对象所关心的问题构成了各自的分析体系。财务分析从分析主体和分析服务对象上看，包括投资者进行的财务分析、经营者进行的财务分析、债权人进行的财务分析，以及其他相关经济组织或者个人所进行的财务分析。

企业的股权投资者进行财务分析，主要关心资本的保值、增值及投资的风险性，因此，其进行财务分析的最根本目的，是分析企业的盈利能力指标。与此同时，为了确保资本的保值和增值，还需进行企业的权益结构、偿债能力及营运能力等分析。

企业的债权人一方面要确保投资的安全，另一方面要追求相应的报酬或收益，因此，其进行财务分析首先要关注企业的偿债能力指标，然后还要与企业的盈利能力相结合进行分析。

企业经营者的总体目标是企业盈利的实现，因此，他们先要关注盈利能力分析。不仅如此，企业经营者还需要及时发现生产经营中存在的问题，关注盈利的过程，以期实现盈利的持续增长，因此还要进行资产结构分析、营运状况与效率分析、经营风险与财务风险分析、支付能力与偿债能力分析及发展能力分析。

国家行政管理与监督部门进行财务分析的目的，是监督检查经济政策、法规、制度在企业的执行状况，保证财务会计信息和财务报告的真实性，为宏观决策提供可靠信息，财务分析的具体内容因其身份而异。

总的来说，财务分析的基本内容包括盈利能力分析、偿债能力分析和营运能力分析。

第二节　财务分析的方法

财务分析的方法灵活多样。随着分析对象、企业实际情况和分析者的不同，采用的分析方法也不同。财务分析的方法主要包括比较分析法、比率分析法和因素分析法。

一、比较分析法

比较分析法是财务分析中普遍使用的重要的分析方法。它是通过对经济指标在数据上的比较，揭示经济指标之间数量关系和差异的一种分析方法。对经济指标的对比，主要有以下两种形式：

1．水平分析法

水平分析法是将企业报告期财务状况的信息与企业某一历史时期财务状况的信息进行对比，研究其发展变动情况的一种财务分析方法，主要应用于财务报表的分析。其基本要点是将不同时期的同项数据和指标进行对比，对比的方式有：

（1）变动绝对值。变动绝对值是将不同时期、相同项目的绝对金额进行比较，以观察其绝对额的变化趋势。其计算公式为：

$$变动绝对值=报告期某项指标实际数-基期该项指标实际数$$

（2）增减变动率。其计算公式为：

$$变动率=\frac{变动绝对值}{基期该项指标实际数}\times 100\%$$

需要注意的是，进行水平分析时，应将变动绝对值与增减变动率两种对比方式结合运用，仅用其中一种方法得出的结论往往是片面的，甚至是错误的。

2．趋势分析法

趋势分析法是根据企业两期或者连续几个时期的分析资料，运用指数或完成率的计算，

确定报告期各有关项目的变动情况和趋势的一种财务分析方法。趋势分析法的主要方式有：

（1）定基分析法。定基分析是以报告期间某一固定时期的报表数据作为基数，其他各期与之对比，计算百分比，以观察各期相对于基数的变化趋势。

（2）环比分析法。环比分析是以某一期的数据和上期的数据进行比较，计算趋势百分比，以观察每期的增减变化情况。

企业进行趋势分析时通常采用定基分析法。

二、比率分析法

比率分析法是根据财务报告中相互关联的两个项目或多个项目的绝对数进行对比，通过计算经济指标的比率来考察、计量和评价经济活动变动程度的一种分析方法。比率分析法是财务分析最基本、最重要的方法。

1. 比率的分类

根据分析的不同内容和要求，可以计算出各种不同的比率进行比较，主要有：

（1）相关指标比率，即根据经济活动客观存在的相互依存、相互联系的关系，将两个性质不同但又相关的指标加以对比，求出比率，然后进行各种形式的比较，以便从经济活动的客观联系中更深刻的认识经济活动，更合理的评价经济效益的高低。例如，通过计算、比较资产负债率、流动比率、速动比率等相关指标比率，可以了解企业的偿债能力及其变动情况，或与先进水平的差距等。

（2）构成比率，又称结构比率，即通过计算某项经济指标各个组成部分占总体的比重，来探讨各个部分在结构上的变化规律，反映报表中的项目与总体关系情况及其变动情况的财务分析方法。其计算公式为：

$$构成比率=\frac{某个组成部分数额}{该总体总额}\times 100\%$$

通过对各项目的占比分析，可以了解各项目在企业生产经营中的重要性。一般来说，项目比重越大，说明其重要程度越高，对总体的影响越大。计算、比较构成比率，可以了解某项经济指标的构成情况，以便考察总体部分的变化情况。例如，计算、比较资产构成比率、负债构成比率、所有者权益构成比率等，就可以了解这些构成比率是否合理，其发展变化是否更加有效，等等。通常情况下，在计算出某项目的比重后，需要与前期同项目比重进行对比，研究各项目的比重变动情况。

（3）动态比率，即将某项经济指标不同时期的数额对比，求出动态比率，然后进行各种形式的比较，以便考察该项经济指标的发展变化趋势和增减速度。

2. 比率分析法应遵循的原则

在财务分析中，比率分析虽然用途最广，但也有其局限性。其突出表现在：①比率分析属于静态分析，对于预测未来并非绝对合理可靠。②比率分析所使用的数据为账面价值，难以反映物价水准的影响。

运用比率分析法，必须遵循以下原则：

（1）相关性。所分析的项目要具有可比性、相关性，将不相关的项目进行对比是没有意义的。

（2）一致性。比率的分子项与分母项必须在时间、范围等方面保持口径一致。

（3）科学性。选择比较的标准要注意行业因素、生产经营情况差异性等因素。

（4）全面性。要注意将各种比率有机地联系起来进行全面分析，而不可孤立地看某种或某类比率，同时要结合其他分析方法，这样才能对企业的历史、现状和将来有一个详尽的分析和了解，达到财务分析的目的。

三、因素分析法

因素分析法是依据财务分析指标与其影响因素之间的关系，按照一定的程序和方法，从数量上确定各因素对分析指标差异影响程度的一种技术方法。一个经济指标往往是由多种因素构成的。它们各自对某一个经济指标都有不同程度的影响，只有将这一综合性的指标分解成各个构成因素，才能从数量上把握每一个因素的影响程度。因素分析法既可以全面分析各因素对某一经济指标的影响，又可以单独分析某个因素对经济指标的影响，在财务分析中应用颇为广泛。因素分析法根据其分析特点可分为连环替代法和差额分析法两种。

（一）连环替代法

连环替代法是指在多种因素对某一指标综合发生作用的情况下，将分析指标分解为各个可以计量的因素，并根据因素之间的内在依存关系，顺次用各因素的比较值（通常为实际值）替代基准值（通常为标准值或计划值），据以测定经济指标变动的原因及各因素的影响程度。

1. 连环替代法的一般程序

（1）确定分析指标与其影响因素之间的关系。将财务指标在计算公式的基础上进行分解或扩展，从而得出各影响因素与分析指标之间的关系式。

（2）根据分析指标的报告期数值与基期数值列出两个关系式，确定分析对象。

（3）连环顺序替代，计算替代结果。以基期指标体系为计算基础，用实际指标体系中的每一个因素的实际数顺序地替代其相应的基期数，每次替代一个因素，替代后的因素被保留下来不再返回为基期数。

（4）比较各因素的替代结果，确定各因素对分析指标的影响程度。每个因素替换以后，均会得出一个综合指标的结果，将每个因素替换以后的结果与替换以前的结果相减，即可得出该替换因素变动对综合指标的影响数额。

（5）检验分析结果。将各因素的影响额汇总相加与综合指标变动的总差异相比较，确定其计算的正确性，即将各因素对分析指标的影响额相加，其代数和应等于分析对象。如果二者相等，则说明分析结果可能是正确的；但是，如果二者不相等，则说明分析结果一定是错误的。

设某一分析指标 P 是由相互联系的 A、B、C 三个因素相乘得到的，报告期（实际）指标和基期（计划）指标为：报告期（实际）指标 $P_0=A_0B_0C_0$，基期（计划）指标 $P_S=A_SB_SC_S$。在测定各因素变动对指标 P 的影响程度后按顺序进行分析。

分析对象：$\Delta P=P_0-P_S$

基期（计划）指标：

$$P_S=A_SB_SC_S \tag{3-1}$$

第一次替代：

$$A_0B_SC_S \tag{3-2}$$

第二次替代：

$$A_0B_0C_S \tag{3-3}$$

第三次替代：

$$A_0B_0C_0 \tag{3-4}$$

公式（3-2）-公式（3-1）得：A 变动对 P 的影响。

公式（3-3）-公式（3-2）得：B 变动对 P 的影响。

公式（3-4）-公式（3-3）得：C 变动对 P 的影响。

2．应用连环替代法必须注意的几个问题

（1）因素分解的相关性。构成经济指标的因素要能够反映形成该指标差异的内在构成原因。经济指标与它的构成因素之间不仅能够构成一种代数式，而且必须存在真正的因果关系。

（2）分析前提的假定性。连环替代法计算的各因素变动的影响数，会因替代计算的顺序不同而有差别，即计算结果只是在某种假定前提下的结果。为此，财务分析人员在具体运用此方法时，应注意力求使这种假定是合乎逻辑的假定，是具有实际经济意义的假定，这样才不会妨碍分析的有效性。

（3）因素替代的顺序性。连环替代法是严格按照各因素的排列顺序逐次以一个因素的实际数替换其基数。如果替换的顺序不一样，则计算结果也不一样。在实际工作中，一般将各因素区分为数量指标和质量指标，替换顺序的确定原则是：先换量的因素，再换质的因素，并按照影响指标的重要性程度来安排各因素的替换顺序。如果同时出现几个数量指标或几个质量指标，则应先替换数量指标，后替换质量指标。除此之外，还可按照先替换基本因素，后替换从属因素的方法，确定连环替代法的因素替换顺序。

采用连环替代的方法确定因素变化影响结果，只有保持这一连环性，才能使所计算出来的各因素的影响等于所要分析的综合经济指标的总差异。

（二）差额分析法

差额分析法也称绝对分析法，是连环替代法的一种简化形式，即利用各个因素的比较值与基准值之间的差额，在其他因素不变的假定条件下，来计算各因素对分析指标的影响。仍以连环替代法使用的财务指标为例：报告期与基期的总差异为 P_0-P_S，这一总差异同时受到 A、B、C 三个因素的影响，它们各自的影响程度可分别由下列公式计算求得：

A 因素变动的影响：

$$(A_0-A_S)B_SC_S$$

B 因素变动的影响：

$$A_0(B_0-B_S)C_S$$

C 因素变动的影响：

$$A_0B_0(C_0-C_S)$$

最后，将以上三大因素各自的影响数相加就应该等于总差异 P_0-P_S。

需要注意的是，并非所有的连环替代法都可以运用差额分析法进行简化，尤其在各影响因素之间不是连乘的情况下，运用差额分析法必须格外慎重。

例 3-1

影响总资产报酬率的因素主要有总资产周转率和销售息税前利润率，根据表 3-1 中 A 公司的资料，分别运用连环替代法和差额分析法分析总资产周转率和销售息税前利润率变动对总资产报酬率的影响。

总资产报酬率的计算公式为：

$$总资产报酬率=\frac{利润总额+利息支出}{平均资产总额}\times100\%=\frac{营业收入}{平均资产总额}\times\frac{利润总额+利息支出}{营业收入}\times100\%$$

$$=总资产周转率\times销售息税前利润率\times100\%$$

表 3-1　A 公司资产经营盈利能力分析表

（单位：元）

项　目	2008 年	2007 年	差　异
营业收入	1 250 000	1 020 000	
利润总额	310 300	290 252	
利息支出	41 500	42 560	
息税前利润	351 800	332 812	
平均资产总额	8 070 078	7 992 050	
总资产周转率	15.49%	12.76%	2.73%
销售息税前利润率	28.14%	32.63%	−4.49%
总资产报酬率	4.36%	4.16%	0.20%

（1）运用连环替代法分析

报告期指标体系：15.49%×28.14%=4.36%

基期指标体系：12.76%×32.63%=4.16%

分析对象：4.36%−4.16%=0.20%

进行连环替代，并计算每次替代后的结果：

基期指标：12.76%×32.63%=4.16%

第一次替代：15.49%×32.63%=5.05%

第二次替代：15.49%×28.14%=4.36%

得总资产周转率的影响为：5.05%−4.16%=0.89%

得销售息税前利润率的影响为：4.36%−5.05%=−0.69%

检验分析结果：−0.69%+0.89%=0.20%

（2）运用差额分析法分析

因素分析：

1）总资产周转率的影响：

（15.49%−12.76%）×32.63%=0.89%

2）销售息税前利润率的影响：

（28.14%−32.63%）×15.49%=−0.69%

分析结果表明，A 公司 2008 年总资产报酬率比 2007 年提高了 0.20%，主要是由于尽管销售息税前利润率的下降使总资产报酬率下降了 0.69%，但该公司 2008 年总资产周转率加快，使总资产报酬率上升了 0.89%。因此，A 公司 2008 年总资产报酬率比 2007 年提高了 0.20%。

由此可见，要想提高企业总资产报酬率，增强企业的盈利能力，就要从提高企业总资产周转率和销售息税前利润率两方面努力。

第三节 财务比率分析

总结和评价企业财务状况与经营成果的比率指标包括偿债能力指标、营运能力指标、盈利能力指标和发展能力指标。现将后面举例时需用到的甲公司的资产负债表和利润表（假定所得税税率为 40%）列举如下（见表 3-2 和表 3-3）。

表 3-2 甲公司资产负债表

2010 年 12 月 31 日 （单位：万元）

资产	年初数	年末数	负债及所有者权益	年初数	年末数
流动资产：			流动负债：		
货币资金	800	900	短期借款	2 000	2 300
交易性金融资产	1 000	500	应付账款	1 000	1 200
应收账款	1 200	1 300	预收款项	300	400
预付款项	40	70	其他应付款	100	100
存货	4 000	5 200	流动负债合计	3 400	4 000
其他流动资产	60	80	长期借款	2 000	2 500
流动资产合计	7 100	8 050	所有者权益：		
长期股权投资	400	400	实收资本	12 000	12 000
固定资产	12 000	14 000	盈余公积	1 600	1 600
无形资产	500	550	未分配利润	1 000	2 900
			所有者权益合计	14 600	16 500
资产总计	20 000	23 000	负债及所有者权益总计	20 000	23 000

表 3-3 甲公司利润表

2010 年度 （单位：万元）

项目	上年实际	本年实际
一、营业收入	18 000	20 000
减：营业成本	10 700	12 200
营业税金及附加	1 080	1 200
销售费用	1 620	1 900
管理费用	800	1 000
财务费用	200	300
加：投资收益	600	1 000
二、营业利润	4 200	4 400
加：营业外收入	400	450
减：营业外支出	600	650
三、利润总额	4 000	4 200
减：所得税（税率为 40%）	1 600	1 680
四、净利润	2 400	2 520

注：表中的营业收入即为主营业务收入净额、营业成本即为主营业务成本。

一、偿债能力分析

偿债能力是指企业偿还到期债务（包括本息）的能力。偿债能力分析包括短期偿债能力分析和长期偿债能力分析。

（一）短期偿债能力分析

短期偿债能力是指企业流动资产对流动负债及时足额偿还的保证程度，是衡量企业当前财务能力，特别是流动资产变现能力的重要标志。

企业短期偿债能力的衡量指标主要有流动比率、速动比率和现金流动负债比率三项。

1．流动比率

流动比率（Current Ratio）是流动资产与流动负债的比率。它表明企业每 1 元流动负债有多少流动资产作为偿还的保证，反映企业用可在短期内转变为现金的流动资产偿还到期流动负债的能力。其计算公式为：

流动比率=流动资产÷流动负债×100%

一般情况下，流动比率越高，反映企业短期偿债能力越强，债权人的权益越有保证。按照西方企业的长期经验，一般认为 2:1 的比例比较适宜。它表明企业财务状况稳定可靠，除了满足日常生产经营的流动资金需要外，还有足够的财产偿付到期短期债务。如果比例过低，则表示企业可能捉襟见肘，难以如期偿还债务。但是，流动比率也不能过高，过高则表明流动资产占用较多，会影响资金的使用效率和企业筹资成本进而影响获利能力。究竟保持多高水平的比率，主要视企业对待风险和收益的态度予以确定。

例 3-2

根据表 3-2 中的资料，该公司 2010 年的流动比率为：

年初流动比率=7 100÷3 400×100%=208.82%

年末流动比率=8 050÷4 000×100%=201.25%

该企业 2010 年年初、年末流动比率均超过一般公认标准，反映该公司具有较强的短期偿债能力。

2．速动比率

速动比率（Quick Ratio）是企业速动资产与流动负债的比率。所谓速动资产，是指流动资产减去变现能力较差且不稳定的存货、其他流动资产等后的余额。由于剔除了存货等变现能力较弱且不稳定的资产，因此速动比率较之流动比率能更加准确、可靠地评价企业资产的流动性及其偿还短期负债的能力。其计算公式为：

速动比率=速动资产÷流动负债×100%

西方传统经验认为速动比率为 1 是安全标准。因为如果速动比率小于 1，必使企业面临很大的偿债风险；如果速动比率大于 1，尽管债务偿还的安全性很高，但却会因企业货币资金及应收账款资金占用过多而大大增加企业的机会成本。

例 3-3

根据表 3-2 中的材料，该公司 2010 年的速动比率为：

年初速动比率=（800+1 000+1 200+40）÷3 400×100%=89.41%

年末速动比率=（900+500+1 300+70）÷4 000×100%=69.25%

分析表明，该公司 2010 年年末的速动比率比年初有所降低，虽然该公司流动比率超过一般公认标准，但由于流动资产中存货所占比重过大，导致公司速动比率未达到一般公认标准，公司的短期偿债能力并不理想，因此需采取措施加以扭转。

在分析时需注意的是：尽管速动比率较之流动比率更能比较准确地反映出流动负债偿还能力的安全性和稳定性，但并不能认为速动比率较低的企业的流动负债到期绝不能偿还。实际上，如果企业存货流转顺畅，变现能力较强，即使速动比率较低，只要流动比率高，企业仍然有望偿还到期的债务本息。

3．现金流动负债比率

现金流动负债比率（Cash Current Debt Ratio）是企业一定时期的现金净流量同流动负债的比率。它可以从现金流量角度来反映企业当期偿付短期负债的能力。其计算公式为：

现金流动负债比率=年经营现金净流量÷年末流动负债×100%　　　　(3-5)

公式（3-5）中，年经营现金净流量是指一定时期内，由企业经营活动所产生的现金及其等价物的流入量与流出量的差额。

该指标是从现金流入和流出的动态角度对企业的实际偿债能力进行考察。由于有利润的年份不一定有足够的现金来偿还债务，所以利用以收付实现制为基础的现金流动负债比率指标，能充分体现企业经营活动所产生的现金净流量在多大程度上来保证当期流动负债的偿还，直观地反映出企业偿还流动负债的实际能力。

例 3-4

根据表 3-2 中的资料，假定该公司 2009 年度和 2010 年度的经营现金净流量分别为 3 000 万元和 5 000 万元，则该公司的现金流动负债比率为：

2009 年度现金流动负债比率=3 000÷3 400×100%=88.24%

2010 年度现金流动负债比率=5 000÷4 000×100%=125%

该公司 2010 年度的现金流动负债比率比 2009 年明显提高，表明该公司的短期偿债能力增强。

（二）长期偿债能力分析

长期偿债能力是指企业偿还长期负债的能力。其分析指标主要有：

1．资产负债率

资产负债率（Debt Ratio）又称负债比率，是企业负债总额与资产总额的比率。它表明企业资产总额中，债权人提供资金所占的比重，以及企业资产对债权人权益的保障程度。其计算公式为：

资产负债率=负债总额÷资产总额×100%

这一比率越小，表明企业的长期偿债能力越强。如果此项比率较大，则从企业所有者来说，是利用较少量的自有资金投资，形成了较多的生产经营用资产，不仅扩大了生产经营规模，而且在经营状况良好的情况下，还可以利用财务杠杆作用，得到较多的投资利润。但如这一比率过大，则表明企业债务负担重，企业资金实力不强，不仅对债权人不利，而且企业有濒临倒闭的危险。

例 3-5

根据表 3-2 中的资料，该公司 2010 年的资产负债率为：

年初资产负债率=5 400÷20 000×100%=27%

年末资产负债率=6 500÷23 000×100%=28.26%

该公司年初、年末的资产负债率均不高，说明公司长期偿债能力较强，这样有助于增强债权人对公司出借资金的信心。

2．产权比率

产权比率（Equity Ratio）是指负债总额与所有者权益的比率，是企业财务结构稳健与否的重要标志，也称资本负债率。它反映企业所有者权益对债权人权益的保障程度。其计算公式为：

产权比率=负债总额÷所有者权益×100%

该指标越低，表明企业长期偿债能力越强，债权人权益的保障程度越高，承担的风险越小，但企业不能充分地发挥负债的财务杠杆效应。所以，企业在评价产权比率适度与否时，应从提高获利能力与增强偿债能力两个方面综合进行，即在保障债务偿还安全的前提下，应尽可能提高产权比率。

例 3-6

根据表 3-2 中的资料，该公司 2010 年的产权比率为：

年初产权比率=5 400÷14 600×100%=36.99%

年末产权比率=6 500÷16 500×100%=39.39%

该公司 2010 年年初、年末的产权比率都不高，同资产负债率的计算结果可相互印证，表明公司的长期偿债能力较强，债权人的保障程度较高。

3．利息保障倍数

利息保障倍数（Number of Times Interest Earned）也称已获利息倍数，是指企业息税前利润与利息支出的比值。它可以反映获利能力对债务偿付的保障程度。其计算公式为：

利息保障倍数=息税前利润÷利息支出

该指标不仅反映了企业获利能力的大小，而且反映了获利能力对偿还到期债务的保证程度。它既是企业举债经营的前提依据，也是衡量企业长期偿债能力大小的重要标志。由此可以得出这样的启示：若要维持正常偿债能力，则从长期看，利息保障倍数应当大于 1，且比

值越高，企业长期偿债能力就越强。

如果利息保障倍数过小，则企业将面临亏损、偿债的安全性与稳定性下降的风险。究竟企业利息保障倍数应是利息的多少倍，才算偿付能力强，这要根据往年经验结合行业特点来判断。

例 3-7

根据表 3-3 中的资料，假定表中财务费用全部为利息费用，则该公司利息保障倍数如下：

2009 年利息保障倍数=（4 000+200）÷200=21（倍）

2010 年利息保障倍数=（4 200+300）÷300=15（倍）

从以上利息保障倍数来看，应当说公司 2009 年和 2010 年的利息保障倍数都较高，表明公司有较强的偿付负债的能力。

二、营运能力分析

营运能力是指企业基于外部市场环境的约束，通过内部人力资源和生产资料的配置组合而对财务目标所产生作用的大小。营运能力分析（Analysis of Operating Capacity）包括人力资源营运能力的分析和生产资料营运能力的分析。

（一）人力资源营运能力的分析

人，作为生产力的主体和企业财富的原始创造者，其素质水平的高低对企业营运能力的形成状况具有决定性作用。分析和评价人力资源营运能力的着眼点在于如何充分调动劳动者的积极性和能动性，从而提高经营效率。通常采用劳动效率指标对人力资源营运能力进行分析。劳动效率是指企业主营业务收入净额或净产值与平均职工人数（可以视不同情况具体确定）的比率。其计算公式为：

劳动效率=主营业务收入净额或净产值÷平均职工人数×100%

对企业劳动效率进行考核评价主要是采用比较的方法，如将实际劳动效率与本企业计划水平、历史先进水平或同行业平均先进水平等指标进行对比，确定其差异程度，分析造成差异的原因，以选取适宜对策，进一步发掘提高人力资源劳动效率的潜能。

（二）生产资料营运能力分析

企业拥有或控制的生产资料表现为各项资产的占用。因此，生产资料的营运能力实际上就是企业的总资产及其各个组成要素的营运能力。生产资料营运能力的强弱关键取决于周转速度。一般说来，周转速度越快，资产的使用效率越高，则生产资料营运能力越强；反之，生产资料营运能力就越差。对生产资料营运能力的分析可以从以下几个方面进行：

1. 流动资产周转情况分析

反映流动资产周转情况的指标主要有应收账款周转率、存货周转率和流动资产周转率。

（1）应收账款周转率（Accounts Receivable Turnover）。它是一定时期内商品或产品营业收入与平均应收账款余额的比值，是反映应收账款周转速度的指标。它可以用应收账款周转次数和应收账款周转天数来表示。其计算公式为：

应收账款周转次数=营业收入÷平均应收账款余额 (3-6)

应收账款周转天数=平均应收账款余额×360÷营业收入=360÷应收账款周转次数

其中： 营业收入=主营业务收入+其他业务收入−销售折扣与折让

平均应收账款余额=（应收账款年初数+应收账款年末数）÷2

应收账款周转反映了企业应收账款变现速度的快慢及管理效率的高低。周转率高表明：①收账迅速，账龄较短。②资产流动性强，短期偿债能力强。③可以减少收账费用和坏账损失，从而相对增加企业流动资产的投资效益。同时借助应收账款周转天数与企业信用期限的比较，还可以评价购买单位的信用程度，以及企业原定的信用条件是否适当。

利用公式（3-6）计算应收账款周转率时，需要注意几个问题：

1）公式中的应收账款包括会计核算中的“应收账款”和“应收票据”等全部赊销账款在内。

2）如果应收账款余额的波动性较大，则应尽可能使用更详尽的计算资料，如按每月的应收账款余额来计算其平均余额。

3）分子、分母的数据应注意时间的对应性。

例 3-8

根据表 3-2 和表 3-3 中的资料计算甲公司 2009 年和 2010 年的应收账款周转率，如表 3-4 所示。计算结果表明，该公司 2010 年的应收账款周转率比 2009 年有所改善，周转次数由 15.65 次提高为 16 次，周转天数由 23 天缩短为 22.5 天。

这不仅说明公司的营运能力有所增强，而且对流动资产的变现能力和周转速度也起到促进作用。

表 3-4 应收账款周转率

（单位：万元）

项 目	2008 年	2009 年	2010 年
营业收入		18 000	20 000
年末应收账款余额	1 100	1 200	1 300
平均应收账款余额		1 150	1 250
应收账款周转次数/次		15.65	16
应收账款周转天数/天		23	22.50

（2）存货周转率（Inventory Turnover）。存货周转率是一定时期内企业营业成本与平均存货余额的比值，是反映企业流动资产流动性的一个指标，也是衡量企业生产经营各环节中存货运营效率的一个综合指标。它可以用存货周转次数和存货周转天数来表示。其计算公式为：

存货周转次数=营业成本÷平均存货余额

存货周转天数=平均存货余额×360÷营业成本

式中，营业成本也可用销货成本。

存货周转率是从存货变现的角度来分析企业的销售能力及存货适量程度的。存货周转速度的快慢，不仅反映出企业采购、存储、生产、销售各环节管理工作的好坏，而且对企业的

偿债能力及获利能力产生决定性的影响。一般来讲，存货周转率越高越好。存货周转率越高，表明其变现的速度越快，周转额越大，资金占用水平越低。因此，通过对存货周转率进行分析，有利于找出存货管理存在的问题，尽可能降低资金占用水平。

例 3-9

甲公司 2008 年存货年末余额为 3 800 万元，该公司 2009 年和 2010 年的存货周转率如表 3-5 所示。

表 3-5 存货周转率

（单位：万元）

项目	2008 年	2009 年	2010 年
营业成本		10 700	12 200
年末存货余额	3 800	4 000	5 200
平均存货余额		3 900	4 600
存货周转次数/次		2.74	2.65
存货周转天数/天		131.21	135.74

（3）流动资产周转率。它是流动资产在一定时期内所完成的周转额（营业收入）与平均流动资产总额之间的比值，是反映企业流动资产周转速度的指标。它可以用流动资产周转次数和流动资产周转天数来表示。其计算公式为：

流动资产周转次数=营业收入÷平均流动资产总额

流动资产周转天数=平均流动资产总额×360÷营业收入

平均流动资产总额应按报告期的不同分别加以确定，并应保持营业收入与平均流动资产总额在时间上的一致性。

在一定时期内，流动资产周转次数越多，说明以相同的流动资产完成的周转额越多，流动资产利用效果越好。流动资产周转率用流动资产周转天数表示时，周转一次所用的天数越少，表明流动资产在经历生产至销售各阶段时所占用的时间越短。生产经营任何一个环节上的工作改善，都会反映到流动资产周转天数的缩短上来。

例 3-10

假设甲公司 2008 年流动资产年末余额为 6 000 万元，可以计算公司 2009 年和 2010 年的流动资产周转情况，如表 3-6 所示。

表 3-6 流动资产周转率

（单位：万元）

项　目	2008 年	2009 年	2010 年
营业收入		18 000	20 000
年末流动资产余额	6 000	7 100	8 050
平均流动资产余额		6 550	7 575
流动资产周转次数/次		2.75	2.64
流动资产周转天数/天		131	136.35

由表 3-6 可见，该公司 2010 年的流动资产周转速度比 2009 年延缓了 5.35 天，表明公司的流动资产周转速度下降，公司应加强流动资产的管理。

2．固定资产周转率

固定资产周转率是指一定时期内企业营业收入与平均固定资产净值的比值。它是反映企业固定资产周转情况，从而衡量企业固定资产利用效率的一项指标。其计算公式为：

固定资产周转率=营业收入÷平均固定资产净值

固定资产周转率高，表明企业固定资产利用充分，同时也表明企业固定资产使用得当，固定资产结构合理，能够充分发挥效率。反之，如果固定资产周转率不高，则表明固定资产使用效率不高，提供的生产成果不多，企业的营运能力不强。

分析固定资产周转率时，需要考虑固定资产因计提折旧，而其净值在不断地减少，又因更新重置，其净值会突然增加的影响。同时，由于折旧方法的不同，可能影响其可比性。故在分析时，一定要剔除不可比因素。

例 3-11

假设甲公司 2008 年年末固定资产净值为 11 800 万元，则该公司 2009 年和 2010 年的固定资产周转率，如表 3-7 所示。

表 3-7　固定资产周转率

（单位：万元）

项　目	2008 年	2009 年	2010 年
营业收入		18 000	20 000
年末固定资产净值	11 800	12 000	14 000
平均固定资产净值		11 900	13 000
固定资产周转次数/次		1.51	1.54

以上计算结果表明，公司 2010 年的固定资产周转率比 2009 年有所加快。其主要原因是固定资产净值的增加程度低于营业收入的增长幅度，这表明公司的营运能力有所提高。

3．总资产周转率

总资产周转率是企业营业收入与平均资产总额的比值，可用来反映企业全部资产的利用效率。其计算公式为：

总资产周转率=营业收入÷平均资产总额

总资产周转率高，说明企业全部资产使用效率高；反之，则说明使用效率较差，企业应采取各项措施来提高企业的资产利用程度，如提高营业收入或处理多余的资产。

三、盈利能力分析

对增值的不断追求是企业资金运动的动力源泉与直接目的。盈利能力是指企业资金增值的能力，即企业获取利润的能力。分析盈利能力时，应排除非正常因素的影响，如证券买卖等，只涉及企业正常的经营状况。这里主要从企业一般盈利能力角度分析。一般可用以下指

标进行企业盈利能力分析（Analysis of Profitability Power）：

1．营业利润率

营业利润率是企业营业利润与营业收入的比率。其计算公式为：

营业利润率=（营业利润÷营业收入）×100%

主营业务利润率=（主营业务利润÷主营业务收入净额）×100%

企业的利润包括主营业务利润、营业利润、利润总额和净利润四种形式。其中利润总额和净利润包含着非销售利润因素，所以能够更直接反映销售获利能力的指标是主营业务利润率和营业利润率。通过考察营业利润占营业收入比重的升降，可以发现企业经营理财状况的稳定性、面临的危险或可能出现的转机迹象。

例 3-12

根据表 3-3，计算营业利润率，如表 3-8 所示。

表 3-8 营业利润率

（单位：万元）

项 目	2009 年	2010 年
营业利润	4 200	4 400
利润总额	4 000	4 200
净利润	2 400	2 520
营业收入	18 000	20 000
营业利润率（%）	23.33	22

从以上分析可以看出甲公司主营业务利润率呈下降趋势。进一步分析可以得到，这种下降趋势主要是由于公司 2010 年成本费用增加所致。所幸的是在整个经营过程中，营业利润率下降的幅度不大。可见，企业的经营方向和产品结构仍能适应市场需要。

2．成本费用利润率

成本费用利润率（Cost Expense Rate）是指利润与成本费用的比率。它反映企业生产经营过程中发生的耗费与获得的收益之间的关系。其计算公式为：

成本费用利润率=（利润÷成本费用）×100%

同利润一样，成本也可分为几个层次，即主营业务成本、营业成本（主营业务成本+其他业务成本）。主营业务成本利润率与营业成本利润率反映企业主要成本的利用效果，是企业加强成本管理的着眼点。

例 3-13

根据表 3-3，可计算营业成本利润率如下：

2009 年营业成本利润率=4 200÷10 700×100%=39.25%

2010 年营业成本利润率=4 400÷12 200×100%=36.07%

从以上计算结果可以看到，该公司 2010 年营业成本利润率指标比 2009 年有所下降。公

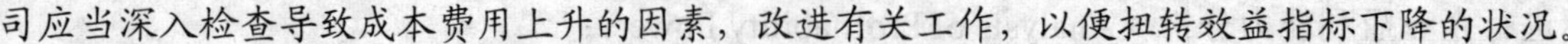

司应当深入检查导致成本费用上升的因素，改进有关工作，以便扭转效益指标下降的状况。

3. 总资产报酬率

总资产报酬率（Rate of Return on Total Assets）是企业一定时期内获得的报酬总额与企业平均资产总额的比率，是反映企业资产综合利用效果的指标。

其计算公式为：

总资产报酬率=（利润总额+利息支出）÷平均资产总额×100%

平均资产总额为年初资产总额与年末资产总额的平均数。总资产报酬率越高，说明该企业资产综合利用效果越好，整个企业盈利能力越强，经营管理水平越高。

例 3-14

假设甲公司 2008 年年末的总资产为 19 000 万元，根据表 3-3 及有关资料，可计算甲公司的总资产报酬率：

2009 年总资产报酬率=（4 000+200）÷[（19 000+20 000）÷2]×100%=21.54%

2010 年总资产报酬率=（4 200+300）÷[（20 000+23 000）÷2]×100%=20.93%

计算结果表明，甲公司 2010 年的资产综合利用效果不如 2009 年，需要对公司资产的使用情况作进一步分析考察，以便改进管理，提高效益。

4. 净资产收益率

净资产收益率（Return on Equity， ROE）是指企业一定时期内净利润与平均净资产的比率。它反映投资者投入企业的自有资本获取净收益的能力，即反映投资与报酬的关系，因而是评价企业资本经营效益的核心指标。

其计算公式为：

净资产收益率=（净利润÷平均净资产）×100%　　（3-7）

公式（3-7）中，净利润是企业的税后利润，是未作任何分配的数额，受其他人为因素影响较少，能够比较客观地综合反映企业的经济效益。

平均净资产是企业年初所有者权益同年末所有者权益的平均数。

净资产收益率是评价企业以自有资本及其积累获取报酬水平的最具综合性和代表性的指标，又称股东权益净利率，反映企业资本运营的综合效益。该指标通用性强，适用范围广，不受行业局限。在我国上市公司业绩排序中，该指标居于首位。通过对该指标的综合对比分析，可以看出企业获利能力在同行业中所处的地位，以及与同类企业的差异水平。一般认为，企业净资产收益率越高，说明企业自有资本获取收益的能力越强，运营效益越好，对企业投资者、债权人的保证程度越高。

例 3-15

根据有关资料，假设甲公司 2008 年年末所有者权益合计为 13 000 万元，则该公司 2009 年和 2010 年的净资产收益率为：

2009 年净资产收益率=2 400÷[（13 000+14 600）÷2]×100%=2 400÷13 800×100%=17.39%

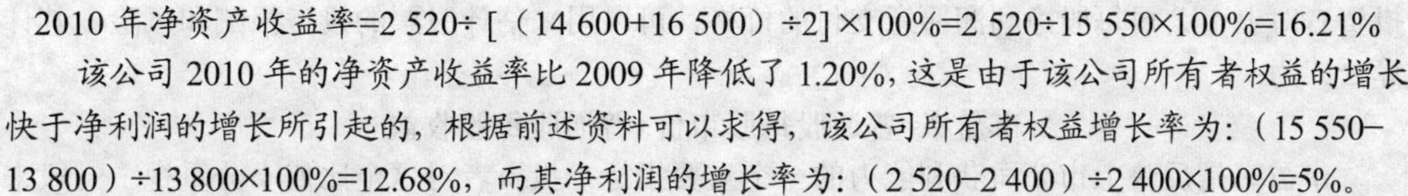

2010 年净资产收益率=2 520÷[（14 600+16 500）÷2]×100%=2 520÷15 550×100%=16.21%

该公司 2010 年的净资产收益率比 2009 年降低了 1.20%，这是由于该公司所有者权益的增长快于净利润的增长所引起的，根据前述资料可以求得，该公司所有者权益增长率为：（15 550–13 800）÷13 800×100%=12.68%，而其净利润的增长率为：（2 520–2 400）÷2 400×100%=5%。

5．资本保值增值率

资本保值增值率（Capital Maintenance And Appreciation Rate）是指企业本年年末所有者权益扣除客观增减因素后同年初所有者权益的比率。资本保值增值率表示企业当年在自身努力下的资本实际增减变动情况，是评价企业财务效益状况的辅助指标。其计算公式为：

资本保值增值率＝扣除客观因素后的年末所有者权益÷年初所有者权益×100%

资本保值增值率是根据资本保全原则设计的指标，谨慎、稳健地反映了企业资本保全和增值状况。它充分体现了对所有者权益的保护，能够及时、有效地发现侵蚀所有者权益的现象。该指标反映了投资者投入企业资本的保全性和增长性。该指标越高，表明企业的资本保全状况越好，所有者权益增长越快，债权人的债权越有保障，企业发展后劲越强。该指标如为负值，则表明企业资本受到了侵蚀，没有实现资本保全，损害了所有者的权益，也妨碍了企业进一步发展壮大，应予以充分重视。

例 3-16

根据有关资料，计算甲公司 2009 年和 2010 年的资本保值增值率为：

2009 年资本保值增值率=14 600÷13 000×100%=112.31%

2010 年资本保值增值率=16 500÷14 600×100%=113.01%

6．每股收益

每股收益也称每股利润或每股盈余，是指上市公司本年净利润与本年普通股总数的比值，反映普通股的获利水平，是衡量上市公司盈利能力最常用的指标。其计算公式为：

每股收益=净利润÷年末普通股总数

为了更好地反映普通股所取得的利润，每股收益也可以用净利润扣除优先股股利后的余额除以发行在外的普通股平均股数来计算。其计算公式为：

每股收益=（净利润–优先股股利）÷发行在外的普通股平均股数

每股收益是上市公司发行在外的普通股所取得的利润，可以反映公司获利能力大小。每股收益越高，说明公司获利能力越强。

7．每股股利

每股股利（Dividends Per Share）是指上市公司本年发放的普通股现金股利总额与年末普通股总数的比值。其计算公式为：

每股股利=普通股现金股利总额÷年末普通股总数

每股股利是上市公司普通股股东从公司实际分得的每股利润。它反映上市公司当期利润的积累和分配情况。

8．市盈率

市盈率（Price Earning Ratio）是上市公司普通股每股市价相当于每股收益的倍数，反映投资者对上市公司每股净利润愿意支付的价格，可以用来估计股票的投资报酬和风险。其计算公式为：

市盈率=普通股每股市价÷普通股每股收益

市盈率是反映上市公司获利能力的一个重要指标，投资者对这个比值十分重视。一般来说，市盈率高，说明投资者对该公司的发展前景看好，愿意出较高的价格购买该公司股票，所以一些成长性较好的股票的市盈率通常要高些。

9．每股净资产

每股净资产（Net Asset Per Share）是上市公司年末净资产与年末普通股总数的比值。其计算公式为：

每股净资产=年末股东权益÷年末普通股总数

四、发展能力分析

发展能力是企业在生存的基础上，扩大规模、壮大实力的潜在能力。反映发展能力的指标主要有销售（营业）增长率、资本积累率、总资产增长率等。

1．销售（营业）增长率

销售（营业）增长率是指本年销售（营业）收入增长额与上年销售（营业）收入总额的比率。其计算公式为：

销售（营业）增长率＝本年销售（营业）收入增长额÷上年销售（营业）收入总额×100%

该指标是衡量企业经营状况和市场占有能力、预测企业经营业务拓展趋势的重要标志，也是企业扩张增量和存量资本的重要前提。不断增加的销售（营业）收入，是企业生存的基础和发展的条件，增长速度越快，企业市场前景越好；若指标小于零，则说明企业的产品不适销对路、质次价高，或是在售后服务等方面存在问题，产品销售不出去，市场份额萎缩。该指标在实际操作时，应结合企业历年的销售（营业）水平、企业市场占有情况、行业未来发展趋势及其他影响企业发展的潜在因素进行前瞻性预测，或者结合企业前三年的销售（营业）增长率作出趋势性分析判断。

例 3-17

根据表 3-3 中的资料，可计算甲公司 2010 年度的销售（营业）增长率为：

2010 年度销售（营业）增长率=（20 000−18 000）÷18 000×100%=11.11%

2．资本积累率

资本积累率是指企业本年所有者权益增长额与年初所有者权益的比率。它可以表示企业当年的积累能力，是评价企业发展潜力的重要指标。其计算公式为：

资本积累率=本年所有者权益增长额÷年初所有者权益×100%

该指标越高，表明企业的资本积累越多，企业资本保全性越强，应付风险、持续发展的能力越大。该指标如为负值，则表明企业受到侵蚀，所有者利益受到损害，应予充分重视。

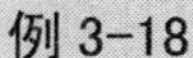

例 3-18

根据表 3-2 中的资料，可计算该公司 2010 年度的资本积累率为：

2010 年度资本积累率=（16 500−14 600）÷14 600×100%=13.01%

3．总资产增长率

总资产增长率是企业本年总资产增长额与年初资产总额的比率。它可以衡量企业本期资产规模的增长情况，评价企业经营规模总量的扩张程度。其计算公式为：

总资产增长率=本年总资产增长额÷年初资产总额×100%

该指标是从企业资产总量扩张方面衡量企业的发展能力，表明企业规模增长水平对企业发展后劲的影响。该指标越高，表明企业一个经营周期内资产经营规模扩张的速度越快。但在实际操作中，应注意资产规模扩张的质与量的关系，以及企业的后续发展力，避免资产盲目扩张。

例 3-19

根据表 3-2 中的资料，可计算该公司 2010 年度的总资产增长率为：

2010 年度总资产增长率=（23 000−20 000）÷20 000×100%=15%

4．三年平均利润增长率

三年平均利润增长率表明企业利润连续三年增长的情况，体现企业的发展潜力。其计算公式为：

$$三年平均利润增长率=\left(\sqrt[3]{\frac{年末利润总额}{三年前年末利润总额}}-1\right)\times 100\%$$

三年前年末利润总额是指企业三年前的利润总额数。假如评价企业 2010 年的效绩状况，则三年前年末利润总额是指 2007 年的利润总额年末数。

利润是企业积累和发展的基础，该指标越高，表明企业积累越多，可持续发展能力越强，发展的潜力越大。利用三年平均利润增长率指标，能够反映企业的利润增长趋势和效益稳定程度，较好地体现企业的发展状况和发展能力，避免因少数年份利润不正常而对企业发展潜力作出错误判断。

5．三年平均资本增长率

三年平均资本增长率表示企业资本连续三年的积累情况，体现企业的发展水平和发展趋势。其计算公式为：

$$三年平均资本增长率=\left(\sqrt[3]{\frac{年末所有者权益}{三年前年末所有者权益}}-1\right)\times 100\%$$

三年前年末所有者权益是指企业三年前的所有者权益年末数。假如评价 2010 年企业绩效状况，则三年前所有者权益年末数是指 2007 年的所有者权益年末数。

一般增长率指标在分析时具有滞后性，仅反映当期情况，而利用该指标，能够反映企业资本保值增值的历史发展状况，以及企业稳步发展的趋势。

该指标越高，表明企业所有者权益得到的保障程度越大，企业可以长期使用的资金越充足，抗风险和保持连续发展的能力越强。

需要强调的是，上述五类指标不是相互独立的，它们相辅相成，有一定的内在联系。企业周转能力好，获利能力就较强，也就可以提高企业的偿债能力和发展能力；反之亦然。

第四节　综合财务分析

前面的分析仅从短期偿债能力、长期偿债能力、营运能力、盈利能力和发展能力等方面进行了独立的分析。各个单独的财务分析指标只能从某个侧面分析反映企业的财务状况，有其局限性。例如，偿债能力强的企业并不意味着其营运能力和盈利能力就强。因此，企业必须在上述分析的基础上，进行财务状况的综合分析，才能发现企业当前存在的主要问题，为今后的财务决策提供全面的财务信息。

一、杜邦财务分析体系

杜邦财务分析体系，简称杜邦体系或杜邦分析法，因其由美国杜邦公司最早创造并成功应用而得名。通过前面的介绍可知，不同的财务比率之间都存在着一定的内在联系，揭示和发现这些联系，可以使分析者更深刻地理解各个比率形成的原因，从而更深入、全面地了解企业的财务状况。杜邦财务分析体系的基本原理是利用各种主要比率间的这种内在联系，把企业偿债能力分析、营运能力分析和盈利能力分析等单方面的财务评价结合起来研究。

杜邦财务分析体系的核心是分解式，如：

$$
\begin{aligned}
\text{净资产收益率} &= \frac{\text{净利润}}{\text{平均净资产}} = \frac{\text{净利润}}{\text{平均总资产}} \times \frac{\text{总资产}}{\text{平均净资产}} \\
&= \text{总资产净利率} \times \text{权益乘数} = \frac{\text{净利润}}{\text{营业收入}} \times \frac{\text{营业收入}}{\text{平均总资产}} \times \text{权益乘数} \\
&= \text{销售净利率} \times \text{总资产周转率} \times \text{权益乘数}
\end{aligned}
$$

这样分解后，可以把净资产收益率这一项综合性指标发生升降变化的原因具体化为三个指标：销售净利率、总资产周转率和权益乘数。

销售净利率反映公司的盈利能力。销售净利率高低的因素分析，需要从销售（营业）收入和销售（营业）成本两个方面进行，公司的销售收入越高，销售成本越低，能使净利润越大，销售净利率越高，从而可提高净资产收益率。

总资产周转率是反映运用资产产生销售收入能力的指标，对它的分析需要从影响资产周转的各因素进行，如可以分析资产各组成部分占用量的合理与否，也可以分析流动资产周转率、存货周转率等反映的有关资产各组成部分使用效率的高低，即从量和质两方面来查找影响资产周转的主要问题。

权益乘数反映企业的偿债能力及财务杠杆利用程度。权益乘数主要受资产负债率影响，负债比例大，权益乘数就高，说明企业有较高的负债程度，能给企业带来较多的杠杆利益，同时也会给企业带来较大的风险。在控制一定风险的条件下，资产负债率越大，权益乘数就

越大，净资产收益率就可提高。

根据表 3-2 和表 3-3 的资料，得到杜邦财务分析体系数据如图 3-1 所示。

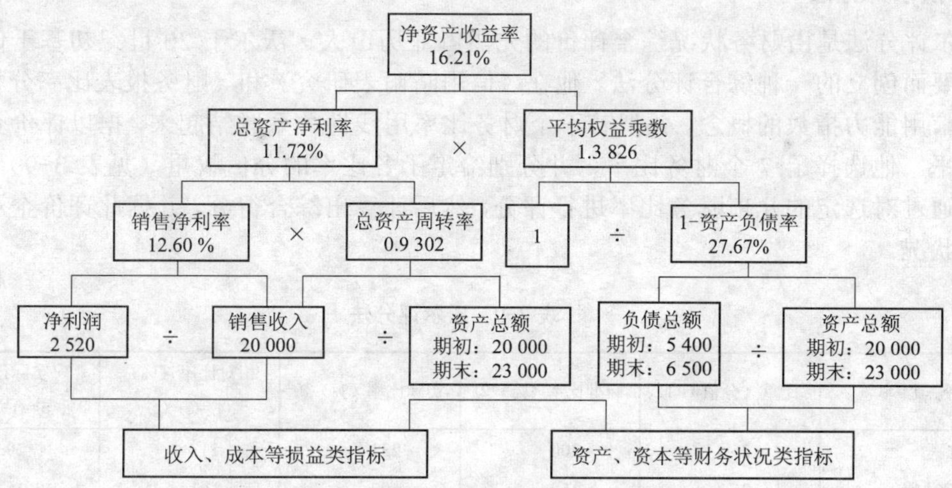

图 3-1　杜邦财务分析体系

杜邦财务分析法是对企业财务状况进行的综合分析方法。它通过几种主要的财务指标之间的关系反映出企业的财务状况。从图 3-1 可以得出以下结论：

第一，要想提高净资产收益率，就要提高总资产净利率和权益乘数。

第二，从对总资产净利率指标的分解中可以看出，要想提高企业资产的盈利能力，不仅要提高销售净利率，而且要提高资产的营运能力。当然，由于各种因素的影响，企业很难同时做到以上两项指标都好，但可以选择其中一项。将总资产净利率分解为销售净利率和总资产周转率，有助于帮助企业制定财务策略。当企业不能提高资产周转率时，就要想办法提高销售净利率。

第三，要想提高销售净利率，关键是要提高企业的销售收入，降低成本、费用支出，通过税收筹划合理避税。这为企业提供了日常财务管理的信息，要求其将对成本费用的控制作为日常财务管理的重点。

第四，要想提高总资产周转率，就要减少资产占用，包括流动资产、固定资产和其他资产的占用，加速资金周转，提高资金的使用效率。在流动资产方面主要是加强对存货和应收账款的管理。

第五，要提高权益乘数，充分发挥财务杠杆的作用。只有在资产息税前利润率大于债务利率时，才能通过财务杠杆提高企业的净资产收益率。

总之，从杜邦分析体系可以看出，公司的盈利能力涉及生产经营活动的各个方面。净资产收益率与公司的筹资结构、销售规模、成本水平、资产管理等因素密切相关，这些因素构成一个完整的系统。只有协调好系统内部各个因素之间的关系，才能使股东权益报酬得到提高，从而实现企业价值最大化的理财目标。

二、财务状况的综合评价

综合评分法是财务评价的一类重要方法，具有直观、易于理解的优点。下面主要介绍几种具有代表性的综合评分法。

1．沃尔评分法

沃尔评分法是由财务状况综合评价的先驱者亚历山大·沃尔于 20 世纪初基于信用评价的需要而创立的一种综合评分法。他在《信用晴雨表研究》和《财务报表比率分析》中提出了信用能力指数的概念，并把若干个财务比率用线性关系联结起来，据以评价企业的信用水平。他选择了 7 个财务比率，并分别给定了各比率的分值权重（见表 3-9），在此基础上通过对选定的几项财务比率进行评分，然后计算出综合得分，并据此评价企业的综合财务状况。

表 3-9 沃尔评分法

财务比率	比重（分值）①	标准比率（%）②	实际比率（%）③	相对比率（%）④=③÷②	实际得分⑤=①×④
流动比率	25	200	233	117	29.25
净资产/负债	25	150	92	61	15.25
资产总额/固定资产	15	250	162	65	9.75
销售成本/存货	10	800	2 222	278	27.80
销售收入/应收账款	10	600	754	126	12.60
销售收入/固定资产	10	400	242	61	6.10
销售收入/净资产	5	300	313	104	5.20
合计	100				105.95

采用沃尔评分法，进行企业财务状况的综合分析，一般要遵循如下程序：

（1）选定评价企业财务状况的财务比率。在选择财务比率时，一要具有全面性，即反映企业的偿债能力、营运能力和盈利能力的三大类财务比率都应当包括在内；二要具有代表性，即要选择能够说明问题的重要的财务比率；三要具有变化方向的一致性，即当财务比率增大时，表示财务状况的改善，反之，则表示财务状况的恶化。

（2）根据各项财务比率的重要程度，确定其标准评分值，即重要性系数。各项财务比率的标准评分值之和应等于 100 分。对各项财务比率的重要程度，应根据企业经营活动的性质，企业的生产经营规模、市场形象和分析者的分析目的等因素来确定。

（3）规定各项财务比率评分值的上限和下限，即最高评分值和最低评分值。这主要是为了避免个别财务比率的异常而给总分造成不合理的影响。

（4）确定各项财务比率的标准值。财务比率的标准值是指各项财务比率在本企业现时条件下最理想的数值，亦即最优值。财务比率的标准值，通常可以参照同行业的平均水平，并经过调整后确定。

（5）计算企业在一定时期各项财务比率的实际值。

（6）计算出各项财务比率实际值与标准值的比率，即关系比率。关系比率等于财务比率的实际值除以标准值。

（7）计算出各项财务比率的实际得分。各项财务比率的实际得分是关系比率和标准评分值的乘积，每项财务比率的实际得分都不得超过上限或下限，所有各项财务比率实际得分的合计数就是企业财务状况的综合得分。如果综合得分等于或接近于 100 分，就说明企业的财务状况是良好的，达到了预先确定的标准；如果综合得分低于 100 分，就说明企业的财务状况较差，应当采取适当的措施加以改善；如果综合得分超过 100 分，就说明企业的财务状况很理想。

对于沃尔评分法，一般认为它存在一个理论弱点，即未能证明为何要选择这 7 个指标，以及每个指标所占比重的合理性。同时，还存在一个技术问题，即由于某项指标的得分是根据相对比率与比重的乘积来确立的，因此，当某一指标严重异常时，会对总评分产生不合逻辑的重大影响。尽管如此，但沃尔评分法还是在实践中被广泛应用。

2. 现代综合评分法

现代社会与沃尔所处的时代相比，已有很大变化。一般认为企业财务评价的内容主要是盈利能力，其次是偿债能力，此外还有发展能力，三者之间大致可按 5:3:2 来分配比重。反映盈利能力的主要指标是总资产净利率、销售净利率和净资产收益率。虽然净资产收益率最重要，但由于前两个指标已经分别使用了资产总额和净利润，为减少重复影响，3 个指标可按 2:2:1 的比例安排。偿债能力有 4 个常用指标，发展能力有 3 个常用指标。如果仍以 100 分为总评分，则评分标准如表 3-10。表 3-10 中的标准比率以本行业平均数为基础，适当进行理论修正。

表 3-10　现代综合评分法的标准

指　标	标准评分评分值	标准比率（%）	行业最高比率（%）	最高评分	最低评分	每分比率的差（%）
盈利能力：						
总资产净利率	20	15	20	30	10	0.5
销售净利率	20	6	20	30	10	1.4
净资产收益率	10	18	20	15	5	0.4
偿债能力：						
自有资本比率	8	50	90	12	4	10
流动比率	8	150	350	12	4	50
营运能力：						
应收账款周转率	8	500	1 000	12	4	125
存货周转率	8	600	1 200	12	4	150
发展能力：						
销售增长率	6	20	30	9	3	3.33
净利增长率	6	15	20	9	3	1.67
人均净利增长率	6	15	20	9	3	1.67
合　计	100			150	50	

表 3-10 中，每分比率的差＝（行业最高比率-标准比率）÷（最高评分-标准评分）。例如，总资产净利率的每分比率的差=（20%-15%）÷（30-20）=0.5%。

现代综合评分法与沃尔评分法相比，不仅丰富了评价内容、拓宽了运用范围，而且还克服了运用上的技术缺陷。除此之外，还具有以下两个方面的特点：第一，突出了净利润在财务评价中的重要地位，因而能够体现股东财富最大化这一财务目标赋予财务评价的基本要求。第二，在内容上兼顾了企业的发展能力，有利于评价者考察对企业投资的预期价值。尽管如此，该方法仍然存在一些不尽合理的方面，如：①过分突出盈利能力比率，对决定盈利能力的营运能力比率关注不够，有悖于企业财务能力的内在逻辑关系。②过分强调企业对股东财富增长（即净利润增长）的贡献，而对其他利益主体的利益要求体现不充分，这就使得按该方法评价有利于实现股东财富最大化，而不利于实现企业价值最大化。③将总资产净利率和销售净利率作为评价的首要指标，能够突出净利润的重要地位，但这两项指标本身却缺乏实际意义。具体来说，由于净利润与资产总额和销售收入之间缺乏内在相关性，使得将净利润与资产总额和销售收入进行比较，既不能反映企业对股东的贡献程度，也不能说明资产的获利能力和销售的获利水平，这样将该两项指标纳入评价指标体系，难免会影响评价结论的有效价值和说服力。

本章小结

短期偿债能力是指企业的流动资产偿还流动负债的能力，反映企业短期偿债能力的财务指标主要有流动比率、速动比率和现金流动负债比率等。长期偿债能力是指企业在到期时偿还长期负债的能力，反映企业长期偿债能力的财务比率主要有资产负债率、产权比率、利息保障倍数等。

评价公司资产管理能力常用的财务比率有应收账款周转率、存货周转率、流动资产周转率、固定资产周转率、总资产周转率等。

反映企业盈利能力的财务比率主要有营业利润率、成本费用利润率、总资产报酬率、净资产收益率、资本保值增值率和每股收益等。

杜邦财务分析体系的基本原理就是利用各种主要财务比率间的内在联系，把企业偿债能力分析、营运能力分析和盈利能力分析等单方面的财务评价结合起来研究。

沃尔评分法是由财务状况综合评价的先驱者亚历山大·沃尔于 20 世纪初基于信用评价的需要而创立的一种综合评分法。他提出了信用能力指数的概念，并把若干个财务比率用线性关系联结起来，据以评价企业的信用水平。他选择了 7 个财务比率，并分别给定了各比率的分值权重，在此基础上通过对选定的几项财务比率进行评分，然后计算出综合得分，并据此评价企业的综合财务状况。

复习思考题

1. 在财务分析指标中，最重要的指标是哪些？为什么？
2. 如何评价公司的营运能力？
3. 公司盈利能力分析的指标主要有哪些？
4. 公司发展能力分析的指标主要有哪些？
5. 杜邦财务分析体系中各指标间的关系是什么？该分析体系的主要作用是什么？

练 习 题

1．已知A公司2006年的资产总额为663 582元，该公司其他相关财务数据如表3-11所示。

表3-11 A公司财务数据

（单位：元）

项 目	2008年	2007年
资产总额	881 265	852 025
无形资产净值	37 962	36 537
负债总额	401 036	307 516
主营业务收入	1 052 500	890 500
净利润	28 428	25 109
所得税	3 256	956
利息费用	12 262	9 826

要求：

（1）分别计算该公司2007年与2008年的权益乘数、利息保障倍数、总资产周转率。

（2）对该公司的资产规模变动进行评价。

2．QH公司财务报表中有关资料如表3-12所示。

表3-12 QH公司权益数据表

（单位：元）

项 目	金 额	项 目	金 额
普通股股本	450 000	净利润	1 186 000
优先股股本	800 000	优先股股利	300 000
资本公积（其中优先股溢价80万元）	9 800 000	普通股股利	470 000
留存收益	235 000	市盈率/倍	28
股东权益合计	15 425 000		

根据该公司上述资料计算以下财务比率：每股收益、每股股利、每股账面价值及每股市价。

3．某企业2009年有关资料如下：年初资产总额为250万元，年末资产总额为200万元，总资产周转率为0.60次。2010年有关资料如下：年末流动比率为2，年末速动比率为1.2，存货周转率为5次，年末资产总额为200万元，年末流动负债为35万元，年末非流动负债为35万元，年初存货为30万元，销售净利率为21%，总资产周转率为0.80次。该企业流动资产中只有货币资金、应收账款和存货。

要求：

（1）计算该企业2010年年末流动资产总额、年末资产负债率和净资产收益率。

（2）计算该企业2010年的存货、营业成本和营业收入。

（3）运用差额分析法计算2010年与2009年相比，总资产周转率和平均资产总额变动对营业收入的影响。

4．A公司资料如下：

（1）A公司2010年度资产负债表如表3-13所示。

表 3-13 A 公司 2010 年度资产负债表

（单位：万元）

资产	年初数	年末数	负债及所有者权益	年初数	年末数
货币资金	100	90	流动负债合计	450	300
应收账款净额	120	180	非流动负债合计	250	400
存货	230	360	负债合计	700	700
流动资产合计	450	630	所有者权益合计	700	700
非流动资产合计	950	770	负债及所有者权益合计	1 400	1 400
资产合计	1 400	1 400			

（2）A 公司 2009 年度的销售净利率为 16%，总资产周转率为 0.50 次，权益乘数为 2.2，净资产收益率为 17.6%；A 公司 2010 年度的营业收入为 840 万元，净利润为 117.6 万元。

要求：

（1）计算 2010 年年末速动比率、资产负债率和权益乘数。

（2）计算 2010 年总资产周转率、销售净利率和净资产收益率。

（3）利用因素分析法分析销售净利率、总资产周转率和权益乘数变动对净资产收益率的影响。

案例分析

财务分析的实际应用

某公司 2010 年度有关财务资料如下：

（1）简略资产负债表如表 3-14 所示。

表 3-14 某公司简略资产负债表

（单位：万元）

资产	年初数	年末数	负债及所有者权益	年初数	年末数
货币资金	51	65	负债总额	74	134
应收账款	23	28	所有者权益总额	168	173
存货	16	19			
其他流动资产	21	14			
固定资产	131	181			
资产合计	242	307	负债及所有者权益合计	242	307

（2）其他资料如下：2010 年销售收入净额为 400 万元，销售成本为 260 万元，管理费用为 54 万元，销售费用为 6 万元，财务费用为 18 万元，其他业务利润为 8 万元，所得税税率为 25%。

（3）2009 年有关财务指标如下：销售净利率为 11%，总资产周转率为 1.5，权益乘数为 1.4。

要求：

（1）运用杜邦财务分析体系，计算 2010 年该公司的净资产收益率。

（2）采用连环替代法分析 2010 年净资产收益率指标变动的具体原因。

第四章

筹资概论

本章要点:

本章主要讲授长期筹资的理论、预测、方式和流动负债的管理。通过本章的学习，重点掌握以下内容:

1. 了解长期筹资的基本理论。
2. 掌握筹资数量预测的基本依据和具体方法。
3. 掌握长期筹资方式的运用。
4. 了解流动负债管理的具体内容。

第一节　长期筹资概述

一、企业筹资的概念

企业筹资是指企业作为筹资主体根据其生产经营、对外投资和调整资本结构等需要，通过筹资渠道和金融市场，运用筹资方式，经济有效地筹措和集中资本的活动。企业筹资活动是企业的一项基本财务活动，企业筹资管理是企业财务管理的一项主要内容。

资本是企业经营活动的一个基本要素，是企业创建和生存发展的一个必要条件。一个企业从创建到生存发展的整个过程都需要筹集资本。企业最初创建就需要筹资，以获得开设一个企业所必需的初始资本。在取得会计师事务所验资证明，据以到工商管理部门注册登记后，才能开展正常的生产经营活动。

任何企业在生存发展过程中，都需要始终维持一定的资本规模，由于生产经营活动的发展变化，往往需要追加筹资。例如，有的企业为了增加经营收入，降低成本费用，提高利润水平，需要根据市场需求变化，扩大生产经营规模，调整生产经营结构，研制开发新产品，所有这些经营策略的实施通常都要求有一定的资本条件。企业为了稳定一定的供求关系并获得一定的投资收益，对外开展投资活动，往往也需要筹集资本。例如，有的企业为了保证其产品生产所必需的原材料的供应，会向供应厂商投资并获得控制权。企业根据内外部环境的变化，适时采取调整企业资本结构的策略，也需要及时地筹集资本。例如，有的企业由于资本结构不合理，负债比率过高，偿债压力过重，财务风险过高，故主动通过筹资来调整资本结构。企业持续的生产经营活动，会不断地产生对资本的需求，这就需要筹措和集中资本；同时，企业因开展对外投资活动和调整资本结构，也需要筹措和集中资本。

二、企业筹资的动机

企业筹资的基本目的是为了自身的生存与发展。企业在持续的生存与发展中，其具体的筹资活动通常受特定的筹资动机所驱使。企业筹资的具体动机是多种多样的。例如，为购置设备、引进新技术、开发新产品而筹资，为对外投资、并购其他企业而筹资，为现金周转与调度而筹资，为偿付债务和调整资本结构而筹资，等等。在企业的实际筹资中，这些具体的筹资动机有时是单一的，有时是结合的，归纳起来有三种基本类型，即扩张性筹资动机、调整性筹资动机和混合性筹资动机。企业筹资的动机对筹资行为及其结果会产生直接的影响。

1．扩张性筹资动机

扩张性筹资动机是指企业因扩大生产经营规模或增加对外投资而产生的追加筹资的动机。处于成长期、具有良好发展前景的企业通常会产生这种筹资动机。例如，企业产品供不应求，需要增加市场供应；开发生产适销对路的新产品；追加有利的对外投资规模；开拓有发展前途的对外投资领域等，往往都需要追加筹资。扩张性筹资动机所产生的直接结果，是企业资产总额和资本总额的增加。

例 4-1

XYZ 公司扩张筹资前的资产和资本规模如表 4-1 中的 A 栏所示。该企业根据扩大生产经营和对外投资的需要，现追加筹资 5 500 万元，其中，长期借款 3 500 万元，企业所有者投入资本 2 000 万元，用于追加存货 1 500 万元、设备 2 500 万元、长期投资 1 500 万元，假定其他项目没有发生变动。在采取这种扩张筹资后，该公司的资产和资本总额如表 4-1 中的 B 栏所示。

表 4-1　XYZ 公司扩张筹资前后资产和资本总额变动表

（单位：万元）

资　产	A	B	资　本	A	B
	扩张筹资前	扩张筹资后		扩张筹资前	扩张筹资后
库存现金	400	400	应付账款	2 000	2 000
应收账款	2 600	2 600	短期借款	1 000	1 000
存　　货	2 000	3 500	长期借款	1 000	4 500
长期投资	2 000	3 500	应付债券	2 500	2 500
固定资产	3 000	5 500	股东权益	3 500	5 500
资产总额	10 000	15 500	资本总额	10 000	15 500

通过对表 4-1 中 A、B 栏的金额进行比较可以看出，该公司采取扩张筹资后，资产总额从 10 000 万元增至 15 500 万元，与此相应地，资本总额也从 10 000 万元增至 15 500 万元。这是公司扩张筹资所带来的直接结果。

2．调整性筹资动机

企业的调整性筹资动机是企业因调整现有资本结构的需要而产生的筹资动机。资本结构是指企业各种筹资方式的组合及其比例关系。一个企业在不同时期由于筹资方式的不同组合

会形成不尽相同的资本结构。随着相关情况的变化，现有的资本结构可能不再合理，需要相应地予以调整，使之趋于合理。

企业产生调整性筹资动机的原因有很多。例如，一个企业有些债务到期必须偿付，企业虽然具有足够的偿债能力偿付这些债务，但为了调整现有的资本结构，仍然举债，从而使资本结构更加合理。再如，一个企业由于客观情况的变化，现有的资本结构中债务筹资所占的比例过大，财务风险过高，偿债压力过重，需要降低债务筹资的比例，故采取债转股等措施予以调整，使资本结构适应客观情况的变化而趋于合理。

例 4-2

XYZ 公司调整筹资前的资产和资本情况如表 4-2 中的 C 栏所示。该公司经分析认为这种资本结构不再合理，需要采取债转股措施予以调整。调整筹资后的资产和资本情况见表 4-2 的 D 栏。

表 4-2 XYZ 公司调整筹资前后资产和资本总额变动表

（单位：万元）

资 产	C	D	资 本	C	D
	调整筹资前	调整筹资后		调整筹资前	调整筹资后
库存现金	400	400	应付账款	2 000	2 000
应收账款	2 600	2 600	短期借款	1 000	1 000
存 货	2 000	2 000	长期借款	4 000	2 000
长期投资	2 000	2 000	应付债券	1 000	1 000
固定资产	3 000	3 000	股东权益	2 000	4 000
资产总额	10 000	10 000	资本总额	10 000	10 000

如表 4-2 中 C、D 栏所示，XYZ 公司调整筹资前的资本结构中债权筹资比例为 80%，股权筹资比例为 20%。调整筹资后的资本结构变为债权筹资比例降至 60%，股权筹资比例升至 40%。该公司的资产和资本规模没有发生变化，即纯粹是为调整资本结构而筹资。

3．混合性筹资动机

企业同时既为扩张规模又为调整资本结构而产生的筹资动机，可称为混合性筹资动机。这种混合性筹资动机中兼容了扩张性筹资和调整性筹资两种筹资动机。在这种混合性筹资动机的驱使下，企业通过筹资，既扩大了资本和资产的规模，又调整了资本结构。

三、企业筹资的基本原则

企业筹资是企业的基本财务活动，是企业扩大生产经营规模和调整资本结构必须采取的行动。为了经济有效地筹集资本，企业筹资必须遵循下列基本原则：

1．效益性原则

企业筹资与投资在效益上应当相互权衡。企业投资是决定企业是否需要筹资的重要因

素。投资收益与资本成本相比较，决定着是否要追加筹资；而一旦采纳某项投资项目，其投资数量就决定了所需筹资的数量。因此，企业在筹资活动中，一方面，需要认真分析投资机会，讲究投资效益，避免不顾投资效益的盲目筹资；另一方面，由于不同筹资方式的资本成本高低不尽相同，也需要综合研究各种筹资方式，寻求最优的筹资组合，以便降低资本成本，经济有效地筹集资本。

2. 合理性原则

企业筹资必须合理确定所需筹资的数量，不论通过哪些筹资渠道，运用哪些筹资方式，都要预先确定筹资的数量。企业筹资固然应当广开财路，但必须有合理的限度，使筹资所需的数量与投资所需的数量达到平衡，避免因筹资数量不足而影响投资活动或因筹资数量过剩而影响筹资效益。

企业筹资还必须合理确定资本结构。合理地确定企业的资本结构，主要有两方面的内容。一方面是合理确定股权资本与债权资本的结构，也就是合理确定企业债权资本的规模或比例问题，债权资本的规模应当与股权资本的规模和偿债能力的要求相适应。在这方面，既要避免债权资本过多，导致财务风险过高，偿债负担过重，又要有效地利用债务经营，提高股权资本的收益水平。另一方面是合理确定长期资本与短期资本的结构，也就是合理确定企业全部资本的期限结构问题，这要与企业资产所需持有的期限相匹配。

3. 及时性原则

企业筹资必须根据企业资本的投放时间安排予以筹划，及时取得资本来源，使筹资与投资在时间上相协调。企业投资一般都有投放时间上的要求，尤其是证券投资，其投资的时间性要求非常重要，筹资必须与此相配合，避免筹资过早而造成投资前的资本闲置或筹资滞后而贻误投资的有利时机。

4. 合法性原则

企业的筹资活动，影响着社会资本及资源的流向和流量，涉及相关主体的经济权益。为此，必须遵守国家有关法律法规，依法履行约定的责任，维护有关各方的合法权益，避免非法筹资行为给企业本身及相关主体造成损失。

四、企业筹资的渠道与方式

企业筹资需要通过一定的筹资渠道，运用一定的筹资方式进行。不同的筹资渠道和筹资方式各有特点和实用性，为此需要加以分析研究。筹资渠道与筹资方式既有联系，又有区别。同一筹资渠道的资本往往可以采用不同的筹资方式取得，而同一筹资方式又往往可以筹集不同筹资渠道的资本，这也需要把握两者之间的有效配合。

（一）企业筹资的渠道

企业筹资的渠道是指企业筹集资本来源的方向与通道，体现着资本的源泉和流量。筹资渠道主要是由社会资本的提供者及数量分布所决定的。目前，我国社会资本的提供者众多，数量分布广泛，为企业筹资提供了广泛的资本来源。认识企业筹资渠道的种类及其特点和实用性，有利于企业重新开拓和利用筹资渠道，实现各种筹资渠道的合理组合，有效地筹集资本。

企业的筹资渠道可以归纳为如下七种：

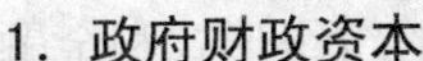

1. 政府财政资本

政府财政资本历来是国有企业筹资的主要来源，政策性很强，通常只有国有企业才能利用。现在的国有企业，包括国有独资公司，其筹资来源的大部分，是在过去由政府通过中央和地方财政部门以拨款方式投资而形成的。政府财政资本具有广阔的源泉和稳固的基础，并在国有企业资本金预算中安排，今后仍然是国有企业权益资本筹资的重要渠道。

2. 银行信贷资本

银行信贷资本是各类企业筹资的重要来源。银行一般分为商业性银行和政策性银行。在我国，商业性银行主要有中国工商银行、中国农业银行、中国建设银行、中国银行以及交通银行等；政策性银行有国家开发银行、中国农业发展银行和中国进出口银行。商业性银行可以为各类企业提供各种商业性信贷；政策性银行主要为特定企业提供一定的政策性贷款。银行信贷资本拥有居民储蓄、单位存款等经常性的资本来源，贷款方式灵活多样，可以适应各类企业债权资本筹集的需要。

3. 非银行金融机构资本

非银行金融机构资本也可以为一些企业提供一定的筹资来源。非银行金融机构是指除了银行以外的各种金融机构及金融中介机构。在我国，非银行金融机构主要有金融租赁公司、保险公司、企业集团的财务公司以及信托投资公司、证券公司。它们有的集聚社会资本，融资融物；有的承销证券，提供信托服务，为一些企业直接筹集资本或为一些公司发行证券筹资提供承销信托服务。这种筹资渠道的财力虽然比银行要小，但具有广阔的发展前景。

4. 其他法人资本

其他法人资本有时亦可为筹资企业提供一定的筹资来源。在我国，法人可分为企业法人、事业法人和团体法人等。它们在日常的资本运营周转中，有时也可能形成部分暂时闲置的资本，为了让其发挥一定的效益，也需要相互融通，这就为企业筹资提供了一定的筹资来源。

5. 民间资本

民间资本可以为企业直接提供筹资来源。我国企业和事业单位的职工和广大城乡居民持有大量的货币资本，可以对一些企业直接进行投资，为企业筹资提供资本来源。

6. 企业内部资本

企业内部资本主要是指企业通过提留盈余公积和保留未分配利润而形成的资本。这是企业内部形成的筹资渠道，比较便捷，有盈利的企业通常都可以加以利用。

7. 国外和我国港澳台地区资本

在改革开放的条件下，国外以及我国香港、澳门和台湾地区的投资者持有的资本，亦可以吸收，从而形成所谓外商投资企业的筹资渠道。

在上述各种筹资渠道中，政府财政资本、其他法人资本、民间资本、企业内部资本、国外和我国港澳台地区资本，可以成为特定企业股权资本的筹资渠道；银行信贷资本、非银行金融机构资本、其他法人资本、民间资本、国外和我国港澳台地区资本，可以成为特定企业债权资本的筹资渠道。

（二）企业筹资方式

企业筹资方式是指企业筹集资本所采取的具体形式和工具，体现着资本属性的期限。这里，资本属性是指资本的股权或债权性质。筹资方式取决于企业资本的组织形式和金融工具的开发利用程度。目前，我国企业资本的组织形式多种多样，金融工具得到比较广泛的开发和利用，为企业筹资提供了良好的条件。认识企业筹资方式的种类及其特点和实用性，有利于企业准确地开发和利用各种筹资方式，实现各种筹资方式的合理组合，有效地筹集资本。

一般而言，企业筹资方式有以下七种：

1. 投入资本筹资

投入资本筹资是企业以协议形式筹集政府、法人、自然人等直接投入的资本，形成企业投入资本的一种筹资方式。投入资本筹资方式不以股票为媒介，适用于非股份制企业，是非股份制企业取得股权资本的基本方式。

2. 发行股票筹资

发行股票筹资是股份公司按照公司章程依法发售股票直接筹资，形成公司股本的一种筹资方式。发行股票筹资要以股票为媒介，仅适用于股份公司，是股份公司取得股权资本的基本方式。

3. 发行债券筹资

发行债券筹资是企业按照债券发行协议通过发售债券直接筹资，形成企业债权资本的一种筹资方式。在我国，股份有限公司、国有独资公司等可以采用发行债券的筹资方式，依法发行公司债券，获得大额的长期债权资本。

4. 发行商业本票筹资

发行商业本票筹资是大型工商企业或金融企业获得短期债权资本的一种筹资方式。它是一种新兴的短期筹资方式，目前在我国还不普遍。

5. 银行借款筹资

银行借款筹资是各类企业按照借款合同从银行等金融机构借入各种款项的筹资方式。它广泛适用于各类企业，是企业获得长期和短期债权资本的主要筹资方式。

6. 商业信用筹资

商业信用筹资是企业通过赊购商品、预收货款等商品交易行为筹集短期债权资本的一种筹资方式。这种筹资方式比较灵活，为各类企业所采用。

7. 租赁筹资

租赁筹资是企业按照租赁合同租入资产从而筹集资本的特殊筹资方式。各类企业都可以采用租赁筹资方式，租入所需资产，并形成企业的债权资本。

在上述各种筹资方式中，投入资本和发行股票筹资方式可为企业取得永久性股权资本；发行债券和租赁筹资方式主要为企业获得长期债权资本；发行商业本票和商业信用筹资方式通常是为企业筹集短期债权资本；银行借款筹资方式既可以用于筹集长期债权资本，也可以用于筹集短期债权资本。

（三）企业筹资渠道与筹资方式的配合

企业的筹资渠道与筹资方式有着密切的联系。一定的筹资方式可能仅适用于某一特定的筹资渠道，但同一筹资渠道的资本往往可以采取不同的筹资方式取得，而同一筹资方式又往往可以适用于不同的筹资渠道。因此，企业在筹资时，应当实现筹资渠道和筹资方式两者之间的合理配合。企业筹资渠道与筹资方式相配合的对应关系如表 4-3 所示。

表 4-3 企业筹资渠道与筹资方式的配合

筹资方式 两者配合 筹资渠道	投入资本筹资	发行股票筹资	发行债券筹资	发行商业本票筹资	银行借款筹资	商业信用筹资	租赁筹资
政府财政资本	√	√					
银行信贷资本					√		
非银行金融机构资本	√	√	√	√	√	√	√
其他法人资本	√	√	√	√		√	√
民间资本	√	√	√	√			
企业内部资本	√	√					
国外和我国港澳台地区资本	√	√	√	√	√	√	√

第二节 长期筹资预测

一、筹资数量预测的基本依据

企业的筹资需求量是筹资的数量依据，必须科学合理地进行预测。企业筹资的预测是财务预算的基础。企业财务预算一般包括资本预算（长期投资决策）和现金预算（或现金计划）等。

开展企业筹资数量预测的基本目的，是为了保证企业生产经营业务的顺利进行，使筹集来的资本既能保证满足生产经营的需要，又不会有太多的闲置，从而促进企业财务管理目标的实现。

影响企业筹资数量的因素和条件很多，有企业生产经营方面的，也有法律规范方面的，等等。企业筹资数量预测的基本依据主要有以下几方面：

1．法律依据

（1）注册资本限额的规定。在我国，《公司法》根据行业的不同特点，规定了不同的法定资本最低限额，如股份有限公司注册资本的最低限额为 500 万元。这就是说，公司在考虑筹资数量时首先必须满足注册资本最低限额的要求。

（2）企业负债限额的规定。在我国，《证券法》规定，公开发行公司债券的公司累计债券余额不得超过公司净资产的 40%，其目的是保证公司的偿债能力，进而保障债权人的利益。

2．企业经营规模依据

一般而言，公司经营规模越大，所需资本越多；反之，所需资本就少。

3．影响企业筹资数量预测的其他因素

利率的高低、对外投资数额的多寡、企业信用状况的好坏等都会对筹资数量的预测产生一定的影响。

二、筹资数量预测的因素分析法

1．因素分析法的基本原理

因素分析法又称分析调整法，是以有关资本项目上年度的实际平均需要量为基础，根据预测年度的生产经营任务和加速资本周转的要求，进行分析调整，预测资本需要量的方法。这种方法计算比较简单，容易掌握，但预测结果不太精确，因此它通常用在品种繁多、规格复杂、用量较小、价格较低的资本占用项目的预测，也可以用来匡算企业全部资本的需要量。采用这种方法时，首先应在上年度资本实际平均额基础上，剔除其中呆滞积压不合理部分，然后根据预测期的生产经营任务和加速资本周转的要求进行测算。因素分析法的基本模型是：

资本需要量=（上年度资本实际平均额−不合理平均额）×（1±预测年度销售增减率）×（1±预测年度资本周转速度变动率） (4-1)

2．因素分析法的应用

根据因素分析法的基本模型，收集有关资料后，就可以对筹资数量进行预测。

例 4-3

某企业上年度资本实际平均额为 3 000 万元，其中不合理平均额为 400 万元，预测本年度销售增长 6%，资本周转速度加快 2%。则预测本年度资本需要量为：

（3 000−400）×（1+6%）×（1−2%）=2 700.88（万元）

三、筹资数量预测的销售百分比法

1．销售百分比法的基本依据

销售百分比法是根据销售额与资产负债表和利润表项目之间的比例关系预测各项目短期资本需要量的方法。例如，某企业每年为销售 100 元的货物，需要 20 元的存货，即存货与销售收入的百分比是 20%（20/100）。若销售收入增至 200 元，那么，该企业就需要 40 元（200×20%）的存货。由此可见，在某项目与销售收入的比率既定的前提下，便可预测未来一定销售收入下该项目的资本需要量。

2．销售百分比法的优缺点

销售百分比法的主要优点是能为财务管理提供短期的预计财务报表，以适应外部筹资的需要，且易于使用。但这种方法也有缺点，倘若有关销售百分比与实际不符，据以进行预测就会形成错误的结果。因此，在有关因素发生变动的情况下，必须相应地调整原有的销售百分比。

运用销售百分比法，一般借助于预计利润表和预计资产负债表。通过预计利润表预测企业留存收益这种内部资本来源的增加额；通过预计资产负债表预测企业资本需要总额和外部筹资的增加额。

3．编制预计利润表，预测留存收益

预计利润表是运用销售百分比法的原理预测留存收益的一种报表。预计利润表与实际利润表的内容、格式相同。通过提供预计利润表，可预测留存收益这种内部筹资方式的数额，也可为预计资产负债表预测外部筹资数额提供依据。

例 4-4

甲企业 2010 年实际利润表及有关项目与销售收入的百分比如表 4-4 所示。试编制 2011 年预计利润表并预测留存收益（假定所得税税率为 40%）。

表 4-4　2010 年实际利润表

（单位：万元）

项　目	金　额	占销售收入的百分比（%）
销售收入	20 000	100
减：销售成本	16 000	80
销售费用	80	0.40
销售利润	4 500	22.50
减：管理费用	4 000	20
财务费用	60	0.30
税前利润	600	3
减：所得税	240	—
税后利润	360	—

若该企业 2011 年预计销售收入为 24 000 万元，则 2011 年预计利润表经测算如表 4-5 所示。

表 4-5　2011 年预计利润表

（单位：万元）

项　目	2010 年实际数	2010 年各项目占销售收入的百分比（%）	2011 年预计数
销售收入	20 000	100	24 000
减：销售成本	16 000	80	19 200
销售费用	80	0.40	96
销售利润	4 500	22.50	5 400
减：管理费用	4 000	20	4 800
财务费用	60	0.30	72
税前利润	600	3	720
减：所得税	240	—	288
税后利润	360	—	432

若该企业税后利润的留用比例为 50%，则 2011 年预测留存收益为 216 万元（432×50%）。

现将编制预计利润表的主要步骤归纳如下：

第一步，收集基年实际利润表资料，计算确定利润表各项目与销售收入的百分比。

第二步，取得预测年度销售收入预计数，用此预计销售收入和基年实际利润表各项目与实际销售收入的比率，计算预测年度预计利润表各项目的预计数，并编制预测年度预计利润表。

第三步，利用预测年度税后利润预计数和预定的留用比例，测算留存收益的数额。

4. 编制预计资产负债表，预测外部筹资额

预计资产负债表是运用销售百分比法的原理预测外部筹资额的一种报表。预计资产负债表与实际资产负债表的内容、格式相同。通过提供预计资产负债表，可预测资产和负债及留存收益有关项目的数额，进而预测企业需要外部筹资的数额。

运用销售百分比法要选定与销售有基本不变比率关系的项目，这种项目称为敏感项目。敏感资产项目一般包括货币资金、应收账款、存货等项目；敏感负债项目一般包括应付账款、应付利息等项目。应收票据、交易性金融资产、固定资产、长期股权投资、长期待摊费用、短期借款、应付票据、长期借款和实收资本通常不属于在短期内的敏感项目。未分配利润（留存收益）也不宜列为敏感项目，因为它受企业所得税税率和分配政策的影响。

例 4-5

甲企业 2010 年实际销售收入为 10 000 万元，资产负债表及其敏感项目与销售收入的比率如表 4-6 所示。2011 年预计销售收入为 15 000 万元。试编制 2011 年预计资产负债表并预测外部筹资额。

表 4-6　2010 年实际资产负债表

（单位：万元）

项　目	金　额	占销售收入的百分比（%）
资产：		
货币资金	60	0.60
应收账款	2 000	20
存货	2 500	25
预付款项	10	—
固定资产	240	—
资产总额	4 810	45.60
负债及所有者权益：		
应付票据	400	—
应付账款	2 500	25
应付利息	100	1
长期借款	40	—
负债合计	3 040	26
实收资本	1 000	—
未分配利润（留存收益）	770	—
所有者权益合计	1 770	—
负债及所有者权益总额	4 810	

根据上述资料，编制该企业 2011 年预计资产负债表如表 4-7 所示。

表 4-7　2011 年预计资产负债表

（单位：万元）

项　　目	2010 年实际数①	2010 年销售百分比（%）②	2011 年预计数③
资产：			
货币资金	60	0.60	90
应收账款	2 000	20	3 000
存货	2 500	25	3 750
预付款项	10	—	10
固定资产	240	—	240
资产总额	4 810	45.60	7 090
负债及所有者权益：			
应付票据	400	—	400
应付账款	2 500	25	3 750
应付利息	100	1	150
长期借款	40	—	40
负债合计	3 040	26	4 340
投入资本	1 000	—	1 000
未分配利润（留存收益）	770	—	986
所有者权益合计	1 770	—	1 986
追加外部筹资额			764
负债及所有者权益总额	4 810		7 090

该企业 2011 年预计资产负债表的编制过程如下：

第一步，取得基年资产负债表资料，并计算其敏感项目与销售收入的百分比（见表 4-6），列于表 4-7 的①、②栏中。

第②栏的百分比表明，该企业销售收入每增长 100 元，资产就将增加 45.60 元。这种每实现 100 元销售收入所需的资本量，可由敏感负债解决 26 元。这里增加的敏感负债是自动增加的，如应付账款会因存货增加而自动增加。

每 100 元销售收入所需的资本量与敏感负债的差额为 19.60 元（45.60–26），表示销售收入每增长 100 元需追加的资本净额。它需从企业内部和外部来筹措。在例 4-5 中，销售收入增长 5 000 万元（15 000–10 000），需净增资本来源 980 万元（5 000×0.196）。

第二步，用 2011 年预计销售收入 15 000 万元乘以第②栏所列的百分比，求得表 4-7 第③栏所列示的敏感项目金额。第③栏的非敏感项目按第①栏的数额填列。由此，确定了第③栏中除留存收益外的各个项目的数额。

第三步，确定 2011 年留存收益增加额及资产负债表中的留存收益累计额。留存收益增加额可根据利润额、所得税税率和留存收益比例来确定。2011 年累计留存收益等于 2010 年累计留存收益加上 2011 年留存收益增加额。若 2011 年利润额为 720 万元，所得税税率为 40%，税后利润留用比例为 50%，则 2011 年留存收益增加额为：

$$720\times(1-40\%)\times50\%=216\text{（万元）}$$

2011 年累计留存收益为:

$$770+216=986\text{（万元）}$$

从需要追加筹资总额（第一步得到的 980 万元）中减去内部筹资增加额 216 万元，求得需要追加外部筹资额 764 万元。

第四步，加总预计资产负债表的两方: 2011 年预计资产总额为 7 090 万元，负债及所有者权益总额为 6 326 万元，其差额为 764 万元。它既是使资产负债表两方相等的平衡数，也是需要追加的外部筹资额。

5．按预测公式预测外部筹资额

以上介绍了如何运用预计资产负债表预测外部筹资额的过程。为简便起见，亦可以改用预测公式预测追加的外部筹资额。预测公式列示如下:

$$\begin{aligned}\text{需要追加的外部筹资额}&=(\Delta S)\sum\frac{\text{RA}}{S}-(\Delta S)\sum\frac{\text{RL}}{S}-\Delta\text{RE}\\&=\Delta S\left(\sum\frac{\text{RA}}{S}-\sum\frac{\text{RL}}{S}\right)-\Delta\text{RE}\end{aligned}\tag{4-2}$$

式中　ΔS——预计年度销售增加额;

$\sum\frac{\text{RA}}{S}$——基年敏感资产总额除以基年销售额;

$\sum\frac{\text{RL}}{S}$——基年敏感负债总额除以基年销售额;

ΔRE——预计年度留存收益增加额。

例 4-6

根据例 4-5 中的数据，运用公式（4-2）预测该企业 2011 年需要追加的外部筹资额为:

$$0.456\times5\,000-0.26\times5\,000-216=764\text{（万元）}$$

这种方法是根据预计资产负债表的原理，预测企业追加外部筹资额的简便方法。

上述销售百分比法的介绍，是假定预测年度非敏感项目、敏感项目及其与销售收入的百分比均与基年保持不变为条件的。在实践中，非敏感项目、敏感项目及其与销售收入的百分比有可能发生变动，具体情况有：①非敏感资产、非敏感负债的项目构成以及数量的增减变动。②敏感资产、敏感负债的项目构成以及与销售收入的百分比的增减变动。这些变动对预测资金需要总量和追加外部筹资额都会产生一定的影响，必须相应地予以调整。现举例说明。

例 4-7

根据表 4-7 中的资料，倘若该企业 2011 年由于情况变化，敏感资产项目中的存货与销售

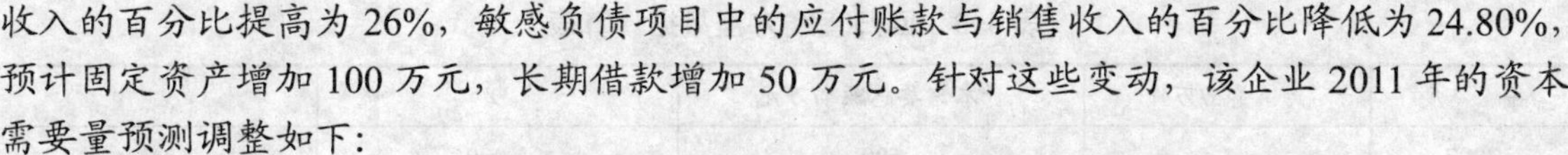

收入的百分比提高为26%，敏感负债项目中的应付账款与销售收入的百分比降低为24.80%，预计固定资产增加100万元，长期借款增加50万元。针对这些变动，该企业2011年的资本需要量预测调整如下：

（1）资产总额：7 090+15 000×（26%−25%）+100=7 340（万元）

（2）负债总额：4 340−15 000×（25%−24.80%）+50=4 260（万元）

（3）追加外部筹资额：7 340−4260−1 986=1 094（万元）

四、预测筹资数量的线性回归分析法

线性回归分析法是假定资本需要额与营业业务量之间存在线性关系并建立数学模型，然后根据历史有关资料，用回归直线方程确定参数预测资本需要额的方法。其预测模型为：

$$y = a + bx \tag{4-3}$$

式中 y——资本需要总额；

a——不变资本总额；

b——单位业务量所需要的可变资本额；

x——产销量。

不变资本是指在一定的营业规模内不随业务量变动的资本，主要包括为维持营业而需要的最低数额的现金、原材料的保险储备、必要的成品或商品储备以及固定资产占用的资本。可变资本是指随营业业务量变动而同比例变动的资本，一般包括在最低储备以外的现金、存货、应收账款等所占用的资本。

运用公式（4-3），在利用历史资料确定 a、b 数值的条件下，即可预测一定产销量 x 所需要的资本总额 y。

例 4-8

乙企业2007～2011年的产销量和资本需要额如表4-8所示。假定2012年的预计产销量为78 000件。试预测2012年的资本需要额。

表4-8 乙企业产销量与资本需要额表

年 度	产销量 x/万件	资本需要额 y/万元
2007	6	500
2008	5.50	475
2009	5	450
2010	6.50	520
2011	7	550

预测过程如下：

（1）根据表4-8中的资料，可以计算整理出表4-9中的数据。

表 4-9 回归直线方程数据计算表

年度	产销量 x/万件	资本需要总额 y/万元	xy	x^2
2007	6	500	3 000	36
2008	5.50	475	2 612.50	30.25
2009	5	450	2 250	25
2010	6.50	520	3 380	42.25
2011	7	550	3 850	49
n=5	$\sum x=30$	$\sum y=2\,495$	$\sum xy=15\,092.50$	$\sum x^2=182.50$

（2）将表 4-9 中的数据代入下列方程组：

$$\begin{cases}\sum y = na + b\sum x \\ \sum xy = a\sum x + b\sum x^2\end{cases}$$

得

$$\begin{cases}2\,495 = 5a + 30b \\ 15\,092.50 = 30a + 182.50b\end{cases}$$

求得

$$\begin{cases}a = 205\text{万元} \\ b = 49\text{万元}\end{cases}$$

（3）将 a=205 万元，b=49 万元，代入 $y = a + bx$，得：

$$y = 205 + 49x$$

（4）将 2012 年预计产销量 7.80 万件代入 x，测得资本需要额为：

205+49×7.80=587.20（万元）

运用线性回归分析法必须注意以下几个问题：①资本需要额与营业业务量之间线性关系的假定应符合实际情况。②确定 a、b 数值，应利用预测年度前连续若干年的历史资料，一般要有 3 年以上的资料。③应考虑价格等因素的变动情况。

第三节　长期筹资方式

一、股权性筹资

股权性筹资主要有投入资本筹资和发行普通股筹资两种方式。

（一）投入资本筹资

1．投入资本筹资的含义和主体

（1）投入资本筹资的含义。按照国际惯例，企业的全部资本按其所有权的归属，可以分为股权资本和债权资本。企业的股权资本一般由实收资本（或股本）和留存收益构成。根据我国有关财务制度的规定，企业的股权资本包括资本金、资本公积金、盈余公积金和

未分配利润。

企业的资本金是企业所有者为创办和发展企业而投入的资本，是企业股权资本最基本的部分。企业资本金因企业组织形式的不同而有不同的表现形式，在股份制企业中称为“股本”，在非股份制企业中则称为“实收资本”。

投入资本筹资是指非股份制企业以协议等形式吸收国家、其他企业、个人和外商等的直接投入的资本，形成企业实收资本的一种筹资方式。投入资本筹资不以股票为媒介，适用于非股份制企业。它是非股份制企业筹集股权资本的一种基本方式。

（2）投入资本筹资的主体。一般而言，投入资本筹资的主体是指进行投入资本筹资的企业。从法律上讲，现代企业主要有三种法律形式，也可以说是三种企业制度，即独资制、合伙制和公司制。在我国，公司制企业又分为股份有限公司和有限责任公司，国有独资公司是有限责任公司的一种特殊形式。可见，采用投入资本筹资的主体只能是非股份制企业，包括个人独资企业、个人合伙企业和国有独资公司等。

目前在我国，投入资本筹资的主体按照所有制标准进行分类，可以分为国有独资企业、个人独资企业和个人合伙企业等。

2．投入资本筹资的类型

投入资本筹资可以有多种类型，企业可根据规定选择采用，以筹措所需要的股权资本。

（1）投入资本筹资按所形成股权资本的构成分类

1）筹集国家直接投资，主要为国家财政拨款，由此形成企业的国有资本。

2）筹集其他企业、事业单位等法人的直接投资，由此形成企业的法人资本。

3）筹集本企业内部职工和城乡居民的直接投资，由此形成企业的个人资本。

4）筹集外国投资者和我国港澳台地区投资者的直接投资，由此形成企业的外商资本。

（2）投入资本筹资按投资者的出资形式分类

1）筹集现金投资。筹集现金投资是企业筹集投入资本所乐于采用的形式。企业有了现金，可用于购置资产、支付费用，比较灵活方便。因此，企业一般争取投资者以现金方式出资。各国法规大多都对现金出资比例作出了规定，或由融资各方协商确定。

2）筹集非现金投资。筹集非现金投资主要有两类形式：一是筹集实物资产投资，即投资者以房屋、建筑物、设备等固定资产和材料、燃料、产品等流动资产作价投资。二是筹集无形资产投资，即投资者以专利权、商标权、非专利技术、土地使用权等无形资产作价投资。

3．投入资本筹资的条件和要求

企业采用投入资本筹资方式筹措股权资本，必须符合一定的条件和要求，主要有以下几个方面：

（1）主体条件。采用投入资本筹资方式筹措股权资本的企业，应当是非股份制企业，包括个人独资企业、个人合伙企业和国有独资公司等。而股份制企业按规定应以发行股票方式取得股本。

（2）需要要求。企业投入资本的出资者以现金、实物资产、无形资产出资时，必须符合企业生产经营和科研开发的需要。

（3）消化要求。企业筹集的投入资本，如果是实物和无形资产，则必须在技术上能够消化，企业经过努力在工艺、人员操作方面能够适应。

4．投入资本筹资的程序

企业投入资本筹资，一般应遵循如下程序：

（1）确定投入资本筹资的数量。企业新建或扩大规模而进行投入资本筹资时，应当合理确定所需投入资本筹资的数量。国有独资企业的增资，须由国家授权投资的机构或国家授权的部门决定；合资企业的增资须由出资各方协商决定。

（2）选择投入资本筹资的具体形式。企业面向哪些方向、采用何种具体形式进行投入资本筹资，需要由企业和投资者双向选择，协商确定。企业应根据其生产经营等活动的需要以及协议等的规定，选择投入资本筹资的具体方向和形式。

（3）签署决定、合同或协议等文件。企业投入资本筹资，不论是为了新建还是为了增资，都应当由有关方面签署决定或协议等书面文件。对于国有企业，应由国家授权投资的机构等签署创建或增资拨款决定；对于合资企业，则应由合资各方共同签订合资或增资协议。

（4）取得资本来源。签署拨款决定或投资协议后，应按规定或计划取得资本来源。吸收国家以现金投资的，通常有拨款计划，确定拨款期限、每期数额及划拨方式，企业可按计划取得现金。吸收出资各方以实物资产和无形资产出资的，应结合具体情况，采用适当方法，进行合理估价，然后办理产权的转移手续，取得资产。

5．筹集非现金投资的估价

企业筹集的非现金投资，主要指流动资产、固定资产和无形资产，应按照评估确定或合同、协议约定的金额计价。

（1）筹集流动资产的估价。企业筹集的流动资产，包括材料、燃料、产成品、在产品、自制半成品、应收款项和有价证券等。

1）对于材料、燃料、产成品等，可采用现行市价法或重置成本法进行估价。

2）对于在产品、自制半成品，可先按完工程度折算为相当于产成品的约当产量，再按产成品的估价方法进行估价。

3）对于应收款项，则应针对具体情况，采用合理的估价方法。

①凡是能够立即收回的应收账款，可以其账面价值作为评估价值。

②凡是能够立即贴现的应收票据，可以其贴现值作为评估价值。

③凡是不能立即收回的应收账款，应合理估价其坏账损失，并以其账面价值扣除坏账损失后的金额作为评估价值。

④凡是能够立即变现的带息票据和计息债券，可以其面额加上持有期间的利息作为评估价值。

（2）筹集固定资产的估价。筹集固定资产投资，主要是机器设备、房屋建筑物等。

1）对于筹集的机器设备，一般采用重置成本法和现行市价法进行估价，对有独立生产能力的机器设备，亦可采用收益现值法估价。评估价值应包括机器设备的直接成本和间接成本。

2）房屋建筑物价值的高低，是由多方面因素决定的，主要受原投资额、地理位置、质量、新旧程度等因素的影响，可采用现行市价法并结合收益现值法进行估价。

（3）筹集无形资产的估价。企业筹集的无形资产投资，主要有专利权、专有技术、商标权、土地使用权、特许经营权、租赁权、版权等。

1）对于能够单独计算自创成本或外购成本的无形资产，如专利权、专有技术等，可以

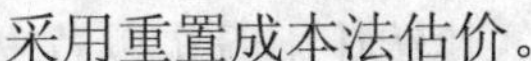

采用重置成本法估价。

2）对于在现时市场上有交易参照物的无形资产，如专利权、租赁权、土地使用权等，可采用现行市价法进行估价。

3）对于无法确定研制成本或购买成本，又不能在市场上找到交易参照物，但能为企业持续带来收益的无形资产，如特许经营权、商标权等，可采用收益现值法估价。

6．投入资本筹资的优缺点

投入资本筹资是我国企业筹资中最早采用的一种方式，也曾是我国国有企业、集体企业、合资或联营企业普遍采用的筹资方式。它既有优点，也有不足。投入资本筹资的优点主要有：

（1）投入资本筹资所筹的资本属于企业的股权资本，与债权资本相比较，它能提高企业的资信和借款能力。

（2）投入资本筹资不仅可以筹集现金，而且能够直接获得所需的先进设备和技术，与仅筹集现金的筹资方式相比较，它能尽快地形成生产经营能力。

（3）投入资本筹资的财务风险较低。

投入资本筹资的缺点主要有：

（1）投入资本筹资通常资本成本较高。

（2）投入资本筹资由于没有证券为媒介，产权关系有时不够明晰，也不便于产权的交易。

（二）发行普通股筹资

股票是股份有限公司签发的证明股东所持股份的凭证，是为筹措股权资本而发行的有价证券。它代表持股人在公司中拥有的所有权。股票持有人即为公司的股东。公司股东作为出资人按投入公司的资本额享有所有者的资产收益、公司重大决策和选择管理者的权利，并以其所持股份为限对公司承担责任。

1．股票的种类

股份有限公司根据筹资者和投资者的需要，发行各种不同的股票。股票的种类很多，可按不同的标准进行分类。

（1）股票按股东的权利和义务分类。股票一般按股东权利和义务的不同分为普通股和优先股两种基本类型。

普通股是公司发行的代表着股东享有平等的权利、义务，不加特别限制，股利不固定的股票。普通股是最基本的股票。在通常情况下，股份有限公司只发行普通股。

普通股在权利和义务方面的特点有：①普通股股东享有公司的经营管理权。②普通股股利分配在优先股之后进行，并依公司盈利情况而定。③公司解散清算时，普通股股东对公司剩余财产的请求权位于优先股之后。④公司增发新股时，普通股股东具有认购优先权，可以优先认购公司所发行的股票。

优先股是公司发行的优先于普通股股东分取股利和公司剩余财产的股票。多数国家的公司法规定，优先股可以在公司设立时发行，也可以在公司增发新股时发行。但有些国家的法律则规定，优先股只能在特殊情况下，如公司增发新股或清理债务时才准发行。

（2）股票按是否记入股东名册分类。股票按是否记入股东名册分为记名股票和无记名股票。

记名股票的股东姓名或名称要记入公司的股东名册。在我国，《公司法》规定，公司向发起人、法人发行的股票，应为记名股票。记名股票一律用股东本名，其转让由股东以背书方式进行。

无记名股票的股东姓名或名称不记入公司的股东名册，公司只记载股票数量、编号及发行日期。公司对社会公众发行的股票可以为无记名股票。无记名股票的转让，由股东将该股票交付给受让人后即发生转让效力。

（3）股票按是否标明金额分类。股票按是否标明金额分为面值股票和无面值股票。

面值股票是在票面上标有一定金额的股票。持有这种股票的股东，对公司享有的权利和承担的义务的大小，依其所持有的股票票面金额占公司发行在外股票总面值的比例而定。

无面值股票是不在票面上标有一定金额的股票，只载明所占公司股本总额的比例或股份数的股票。无面值股票的价值随公司财产的增减而变动，而股东对公司享有的权利和承担的义务的大小，直接依股票标明的比例而定。目前，我国不承认无面值股票，《公司法》规定股票应记载股票的面额，并且其发行价格不得低于票面金额。

（4）股票按发行时间的先后分类。股票按发行时间的先后可分为始发股和新股。始发股是设立时发行的股票。新股是公司增资时发行的股票。始发股和新股发行的具体条件、目的、价格不尽相同，但同类股东的权利、义务是相同的。

（5）股票按发行对象和上市地区分类。我国目前的股票还按发行对象和上市地区的不同，分为 A 股、B 股、H 股和 N 股等。

A 股是供我国个人或法人买卖的、以人民币标明票面价值并以人民币认购和交易的股票。此种股票在上海证券交易所和深圳证券交易所上市。B 股、H 股、N 股和 S 股是专供外国和我国香港、澳门、台湾地区投资者买卖的，以人民币标明票面金额但以外币认购和交易的股票。其中，B 股在上海、深圳两个证券交易所上市，H 股在香港联合交易所上市，N 股在纽约上市，S 股在新加坡上市。

2．股票发行的基本要求

股份有限公司发行股票，分为设立发行和增资发行，但不论是设立发行还是增资发行，在我国根据《公司法》、《中华人民共和国证券法》（以下简称《证券法》）等规定，都必须依循下列一些基本要求：

（1）每股金额相等。同次发行的股票，每股的发行条件和价格应当相同。

（2）股票发行价格可以按票面金额，也可以超过票面金额，但不得低于票面金额。

（3）股票应当载明公司名称、公司登记日期、股票种类、票面金额及代表的股份数、股票编号等主要事项。

（4）向发起人、国家授权投资的机构、法人发行的股票，应当为记名股票；对社会公众发行的股票，可以为记名股票，也可以为无记名股票。

（5）公司发行记名股票的，应当置备股东名册，记载股东的姓名或者名称、住所、各股东所持股份、各股东所持股份编号、各股东取得其股份的日期；发行无记名股票的，公司应当记载其股票数量、编号及发行日期。

（6）公司公开发行新股，必须具备下列条件：①具备健全且运行良好的组织机构。②具有持续盈利能力，财务状况良好。③最近 3 年财务会计文件无虚假记载，无其他重大违法行为。④证券监督管理机构规定的其他条件。

3．股票的发行程序

各国对股票的发行程序都有严格的法律规定，未经法定程序发行的股票无效。设立发行和增资发行在程序上有所不同。

（1）设立发行股票的程序。股份有限公司设立时发行股票的基本程序如下：

1）发起人认足股份，交付出资。

2）提出募集股份申请。

3）公告招股说明书，制作认股书，签订承销协议和代收股款协议。

4）招认股份，缴纳股款。

5）召开创立大会，选举董事会、监事会。

6）办理公司设立登记，交割股票。

（2）增资发行新股的程序。股份有限公司成立以后，在其存续期间为增加资本，会多次发行新股。增资发行新股的基本程序是：

1）股东大会作出发行新股决议。

2）由董事会向国务院授权的部门或省级人民政府申请并经批准。

3）公告招股说明书，制作认股书，签订承销协议。

4）招认股份，缴纳股款，交割股票。

5）改选董事、监事，办理变更登记并向社会公告。

4．股票的发行方式与推销方式

股票的发行方式与推销方式对于及时筹集和募足资本有着重要的意义。发行公司应根据具体情况，选择适宜的股票发行方式与推销方式。

（1）股票的发行方式，指的是公司通过何种途径发行股票。总的来讲，股票的发行方式可分为以下两类：

1）公开间接发行。公开间接发行是指通过中介机构，公开向社会公众发行股票。我国股份有限公司采用募集设立方式向社会公开发行新股时，须由证券经营机构承销的做法，就属于股票的公开间接发行。这种发行方式的发行范围广、发行对象多、易于足额募集资本，股票的变现性强、流通性好；股票的公开发行还有助于提高发行公司的知名度和扩大其影响力。但这种发行方式也有不足，主要是手续繁杂，发行成本高。

公开发行由于发行范围广、发行对象多，对社会影响大，需要对其进行限定。在我国，《证券法》规定有下列情形之一者属于公开发行：①向不特定对象发行证券。②向累计超过200 人的特定对象发行证券。③法律、行政法规规定的其他发行行为。非公开发行证券，不得采用广告、公开劝诱和变相公开方式。

2）不公开直接发行。不公开直接发行是指不公开对外发行股票，只向少数特定的对象直接发行，因而不需经中介机构承销。我国股份有限公司采用发起设立方式和以不向社会公开募集的方式发行新股的做法，即属于股票的不公开直接发行。这种发行方式弹性较大，发行成本低，但发行范围小，股票变现性差。

（2）股票的推销方式。股票的发行是否成功，最终取决于能否将股票全部推销出去。股份有限公司公开向社会发行股票，其推销方式不外乎有两种选择，即自销或委托承销。

1）自销方式。股票发行的自销方式是指股份有限公司自行直接将股票出售给投资者，而不经过证券经营机构承销。自销方式可节约股票发行成本，但发行风险完全由发行公司自行承担。这种推销方式并不普遍采用，一般仅适用于发行风险较小、手续较为简单、数额不多的股票发行。在国外，主要由知名度高、有实力的公司向现有股东推销股票时采用。

2）委托承销方式。股票发行的委托承销方式是指发行公司将股票销售业务委托给证券承销机构代理。证券承销机构是指专门从事证券买卖业务的金融中介机构，在我国主要为证券公司，在美国一般是投资银行，在日本则是称为“干事公司”的证券公司。委托承销方式是发行股票所普遍采用的推销方式。在我国，《公司法》规定，公司向社会公开发行股票，不论是募集设立时首次发行股票还是设立后再次发行新股，均应当由依法设立的证券经营机构承销。委托承销方式包括包销和代销两种具体办法。

①股票发行的包销，是由发行公司与证券经营机构签订承销协议，全权委托证券承销机构代理股票的发售业务。采用这种办法，一般由证券承销机构买进股份有限公司公开发行的全部股票，然后将所购股票转销给社会上的投资者。在规定的募股期限内，若实际募集股份数达不到预定发行股份数，则剩余部分由证券承销机构全部承购下来。

发行公司选择包销办法，可促进股票顺利出售，及时筹足资本，还可免于承担发行风险；不利之处是要将股票以略低的价格售给承销商，且实际付出的发行费用较高。

②股票发行的代销，是由证券经营机构代理股票发售业务，若实际募集股份数达不到预定发行股份数，则证券承销机构不负承购剩余股份的责任，而是将未售出的股份归还给发行公司，发行风险由发行公司自己承担。

根据我国有关股票发行法规的规定，公司拟公开发行股票的面值总额超过人民币 3 000 万元或者预期销售总金额超过人民币 5 000 万元的，应当由承销团承销。承销团由两个以上承销机构组成，一般包括总承销商、副总承销商、分销商。总承销商由发行人按照公开竞争的原则，通过竞标或协商确定。

5．股票发行定价

（1）股票发行定价的意义。股票发行价格是公司发行股票时将股票出售给投资者所采用的价格，也就是投资者认购股票时所应支付的价额。股票发行定价对于发行公司和新老股东以及承销机构具有重要意义。它关系到发行公司与投资者之间、新股东与老股东之间以及发行公司与承销机构之间的利益关系。如果股票发行定价过低，则可能难以满足发行公司的筹资需求，甚至会损害老股东的利益；如果股票发行定价过高，则可能增大投资者的风险，抑制投资者的认购热情，加大承销机构的承销风险和发售难度。

（2）股票发行定价的原则。在我国，《公司法》规定了股票发行定价的原则要求，主要有：

1）同次发行的股票，每股发行价格应当相同。

2）任何单位或者个人所认购的股份，每股应当支付相同的价款。

3）股票发行价格可以按票面金额，也可以超过票面金额但不得低于票面金额。以超过票面金额为股票发行价格的，须经国务院证券监督管理部门批准。

（3）股票发行定价的方式。国内外股票发行定价的方式主要有累积订单方式和固定价格方式两种。累积订单方式是美国证券市场经常采用的股票发行定价方式。其基本做法是：首先由承销团与发行公司商定定价区间，通过市场促销征集在每个价位上的需求数量；然后分析需求数量分布，由主承销商与发行公司确定最终发行价格。

固定价格方式是英国、日本和我国香港特别行政区等证券市场通常采用的股票发行定价方式。其基本做法是：在公开发行前先由承销商与发行公司商定固定的股票发行价格，然后根据该价格进行公开发售。

目前，我国公司的股票发行定价属于固定价格方式，即在发行前由主承销商和发行公司运用市盈率法来确定新股发行价格。在市盈率法下，每股发行价格主要根据预测每股税后利润和发行市盈率两个因素来确定。

1）每股税后利润，是衡量公司获利能力的重要指标。一般而言，每股税后利润越高，股票投资价值越大。预测每股税后利润按下列公式计算：

$$\text{预测每股税后利润}=\frac{\text{预测发行当年税后利润}}{\text{发行当年加权平均股份数}}$$

2）市盈率，是每股市场价格与每股税后利润的比率或倍数。在预测每股税后利润一定的条件下，股票发行价格的高低取决于发行市盈率。我国公司股票的发行市盈率一般确定在15～20倍之间。目前，正在探索市场化的股票发行定价机制。

6．股票上市

（1）股票上市的意义。股票上市是指股份有限公司公开发行的股票，由公司提出申请，证券交易所依法审核同意后在证券交易所作为交易的对象。在证券交易所上市交易的股票，称为上市股票，该股份有限公司称为上市公司。

股份有限公司申请股票上市，基本目的是增强本公司股票的吸引力，形成稳定的资本来源，能在更大范围内筹措大量资本。股票上市对上市公司而言，主要有以下意义：①资本大众化，分散风险。②提高股票的变现力。③便于筹措新资金。④提高公司知名度，吸引更多顾客。⑤便于确定公司价值。因此，不少公司积极创造条件，争取其股票上市。

但是，也有人认为，股票上市对公司不利，主要原因有：①公司将负担较高的信息披露成本。②各种“公开”的要求可能会暴露公司的商业秘密。③股市的人为波动可能歪曲公司的实际情况，损害公司的声誉。④可能分散公司的控制权，造成管理上的困难。因此，有些公司即使已符合上市条件，也宁愿放弃上市机会。

（2）股票上市的条件。股票上市条件也称股票上市标准，是指对申请上市公司所作的规定或要求。按照国际惯例，股票上市的条件，一般包括开业时间、资产规模、股本总额、持续盈利能力、股权分散程度、股票市价等方面。各国对股票上市条件都规定了具体的数量标准。

1）在我国，《证券法》规定，股份有限公司申请其股票上市，应当符合下列条件：

①股票经国务院证券监督管理机构核准已公开发行。

②公司股本总额不少于人民币3 000万元。

③公开发行的股份达到公司股份总数的25%以上，公司股本总额超过人民币4亿元的，公开发行股份的比例为10%以上。

④公司在最近3年内无重大违法行为，财务报告无虚假记载。

2）美国纽约证券交易所规定的上市条件有：

①公司在最近几年的税前盈利不低于250万美元，最近2年的税前盈利每年不低于200万美元。

②公司有形资产净值不少于1 600万美元，不足此额的可以用上市股票的总价值补足。

③公众拥有的股票按市价计算不少于1 600万美元。

④最少有100万股由公众持有，并且最少有2 000名持有1 000股以上的股东。

3）日本东京证券交易所规定的上市条件有：

①公司的开业时间在5年以上。

②公司在股票上市前经营年度的最后一天，股东持有股票的价值总额不低于10亿日元，每股不低于100日元。

③近3年的利润包括税金在内，由远及近，分别不低于2亿日元、3亿日元、4亿日元。

④每股收益最近3年每年不低于15日元，最近1年不低于20日元，同时最近1年每股股利在5日元以上，并且预计股票上市后每股股利仍保持在5日元以上。

除了上述条件以外，各国一般都要求上市公司定期、及时地公开其财务状况和经营情况，定期提供财务报表。在我国，《公司法》要求上市公司每半年公布一次财务报告。欧美各国通常要求上市公司按季度提供财务报表。

（3）股票上市的决策。股份有限公司为实现其上市目标，需在申请上市前对公司状况进行分析，对上市股票的股利分配政策、上市方式和上市时机作出决策。

1）公司状况分析。申请股票上市的公司，需分析公司及其股东的状况，全面分析权衡股票上市的各种利弊及其影响，确定关键因素。例如，如果公司面临的主要问题是资本不足，现有股东风险过大，则可通过股票上市予以解决；倘若公司目前存在的关键问题是，一旦控制权外流，就会导致公司的经营不稳定，从而影响公司长远的稳定发展，则可放弃上市计划。

2）上市公司的股利决策。股利决策包括股利分配政策和股利分派方式的抉择。股利决策既影响上市公司股票的吸引力，又影响公司的支付能力，因此，必须作出合理的选择。

①股利分配政策的抉择。股利分配政策通常有固定股利额、固定股利率、正常股利加额外股利等。固定股利额能给市场以稳定的信息，有利于保持上市公司股票价格的稳定性，增强投资者的信心，有利于投资者有计划地安排股利的使用，但这也成为公司的固定财务负担。固定股利率可与公司盈利水平相衔接，但股利额不稳定。正常股利加额外股利的政策既能保持股利的稳定性，又能实现股利与盈利之间的配合，故为许多上市公司所采用。

②股利分派方式的抉择。股利分派方式主要有现金股利、股票股利、财产股利等。现金股利在公司具有充足的现金时才便于采用。股票股利可在公司现金短缺时选用。财产股利一般是指公司以其投资的短期有价证券代替现金分派股利，由于这种证券变现能力强，股东可以接受，而公司不必立即支付现金，可以暂时弥补公司现金的不足。

3）股票上市方式的选择。股票上市的方式一般有公开出售、反向收购等。申请上市的公司需要根据股市行情、投资者和本公司的具体情况进行选择。

①公开发售是股票上市的最基本方式。申请上市的公司通常采用这种上市方式。它有利于达到公司增加现金资本的需要，有利于原股东转让其所持有的部分股份。

②反向收购是指申请上市的公司收购已上市的较小公司的股票，然后向被收购的公司股东配售新股，以达到筹资的目的。

4）股票上市时机的选择。股票上市的最佳时机，是在公司预计来年会取得良好业绩的时间。当然，还需考虑当时的股市行情是否适宜而定。

（4）股票上市的暂停、恢复与终止。按照国际惯例，获得股票上市资格，并已实现股票上市的公司，必须持续保持其上市的条件。如果发现已上市的公司不再能满足规定的条件或其他有关规定，则将被暂停其股票上市。被暂停上市的原因消除后，可以恢复上市。如果在规定的期限内，公司未能消除其被暂停上市的原因，则将被终止其股票上市，取消其上市资格。

1）股票上市的暂停与恢复。各国一般均规定，上市公司有下列情形之一者，将被暂停其股票上市：

①公司发生变化，不再具备上市条件。

②公司不按规定公开其财务状况或其财务报告有虚假记载。

③公司发生信用危机，如因信用问题被停止与银行的业务往来关系。

④盈利能力下降或连续亏损，等等。

公司在规定的暂停上市期限内，如能消除有关原因，则可以恢复上市。

2）股票上市的终止。上市公司在规定的期限内，如未能消除被暂停上市的原因，甚至产生严重后果者，则将被终止上市，取消上市资格。具体情况一般是指：

①公司财务报告有虚假记载，后果严重的。

②公司有重大违法行为，后果严重的。

③公司股票连续若干月成交量较少，或没有成交的。

④公司连续若干年没有分配股利的。

⑤盈利能力严重下降，甚至连续几年亏损没有扭转的。

⑥公司决议解散、被依法责令关闭或者宣告破产的，等等。

7. 普通股筹资的优缺点

股份有限公司运用普通股筹集股权资本，与优先股、公司债券、长期借款等筹资方式相比，有其优点和缺点。

（1）普通股筹资的优点

1）普通股筹资没有固定的股利负担。公司有盈利，并认为适于分配股利，就可以分给股东；公司盈利较少，或虽有盈利但资本短缺或有更有利的投资机会，也可以少支付或不支付股利。而对于债券或借款的利息，则无论企业是否盈利及盈利多少，都必须予以支付。

2）普通股股本没有固定的到期日，不需要偿还，它是公司的永久性资本，除非公司清算时才予以偿还。这对于保证公司对资本的最低需要，促进公司长期持续稳定经营具有重要意义。

3）利用普通股筹资的风险小。由于普通股股本没有固定的到期日，一般也不用支付固定的股利，不存在还本付息的风险。

4）发行普通股筹集股权资本能增强公司的信誉。普通股股本以及由此产生的资本公积金和盈余公积金等，是公司筹措债权资本的基础。有了较多的股权资本，就有利于提高公司的信用价值，同时也为利用更多的债务筹资提供强有力的支持。

5）普通股筹资限制较少。利用优先股或债券筹资，通常有许多限制，这些限制往往会影响公司经营的灵活性，而利用普通股筹资则没有这种限制。

另外，由于普通股的预期收益较高并可在一定程度上抵消通货膨胀的影响（通常在通货膨胀期间，不动产升值时普通股也随之升值），因此利用普通股筹资容易吸收资金。

（2）普通股筹资的缺点

1）资本成本较高。一般而言，普通股筹资的成本要高于债权资本。这主要是由于投资于普通股风险较高，故相应要求有较高的报酬，并且股利应从税后利润中支付，而债务筹资的话，其债权人风险较低，支付利息允许在税前扣除。此外，普通股发行成本也较高，一般来说发行证券费用最高的是普通股，其次是优先股，最后是公司债券。

2）利用普通股筹资，出售新股票，增加新股东，可能会分散公司的控制权；而且，新股东对公司已积累的盈余具有分享权，这就会降低普通股的每股净收益，从而可能引起普通股市价的下跌。

3）如果公司股票上市，则公司需要履行严格的信息披露制度，接受公众股东的监督，会带来较大的信息披露成本，也增加了公司保护商业秘密的难度。

4）股票上市会增加公司被收购的风险。公司股票上市后，其经营状况会受到社会的广泛关注，一旦公司经营或是财务方面出现问题，就可能面临被收购的风险。

二、债权性筹资

长期债权性或债务性筹资一般有发行债券筹资、长期借款筹资和租赁筹资三种方式。

（一）发行债券筹资

公司债券是公司依照法定程序发行的、约定在一定期限还本付息的有价证券。发行债券是公司筹集债权资本的重要方式。按照《公司法》和国际惯例，股份有限公司和有限责任公司发行的债券称为公司债券，习惯上又称公司债。公司发行债券通常是为其大型投资项目一次筹集大笔长期资本。

1. 债券的种类

公司债券按不同标准可以分为以下几类：

（1）记名债券与无记名债券

1）记名债券是在券面上记有持券人的姓名或名称。对于这种债券，公司只对记名人偿本，持券人凭印鉴支取利息。记名债券的转让，由债券持有人以背书等方式进行，并让发行公司将受让人的姓名或名称载于公司债券存根簿。

2）无记名债券是指在券面上不记持券人的姓名或名称，还本付息以债券为凭，一般实行见票付息。其转让由债券持有人将债券交付给受让人后即发挥效力。

（2）抵押债券与信用债券

1）抵押债券又称有担保债券，是指发行公司以特定财产作为担保品的债券，它按担保品的不同，又可分为不动产抵押债券、动产抵押债券、信托抵押债券。信托抵押债券是指公司以其持有的有价证券为担保而发行的债券。

抵押债券还可按抵押品的先后担保顺序分为第一抵押债券和第二抵押债券。公司解体清算时，只有在第一抵押债券持有人的债权已获清偿后，第二抵押债券持有人才有权索偿剩余的财产，因此后者要求的利率相对较高。

2）信用债券又称无担保债券，是指发行公司没有提供抵押品担保，完全凭信用发行的债券。这种债券通常是由信誉良好的公司发行，利率一般略高于抵押债券。

（3）固定利率债券与浮动利率债券

1）固定利率债券的利率在发行债券时即已确定并载于债券券面。

2）浮动利率债券的利率水平在发行债券之初不固定，而是根据有关利率如银行存贷款

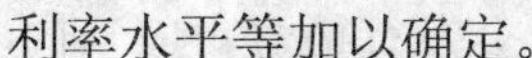

利率水平等加以确定。

（4）上市债券与非上市债券。按照国际惯例，公司债券与股票一样，也有上市与非上市之区别。上市债券是经有关机构审批，可以在证券交易所买卖的债券。

债券上市对发行公司和投资者都有一定的好处，具体有：

1）上市债券因其符合一定的标准，信用度较高，能卖较好的价钱。

2）债券上市有利于提高发行公司的知名度。

3）上市债券成交速度快，变现能力强，更易于吸引投资者。

4）上市债券交易便利，成交价格比较合理，有利于公平筹资和投资。

发行公司欲使其债券上市，需要具备规定的条件标准，并提出申请，按照一定的程序办理。

2．发行债券的条件

按照国际惯例，发行债券需要符合规定的条件。一般包括发行债券最高限额、发行公司自有资本最低限额、公司获利能力、债券利率水平等。

在我国，根据《证券法》的规定，发行公司债券必须符合下列条件：

（1）股份有限公司的净资产额不低于人民币 3 000 万元，有限责任公司的净资产额不低于人民币 6 000 万元。

（2）累计债券余额不超过公司净资产的 40%。

（3）最近 3 年平均可分配利润足以支付公司债券 1 年的利息。

（4）筹集的资金投向符合国家产业政策。

（5）债券的利率不超过国务院限定的利率水平。

（6）国务院规定的其他条件。

此外，发行公司债券所筹集资本，必须用于核准的用途，不得用于弥补亏损和非生产性支出。

如发行可转换公司债券，还应当符合股票发行的条件。

发行公司发生下列情形之一的，不得再次公开发行公司债券：①前一次公开发行的公司债券尚未募足。②对已公开发行的公司债券或者其他债务有违约或者延迟支付本息的事实，仍处于继续状态。③违反《证券法》规定，改变公开发行公司债券所募资本的用途。

3．债券的发行程序

公司发行债券需要经过一定的程序，办理有关手续。

（1）作出发行债券决议。公司在实际发行债券之前，必须作出发行债券的决议，具体决定公司债券发行总额、票面金额、发行价格、募集办法、债券利率、偿还日期及方式等内容。

我国股份有限公司、有限责任公司发行公司债券，由董事会制订方案，股东会作出决议；国有独资公司发行公司债券，应由国家授权投资的机构或者国家授权的部门作出决定。在国外，公司发行债券一般需经董事会通过决议，由 2/3 以上董事出席，且超过出席董事的半数通过。

（2）提出发行债券申请。按照国际惯例，公司发行债券须向主管部门提交申请，未经批准，公司不得发行债券。我国规定，公司申请发行债券由国务院证券监督管理部门批准。公司申请时应提交公司登记证明、公司章程、公司债券募集办法、资产评估报告和验资报告等文件。

（3）公告债券募集办法。发行公司债券的申请经批准后，公开向社会发行债券，应当向社会公告债券募集办法。根据《公司法》的规定，公司债券募集办法中应当载明本次发行债券总额和债券面额、债券利率、还本付息的期限与方式、债券发行的起止日期、公司净资产额、已发行而未到期的公司债券总额、债券的承销机构等事项。

公司若发行可转换公司债券，还应在债券募集办法中规定具体的转换办法。

（4）委托证券承销机构发售。公司债券的发行方式一般有私募发行和公募发行两种。

私募发行是指由发行公司将债券直接发售给投资者。这种发行方式因受限制，极少采用。

公募发行是指发行公司通过承销团向社会发售债券。在这种发行方式下，发行公司要与承销团签订承销协议。承销团由数家证券公司或投资银行组成。承销团的承销方式有代销和包销。代销是指由承销团代为推销债券，在约定期限内未售出的余额将退还发行公司，承销团不承担发行风险。包销是由承销团先购入发行公司拟发行的全部债券，然后再售给社会上的投资者，如果在约定期限内未能全部售出，则余额要由承销团负责认购。

公募发行是世界各国通常采用的公司债券发行方式。美国甚至强制要求某些债券（如电力、制造业公司债券）必须公募发行。我国有关法律、法规亦要求公开发行债券。

（5）交付债券，收缴债券款，登记债券存根簿。发行公司公开发行公司债券，由证券承销机构发售时，投资者直接向承销机构付款购买，承销机构代理收取债券款，交付债券；然后，发行公司向承销机构收缴债券款并结算预付的债券款。

在我国，根据《公司法》的规定，公司发行的公司债券，必须在债券上载明公司名称、债券面额、利率、偿还期限等事项，并由法定代表人签名，公司盖章。

公司发行的债券，还应在公司债券存根簿中登记。对于记名公司债券，应载明的事项包括：①债券持有人的姓名（或者名称）及住所。②债券持有人取得债券的日期及债券的编号。③债券总额、债券票面金额、债券利率、债券还本付息的期限与方式。④债券的发行日期。对于无记名债券，应在债券存根簿上载明债券总额、利率、偿还期限与方式、发行日期及债券的编号等事项。

4. 债券发行价格的确定

公司债券的发行价格是发行公司（或其承销机构代理，下同）发行债券时所使用的价格，亦即投资者向发行公司认购债券时实际支付的价格。公司在发行债券之前，必须依据有关因素，运用一定的方法，确定债券的发行价格。

（1）决定债券发行价格的因素。公司债券发行价格的高低，取决于下述四项因素：

1）债券面额。债券的票面金额是决定债券发行价格的最基本因素。债券发行价格的高低，从根本上取决于债券面额的大小。一般而言，债券面额越大，发行价格越高。但是，如果不考虑利息因素，则债券面额是债券到期价值，即债券的未来价值，而不是债券的现在价值，即发行价格。

2）票面利率。债券的票面利率是债券的名义利率，通常在发行债券之前就已确定，并注明于债券票面上。一般而言，债券的票面利率越高，发行价格也越高；反之，则越低。

3）市场利率。债券发行时的市场利率是衡量债券票面利率高低的参照系，两者往往不一致，因此共同影响债券的发行价格。一般来说，债券的市场利率越高，债券的发行价格就越低；反之，则越高。

4）债券期限。同银行借款一样，债券的期限越长，债权人的风险越大，要求的利息报酬就越高，债券的发行价格就可能较低；反之，则可能较高。

此外，债券利息的支付方式也在一定程度上影响债券的发行价格。因此，债券的发行价格是各种因素综合作用的结果。

（2）确定债券发行价格的方法。在实务中，公司债券的发行价格通常有三种情况，即等价、溢价、折价。

等价是指以债券的票面金额作为发行价格。多数公司债券采用等价发行。溢价是指按高于债券面额的价格发行债券。折价是指按低于债券面额的价格发行债券。溢价或折价发行债券，主要是由于债券的票面利率与市场利率不一致所造成的。债券的票面利率在债券发行前即已参照市场利率确定下来，并标明于债券票面，无法改变，但市场利率经常发生变动。在债券发售时，如果票面利率与市场利率不一致，就需要调整发行价格（溢价或者折价），以调节债券购销双方的利益。

债券的发行价格具体可按下列公式计算：

$$债券发行价格=\frac{债券面额}{(1+市场利率)^n}+\sum_{t=1}^{n}\frac{债券年息}{(1+市场利率)^t} \quad (4-4)$$

式中 n——债券期限；

t——付息期数；

市场利率——债券发售时的市场利率；

债券年息——债券面额与票面利率（通常为年利率）的乘积。

从货币时间价值的原理来认识，按公式（4-4）确定的债券发行价格系由两部分构成：一部分是债券到期还本面额按市场利率折现的现值；另一部分是债券各期利息（年金形式）的现值。现举例说明不同情况下公司债券发行价格的计算方法。

例 4-9

某公司发行面值为 1 000 元、票面利率为 10%、期限为 10 年的债券，每年付息一次。其发行价格可分下述三种情况来分析计算：

（1）市场利率为 10%，与票面利率一致，为等价发行。债券发行价格计算如下：

$$\frac{1\,000}{(1+10\%)^{10}}+\sum_{t=1}^{10}\frac{100}{(1+10\%)^t}=1\,000\ （元）$$

（2）市场利率为 8%，低于票面利率，为溢价发行。债券发行价格计算如下：

$$\frac{1\,000}{(1+8\%)^{10}}+\sum_{t=1}^{10}\frac{100}{(1+8\%)^t}=1\,134\ （元）$$

（3）市场利率为 12%，高于票面利率，为折价发行。债券发行价格计算如下：

$$\frac{1\,000}{(1+12\%)^{10}}+\sum_{t=1}^{10}\frac{100}{(1+12\%)^t}=886\ （元）$$

5．债券的信用评级

（1）债券评级的意义。公司公开发行债券通常由债券评级机构评定等级。债券的信用等级对于发行公司和投资者都有重要的影响。它直接影响着公司发行债券的效果和投资者的投资选择。

债券的评级制度最早源于美国。1909 年，美国人约翰·穆迪在《铁路投资分析》一文中，首先运用了债券评级的分析方法。从此，债券评级的方法推广开来，并逐渐形成评级制度，为许多国家所采用。在实践中，各国并不强制债券发行者必须取得债券评级，但在发达的证券市场上，没有经过评级的债券往往不被广大投资者接受而难以推销。因此，发行债券的公司一般都自愿向债券评级机构申请评级。

我国的债券评级工作也在发展。根据中国人民银行的有关规定，凡是向社会公开发行的企业债券，均需由中国人民银行及其授权的分行指定的资信评级机构或者公证机构进行评信。《证券法》规定，公司发行债券，必须向经认可的债券评信机构申请信用评级。

（2）债券的信用等级。债券的信用等级表示债券质量的优劣，反映债券偿本付息能力的强弱和债券投资风险的高低。

下面概要介绍比较流行的债券信用等级、债券评级程序和方法。

国外流行的债券信用等级，一般分为三等九级。这是由国际上著名的美国信用评定机构穆迪投资者服务公司（以下简称穆迪公司）和标准普尔公司分别采用的。现列示于表 4-10 中。

表 4-10　债券信用等级表

标准普尔公司		穆迪公司	
AAA	最高级	Aaa	最高质量
AA	高级	Aa	高质量
A	上中级	A	上中质量
BBB	中级	Baa	下中质量
BB	中下级	Ba	具有投机因素
B	投机级	B	通常不值得正式投资
CCC	完全投机级	Caa	可能违约
CC	最大投机级	Ca	高投机性，经常违约
C	规定盈利付息但未能盈利付息	C	最低级

现以表 4-10 中标准普尔公司评定债券的信用等级为例，说明其表示的具体含义：

AAA，表示最高级债券，其还本付息能力最强，投资风险最低。

AA，表示高级债券，有很强的偿本付息能力，但保证程度略低于 AAA 级，投资风险略高于 AAA 级。

A，表示有较强的付息还本能力，但可能受到环境和经济条件的不利影响。

BBB，表示有足够的付息偿本能力，但经济条件或环境的不利变化可能导致偿付能力的削弱。

BB，表示债券本息的支付能力有限，具有一定的投资风险。

B，表示投机性债券，风险较高。

CCC，表示完全投机性债券，风险很高。

CC，表示投机性最大的债券，风险最高。

C，最低级债券，一般表示未能付息的收益债券。

一般认为，只有前三个级别的债券是值得进行投资的债券。

根据美国标准普尔公司和穆迪公司的经验，世界各国、各地区结合自己的实际情况制定了债券等级标准，这些标准在很大程度上完全相同。

标准普尔公司和穆迪公司还使用修正符号进一步区别AAA（或Aaa）级别以下的各级债券，以便更为具体地识别债券的质量。标准普尔公司用“+”和“-”区别同级债券质量的优劣。例如，A^+代表质优的A级债券，A^-代表质劣的A级债券。穆迪公司在表示债券级别的英文字母后再加注1、2、3，分别代表同级债券质量的优、中、差。

6．债券筹资的优缺点

发行债券筹集资本，对发行公司既有利也有弊，应加以识别权衡，以便抉择。

（1）债券筹资的优点

1）债券成本较低。与股票的股利相比较而言，债券的利息允许在所得税前支付，发行公司可享受税上利益，故公司实际负担的债券成本一般低于股票成本。

2）可利用财务杠杆。无论发行公司的盈利有多少，债券持有人一般只收取固定的利息，而更多的收益可用于分配给股东或留用公司经营，从而增加股东和公司的财富。

3）保障股东控制权。债券持有人无权参与发行公司的管理决策，因此，公司发行债券不会像增发新股那样可能会分散股东对公司的控制权。

4）便于调整资本结构。在公司发行可转换债券以及可提前赎回债券的情况下，便于公司主动且合理地调整资本结构。

（2）债券筹资的缺点。利用债券筹集资金，虽有前述优点，但也有明显的不足。

1）财务风险较高。债券有固定的到期日，并需定期支付利息，发行公司必须承担按期付息偿本的义务。在公司经营不景气时，亦需向债券持有人付息偿本，这会给公司带来更大的财务困难，有时甚至导致破产。

2）限制条件较多。发行债券的限制条件一般要比长期借款、租赁筹资的限制条件多且严格，从而限制了公司对债券筹资方式的使用，甚至会影响公司以后的筹资能力。

3）筹资数量有限。公司利用债券筹资一般有一定额度的限制。多数国家对此都有限定。在我国，《证券法》规定，发行公司流通在外的债券累计余额不得超过公司净资产的40%。

（二）长期借款筹资

1．长期借款的种类

长期借款是指企业向银行等金融机构借入的、期限在1年以上的各种借款。银行长期借款与银行短期借款在借款信用条件方面基本相同。长期借款有不同的种类。

（1）按提供贷款的机构分类。长期借款按提供贷款的机构，可分为政策性银行贷款、商业性银行贷款和其他金融机构贷款。

1）政策性银行贷款，即执行国家政策性贷款业务的银行（通称政策性银行）提供的贷款，通常为长期贷款。

2）商业性银行贷款，包括短期贷款和长期贷款，其中长期贷款一般具有以下特征：①期限长于1年。②企业与银行之间要签订借款合同，含有对借款企业的具体限制条件。③有规定的借款利率，可固定，亦可随基准利率的变动而变动。④主要实行分期偿还方式，一般每期偿还金额相等，当然也有采用到期一次偿还方式的。

3）其他金融机构贷款。其他金融机构对企业的贷款一般较商业银行贷款的期限更长，相应地，利率也较高，对借款企业的信用要求和担保的选择也比较严格。

（2）按有无抵押品作担保分类。长期借款按有无抵押品作担保，分为抵押贷款和信用贷款。

1）抵押贷款是指以特定的抵押品为担保的贷款。作为贷款担保的抵押品可以是不动产、机器设备等实物资产，也可以是股票、债券等有价证券。它们必须是能够变现的资产。如果贷款到期时借款企业不能或不愿偿还贷款，则银行可取消企业对抵押品的赎回权，并有权处理抵押品。抵押贷款有利于降低银行贷款的风险，提高贷款的安全性。

2）信用贷款是指不以抵押品作担保的贷款，即仅凭借款企业的信用或某保证人的信用而发放的贷款。信用贷款通常仅由借款企业出具签字的文书，一般是贷给那些资信优良的企业。对于这种贷款，由于风险较高，银行通常要收取较高的利息，并往往附加一定的条件限制。

（3）按贷款的用途分类。按贷款的用途，我国银行长期贷款通常分为基本建设贷款、更新改造贷款、科研开发和新产品试制贷款等。

2．银行借款的信用条件

按照国际惯例，银行借款往往附加一些信用条件，主要有授信额度、周转授信协议、补偿性余额。

（1）授信额度。授信额度是借款企业与银行间正式或非正式协议规定的企业借款的最高限额。通常在授信额度内，企业可随时按需要向银行申请借款。例如，在正式协议下，约定一个企业的授信额度为 5 000 万元，如果该企业已借用 3 000 万元且尚未偿还，则该企业仍可申请 2 000 万元的贷款，银行将予以保证。但在非正式协议下，银行并不承担按最高借款限额保证贷款的法律义务。

（2）周转授信协议。周转授信协议是一种经常为大公司所使用的正式授信额度。与一般授信额度不同，银行对周转授信额度负有法律义务，并因此向企业收取一定的承诺费用，一般按企业使用的授信额度的一定比率（2‰左右）计算。

（3）补偿性余额。补偿性余额是银行要求借款企业将借款的 10%～20%的平均存款余额留存银行。银行通常都有这种要求，目的是降低银行贷款风险，提高贷款的有效利率，以便补偿银行的损失。例如，如果某企业需借款 80 000 元以清偿到期债务，贷款银行要求维持 20%的补偿性余额，那么该企业为了获取 80 000 元就必须借款 100 000 元。如果名义利率为 8%，则实际利率为：

$$\frac{100\,000\times 8\%}{100\,000\times(1-20\%)}=10\%$$

在银行附加上述信用条件下，企业取得的借款属于信用借款。

3．企业对贷款银行的选择

借款企业除了考虑借款种类、借款成本等因素外，还需对贷款银行进行分析，作出选择。对贷款银行的选择，通常要考虑以下几个问题：

（1）银行对贷款风险的政策。银行通常都对其贷款的风险作出政策性的规定。有些银行倾向于保守政策，只愿承担较小的贷款风险；而有些银行则富有开拓性，敢于承担较大的风险。这与银行的实力和环境有关。

(2) 银行与借款企业的关系。银行与借款企业的现存关系，是由以往借贷业务形成的。一个企业可能与多家银行有业务往来，且这种关系的亲密程度不同。当借款企业面临财务困难时，有的银行可能大力支持，帮助企业渡过难关；而有的银行可能会施加更大的压力，迫使企业偿还贷款，或付出高昂的代价。

(3) 银行对借款企业的咨询与服务。有些银行会主动帮助借款企业分析潜在的财务问题，提出解决问题的建议和办法，为企业提供咨询与服务，同企业交流有关信息。这对借款企业具有重要的价值。

(4) 银行对贷款专业化的区分。一般而言，大银行都设有不同类别的部门，分别处理不同行业的贷款，如工业、商业、农业等。这种专业化的区分，影响着不同行业的企业对银行的选择。

4．长期借款的程序

现以长期银行借款为例，分析企业办理长期借款的基本程序。

(1) 企业提出申请。企业申请借款必须符合贷款原则和条件。

我国金融部门对贷款规定的原则是：按计划发放，择优扶植，有物资保证，按期归还。企业申请贷款一般应具备的条件有：

1) 借款企业实行独立核算，自负盈亏，具有法人资格。

2) 借款企业的经营方向和业务范围符合国家政策，借款用途属于银行贷款办法规定的范围。

3) 借款企业具有一定的物资和财产保证，担保单位具有相应的经济实力。

4) 借款企业具有偿还贷款本金的能力。

5) 借款企业财务管理和经济核算制度健全，资金使用效益及企业经济效益良好。

6) 借款企业在银行开立有账户，办理结算。

企业提出的借款申请，应陈述借款的原因、借款金额、用款时间与计划、还款期限与计划。

(2) 银行进行审批。银行针对企业的借款申请，按照有关规定和贷款条件，对借款企业进行审查，依据审批权限，核准企业申请的借款金额和用款计划。银行审查的内容包括：①企业的财务状况。②企业的信用情况。③企业的盈利稳定性。④企业的发展前景。⑤借款投资项目的可行性等。

(3) 签订借款合同。银行经审查批准借款合同后，与借款企业可进一步协商贷款的具体条件，签订正式的借款合同，明确规定贷款的数额、利率、期限和一些限制性条款。

(4) 企业取得借款。借款合同生效后，银行可在核定的贷款指标范围内，根据用款计划和实际需要，一次或分次将贷款转入企业的存款结算户，以便企业支用借款。

(5) 企业偿还借款。企业应按借款合同的规定按期付息还本。企业偿还贷款的方式通常有三种：

1) 到期日一次偿还。在这种方式下，还款集中，借款企业需于贷款到期日前作好准备，以保证全部清偿到期贷款。

2) 定期偿还相等份额的本息，即在到期日之前定期（如每一年或两年）偿还相同的金额，至贷款到期日还清全部本息。

3) 分批偿还，每批金额不等，便于企业灵活安排。

贷款到期经银行催收，如果借款企业不予偿付，则银行可按合同规定，从借款企业的存款结算户中扣还贷款本息及加收的利息。借款企业如因暂时财务困难，需延期偿还贷款，则应向银行提交延期还贷计划，经银行审查核实，续签合同，但通常要加收利息。

5．借款合同的内容

借款合同是规定借贷当事人各方权利和义务的契约。借款企业提出的借款申请经贷款银行审查认可后，双方即可在平等协商的基础上签订借款合同。借款合同依法签订后，即具有法律约束力，借贷当事人各方必须遵守合同条款，履行合同约定的义务。

（1）借款合同的基本条款。根据我国有关法规，借款合同应具备下列基本条款。①借款种类。②借款用途。③借款金额。④借款利率。⑤借款期限。⑥还款资金来源及还款方式。⑦保证条款。⑧违约责任等。

其中，保证条款规定借款企业申请借款应具有银行规定比例的自有资本，若有适销或适用的财产物资作贷款的保证，则当借款企业无力偿还到期贷款时，贷款银行有权处理作为贷款保证的财产物资；必要时还可规定保证人，保证人必须具有足够代偿借款的财产，如借款企业不履行合同，则由保证人连带承担偿付本息的责任。

（2）借款合同的限制条款。由于长期贷款的期限长、风险较高，因此，除了合同的基本条款以外，按照国际惯例，银行对借款企业通常都约定一些限制性条款，归纳起来有如下三类：

1）一般性限制条款，包括：①企业需持有一定限度的现金及其他流动资产，保持其资产的合理流动性及支付能力。②限制企业支付现金股利。③限制企业资本支出的规模。④限制企业借入其他长期资金等。

2）例行性限制条款。多数借款合同都有这类条款，一般包括：①企业定期向银行报送财务报表。②不能出售太多的资产。③债务到期要及时偿付。④禁止应收账款的转让等。

3）特殊性限制条款。例如，要求企业主要领导人购买人身保险，规定借款的用途不得改变。这类限制条款，只有在特殊情形下才生效。

6．长期借款的优缺点

长期借款与股票、债券等长期筹资方式相比，既有优点，也有不足之处。

（1）长期借款的优点

1）借款筹资速度快。企业利用长期借款筹资，一般所需时间较短，程序较为简单，可以快速获得现金。而发行股票、债券筹集长期资金，须做好发行前的各种工作，如印制证券等，发行也需一定时间，故耗时较长，程序复杂。

2）借款成本较低。利用长期借款筹资，其利息可在所得税前列支，故可减少企业实际负担的成本，因此比股票筹资的成本要低得多；与债券相比，借款利率一般低于债券利率；此外，由于借款属于间接筹资，筹资费用也极少。

3）借款弹性较大。在借款时，企业与银行直接商定贷款的时间、数额和利率等；在用款期间，企业如遇财务状况发生某些变化，亦可与银行再行协商，变更借款数量及还款期限等。因此，长期借款筹资对企业具有较大的灵活性。

4）企业利用借款筹资与债券一样可以发挥财务杠杆的作用。

（2）长期借款的缺点

1）筹资风险较高。借款通常有固定的利息负担和固定的偿付期限，故借款企业的筹资

风险较高。

2）限制条件较多。这可能会影响企业以后的筹资和投资活动。

3）筹资数量有限。一般不像发行股票、债券那样可以一次筹集到大笔资金。

（三）租赁筹资

租赁是出租人以收取租金为条件，在契约或合同规定的期限内，将资产租借给承租人使用的一种经济行为。租赁行为实质上具有借贷属性，不过它直接涉及的是“物”而不是“钱”。在租赁业务中，出租人主要是各种专业租赁公司，承租人主要是其他各类企业，租赁物大多为设备等固定资产。

租赁活动在历史上由来已久。现代租赁已经成为企业筹集资产的一种方式，用于补充或部分替代其他筹资方式。在租赁业务发达的条件下，它为企业所普遍采用，是承租企业筹资的一种特殊方式。

1．租赁的种类

现代租赁的种类很多，通常按性质分为营运租赁和融资租赁两大类。

（1）营运租赁

1）营运租赁的含义。营运租赁又称经营租赁、服务租赁，是由出租人向承租企业提供租赁设备，并提供设备维修保养和人员培训等服务性业务。营运租赁通常为短期租赁。承租企业采用营运租赁的目的，主要不在于融通资本，而是为了获得设备的短期使用以及出租人提供的专门技术服务。从承租企业不需要先筹资再购买设备即可享有设备使用权的角度来看，营运租赁也有短期筹资的功效。

2）营运租赁的特点。营运租赁的特点主要有：①承租企业根据需要可随时向出租人提出租赁资产。②租赁期较短，不涉及长期而固定的义务。③在设备租赁期间内，如有新设备出现或不需用租入设备时，承租企业可按规定提前解除租赁合同，这对承租企业比较有利。④出租人提供专门服务。⑤租赁期满或合同中止时，租赁设备由出租人收回。

（2）融资租赁

1）融资租赁的含义。融资租赁又称资本租赁、财务租赁，是由租赁公司按照承租企业的要求融资购买设备，并在契约或合同规定的较长期限内提供给承租企业使用的信用性业务。它是现代租赁的主要类型。承租企业采用融资租赁的主要目的是为了融通资金。一般融资的对象是资金，而融资租赁集融资与融物于一身，具有借贷性质，是承租企业筹集长期借入资金的一种特殊方式。

2）融资租赁的特点。融资租赁通常为长期租赁，可适应承租企业对设备的长期需要，故有时也称为资本租赁。其主要特点有：①一般由承租企业向租赁公司提出正式申请，由租赁公司融资购进设备租给承租企业使用。②租赁期限较长，大多为设备耐用年限的一半以上。③租赁合同比较稳定，在规定的租期内非经双方同意，任何一方不得中途解约，这有利于维护双方的权益。④由承租企业负责设备的维修保养和保险，但无权自行拆卸改装。⑤租赁期满时，按事先约定的办法处置设备，一般有退租、续租、留购三种选择，通常由承租企业留购。

3）融资租赁的形式。融资租赁按其业务的不同特点，可细分为如下三种具体形式：

①直接租赁。直接租赁是融资租赁的典型形式，通常所说的融资租赁是指直接租赁形式。

②售后租回。在这种形式下，制造企业按照协议先将其资产卖给租赁公司，再作为承租

企业将所售资产租回使用，并按期向租赁公司支付租金。采用这种融资租赁形式，承租企业因出售资产而获得了一笔现金，同时因将其租回而保留了资产的使用权。这与抵押贷款有些相似。

③杠杆租赁。杠杆租赁是国际上比较流行的一种融资租赁形式。它一般涉及承租人、出租人和贷款人三方当事人。从承租人的角度来看，它与其他融资租赁形式并无区别，同样是按合同的规定，在租期内获得资产的使用权，按期支付租金。但对出租人却不同，出租人只垫支购买资产所需现金的一部分（一般为20%～40%），其余部分（一般为60%～80%）则以该资产为担保向贷款人借资支付。因此，在这种情况下，租赁公司既是出租人又是借资人，据此既要收取租金又要支付债务，这种融资租赁形式，由于租赁收益一般大于借款成本支出，出租人借款购物出租可获得财务杠杆利益，故被称为杠杆租赁。

2. 融资租赁的程序

不同的租赁业务，其程序不同。融资租赁程序比较复杂，现介绍如下：

（1）选择租赁公司。企业决定采用租赁方式取得某项设备时，首先需了解各家租赁公司的经营范围、业务能力、资信情况以及与其他金融机构如银行的关系，取得租赁公司的融资条件和租赁费率等资料，加以分析比较，从中择优选择。

（2）办理租赁委托。企业选定租赁公司后，便可向其提出申请，办理委托。这时，承租企业需填写“租赁申请书”，说明所需设备的具体要求，同时还要向租赁公司提供财务状况文件，包括资产负债表、利润表和现金流量表等资料。

（3）签订购货协议。由承租企业与租赁公司的一方或双方合作组织选定设备供应厂商，并与其进行技术和商务谈判，在此基础上签订购货协议。

（4）签订租赁合同。租赁合同由承租企业与租赁公司签订。它是租赁业务的重要文件，具有法律效力。融资租赁合同的内容可分为一般条款和特殊条款两部分。

1）一般条款，主要包括：①合同说明。主要是明确合同的性质、当事人的身份、合同签订的日期等。②名词释义。解释合同中所使用的重要名词，以避免歧义。③租赁设备条款。详细列明设备的名称、规格型号、数量、技术性能、交货地点及使用地点等，这些内容亦可附表详列。④租赁设备交货、验收和税款、使用条款。⑤租赁期限及起租日期条款。⑥租金支付条款。规定租金的构成、支付方式和货币名称，这些内容通常以附表形式列为合同附件。

2）特殊条款，主要规定：①购货协议与租赁合同的关系。②租赁设备的产权归属。③租期中不得退租。④对出租人和承租人的保障。⑤承租人违约及对出租人的补偿。⑥设备的使用和保管、维修、保障责任。⑦保险条款。⑧租赁保证金和担保条款。⑨租赁期满时对设备的处理条款等。

（5）办理验货、付款与保险。承租企业按购货协议收到租赁设备时，要进行验收，验收合格后签发交货及验收证书，并提交租赁公司，租赁公司据以向供应厂商支付设备价款。同时，承租企业向保险公司办理投保事宜。

（6）支付租金。承租企业在租期内按合同规定的租金数额、支付方式等，向租赁公司支付租金。

（7）合同期满处理设备。融资租赁合同期满时，承租企业根据合同约定，对设备退租、续租或留购。

3．租金的确定

在租赁筹资方式下，承租企业需按合同规定支付租金。租金的数额和支付方式对承租企业的未来财务状况具有直接的影响，因此是租赁筹资决策的重要依据。

（1）决定租金的因素。融资租赁每期支付租金的多少，取决于下列几项因素：

1）租赁设备的购置成本，包括设备的买价、运杂费和途中保险费等。

2）预计租赁设备的残值，即设备租赁期满时预计的变现净值。

3）利息，即租赁公司为承租企业购置设备融资而应计的利息。

4）租赁手续费，包括租赁公司承办租赁设备的销售费用以及一定的盈利。租赁手续费的高低一般无固定标准，通常由承租企业与租赁公司协商确定，按设备成本的一定比例计算。

5）租赁期限。一般而言，租赁期限的长短既影响租金总额，也影响每期租金的数额。

6）租金的支付方式。租金的支付方式也影响每期租金的多少，一般而言，租金支付次数越多，每次的支付额越小。支付租金的方式也有很多种：①按支付间隔期，分为年付、半年付、季付和月付。②按在期初和期末支付，分为先付和后付。③按每次是否等额支付，分为等额支付和不等额支付。在实务中，承租企业与租赁公司商定的租金支付方式，大多为后付等额年金。

（2）确定租金的方法。租金的计算方法有很多，名称叫法也不统一。目前，国际上流行的租金计算方法主要有平均分摊法、等额年金法、附加率法、浮动利率法。在我国融资租赁实务中，大多采用平均分摊法和等额年金法。

1）平均分摊法。平均分摊法是先以商定的利息率和手续费率计算出租赁期间的利息和手续费，然后连同设备成本按支付次数平均。这种方法没有充分考虑货币时间价值因素。每次应付租金的计算公式可列示如下：

$$A=\frac{(C-S)+I+F}{N}$$

式中　A——每次支付租金；

C——租赁设备购置成本；

S——租赁设备预计残值；

I——租赁期间利息；

F——租赁期间手续费；

N——租期。

例 4-10

某企业于 2010 年 1 月 1 日从租赁公司租入一套设备，价值 50 万元，租期为 5 年，预计租赁期满时的残值为 1.50 万元，租赁期满后设备归租赁公司，年利率按 9%计算，租赁手续费率为设备价值的 2%。租金每年末支付一次。该套设备租赁每次支付租金可计算如下：

$$\frac{(50-1.50)+[50\times(1+9\%)^5-50]+50\times2\%}{5}=15.29\text{（万元）}$$

2）等额年金法。等额年金法是运用年金现值的计算原理计算每期应付租金的方法。在这种方法下，通常以资本成本率作为折现率。

根据公式（2-11），经推导可得到计算后付等额租金方式下年末支付租金的公式如下：

$$A=\frac{PVA_n}{PVIFA_{i,n}}$$

式中 A——每年支付租金；

PVA_n——等额租金现值；

$PVIFA_{i,n}$——等额租金现值系数；

n——支付租金期数；

i——租赁手续费率。

例 4-11

根据例 4-10 中的资料，假定设备残值归属承租企业，资本成本率为 11%，则承租企业每年年末支付的租金计算如下：

$$\frac{50}{PVIFA_{11\%,5}}=\frac{50}{3.6959}=13.53（万元）$$

此例如果为先付等额租金方式，则每年年初支付租金为：

$$\frac{50}{PVIFA_{11\%,4}}=\frac{50}{3.1024+1}=12.19（万元）$$

为了便于有计划地安排租金的支付，承租企业可编制租金摊销计划表。现根据例 4-11 中的有关资料编制租金摊销计划表如表 4-11 所示。

表 4-11 租金摊销计划表

（单位：元）

日　期	支付租金 ①	应计租赁手续费 ②=④×11%	本金减少 ③=①-②	应还本金 ④
2005—01—01	-			500 000
2005—12—31	135 280	55 000	80 280	419 720
2006—12—31	135 280	46 169	89 111	330 609
2007—12—31	135 280	36 367	98 913	231 696
2008—12—31	135 280	25 487	109 793	121 903
2009—12—31	135 280	13 377	121 903	0
合　计	676 400	176 400	500 000	-

4．租赁筹资的优缺点

对承租企业而言，租赁尤其是融资租赁，是一种特殊的筹资方式。通过租赁，企业可不必预先筹措一笔相当于设备价款的现金，即可获得需用的设备。因此，与其他筹资方式相比较，租赁筹资颇具特点。

（1）租赁筹资的优点

1）迅速获得所需资产。融资租赁集“融资”与“融物”于一身，一般要比先筹措现金后再购置设备来得更快，可使企业尽快形成生产经营能力。

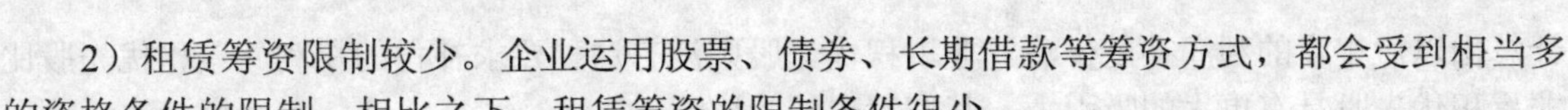

2）租赁筹资限制较少。企业运用股票、债券、长期借款等筹资方式，都会受到相当多的资格条件的限制，相比之下，租赁筹资的限制条件很少。

3）免遭设备陈旧过时的风险。随着科学技术的不断进步，设备陈旧过时的风险很高，而多数租赁协议规定由出租人承担，承租企业可免遭这种风险。

4）全部租金通常在整个租期内分期支付，可适当减低不能偿付的危险。

5）租金费用可在所得税前扣除，承租企业能享受税收利益。

（2）租赁筹资的缺点。租赁筹资的主要缺点是成本较高，租金总额通常要高于设备价值的30%。承租企业在财务困难时期，支付固定的租金也将构成一项沉重的负担。另外，采用租赁筹资方式如不能享有设备残值，也可视为承租企业的一种机会损失。

三、混合性筹资

本章前述的投入资本、发行普通股、发行债券和融资租赁等长期筹资，分别为股权筹资或者债权筹资的单一属性。本节所谓混合性筹资是指具有债权和股权筹资双重属性的长期筹资，通常包括发行优先股筹资、发行可转换债券筹资。此外，本节将附带介绍认股权证。

（一）发行优先股筹资

按照许多国家的公司法，优先股可以在公司设立时发行，也可以在公司增资发行新股时发行。有些国家的法律则规定，优先股只能在特定情况下，如公司增发新股或清偿债务时方可发行。公司发行优先股，在操作方面与发行普通股无较大差别。这里集中分析优先股的特殊之处。

1. 优先股的特征

优先股是相对普通股而言的，是较普通股具有某些优先权利，同时也受到一定限制的股票。优先股的含义主要体现在“优先权利”上，包括优先分配股利和优先分配公司剩余财产。具体的优先条件须由公司章程予以明确规定。

优先股与普通股具有某些共性，如优先股亦无到期日，公司运用优先股所筹资本，亦属股权资本。但是，它又具有公司债券的某些特征。因此，优先股被视为一种混合性证券。

优先股与普通股比较一般具有如下特征：

（1）优先分配固定的股利。优先股股东通常优先于普通股股东分配股利，且其股利一般是固定的，受公司经营状况和盈利水平的影响较少。所以，优先股类似固定利息的债券。

（2）优先分配公司剩余财产。当公司解散、破产等进行清算时，优先股股东优先于普通股股东分配公司的剩余财产。

（3）优先股股东一般无表决权。在公司股东大会上，优先股股东一般没有表决权，通常也无权过问公司的经营管理，仅在涉及优先股股东权益问题时享有表决权。因此，优先股股东不大可能控制整个公司。

（4）优先股可由公司赎回。发行优先股的公司，按照公司章程的有关规定，根据公司的需要，可以以一定的方式将所发行的优先股收回，以调整公司的资本结构。

2. 优先股的种类

优先股按其具体的权利不同，还可作进一步的分类。

（1）累积优先股和非累积优先股。累积优先股是指公司过去年度未支付股利，可以累积计算由以后年度的利润补足付清。非累积优先股则没有这种要求补付的权利。累积优先股比非累积优先股具有更大的吸引力，其发行也较为广泛。

（2）参与优先股和非参与优先股。当公司盈余在按规定分配给优先股和普通股后仍有盈余可供分配股利时，能够与普通股一道参与分配额外股利的优先股，即为参与优先股。其持有人可按规定的条件和比例将其调换为公司的普通股或公司债券。这种优先股能增加筹资和投资双方的灵活性，近年来在国外日益流行。不具有这种调换权的优先股，则属非参与优先股。

（3）可赎回优先股和不可赎回优先股。可赎回优先股是指股份有限公司出于减轻股利负担的目的，可按规定以原价购回的优先股。公司不能购回的优先股，则属于不可赎回优先股。

（4）可转换优先股和不可转换优先股。可转换优先股股东可在规定时期内按一定比例把优先股转换成普通股，转换的比例是事先确定的，其数值大小取决于优先股与普通股的现行市场价格。不可转换优先股是不能转换为普通股的股票，所以只能获得固定股利报酬，而不能获得转换收益。

3．发行优先股的动机

股份有限公司发行优先股，筹集股权资本只是其目的之一。由于优先股有其特性，公司发行优先股往往还有其他的动机；

（1）防止公司股权分散化。由于优先股股东一般没有表决权，发行优先股就可以避免公司股权分散，保障公司的原有控制权。

（2）调剂现金余缺。公司在需要现金时发行优先股，在现金充足时将可赎回的优先股收回，从而调整现金余缺。

（3）改善公司资本结构。公司在安排债权资本与股权资本的比例关系时，可较为便利地利用优先股的发行与调换来调整。

（4）维持举债能力。公司发行优先股，有利于巩固股权资本的基础，维持乃至增强公司的借款举债能力。

4．优先股筹资的优缺点

股份有限公司运用优先股筹集股权资本，与普通股和其他筹资方式相比有其优点，也有一定的缺点。

（1）优先股筹资的优点

1）优先股一般没有固定的到期日，不用偿付本金。发行优先股筹集资本，实际上是近乎得到一笔无限期的长期贷款，公司不承担还本义务，也无须再作筹资计划。对可赎回优先股，公司可在需要时按一定价格收回，这就使得利用这部分资本更有弹性。当财务状况较弱时发行优先股，而财务状况转强时收回，这有利于结合资本需求加以调剂，同时也便于掌握公司的资本结构。

2）股利的支付既固定，又有一定的灵活性。一般而言，优先股都采用固定股利，但对固定股利的支付并不构成公司的法定义务。如果公司财务状况不佳，则可以暂时不支付优先股股利，即使如此，优先股股东也不能像公司债权人那样迫使公司破产。

3）保持普通股股东对公司的控制权。当公司既想向外界筹措股权，又想保持原有股东的控制权时，利用优先股筹资尤为恰当。

4）从法律上讲，优先股股本属于股权资本，发行优先股能加强公司的股权资本基础，

可适当增加公司的信誉，提高公司的借款举债能力。

（2）优先股筹资的缺点

1）优先股成本虽低于普通股成本，但一般高于债券成本。

2）对优先股筹资的制约因素较多。例如，为了保证优先股的固定股利，当企业盈利不多时普通股就可能分不到股利。

3）可能形成较重的财务负担。优先股要求支付固定股利，但又不能在税前扣除，所以当盈利下降时，优先股的股利可能会成为公司一项较重的财务负担，有时不得不延期支付，还会影响公司的形象。

（二）发行可转换债券筹资

1．可转换证券的种类

从国内外的公司筹资实务来看，可转换证券一般有可转换债券和可转换优先股两种形式。

可转换债券有时简称可转债，是指由公司发行并规定债券持有人在一定期限内按约定的条件可将其转换为发行公司股票的债券。可转换优先股是指持有人在一定期限内依据约定的条件可将其转换为发行公司普通股或债券的优先股。此外，与可转换债券相类似的还有可交换债券，它是允许持有人将其转换为另一公司普通股的债券，通常发行公司在该公司中拥有股东权益。

在公司筹资实务中，可转换债券发展很快，而可转换优先股和可交换债券并不多见，因此，下面仅介绍可转换债券。

2．可转换债券的特性

从筹资公司的角度看，发行可转换债券具有债权与股权筹资的双重属性，属于一种混合性筹资。利用可转换债券筹资，发行公司赋予可转换债券的持有人可将其转换为该公司股票的权利。因而，对发行公司而言，在可转换债券转换之前需要定期向持有人支付利息。如果在规定的转换期限内，持有人未将可转换债券转换为股票，则发行公司还需要到期偿付债券，在这种情形下，可转换债券筹资与普通债券筹资相类似，属于债权筹资。如果在规定的转换期限内，持有人将可转换债券转换为股票，则发行公司就将债券负债转化成了股东权益，从而具有股权筹资的属性。

3．可转换债券的发行条件

根据我国证券监督管理委员会公布的《上市公司证券发行管理办法》的规定，上市公司发行可转换债券，应当符合下列条件：

（1）最近 3 个会计年度连续盈利，加权平均净资产收益率不低于 6%。

（2）本次发行后，累计债券余额不超过最近一期末净资产额的 40%。

（3）最近 3 个会计年度实现的年均可分配利润不低于公司债券一年的利息。

4．可转换债券的转换

可转换债券的转换涉及转换期限、转换价格和转换比率。

（1）可转换债券的转换期限。可转换债券的转换期限是指按发行公司的约定，持有人可将其转换为股票的期限。一般而言，可转换债券转换期限的长短与可转换债券的期限相关。在我国，可转换债券的期限按规定最短期限为 1 年，最长期限为 6 年。

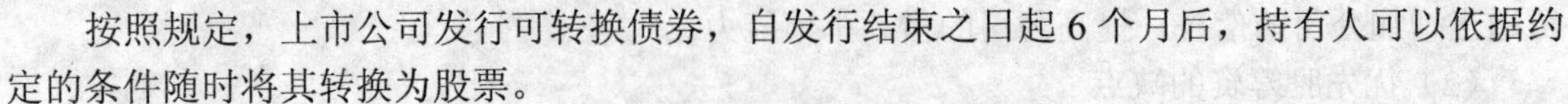

按照规定，上市公司发行可转换债券，自发行结束之日起 6 个月后，持有人可以依据约定的条件随时将其转换为股票。

可转换债券转换为股票后，发行股票上市的证券交易所应当安排股票上市流通。

（2）可转换债券的转换价格。可转换债券的转换价格是指以可转换债券转换为股票的每股价格。这种转换价格通常由发行公司在发行可转换债券时约定。

按照我国的有关规定，上市公司发行可转换债券的，以发行可转换债券前一个月股票的平均价格为基准，上浮一定幅度作为转换价格。

例 4-12

某上市公司拟发行可转换债券，发行前一个月该公司股票的平均价格经测算为每股 10 元。预计本股票的未来价格有明显的上升趋势，因此确定上浮的幅度为 15%，则该公司可转换债券的转换价格测算为：

$$10\times(1+15\%)=11.50\text{（元）}$$

可转换债券的转换价格并非是固定不变的。公司发行可转换债券并约定转换价格后，由于又增发新股、配股及其他原因引起公司股份发生变动的，应当及时调整转换价格，并向社会公布。

（3）可转换债券的转换比率。可转换债券的转换比率是指每份可转换债券所能转换的股票数。它等于可转换债券的面值除以转换价格。

例 4-13

某上市公司发行的可转换债券每份面值为 100 元，转换价格为每股 25 元，则转换比率为：

$$\frac{100}{25}=4\text{（股）}$$

即每份可转换债券可以转换 4 股股票。

可转换债券持有人请求转换时，其所持债券面额有时发生不足以转换为一股股票的余额，发行公司则应当以现金偿付。例如，例 4-13 中每份可转换债券的面额为 100 元，转换价格在发行时为 25 元，发行后根据有关情况的变化决定调整为每股 27 元。某持有人持有 100 份可转换债券，总面额为 10 000 元，决定转换为股票，则其转换股票为 370 股（10 000/27），同时可转换债券总面额尚有不足以转换为一股股票的余额 10 元。在这种情况下，发行公司应对该持有人交付股票 370 股，另付现金 10 元。

5．可转换债券筹资的优缺点

（1）可转换债券筹资的优点。发行可转换债券是一种特殊的筹资方式，其优点主要有：

1）有利于降低资本成本。可转换债券的利率通常低于普通债券，故在转换前可转换债券的资本成本低于普通债券；转换为股票后，又可节省股票的发行成本，从而降低股票的资本成本。

2）有利于筹集更多的资本。可转换债券的转换价格通常高于发行时的股票价格，因此，可转换债券转换后，其筹资额大于当时发行股票的筹资额。另外，也有利于稳定公司的股价。

3）有利于调整资本结构。可转换债券是一种具有债权筹资和股权筹资双重性质的筹资方式。可转换债券在转换前属于发行公司的一种债务，若发行公司希望可转换债券持有人转股，还可以借助诱导，促其转换，进而借以调整资本结构。

4）有利于避免筹资损失。当公司的股票价格在一段时期内连续高于转换价格并超过某一幅度时，发行公司可按事先约定的价格赎回未转换的可转换债券，从而避免筹资上的损失。

（2）可转换债券筹资的缺点。可转换债券筹资的不足主要有：

1）转股后可转换债券筹资将失去利率较低的好处。

2）若确需股票筹资，但股价并未上升，可转换债券持有人不愿转股时，发行公司将承受偿债压力。

3）若可转换债券转股时股价高于转换价格，则发行公司将遭受筹资损失。

4）回售条款的规定可能使发行公司遭受损失。当公司的股票价格在一段时期内连续低于转换价格并达到一定幅度时，可转换债券持有人可按事先约定的价格将所持债券回售给公司，从而使发行公司受损。

（三）发行认股权证筹资

1．认股权证的特点

认股权证是由股份有限公司发行的可认购其股票的一种买入期权。它赋予持有者在一定期限内以事先约定的价格购买发行公司一定股份的权利。

对于筹资公司而言，发行认股权证是一种特殊的筹资手段。认股权证本身含有期权条款，其持有者在认购股份之前，对发行公司既不拥有债权也不拥有股权，而只是拥有股票认购权。尽管如此，发行公司可以通过发行认股权证筹得现金，还可用于公司成立时对承销商的一种补偿。

2．认股权证的种类

在国内外的公司筹资实务中，认股权证的形式多种多样，可划分为不同种类。

（1）长期与短期的认股权证。认股权证按允许认股的期限分为长期认股权证和短期认股权证。长期认股权证的认股期限通常持续几年，有的是永久性的。短期认股权证的认股期限比较短，一般在90天以内。

（2）单独发行与附带发行的认股权证。认股权证按发行方式可分为单独发行的认股权证和附带发行的认股权证。单独发行的认股权证是指不依附于其他证券而独立发行的认股权证。附带发行的认股权证是指依附于债券、优先股、普通股或短期票据发行的认股权证。

（3）备兑认股权证与配股权证。备兑认股权证是每份备兑证按一定比例含有几家公司的若干股份。配股权证是确认股东配股权的证书，它按股东的持股比例定向派发，赋予股东以优惠的价格认购发行公司一定份数新股的权利。

3．认股权证的作用

在公司的筹资实务中，认股权证的运用十分灵活，对发行公司具有一定的作用。

（1）为公司筹集额外的现金。认股权证不论是单独发行还是附带发行，大多能为发行公司筹集一笔额外现金，从而增强公司的资本实力和运营能力。

（2）促进其他筹资方式的运用。单独发行的认股权证有利于将来发售股票。附带发行的认股权证可促进其所依附证券发行的效率。例如，认股权证依附于债券发行，可以用以促进债券的发售。

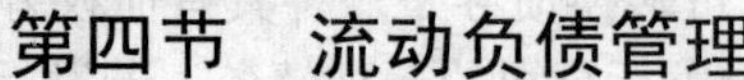

第四节　流动负债管理

一、银行短期借款

银行短期借款又称银行流动资金借款，是企业为解决短期资金需求而向银行申请借入的款项，是筹集短期资金的重要方式。

（一）银行短期借款的种类

中国人民银行发布的《贷款通则》将企业短期借款分为信用借款、担保借款和票据贴现三类。

1．信用借款

信用借款又称无担保借款，是指不用保证人作保证或没有财产作抵押，仅凭借款人的信用而取得的借款。信用借款一般都由贷款人给予借款人一定的信用额度或双方签订循环贷款协议。因此，这种借款又分为以下两类：

（1）信用额度借款。信用额度是商业银行与企业之间商定的、在未来一段时间内银行能向企业提供无担保贷款的最高限额。信用额度一般是在银行对企业信用状况详细调查后确定的。信用额度一般要作出如下规定：

1）信用额度的期限。一般一年建立一次，当然，更短期的也有。

2）信用额度的数量。规定银行能贷款给企业的最高限额。如果信用额度的数量是1 200万元，企业已从该银行借入的尚未归还的金额已达1 000万元，那么，企业最多还能借200万元。

3）应支付的利率和其他一些条款。

（2）循环协议借款。循环协议借款是一种特殊的信用额度借款，在此借款协议下，企业和银行之间也要协商确定贷款的最高限额，在最高限额内，企业可以借款、还款，再借款、再还款，不停地周转使用。

循环协议借款与信用额度借款的区别主要在于：

1）持续时间不同。信用额度借款的有效期一般为一年，而循环协议借款可超过一年。在实际应用中，很多是无限期的，因为只要银行和企业之间遵照协议进行，贷款可一再延长。

2）法律约束力不同。信用额度借款一般不具有法律约束力，不构成银行必须给企业提供贷款的法律责任，而循环协议借款具有法律约束力，银行要承担限额内的贷款义务。

3）费用支付不同。企业采用循环协议借款，除支付利息外，还要支付协议费。协议费是对循环贷款限额中未使用的部分收取的费用，正是因为银行收取协议费，才构成了它为企业提供资金的法定义务。在信用额度借款的情况下，一般无须支付协议费。

2．担保借款

担保借款是指有一定的保证人作保证或利用一定的财产作抵押或质押而取得的借款。担保借款又分为以下三类：

（1）保证借款。保证借款是指按《中华人民共和国担保法》（以下简称《担保法》）规定的保证方式以第三人承诺在借款人不能偿还借款时，按约定承担一般保证责任或连带责任而取得的借款。

（2）抵押借款。抵押借款是指按《担保法》规定的抵押方式以借款人或第三人的财产作

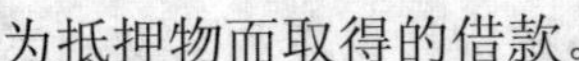

为抵押物而取得的借款。

（3）质押借款。质押借款是指按《担保法》规定的质押方式以借款人或第三人的动产或权利作为质押物而取得的借款。

3．票据贴现

票据贴现是商业票据的持有人把未到期的商业票据转让给银行，贴付一定利息以取得银行资金的一种借贷行为。票据贴现是商业信用发展的产物，实为一种银行信用。银行在贴现商业票据时，所付金额要低于票面金额，其差额为贴现息。贴现息与票面金额的比率，为贴现率。银行通过贴现把款项贷给销货单位，到期向购货单位收款，所以要收取利息。

采用票据贴现形式筹资，企业一方面可以给购买单位以临时资金融通，另一方面在本身需要资金时又可及时得到资金。这样有利于企业把业务搞活，把资金用活。

（二）银行短期借款决策

在短期借款决策时，主要考虑银行短期借款的成本和贷款银行的选择两方面因素。

1．银行短期借款的成本

银行借款成本用借款利率来表示。按照国际惯例，银行短期借款的利率会因借款公司的类型、借款金额及时间的不同而不同。例如，银行向信用好、贷款风险低的公司只收取较低的利率；反之，则收取较高的利率。此外，银行贷款利率有单利、复利、贴现利率和附加利率等种类。因此，公司应根据不同情况，确定短期借款的成本，以便作出选择。

（1）单利。单利计息是将贷款金额乘以贷款期限与利率计算出利息的方法。多数银行通常按单利计算收取短期贷款利息，公司通常亦按单利比较不同银行的借款成本。在单利计息的情况下，短期借款成本取决于设定的利率和银行收取利息的方法。若利息在借款到期日随本金一并支付，则设定利率就是实际利率。

（2）复利。以复利计息，意味着存在对利息计息的情况。按照复利计算利息，借款人实际负担的利率——有效利率，要高于名义利率。如果在贷款到期以前定期付息的次数越多，则有效利率高出名义利率的部分就越大。

（3）贴现利率。在贴现利率情况下，银行会在发放贷款的同时，先扣除贷款的贴现利息，而以贷款面值与贴现利息的差额贷给公司。因此，借款人拿到的金额低于借款面值，当然，贷款到期时也免去了利息。在以贴现利率的方式贷款时，借款人的借款成本也会高于名义利率，并且高出的程度远远大于复利贷款方式。

例 4-14

假定某公司以贴现方式借入 1 年期贷款 5 万元，名义利率为 12%。这时，该公司实际拿到的资金是 4.40 万元，利息是 6 000 元。因此，贷款的有效利率为：

$$\text{贴现贷款的有效利率}=\frac{\text{利息}}{\text{贷款面额}-\text{利息}}$$

$$=\frac{6\,000}{50\,000-6\,000}$$

$$=13.64\%$$

有效利率比名义利率高出 1.64 个百分点。

（4）附加利率。附加利率是指即使是分期偿还贷款，银行通常亦按贷款总额和名义利率来计算收取利息。在附加利率方式下，虽然借款公司可以利用的借款逐期减少，但利息并不减少，故实际负担的利息费用较高。

例 4-15

某公司以分期还款方式借入 5 万元，名义利率为 12%，还款方式为 12 个月等额还款。因此，全年平均拥有的借款额为 25 000 元（50 000/2）。按照 6 000 元的利息，借款公司的实际成本为：

$$有效利率=\frac{利息}{借款人收到的贷款金额/2}$$

$$=\frac{6\,000}{50\,000/2}$$

$$=24\%$$

由此可见，借款成本是相当高的。

2. 贷款银行的选择

公司在银行短期借款筹资过程中，一项重要的工作就是选择银行。在金融市场越来越完善的情况下，选择合适的银行，对公司生产经营业务长期稳定的发展，具有特别重要的意义。公司应该注意银行间所存在的重大区别，这些区别主要在以下几个方面：

（1）银行对待风险的基本政策。不同的银行对待风险的政策是不同的，一些银行偏好比较保守的信贷政策，而另一些银行则喜欢开展一些所谓的“创新性业务”。这些政策多少反映了银行管理者的个性和银行存款的特征。业务范围大、分支机构多的银行能够很好地分散风险，而一些专业化的小银行能够接受的信用风险要小得多。

（2）银行所能提供的咨询服务。一些银行在提供咨询服务和在公司初创时期向公司发放大量贷款方面比较积极。某些银行甚至设有专门机构向客户提供建议和咨询。

（3）银行对待客户的忠诚度。财务管理学上所指的银行忠诚度是指在公司困难时期，银行支持借款人的行为。不同的银行，其对客户的忠诚度是不同的。一些银行要求公司无论遭受何种困难，都必须无条件地偿还其贷款。而另一些银行十分顾及所谓的“老交情”，即使自己遇到困难，也要千方百计地支持那些与自己有着多年业务关系的公司，帮助这些公司获得更有利的发展条件。

（4）银行贷款的专业化程度。银行在贷款专业化方面有着极大的差异。大银行有专门的部门负责不同类型的针对行业特征的专业化贷款。小银行则比较注重公司生产经营所处的经济环境。借款人可以从经营业务十分熟悉并且经验丰富的银行那里获得更主动的支持和更有创造性的合作。因此，借款人应该慎重选择银行。

（5）其他。银行的规模、对外汇的处理水平等都是公司需要考虑的因素。

（三）银行短期借款的基本程序

银行短期借款的程序与银行长期借款的程序基本相同。现结合流动资金借款的特点说明如下：

1. 企业提出申请

向银行借入短期借款时，必须在批准的资金计划占用额范围内，按生产经营的需要，逐

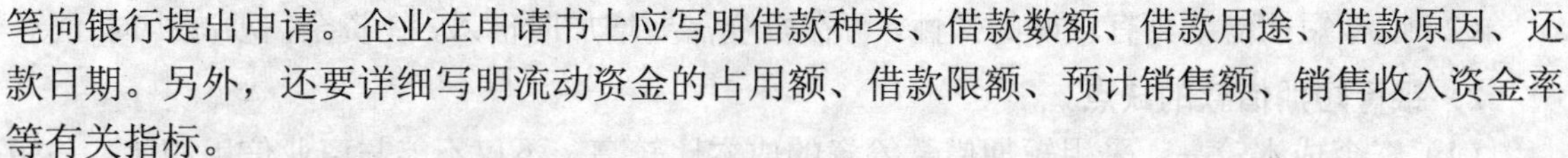

笔向银行提出申请。企业在申请书上应写明借款种类、借款数额、借款用途、借款原因、还款日期。另外，还要详细写明流动资金的占用额、借款限额、预计销售额、销售收入资金率等有关指标。

2. 银行对企业申请的审查

银行接到企业提出的借款申请书后，应对申请书进行认真的审查。这主要包括如下几方面内容：

（1）审查借款的用途和原因，作出是否贷款的决策。

（2）审查企业的产品销售和物资保证情况，决定贷款的数额。

（3）审查企业的资金周转和物资耗用状况，确定贷款的期限。

3. 签订借款合同

为了维护借贷双方的合法权益，保证资金的合理使用，企业向银行借入流动资金时，双方应签订借款合同。借款合同主要包括如下四方面内容：

（1）基本条款。这是借款合同的基本内容，主要强调双方的权利和义务，具体包括借款数额、借款方式、款项发放的时间、还款期限、还款方式、利息支付方式、利率的高低等。

（2）保证条款。这是保证款项能顺利归还的一系列条款，包括借款按规定的用途使用、有关的物资保证、抵押财产、保证人及其责任等内容。

（3）违约条款。这是对双方若有违约现象时应如何处理的条款。主要载明对企业逾期不还或挪用贷款等如何处理和银行不按期发放贷款的处理等内容。

（4）其他附属条款。这是与借贷双方有关的其他一系列条款，如双方经办人、合同生效日期等条款。

4. 企业取得借款

借款合同签订后，若无特殊原因，则银行应按合同规定的时间向企业提供贷款，企业便可取得借款。

如果银行不按合同约定按期发放贷款，则应偿付违约金。如果企业不按合同约定使用借款，则也应偿付违约金。

5. 短期借款的归还

借款企业应按借款合同的规定，按时、足额支付贷款本息。贷款银行在短期借款到期 1 个星期之前，应当向借款企业发送还本付息通知单，借款企业应当及时筹备资金，按期还本付息。

不能按期归还借款的，借款企业应当在借款到期日之前向贷款银行申请贷款展期，但是否同意展期由贷款银行视情况决定。申请保证借款、抵押借款、质押借款展期的，还应当由保证人、抵押人、出质人出具同意的书面证明。

（四）银行短期借款的优缺点

1. 银行短期借款的优点

（1）银行资金充足，实力雄厚，能随时为企业提供比较多的短期借款。对于季节性和临时性的资金需求，采用银行短期借款尤为方便。而那些规模大、信誉好的大企业，更可以比较低的利率借入资金。

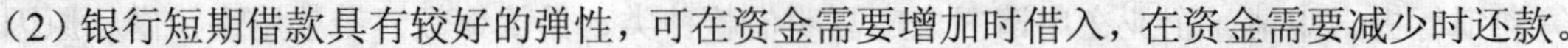

(2) 银行短期借款具有较好的弹性，可在资金需要增加时借入，在资金需要减少时还款。

2．银行短期借款的缺点

(1) 资金成本较高。采用短期借款筹资的成本比较高，不仅不能与商业信用相比，与短期融资券相比也高出许多。而抵押借款因需要支付管理和服务费用，成本更高。

(2) 限制较多。向银行借款，银行要对企业的经营和财务状况进行调查以后才能决定是否贷款，有些银行还要对企业有一定的控制权，要求企业把流动比率、负债比率维持在一定的范围之内，这些都会构成对企业的限制。

二、商业信用

商业信用是指商品交易中的延期付款或延期交货所形成的借贷关系，是企业之间的一种直接信用关系。商业信用是由商品交易中钱与货在时间上的分离而产生的。它产生于银行信用之前，但银行信用出现之后，商业信用依然存在。

早在简单的商品生产条件下，就已出现了赊销赊购现象，到了商品经济发达的资本主义社会，商业信用得到广泛发展。西方一些国家的制造厂家和批发商的商品，90%是通过商业信用方式售出的。我国商业信用的推行正日益广泛，形式多样，范围广阔，将逐渐成为企业筹集短期资金的重要方式。

(一) 商业信用的形式

利用商业信用融资，主要有以下几种形式：

1．赊购商品

赊购商品是一种最典型、最常见的商业信用形式。在此种形式下，买卖双方发生商品交易，买方收到商品后不立即支付现金，可延期到一定时期以后付款。

2．预收货款

在这种形式下，卖方要先向买方收取货款，但要延期到一定时期以后交货，这相当于卖方向买方先借一笔资金，是另一种典型的商业信用形式。通常，购买单位对于紧俏商品乐于采用这种形式，以便取得期货。另外，生产周期长、售价高的商品，如轮船、飞机等，生产企业也经常向订货者分次预收货款，以缓解资金占用过多的压力。

(二) 商业信用的条件

所谓商业信用的条件，是指销货人对付款时间和现金折扣所作的具体规定，如“2/10，n/30”，便属于一种信用条件。商业信用条件从总体上来看，主要有以下几种形式：

1．预收货款

这是买方在卖方发出货物之前支付货款。一般用于如下两种情况：

(1) 卖方已知买方的信用欠佳。

(2) 销售生产周期长、售价高的产品。在这种信用条件下，销货单位可以得到暂时的资金来源，但购货单位不但不能获得资金来源，还要预先垫支一笔资金。

2．延期付款，但不提供现金折扣

在这种信用条件下，卖方允许买方在交易发生后一定时期内按发票面额支付货款，如“n/45”是指在 45 天内按发票金额付款。这种条件下的信用期间一般为 30～60 天，但有些

季节性的生产企业可能为其顾客提供更长的信用期间。在这种情况下，买卖双方存在商业信用，买方可因延期付款而取得资金来源。

3．延期付款，但早付款有现金折扣

在这种信用条件下，买方若提前付款，则卖方可给予一定的现金折扣，若买方不享受现金折扣，则必须在一定时期内付清账款，如“2/10，n/30”便属于此种信用条件。西方企业在各种信用交易活动中广泛地应用现金折扣，这主要是为了加速账款的收现。现金折扣一般为发票金额的1%～5%。

这种条件下，双方存在信用交易。买方若在折扣期内付款，则可获得短期的资金来源，并能得到现金折扣；若放弃现金折扣，则可在稍长时间内占用卖方的资金。

如果销货单位提供现金折扣，则购买单位应尽量争取获得此项折扣，因为丧失现金折扣的机会成本很高，可按下式计算：

$$资金成本=\frac{CD}{1-CD}\times\frac{360}{N}$$

式中　CD——现金折扣的百分比；

N——失去现金折扣后延期付款天数。

（三）商业信用控制

1．信息系统的监督

商业信用的一般表现形式是应付账款。对应付账款进行有效管理需要一个健全、完整的信息系统。例如，当企业收到账单时，必须确认该活动是否已经发生，企业是否已经收到了货物，收到的货物是否完好等情况。然后，将该账单与企业的订货单核对，同时还要查看运输和收货部门的记录。当这些都确认后，将该账单转入支付程序，确定支付时间等。这时就要考虑是否取得现金折扣、是否按期付款、拖延多久支付等问题。

这一系列的信息反应必须迅速有效。特别是当企业希望获得现金折扣的时候，必须在短时间内作出决策。如果系统运转缓慢，则企业就很可能错过获得现金折扣的机会。

这个系统还可以与其他活动产生联系，为其他活动提供数据资料。例如，当货款支付决定作出之后，这一信息可以传递给企业的现金预测系统，自动更新企业对未来期间的现金预测。

2．应付账款余额控制

当公司的支付政策确定之后，对日常政策执行的监督就成为非常重要的环节。这里介绍两种控制支付状态的方法：考察应付账款周转率和分析应付账款余额百分比。

（1）考察应付账款周转率。控制企业商业信用的传统做法是考察其应付账款周转率。应付账款周转率等于采购成本除以同期平均应付账款余额。用公式表示为：

$$应付账款周转率=\frac{采购成本}{同期平均应付账款余额}$$

例 4-16

ABC公司2009年发生采购成本600 000元，年度平均应付账款余额为300 000元，则该公司的应付账款周转率为：

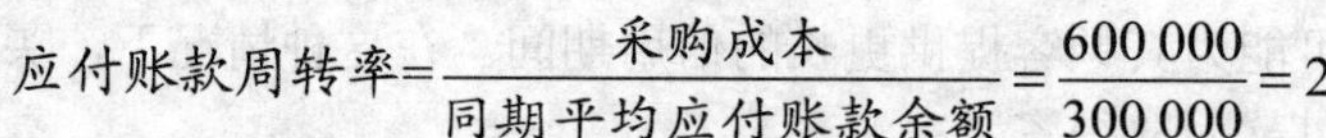

$$应付账款周转率=\frac{采购成本}{同期平均应付账款余额}=\frac{600\,000}{300\,000}=2$$

在实际经济生活中，仅仅进行年度分析是远远不够的，企业的财务人员需要掌握更短期间内应付账款的情况变化。这样，企业才能够保证享受到适当的现金折扣，并能够在对企业有利的时间内偿付款项。

（2）分析应付账款余额百分比。应付账款余额百分比是指采购当月发生的应付账款在当月月末以及随后的每一月末尚未支付的数额占采购当月应付账款总额的比例。通过对应付账款余额百分比的分析，可以观察到企业支付应付账款的速度和程度，较为直观地反映企业的应付账款管理情况。

例 4-17

ABC 公司 2009 年上半年采购成本（假设全为赊购）和应付账款余额情况如表 4-12 所示。

表 4-12　ABC 公司 2009 年上半年采购成本和应付账款余额情况表

（单位：万元）

月　份	采购成本	应付账款余额					
		1月	2月	3月	4月	5月	6月
1	100	50	10				
2	180		100	30			
3	150			80	30		
4	100				60	20	
5	120					80	20
6	150						30
合　计	800	50	110	110	90	100	50

从表 4-12 可以看到，ABC 公司 1 月份的采购成本在当月有 50 万元没有支付，到 2 月份尚有 10 万元没有支付，3 月份支付完毕。其他月份依此类推。表 4-12 虽然能够在一定程度上反映该公司应付账款的周转情况，但是并不清晰、直观，所以需要对其进行百分比处理。以 1 月份为例，当月未支付的应付账款为 50 万元，占当月采购成本的 50%（50/100），2 月份时尚有 10 万元未支付，占 1 月份采购成本的 10%（10/100）。也就是说，如果一定期间内的应付账款在以后多个期间仍未支付，在计算余额百分比的时候也都要按照该应付账款发生月份的采购成本作为基础计算。这样计算得到 ABC 公司的应付账款余额百分比如表 4-13 所示。

表 4-13　ABC 公司 2009 年上半年应付账款余额百分比情况表

月　份	采购成本/万元	应付账款余额百分比（%）					
		1月	2月	3月	4月	5月	6月
1	100	50	10				
2	180		55.56	16.67			
3	150			53.33	20		
4	100				60	20	
5	120					66.67	16.67
6	150						20

从表 4-13 中能够看到，ABC 公司的应付账款支付并不是很稳定，但一定月份的应付账

款都保持在两个月的时间内支付完毕。财务人员需要进一步考察每笔应付账款的具体情况，力争保持一个稳定的应付账款支付比率，以避免支付波动给企业的现金等有关项目带来不良影响。

3．道德控制

一般来讲，企业不应该拖欠应付账款，但当拖欠账款需要付出的代价小于公司的机会投资收益时，从理论上讲，按照成本收益原则，企业可以选择推迟支付应付账款。但是，实际经济生活中不仅仅是成本收益原则这么简单，而且现实中的成本和收益也不是完全靠公式就可以计算清楚的，有很多隐性的成本和收益，其中很重要的一个方面就是企业之间的商业道德（或者说信誉）评价。

当企业赊购货物时，应付账款的支付条件、时间等都会写在合同中，代表了企业的承诺。如果违反了合同，则毫无疑问会破坏企业的商业道德形象，可能会给企业的未来经济活动造成不良影响，这就不是用成本收益计算可以衡量的。这属于企业的无形资产，企业对商业道德的重视程度会影响其应付账款支付政策和实际操作。另外，市场中对商业道德的看法也会对企业的行为产生约束作用。

图 4-1 反映了道德控制的三个层次。基础层衡量企业行为是否合法以及是否符合企业内部的规章制度；中间层是企业的经营原则，企业各项经营活动需要充足的理由；最高层是考虑合作伙伴的利益，达到“双赢”，甚至花费一定的成本来维护客户的利益。

最高层

更多地考虑合作伙伴的利益，即使需要作出一定牺牲

中间层

所有的决策公开，考察利益相关者和无关者对企业行为的评价

基础层

考察企业的经营行为是否符合法律规定，是否符合企业的内部规章制度等

图 4-1 道德控制的三个层次

（四）商业信用筹资的优缺点

1．商业信用筹资的优点

作为一种比较常用的短期筹资方式，商业信用筹资的优点主要包括以下几个方面：

（1）使用方便。因为商业信用与商品买卖同时进行，属于一种自发性筹资，不用进行非常正规的安排，而且不需要办理手续，一般也不附加条件，使用比较方便。

（2）成本低。如果没有现金折扣或公司不放弃现金折扣，则利用商业信用筹资没有实际成本。

（3）限制少。商业信用的使用灵活且具有弹性。如果公司利用银行借款筹资，则银行往往会对贷款的使用规定一些限制条件，而商业信用则限制较少。

2．商业信用筹资的缺点

当然，商业信用筹资还是存在一定的不足，其主要缺点是商业信用的时间一般较短，尤其是应付账款，不利于公司对资本的统筹运用，如果拖欠，则有可能导致公司信用地位和信用等级下降。另外，如果公司取得现金折扣，则付款时间会更短，而要放弃现金折扣，则公司会付出较高的资金成本。而且，在法制不健全的情况下，若公司缺乏信誉，则容易造成公司之间相互拖欠，影响资金运转。

三、短期融资券

短期融资券又称商业票据、短期债券，是由大型工商企业或金融企业发行的短期无担保本票，是一种新兴的筹集短期资金的方式。

（一）短期融资券的发展过程

短期融资券源于商业票据。商业票据是一种古老的商业信用工具，产生于 18 世纪。它最初是随商品和劳务交易而签发的一种债务凭证。例如，一笔交易不是采用现金交易，而是采用票据方式进行结算，则当货物运走后，买方按合同规定的时间、地点、金额，开出一张远期付款的票据给卖方，卖方持有票据，直至到期日再向买方收取现金。这种商业票据是随商品、劳务交易而产生的商业信用。商业票据是一种双名票据，即票据上列明收款方和付款方的名称。持有商业票据的公司如在约定的付款期之前需要现金，可以向商业银行或贴现公司贴现。贴现是指持有商业票据的公司将票据出让给银行或贴现公司，后者按票面额扣取从贴现日到票据到期日的利息后，将票面余额付给持票人，待贴现的票据到期后，再持票向付款方索取票面款项。这种方式，使办理贴现的银行或贴现公司得到了利息，又收回了本金，是一种很好的短期投资方式。于是，有的投资者便比照这种贴现方式，从持票人手中买下商业票据，待票据到期后持票向付款方收回资金。有时，贴现票据的银行因为资金短缺，也将贴现的票据重新卖出，由新的购买人到期收取款项。

有些大公司发现了商业票据的这一特点，便凭借自己的信誉，开始脱离商品交易过程来签发商业票据，以筹措短期资金。20 世纪 20 年代，美国汽车制造业及其他高档耐用商品制造业开始兴盛，为增加销售量一般都采用赊销、分期付款等方式向外销售，这样就在应收账款上进行了大量投资，从而感到资金不足，在银行借款受到多种限制的情况下，开始大量发行商业票据以筹集短期资金。这样，商业票据与商品、劳务的交易相分离，演变成为一种在货币市场上融资的票据，发行人与投资者成为一种单纯的债务、债权关系，而不是商品买卖或劳务供应关系。商业票据上用不着再列明收款人，只需列明付款人，成为单名票据。为了与传统商业票据相区别，人们通常把这种专门用于融资的票据叫做短期融资券或短期商业债券。

20 世纪 60 年代以后，工商界普遍认为发行短期融资券向金融市场筹款比向银行借款方便，利率也低，且不受银行信贷的干预，因此，短期融资券数额急剧增加。以美国为例，1962 年 12 月时仅有 60 亿美元，1985 年时增至 3 000 亿美元。20 世纪 70 年代，集中于伦敦的欧洲短期融资券市场也开始形成，短期融资券市场不断扩大。目前，短期融资券已成为西方各类公司融通短期资金的重要方式。20 世纪 80 年代中后期，我国有些企业为解决流动资金不足的问题，开始采用短期融资券筹集资金，这是我国流动资金管理方面的一项重大改革，对改变流动资金来源，加速资金周转，调整产业结构，优化资金投向，健全金融工具，完善债券市场都具有十

分重要的意义。2008 年 4 月，中国人民银行发布《银行间债券市场非金融企业债务融资工具管理办法》，规定企业发行债务融资工具应在银行间债券市场披露信息。信息披露应遵循诚实信用原则，不得有虚假记载、误导性陈述或重大遗漏；企业发行债务融资工具应由金融机构承销。企业可自主选择主承销商。需要组织承销团的，由主承销商组织承销团；企业发行债务融资工具应由在中国境内注册且具备债券评级资质的评级机构进行信用评级。

（二）短期融资券的种类

按不同的标准，可对短期融资券作不同的分类。

1．按发行方式分类

短期融资券按发行方式的不同，可分为经纪人代销的融资券和直接销售的融资券。

（1）经纪人代销的融资券又称间接销售融资券，是指先由发行人卖给经纪人，然后由经纪人再卖给投资者的融资券。经纪人主要有银行、信托投资公司、证券公司等。企业委托经纪人发行融资券，要支付一定数额的手续费。

（2）直接销售的融资券是指发行人直接销售给最终投资者的融资券。直接发行融资券的公司通常是经营金融业务的公司或自己有附属金融机构的公司，它们有自己的分支网点，有专门的金融人才，因此，有力量自己组织推销工作，从而节省了间接发行时应付给证券公司的手续费。直接销售的融资券目前已占有相当大的比重。

2．按发行人分类

短期融资券按发行人的不同，可分为金融企业的融资券和非金融企业的融资券。

（1）金融企业的融资券主要是指由各大公司所属的财务公司、各种信托投资公司、银行控股公司等发行的融资券。这类融资券一般都采用直接发行的方式。

（2）非金融企业的融资券是指那些没有设立财务公司的工商企业所发行的融资券。这类企业一般规模不大，多数采用间接方式来发行融资券。

3．按融资券的发行和流通范围分类

短期融资券按融资券的发行和流通范围的不同，可分为国内融资券和国际融资券。

（1）国内融资券是一国发行者在其国内金融市场上发行的融资券。发行这种融资券一般只要遵循本国法规和金融市场惯例即可。

（2）国际融资券是一国发行者在其本国以外的金融市场上发行的融资券。发行这种融资券，必须遵循有关国家的法律和国际金融市场上的惯例。在美国货币市场和欧洲货币市场上，这种国际短期融资券很多。

（三）短期融资券的发行程序

企业发行短期融资券，一般要按如下程序进行：

1．公司作出决策，采用短期融资券方式筹资

公司财务人员对金融市场状况和企业筹资条件进行认真分析后，认为采用发行融资券筹资比较适合，于是提出申请，报总经理或董事会作出最后决策。

2．办理发行融资券的信用评级

信用评级是由专家、学者组成专门的机构，运用科学的综合分析方法，对企业的财务状况

和信用情况进行评定和估价。自 1909 年美国穆迪公司开始评估业务以来，信用评估机构对帮助证券发行者顺利发行证券、帮助投资者科学选择证券、规范金融市场都起了十分重要的作用。

信用评估在我国还仅仅是一项刚刚起步的事业。现简要介绍短期融资券的评估程序：

（1）申请评估的企业应与评估公司签订委托协议书，并按规定在 3 天内提供所需全部材料。

（2）协议书签订后，评估公司即组织高级经济师、注册会计师以及有关行业专家成立评估小组，负责具体的评估工作，在若干天内进行调查和研究，写出评估报告。

（3）评估公司根据企业经营的业务性质，组织有关专家和部分评估委员对评估报告进行论证和审议，并实行定量计分的方式对该企业融资券的信用等级作出评定。

（4）评估公司在此基础上，进一步综合分析有关情况，并确定该企业的融资券等级。融资券信用等级一般分四等七个级别。它们是 A、A-1、A-2、A-3、B、C、D。各等级的含义分别是：A 级信用程度最好，风险最小，发展前景最好；A-1 为信用程度好，风险很小，发展前景好；A-2 为信用程度好，风险小，发展前景较好；A-3 为信用程度好，风险较小，发展前景尚好；B 级为信用程度一般，有一定风险，尚有一些发展前景；C 级为信用程度还可以，风险大，无发展前途；D 级信用程度最差，不准发行。

（5）委托人在接到评估公司的融资券信用等级通知书后 3 天内如无异议，则评级成立。委托人如果对评估结果有异议，则应在接到信用等级通知后 3 天内申诉理由，提供补充材料，并申请复评，经评估公司认可，即重新组织评估；如委托人对复议仍有异议，则除有正当理由外，一般不再复评。

3．向有关审批机关提出发行融资券的申请

中国人民银行总行与各省、直辖市、自治区分行是我国企业发行融资券的审批、管理机关。企业发行融资券，必须向各级人民银行的金融管理部门提出申请，经过批准后才能发行。在申请书及其附件中必须提供如下内容：

（1）发行融资券的备案报告。

（2）董事会同意发行融资券的决议或具有相同法律效力的文件。

（3）主承销商推荐函。

（4）融资券募集说明书（附发行方案）。

（5）信用评级报告全文及跟踪评级安排的说明。

（6）经注册会计师审计的企业近三个会计年度的资产负债表、利润表、现金流量表及审计意见全文。

（7）律师出具的法律意见书（附律师工作报告）。

（8）偿债计划及保障措施的专项报告。

（9）关于支付融资券本息的现金流分析报告。

（10）承销协议及承销团协议。

（11）《企业法人营业执照（副本）》复印件。

（12）中国人民银行要求提供的其他文件。

4．审批机关对企业的申请进行审查和批准

中国人民银行的金融管理部门接到企业申请后，要对如下内容进行认真审查：

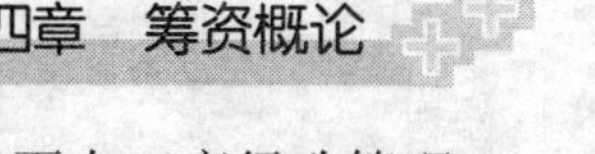

（1）对发行资格进行审查。这主要包括如下内容：①审查发行单位是否在工商行政管理部门登记并领有营业执照。②审查发行单位是否有足够的自有资产。③审查发行单位是否有可靠的还款来源。④审查信用担保人的资格和担保契约书的内容。

（2）对资金用途进行审查。企业发行融资券所筹集的资金只能用于解决企业临时性、季节性流动资金不足的问题，不能用于企业资金的长期周转和固定资产投资。

（3）审查财务报表的内容。这主要包括：①审查财务报表是否经注册会计师签字。②审查财务报表中的资金来源和资金占用是否合理。③审查企业盈利情况如何。④审查企业的主要财务比率是否合理。

（4）审查融资券的票面内容。融资券票面一般要载明如下内容：①企业名称、地址。②融资券票面金额。③票面利率。④还本期限和方式。⑤利息支付方式。⑥融资券的发行日期和编号。⑦发行企业签章和企业法人代表签章等。

5．正式发行融资券，取得资金

融资券经审查机关审查同意后，便可正式发行。如果企业自己直接发行，则需公告发行的数量、价格、时间等，以便让投资者了解一些基本情况。此后，投资者还要与发行人洽谈买卖条件，如果双方认为条件可以，则投资者买入融资券，发行人取得资金。

如果采用间接发行的方式，则要按如下步骤进行：

（1）发行融资券的企业与经纪人协商融资券的有关事项，并签订委托发行协议。

（2）经纪人按协议中的有关条件和承销方式，发布公告并进行其他宣传活动。

（3）投资者购买融资券，资金存入经纪人账户。

（4）经纪人将资金划转至发行融资券的企业的账户中，并按协议中的规定处理未售完的融资券。

（四）短期融资券筹资的优缺点

1．短期融资券筹资的优点

（1）短期融资券筹资的成本低。在西方国家，短期融资券的利率加上发行成本，通常要低于银行的同期贷款利率。这是因为在采用短期融资券筹资时，筹资者与投资者直接往来，绕开了银行中介，节省了一笔原应付给银行的筹资费用。但目前我国短期融资券的利率一般要比银行贷款利率高，这主要是因为我国短期融资券市场刚刚建立，投资者对短期融资券缺乏了解。随着短期融资券市场的不断完善，短期融资券的利率会逐渐接近银行贷款利率，直至略低于银行贷款利率。

（2）短期融资券筹资数额比较大。银行一般不会向企业贷放巨额的流动资金借款。例如，在西方，商业银行贷给个别公司的最大金额不能超过该公司资本总额的10%。因而，对于需要巨额资金的企业，短期融资券这一方式尤为适用。

（3）短期融资券筹资能提高企业的信誉。由于能在货币市场上发行短期融资券的公司都是著名的大公司，因而一家公司如果能在货币市场上发行自己的短期融资券，就说明该公司的信誉很好。

2．短期融资券筹资的缺点

（1）发行短期融资券的风险比较大。短期融资券到期必须归还，一般不会有延期的可能。到期不归还，会产生严重后果。

（2）发行短期融资券的弹性比较小。只有当企业的资金需求达到一定数量时才能使用短期融资券，如果数量小，则不宜采用短期融资券方式。另外，短期融资券一般不能提前偿还，因此，即使公司资金比较宽裕，也要到期才能还款。

（3）发行短期融资券的条件比较严格。并不是任何公司都能发行短期融资券，必须是信誉好、实力强、效益高的企业才能使用，而一些小企业或信誉不太好的企业则不能利用短期融资券来筹集资金。

本章小结

企业筹资的基本动机有扩张性动机、调整性动机和混合性动机，企业筹资必须遵循效益性、合理性、及时性和合法性等基本原则。企业所借助的具体筹资渠道，包括政府财政资本、银行信贷资本、非银行金融机构资本、其他法人资本、民间资本、企业内部资本、港澳台和国外资本等；企业所采用的具体筹资方式包括投入资本筹资、发行股票筹资、发行债券筹资、发行商业股票筹资、银行借款筹资、商业信用筹资和租赁筹资等。

企业的筹资需求量是筹资的数量依据，企业筹资数量预测的方法主要有：①因素分析法；②销售百分比法；③线性回归法。

长期筹资的方式包括股权性筹资、债权性筹资和混合性筹资。股票是股份有限公司为筹集股权资本而发行的有价证券，也是持有人或股东拥有发行公司股票股份的凭证。其主要有投入资本筹资和发行普通股筹资两种方式。债券是指债务人为筹集债权资本，约定在一定期限内向债权人即债券持有人付息还本的有价证券，一般有发行债券筹资、长期借款筹资和租赁筹资三种方式。所谓混合性筹资，是指兼具债权和股权筹资双重属性的长期筹资，通常包括发行优先股筹资、发行可转换债券筹资。

流动负债主要包括：银行短期借款、商业信用和短期融资券。银行短期借款是指公司根据合同向商业银行以及非银行金融机构借入的期限在一年以内的借款；商业信用是指商品交易中以延期付款或预收货款进行购销活动而形成的公司之间的借贷关系；短期融资券又称为商业票据、短期债券，是大型工商企业或金融企业为筹措短期资金而发行的无担保短期本票。发行短期融资券是企业筹集短期资金的重要方式。

复习思考题

1. 企业为什么要筹资？
2. 企业筹资的动机对企业筹资行为及其结果有什么影响？
3. 试说明销售百分比法的基本依据和不足。
4. 试说明应用线性回归法预测筹资数量需要注意的问题。
5. 试说明投入资本筹资的主体、条件和要求以及优缺点。
6. 试分析股票包销和代销对发行公司的利弊。
7. 试分析股票上市对公司的利弊。
8. 试说明发行普通股筹资的优缺点。
9. 试分析债券发行价格的决定因素。

10．试说明发行债券筹资的优缺点。

11．试说明长期借款筹资的优缺点。

12．试分析融资租赁租金的决定因素。

13．试说明融资租赁筹资的优缺点。

14．试说明优先股筹资的优缺点。

15．试说明可转换债券的属性以及转换期限、转换价格和转换比率。

16．试说明可转换债券筹资的优缺点。

17．试分析认股权证的特点和作用。

18．简述银行短期借款的种类。

19．在选择贷款银行时，应该考虑的因素有哪些？

20．短期融资券应该遵循什么样的发行程序？

21．试对比分析银行短期借款、商业信用和短期融资券的优缺点。

练 习 题

1．三角公司 2009 年度资本实际平均额为 8 000 万元，其中不合理平均额为 400 万元；预计 2010 年度销售收入增长 10%，资本周转速度加快 5%。

试在资本需要额与销售收入成比例的前提下，预测 2010 年度的资本需要额。

2．四海公司 2010 年需要追加外部筹资 49 万元，公司敏感负债与销售收入的比例为 18%，税前利润占销售收入的比例为 8%，公司所得税税率为 25%，税后利润的 50%留用于公司；2009 年公司销售收入为 15 亿元，预计 2010 年增长 5%。

要求：

（1）测算 2010 年公司留存收益额。

（2）测算 2010 年公司资产增加额。

3．五湖公司 2005～2009 年 A 产品的产销数量和资本需要总额如表 4-14 所示。

表 4-14 A 产品产销数量和资本需要总额

年 度	产销数量/件	资本需要总额/万元
2005	1 200	1 000
2006	1 100	950
2007	1 000	900
2008	1 300	1 040
2009	1 400	1 100

预计 2010 年该产品的产销数量为 1 560 件。

试在资本需要总额与产品产销数量之间存在线性关系的条件下，测算该公司 2010 年 A 产品的不变资本总额、单位可变资本额和资本需要总额。

4．七星公司按年利率 5%向银行借款 100 万元，期限为 3 年。根据公司与银行签订的贷款协议，银行要求保持贷款总额的 15%的补偿性余额，不按复利计息。

要求：

（1）计算实际可用的借款额。

（2）计算实际负担的年利率。

5．八方公司拟发行面额为 1 000 元、票面利率为 6%、5 年期的债券一批，每年年末付息一次。试分别测算该债券在市场利率为 5%、6%、7%下的发行价格。

6．九牛公司采用融资租赁方式，于 2010 年 1 月 1 日从租赁公司租入设备一台，设备价款为 20 000 元，租期为 4 年。双方约定，租期满后设备归承租方所有，租赁期间折现率为 10%，以后以等额年金方式支付租金。

要求：

（1）测算九牛公司租入该设备每年年末应支付的租金额。

（2）编制九牛公司租入该设备的租金摊销计划表。

案例分析

汇丰为新世界集团融资巨款

通过一项长达 4 年的融资计划，汇丰投资银行（以下简称汇丰）为新世界集团融资逾 14 亿美元。

20 世纪 90 年代以来，香港著名华商郑裕彤财团通过旗舰企业新世界发展有限公司（为新世界集团的集团总公司，以下简称新世界发展）开始大举进军内地的中低档房地产市场，并成为北京、武汉、天津和沈阳等城市的房地产战略发展商，为此，需要筹集庞大的资金进行投资。

1993 年的高峰期后，许多城市的楼房尤其是高档楼房大量空置，使得国际资本市场对中国房地产市场的看法相当消极。在这种情况下，要说服他们为新世界集团拓展内地房地产市场进行投资，难度可想而知。

1995 年 11 月，汇丰为新世界中国发展有限公司（新世界集团的前身）首次通过私募方式发行了 5 亿美元的股份。本次发行是香港历史上最大的私募发行，私人投资者占有了新世界发展 43%的股份，新世界发展则持有 57%的股份。

第二次是为新世界中国金融有限公司（以下简称新世界中国）发行的 3.5 亿美元强制可转换担保债权。在私募成功发行一年后，新世界中国希望筹集更多的资金用于其在中国的房地产的投资活动。作为新世界发展的全资子公司，新世界中国的规模还太小，采用普通债券方式发行的成本较高，如果上市又不具备三年业绩的条件。于是，汇丰主要针对上一次私募所未触及的可转换债券，为债券投资者设计了可转换债券的发行方式。

但是，这种方式也有较大的结构性缺点：公司上市后，债权尚未到期就可以转为股票，在换股期间，可能会有大量股票突然涌入市场，这会给当时的股价造成压力，甚至影响初次公开发行的价格，因为投资者预计初次发行后股价不会立即上行。为此，汇丰设计的结构是，所有债权强制转换成股票，并在初次公开发行时作为发行规模的一部分，上市前必须决定是否换股，上市后就没有可换股债券了，这就给了投资者关于市场流通股数的确切信息，当然

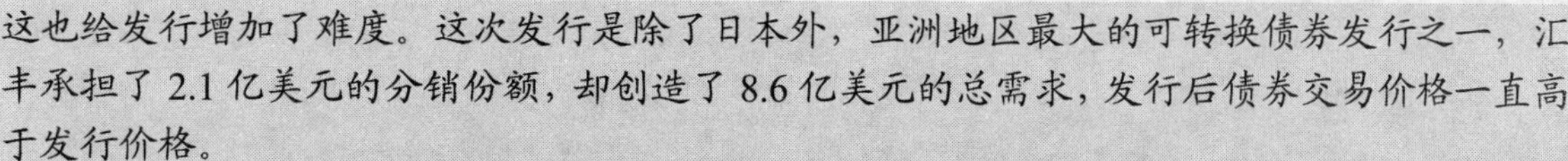

这也给发行增加了难度。这次发行是除了日本外，亚洲地区最大的可转换债券发行之一，汇丰承担了 2.1 亿美元的分销份额，却创造了 8.6 亿美元的总需求，发行后债券交易价格一直高于发行价格。

在公开流通债券发行两年半以后，新世界中国准备于 1999 年在证券交易所上市，发行规模为 5.68 亿美元。这次发行面临的最大障碍在于，国际投资者对于中国房地产业有很多误解，对实际发生和酝酿中的变化知之甚少。如何改变投资者的不良印象就成了决定发行成败的关键。为了让股票投资者能够更好地了解中国的房地产市场，汇丰集团下属的汇丰证券于 1999 年 5 月 6～7 日在中国香港和新加坡举办了中国住房改革研讨会；为配合全球发行，汇丰组织了两次独立的访问活动，活动事先都有详尽的研究报告做铺垫，活动横贯了亚、欧、美三大洲；6～7 月，汇丰又组织了大规模的全球路演，访问了三大洲的 11 个城市。为一次发行举行三次全球规模的推介活动，这是非常罕见的做法，经过这三次声势浩大的活动，终于完成了对投资者的“教育”工作。

在此次发行过程中，可换股债券的换股程序是个关键环节。债券持有者的换股方式有三种：在初次公开发行中认购最大数量的股票，或是将债券折算成股票出售获得现金收入，或是只认购最大债权股的一部分，其余债券则兑现。经过路演，结果相当令人振奋：来自股票投资者的需求为 7.83 亿美元，来自债券持有者的需求为 1.43 亿美元，总需求达 9.26 亿美元。至此，由汇丰一手策划的为新世界集团总额超过 14 亿美元的融资故事也画上了一个圆满的句号。

讨论：

1. 汇丰的成功之路在哪里？
2. 汇丰为什么采用债券这种方式而非其他？

第五章

长期筹资决策

本章要点：

本章主要讲授资本成本、杠杆利益与风险、资本结构理论和资本结构决策。通过学习本章，应当重点掌握：

1. 理解资本成本的构成、种类和作用，掌握个别资本成本率和综合资本成本率的测算方法。
2. 理解营业杠杆的作用原理，掌握营业杠杆系数的测算方法及其应用。
3. 理解财务杠杆的作用原理，掌握财务杠杆系数的测算方法及其应用。
4. 理解联合杠杆的作用原理，掌握联合杠杆系数的测算方法及其应用。
5. 了解有关资本结构的主要理论观点。
6. 理解资本结构的含义、种类和意义。
7. 理解资本结构的决策因素及其定性分析。
8. 掌握资本结构的决策方法，包括资本成本比较法、每股利润分析法和公司价值比较法的原理及其应用。

第一节　资 本 成 本

资本成本是企业筹资管理的主要依据，也是企业投资管理的重要标准。本节着重从公司长期资本的角度，阐述资本成本的作用和测算方法。

一、资本成本的作用

（一）资本成本的概念、内容和属性

1. 资本成本的概念

资本成本是企业筹集和使用资本而承付的代价。例如，筹资公司向银行支付的借款利息和向股东支付的股利等。这里的资本是指企业所筹集的长期资本，包括股权资本和长期债权资本。从投资者的角度看，资本成本也是投资者要求的必要报酬或最低报酬。在市场经济条件下，资本是一种特殊的商品，企业通过各种筹资渠道，采用各种筹资方式获得的资本往往都是有偿的，需要承担一定的成本。

2．资本成本的内容

资本成本从绝对量的构成来看，包括用资费用和筹资费用两部分。

（1）用资费用。用资费用是指企业在生产经营和对外投资活动中因使用资本而承付的费用。例如，向债权人支付的利息，向股东分配的股利等。用资费用是资本成本的主要内容。长期资本的用资费用是经常性的，并随使用资本数量的多少和时期的长短而变动，因而属于变动性资本成本。

（2）筹资费用。筹资费用是指企业在筹集资本活动中为获得资本而付出的费用。例如，向银行支付的借款手续费，因发行股票、债券而支付的发行费用等。筹资费用与用资费用不同，它通常是在筹资时一次全部支付的，在获得资本后的用资过程中不再发生，因而属于固定性的资本成本，可视为对筹资额的一项扣除。

3．资本成本的属性

资本成本作为企业的一种成本，既有一般商品成本的基本属性，又有不同于一般商品成本的某些特性。在企业正常的生产经营活动中，一般商品的生产成本是其生产所耗费的直接材料、直接人工和制造费用之和，对于这种商品的成本，企业需从其收入中予以补偿。资本成本也是企业的一种耗费，也需由企业的收益补偿，但它是为获得和使用资本而付出的代价，通常并不直接表现为生产成本。此外，产品成本需要计算实际数，而资本成本只要求计算预测数或估计数。

资本成本与货币的时间价值既有联系，又有区别。货币的时间价值是资本成本的基础，而资本成本既包括货币的时间价值，又包括投资的风险价值。因此，在有风险的条件下，资本成本也是投资者要求的必要报酬。

（二）资本成本率的种类

在企业筹资实务中，通常运用资本成本的相对数，即资本成本率。资本成本率是指企业用资费用与有效筹资额之间的比率，通常用百分比来表示。一般而言，资本成本率有下列几类：

（1）个别资本成本率。个别资本成本率是指企业各种长期资本的成本率，如股票资本成本率、债券资本成本率、长期借款资本成本率。企业在比较各种筹资方式时，需要使用个别资本成本率。

（2）综合资本成本率。综合资本成本率是指企业全部长期资本的成本率。企业在进行长期资本结构决策时，可以利用综合资本成本率。

（3）边际资本成本率。边际资本成本率是指企业追加长期资本的成本率。企业在追加筹资方案的选择中，需要运用边际资本成本率。

（三）资本成本的重要作用

资本成本是企业筹资管理的一个重要概念，国际上将其视为一项财务标准。资本成本对于企业筹资管理、投资管理，乃至整个财务管理和经营管理都有重要的作用。

（1）资本成本是选择筹资方式、进行资本结构决策和选择追加筹资方案的依据。

1）个别资本成本率是企业选择筹资方式的依据。一个企业长期资本的筹集往往有多种筹资方式可供选择，包括长期借款、发行债券、发行股票等。这些长期筹资方式的个别资本成本率的高低不同，可作为比较、选择各种筹资方式的一个依据。

2）综合资本成本率是企业进行资本结构决策的依据。企业的全部长期资本通常是由多种长期资本筹资类型的组合而构成的。企业长期资本的筹资可有多个组合方案供选择。不同筹资组合的综合资本成本率的高低，可以用来比较各个筹资组合方案，作出资本结构决策。

3）边际资本成本率是选择追加筹资方案的依据。企业为了扩大生产经营规模，往往需要追加筹资。不同追加筹资方案的边际资本成本率的高低，可以作为比较、选择追加筹资方案的一个依据。

（2）资本成本是评价投资项目、比较投资方案和进行投资决策的经济标准。一般而言，一个投资项目，只有当其投资收益率高于其资本成本率时，在经济上才是合理的；否则，该项目将无利可图，甚至发生亏损。因此，国际上通常将资本成本率视为一个投资项目必须赚得的“最低报酬率”或“必要报酬率”，视为是否采纳一个投资项目的“取舍率”，作为比较、选择投资方案的一个经济标准。

在企业投资评价分析中，可以将资本成本率作为折现率，用于测算各个投资方案的净现值和现值指数，以比较、选择投资方案，进行投资决策。

（3）资本成本可以作为评价企业整个经营业绩的基准。企业的整个经营业绩可以用企业全部投资的利润率来衡量，并可与企业全部资本的成本率相比较。如果利润率高于成本率，则可以认为企业经营有利；反之，如果利润率低于成本率，则可认为企业经营不利，业绩不佳，需要改善经营管理，提高企业全部资本的利润率和降低成本率。

二、个别资本成本率的测算

（一）个别资本成本率的测算原理

一般而言，个别资本成本率是企业用资费用与有效筹资额的比率。通常按年计算，其基本的测算公式列示如下：

$$K=\frac{D}{P-f}\times 100\% \tag{5-1}$$

或

$$K=\frac{D}{P(1-F)}\times 100\%$$

式中 K——资本成本率，以百分比表示；

D——年度用资费用额；

P——筹资额；

f——筹资费用额；

F——筹资费用率，即筹资费用额与筹资额的比率。

由此可见，个别资本成本率的高低取决于三个因素，即用资费用、筹资费用和筹资额，现说明如下：

（1）用资费用是决定个别资本成本率高低的一个主要因素。在其他两个因素不变的情况下，某种资本的用资费用大，其成本率就高；反之，用资费用小，其成本率就低。

（2）筹资费用也是影响个别资本成本率高低的一个因素。一般而言，发行债券和股票的筹资费用较大，故其资本成本率较高；而其他筹资方式的筹资费用较小，故其资本成本率较低。

（3）筹资额是决定个别资本成本率高低的另一个主要因素。在其他两个因素不变的情况

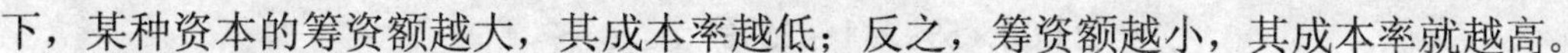

下，某种资本的筹资额越大，其成本率越低；反之，筹资额越小，其成本率就越高。

此外，对公式（5-1）及其分母 $P-f$ 还需说明以下三点：

首先，筹资费用是一次性费用，属于固定性资本成本。它不同于经常性的用资费用，后者属于变动性资本成本。因此，不可将 $K=D/(P-f)$ 写成 $K=(D+f)/P$。

其次，筹资费用是筹资时即支付的，可视作对筹资额的一项扣除，即筹资净额或有效筹资额为 $P-f$。

最后，用公式 $K=D/(P-f)$ 而不用 $K=D/P$，表明资本成本率与利率在含义上和数量上的差别。例如，借款利率是利息额与借款筹资额的比率，它只含有用资费用即利息费用，但不考虑筹资费用即借款手续费。

在充分考虑货币的时间价值和投资风险的情况下，个别资本成本率还可采用折现模型来估算。对此将结合债权资本成本率和股权资本成本率的测算加以说明。

（二）长期债权资本成本率的测算

长期债权资本成本率一般有长期借款资本成本率和长期债券资本成本率两种。根据《中华人民共和国企业所得税法》（以下简称《企业所得税法》）的规定，企业债务的利息允许从税前利润中扣除，从而可以抵免企业所得税。因此，企业实际负担的债权资本成本率应当考虑所得税因素，即：

$$K_d = R_d(1-T)$$

式中　K_d——债权资本成本率，亦可称税后债权资本成本率；

R_d——企业债务利率，亦可称税前债权资本成本率；

T——企业所得税税率。

在企业债权筹资实务中，可能出现一些较为复杂的情况，如债务利息的结算次数、债务面值与到期值不一致、企业信用或债券等级不同从而债权人风险不同等，需要根据具体情况测算其资本成本率。

1．长期借款资本成本率的测算

企业长期借款资本成本率可按下列公式测算：

$$K_l = \frac{I_l(1-T)}{L(1-F_l)}$$

式中　K_l——长期借款资本成本率；

I_l——长期借款年利息额；

L——长期借款筹资额，即借款本金；

F_l——长期借款筹资费用融资率，即借款手续费率。

例 5-1

ABC 公司欲从银行取得一笔长期借款 2 000 万元，手续费率为 0.1%，年利率为 5%，期限为 5 年，每年结息一次，到期一次还本。假定公司所得税税率为 25%。这笔借款的资本成本率测算如下：

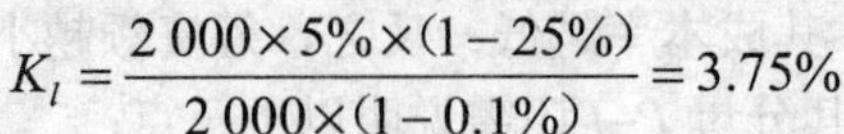

$$K_l = \frac{2\,000 \times 5\% \times (1-25\%)}{2\,000 \times (1-0.1\%)} = 3.75\%$$

相对而言，企业长期借款的筹资费用很少，可以忽略不计。这时长期借款资本成本率可按下式测算：

$$K_l = R_l(1-T)$$

式中 R_l——借款利率。

例 5-2

根据例 5-1 但不考虑借款手续费，则这笔借款的资本成本率测算为：

$$K_l = 5\% \times (1-25\%) = 3.75\%$$

当借款合同附加补偿性余额条款的情况下，企业可动用的借款筹资额应扣除补偿性余额，这时借款的实际利率和资本成本率将会上升。

例 5-3

ABC 公司欲获借款 2 000 万元，年利率为 5%，期限为 5 年，每年结息一次，到期一次还本。银行要求补偿性余额为 20%。公司所得税税率为 25%。这笔借款的资本成本率测算为：

$$K_l = \frac{2\,000 \times 5\% \times (1-25\%)}{2\,000 \times (1-20\%)} = 4.69\%$$

2．债券资本成本率的测算

企业债券资本成本中的利息费用亦在所得税前列支，但发行债券的筹资费用一般较高，应予考虑。债券的筹资费用即发行费用，包括申请费、注册费、印刷费和上市费以及推销费等，其中有的费用按一定的标准支付。此外，债券的发行价格有等价、溢价和折价等情况，与面值有时不一致。因此，债券的资本成本率的测算与长期借款有所不同。

在不考虑货币时间价值时，债券资本成本率可按下列公式测算：

$$K_b = \frac{I_b(1-T)}{B(1-F_b)}$$

式中 K_b——债券资本成本率；

B——债券筹资额，按发行价格确定；

F_b——债券筹资费用率；

I_b——债券利息。

例 5-4

ABC 公司拟等价发行面值为 1 000 元、期限为 5 年、票面利率为 6%的债券 5 000 张，每年结息一次。发行费用为发行价格的 5%，假定公司所得税税率为 25%。该批债券的资本成本率测算为：

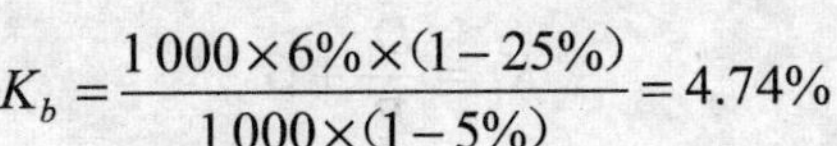

$$K_b = \frac{1\,000 \times 6\% \times (1-25\%)}{1\,000 \times (1-5\%)} = 4.74\%$$

在例 5-4 中的债券是以等价发行，如果按溢价 100 元发行，则其资本成本率为：

$$K_b = \frac{1\,000 \times 6\% \times (1-25\%)}{1100 \times (1-5\%)} = 4.31\%$$

如果按折价 50 元发行，则其资本成本率为：

$$K_b = \frac{1\,000 \times 6\% \times (1-25\%)}{950 \times (1-5\%)} = 4.99\%$$

（三）股权资本成本率的测算

按照公司股权资本的种类，股权资本成本率主要有普通股资本成本率、优先股资本成本率和留存收益资本成本率等。根据《企业所得税法》的规定，公司需以税后利润向股东分派股利，故没有抵税利益。

1. 普通股资本成本率的测算

按照资本成本率实质上是投资必要报酬率的思路，普通股的资本成本率就是普通股投资的必要报酬率。其测算方法一般有三种：股利折现模型、资本资产定价模型和债券投资报酬率加股票投资风险报酬率。

（1）股利折现模型。股利折现模型的基本形式是：

$$P_c = \sum_{t=1}^{\infty} \frac{D_t}{(1+K_c)^t} \qquad (5-2)$$

式中 P_c——普通股融资净额，即发行价格扣除发行费用；

D_t——普通股第 t 年的股利；

K_c——普通股投资必要报酬率，即普通股资本成本率。

运用公式（5-2）测算普通股资本成本率，会因具体的股利分配政策而有所不同。

如果公司采用固定股利政策，即每年分派现金股利 D 元，则资本成本率可按下式测算：

$$K_c = \frac{D}{P_c}$$

例 5-5

ABC 公司拟发行一批普通股，发行价格为每股 15 元，每股发行费用为 2 元，预定每年分派现金股利每股 1.50 元。其资本成本率测算为：

$$K_c = \frac{1.50}{15-2} = 11.54\%$$

如果公司采用固定增长股利的政策，股利固定增长率为 G，则资本成本率需按下式测算：

$$K_c = \frac{D_1}{P_c} + G$$

例 5-6

XYZ 公司准备增发普通股，每股发行价为 15 元、发行费用为 2 元，预定第一年分派现金股利为每股 1.50 元，以后每年股利增长 5%。其资本成本率测算为：

$$K_c = \frac{1.50}{15-2} + 5\% = 16.54\%$$

（2）资本资产定价模型。资本资产定价模型的含义可以简单地描述为，普通股投资的必要报酬率等于无风险报酬率加上风险报酬率。用公式表示如下：

$$K_c = R_f + \beta(R_m - R_f)$$

式中 R_f——无风险报酬率；

R_m——市场报酬率；

β——某种股票的贝塔系数。

在已确定无风险报酬率、市场报酬率和某种股票的 β 值后，就可测算该股票的必要报酬率，即资本成本率。

例 5-7

已知某股票的 β 值为 1.60，市场报酬率为 10%，无风险报酬率为 6%。该股票的资本成本率测算为：

$$K_c = 6\% + 1.60 \times (10\% - 6\%) = 12.40\%$$

（3）债券投资报酬率加股票投资风险报酬率。一般而言，从投资者的角度来看，股票投资的风险高于债券，因此，股票投资的必要报酬率可以在债券投资报酬率的基础上再加上股票投资高于债券投资的风险报酬率。这种测算方法比较简单，但主观判断色彩浓厚。

例 5-8

XYZ 公司已发行债券的投资报酬率为 7%。现准备发行一批股票，经分析该股票高于债券的投资风险报酬率为 5%，则该股票的必要报酬率即资本成本率为：

$$7\% + 5\% = 12\%$$

2．优先股资本成本率的测算

优先股的股利通常是固定的，公司利用优先股筹资需花费发行费用，因此，优先股资本成本率的测算类似于普通股。其测算公式是：

$$K_p = \frac{D_p}{P_p}$$

式中　K_p——优先股资本成本率；

D_p——优先股每股年股利；

P_p——优先股筹资净额，即发行价格扣除发行费用。

例 5-9

ABC公司准备发行一批优先股，每股发行价格为10元，发行费用为0.50元，预计年股利为1元。其资本成本率测算如下：

$$K_p = \frac{1}{10-0.50} = 10.53\%$$

3. 留存收益资本成本率的测算

公司的留存收益（或留用利润）是由公司税后利润形成的，属于股权资本。从表面上看，公司留存收益并不花费什么资本成本。实际上，股东愿意将其留用于公司而不作为股利取出投资于别处，其实是要求获得与普通股等价的报酬。因此，留存收益也有资本成本，不过是一种机会资本成本。留存收益资本成本率的测算方法与普通股基本相同，只是不考虑筹资费用。

以上说明了股份有限公司股权资本成本率的测算。至于非股份制企业，其股权资本成本率的测算与普通股、优先股和留存收益资本成本率的测算有所不同，主要有：①非股份制企业的投入资本筹资协议有的约定了固定的利润分配比例，这类似于优先股，但不同于普通股。②非股份制企业的投入资本及留存收益不能在证券市场上交易，无法形成公平的交易价格，因而也就难以预计其投资的必要报酬率。在这种情况下，投入资本和留存收益的资本成本率的测算还是一个需要探讨的问题。我国有的学者认为，在一定条件下，投入资本及留存收益的资本成本率，可按优先股资本成本率的测算方法予以测算。

三、综合资本成本率的测算

（一）决定综合资本成本率的因素

综合资本成本率是指一个企业全部长期资本的成本率，通常是以各种长期资本的比例为权重，对个别资本成本率进行加权平均测算的，故亦称加权平均资本成本率。因此，综合资本成本率是由个别资本成本率和各种长期资本比例这两个因素所决定的。

个别资本成本率前已介绍。各种长期资本比例是指一个企业各种长期资本分别占企业全部长期资本的比例，即狭义的资本结构。例如，ABC公司的全部长期资本总额为10 000万元，其中长期借款为2 000万元，占20%，长期债券为3 500万元，占35%，股东权益为4 500万元，占45%。当资本结构不变时，个别资本成本率越高，则综合资本成本率越高；反之，个别资本成本率越低，则综合资本成本率越低。因此，在资本结构一定的条件下，综合资本成本率的高低是由个别资本成本率所决定的。当个别资本成本率不变时，资本结构中成本率较高资本的比例上升，则综合资本成本率提高；反之，成本率较低资本的比例上升，则综合资本成本率降低。因此，在个别资本成本率一定的条件下，综合资本成本率的高低是由各种长期资本比例即资本结构所决定的。

（二）综合资本成本率的测算方法

根据综合资本成本率的决定因素，在已测算个别资本成本率并取得各种长期资本比例后，可按下列公式测算综合资本成本率：

$$K_{\omega}=K_l W_l+K_b W_b+K_p W_p+K_c W_c+K_r W_r \tag{5-3}$$

式中 K_{ω}——综合资本成本率；

K_l——长期借款资本成本率；

W_l——长期借款资本比例；

K_b——债券资本成本率；

W_b——债券资本比例；

K_p——优先股资本成本率；

W_p——优先股资本比例；

K_c——普通股资本成本率；

W_c——普通股资本比例；

K_r——留存收益资本成本率；

W_r——留存收益资本比例。

公式（5-3）可简列如下：

$$K_{\omega}=\sum_{j=1}^{n}K_j W_j$$

式中 K_{ω}——综合资本成本率；

K_j——第 j 种资本成本率；

W_j——第 j 种资本比例，且 $\sum_{j=1}^{n}W_j=1$。

例 5-10

ABC 公司现有长期资本总额为 10 000 万元，其中长期借款为 2 000 万元，长期债券为 3 500 万元，优先股为 1 000 万元，普通股为 3 000 万元，留存收益为 500 万元；各种长期资本成本率分别为 4%、6%、10%、14%和 13%。该公司综合资本成本率可按如下步骤测算：

第一步，计算各种长期资本的比例：

长期借款资本比例$=\frac{2\,000}{10\,000}$=0.20 或 20%

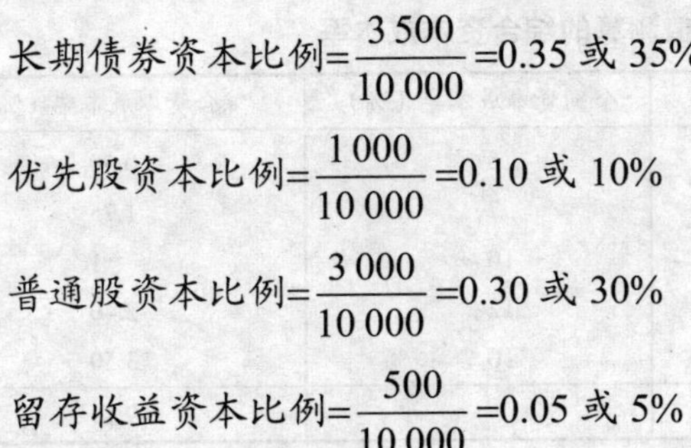

长期债券资本比例$=\dfrac{3\,500}{10\,000}=0.35$ 或 35%

优先股资本比例$=\dfrac{1\,000}{10\,000}=0.10$ 或 10%

普通股资本比例$=\dfrac{3\,000}{10\,000}=0.30$ 或 30%

留存收益资本比例$=\dfrac{500}{10\,000}=0.05$ 或 5%

第二步，测算综合资本成本率：

$$K_{\omega}=4\%\times0.20+6\%\times0.35+10\%\times0.10+14\%\times0.30+13\%\times0.05=8.75\%$$

上列计算过程亦可列表进行，如表 5-1 所示。

表 5-1　综合资本成本率测算表

资 本 种 类	资本价值/万元	资本比例（%）	个别资本成本率（%）	综合资本成本率（%）
长期借款	2 000	20	4	0.80
长期债券	3 500	35	6	2.10
优先股	1 000	10	10	1
普通股	3 000	30	14	4.20
留存收益	500	5	13	0.65
合　　计	10 000	100	–	8.75

（三）综合资本成本率中资本价值基础的选择

在测算企业综合资本成本率时，资本结构或各种资本在全部资本中所占的比例起着决定作用。企业各种资本的比例则取决于各种资本价值的确定。各种资本价值的确定基础主要有三种选择：账面价值、市场价值和目标价值。

1. 按账面价值确定资本比例

企业财务会计所提供的资料主要是以账面价值为基础的。财务会计通过资产负债表可以提供以账面价值为基础的资本结构资料，这也是企业筹资管理的一个依据。使用账面价值确定各种资本比例的优点是易于从资产负债表中取得这些资料，容易计算。其主要缺陷是：资本的账面价值可能不符合市场价值，如果资本的市场价值已经脱离账面价值许多，则采用账面价值作基础确定资本比例就会失去现实客观性，从而不利于综合资本成本率的测算和筹资管理的决策。

例 5-11

XYZ 公司按账面价值确定资本比例，进而测算综合资本成本率如表 5-2 所示。

表 5-2　按资本账面价值测算的综合资本成本率

资 本 种 类	资本账面价值/万元	资本比例（%）	个别资本成本率（%）	综合资本成本率（%）
长期借款	1 000	10	5	0.50
长期债券	2 500	25	7	1.75
优先股	1 000	10	10	1
普通股	2 000	20	12	2.40
留存收益	3 500	35	10	3.50
合　　计	10 000	100	–	9.15

2．按市场价值确定资本比例

按市场价值确定资本比例是指债券和股票等以现行资本市场价格为基础确定其资本比例，从而测算综合资本成本率。

例 5-12

XYZ 公司按市场价值确定资本比例，进而测算综合资本成本率如表 5-3 所示。

表 5-3　按资本市场价值测算的综合资本成本率

资 本 种 类	资本市场价值/万元	资本比例（%）	个别资本成本率（%）	综合资本成本率（%）
长期借款	1 000	7.69	6	0.46
长期债券	2 500	19.23	7	1.35
优先股	1 000	7.69	10	0.77
普通股	5 000	38.46	14	5.38
留存收益	3 500	26.92	13	3.50
合　　计	13 000	100	–	11.46

将表 5-3 与表 5-2 比较，XYZ 公司长期借款的市场价值与账面价值一致，而长期债券、优先股、普通股和留存收益的市场价值均高于账面价值，因此按市场价值确定的资本比例与按账面价值确定的资本比例不同，从而综合资本成本率也受到影响。按市场价值确定资本比例反映了公司现实的资本结构和综合资本成本率水平，有利于筹资管理决策。当然，按市场价值确定资本比例也有不足之处，即证券的市场价格经常处于变动之中而不易选定。为弥补这个不足，在实务中可以采用一定时期证券的平均价格。此外，按账面价值和市场价值确定资本比例，反映的是公司现在和过去的资本结构，未必适用于公司未来的筹资管理决策。

3．按目标价值确定资本比例

按目标价值确定资本比例是指证券和股票等以公司预计的未来目标市场价值确定资本比例，从而测算综合资本成本率。就公司筹资管理决策的角度而言，对综合资本成本率的一个基本要求是，它应适用于公司未来的目标资本结构。

例 5-13

XYZ 公司按目标价值确定资本比例，进而测算综合资本成本率如表 5-4 所示。

表 5-4　按资本目标价值测算的综合资本成本率

资本种类	资本目标价值/万元	资本比例（%）	个别资本成本率（%）	综合资本成本率（%）
长期借款	5 000	25	6	1.50
长期债券	7 000	35	7	2.45
优先股	1 000	5	10	0.50
普通股	4 000	20	14	2.80
留存收益	3 000	15	13	1.95
合　计	20 000	100	–	9.20

一般认为，采用目标价值确定资本比例，能够体现期望的目标资本结构要求。但资本的目标价值难以客观地确定，因此，通常应选择市场价值确定资本比例。在企业筹资实务中，目标价值和市场价值虽然有许多优点，但仍有不少公司更愿意采用账面价值确定资本比例，因其易于使用。

由上可知，在个别资本成本率一定的情况下，企业综合资本成本率的高低是由资本结构所决定的，这是资本结构决策的一个原理。

四、边际资本成本率的测算

1．边际资本成本率的测算原理

边际资本成本率是指企业追加筹资的资本成本率，即企业新增 1 元资本所需负担的成本。在现实中，可能会出现这样一种情况：当企业以某种筹资方式筹资超过一定限度时，边际资本成本率就会提高。此时，即使企业保持原有的资本结构，也仍有可能导致综合资本成本率的上升。因此，边际资本成本率亦称随筹资额增加而提高的综合资本成本率。

企业追加筹资有时可能只采取某一种筹资方式。在筹资数额较大，或在目标资本结构既定的情况下，往往需要通过多种筹资方式的组合来实现。这时，边际资本成本率应该按加权平均法测算，而且其资本比例必须以市场价值确定。

例 5-14

XYZ 公司现有长期资本总额为 10 000 万元，其目标资本结构（比例）为：长期债务为 20%，优先股为 5%，普通股权益（包括普通股和留存收益）为 75%。现拟追加资本 500 万元，仍按此资本结构筹资。经测算，个别资本成本率分别是：长期债务为 7.50%，优先股为 11.80%，普通股权益为 14.80%。该公司追加筹资的边际资本成本率测算如表 5-5 所示。

表 5-5　XYZ 公司追加筹资的边际资本成本率测算表

资本种类	目标资本比例（%）	资本价值/万元	个别资本成本率（%）	边际资本成本率（%）
长期债务	20	100	7.50	1.50
优先股	5	25	11.80	0.59
普通股权益	75	375	14.80	11.10
合　计	100	500	–	13.19

2．边际资本成本率规划

企业在追加筹资中，为了便于比较选择不同规模范围的筹资组合，可以预先测算边际资本成本率，并以表或图的形式反映。

下面举例说明建立边际资本成本率规划的过程与方法。

例 5-15

ABC 公司目前拥有长期资本 1 000 万元，其中，长期债务为 200 万元，优先股为 50 万元，普通股权益（含留存收益）为 750 万元。为了适应追加投资的需要，公司准备筹措新资。试测算建立追加筹资的边际资本成本率规划。可按下列步骤进行：

第一步，确定目标资本结构。财务人员经分析测算后认为，ABC 公司目前的资本结构处于目标资本结构范围，在今后增资时应予保持，即长期债务为 20%，优先股为 5%，普通股权益为 75%。

第二步，测算各种资本的成本率。财务人员分析了资本市场状况和公司的筹资能力，认定随着公司筹资规模的扩大，各种资本的成本率也会发生变动，测算结果如表 5-6 所示

表 5-6 ABC 公司追加筹资测算资料表

资本种类	目标资本结构（%） ①	追加筹资数额范围/元 ②	个别资本成本率（%） ③
长期债券	20	10 000 以下 10 000 ~ 40 000 40 000 以上	6 7 8
优先股	5	2 500 以下 2 500 以上	10 12
普通股权益	75	22 500 以下 22 500 ~ 75 000 75 000 以上	14 15 16

第三步，测算筹资总额分界点。根据公司目标资本结构和各种资本的成本率变动的分界点，测算公司筹资总额分界点。其测算公式为：

$$BP_j = \frac{TF_j}{W_j}$$

式中 BP_j——筹资总额分界点；

TF_j——第 j 种资本的成本率分界点；

W_j——目标资本结构中第 j 种资本的比例。

ABC 公司筹资总额范围的测算结果如表 5-7 所示。

表 5-7 ABC 公司筹资总额分界点测算表

资本种类	个别资本成本率（%）	各种资本筹资范围/元	筹资总额分界点/元	筹资总额范围/元
长期债务	6 7 8	10 000 以下 10 000 ~ 40 000 40 000 以上	$\frac{10\,000}{0.20}=50\,000$ $\frac{40\,000}{0.20}=200\,000$	50 000 以下 50 000 ~ 200 000 200 000 以上
优先股	10 12	2 500 以下 2 500 以上	$\frac{2\,500}{0.05}=50\,000$	50 000 以下 50 000 以上
普通股权益	14 15 16	22 500 以下 22 500 ~ 75 000 75 000 以上	$\frac{22\,500}{0.75}=30\,000$ $\frac{75\,000}{0.75}=100\,000$	30 000 以下 30 000 ~ 100 000 100 000 以上

表 5-7 显示了特定种类资本成本率变动的分界点。例如，长期债务在 10 000 元以内时，其资本成本率为 6%，而在目标资本结构中，债务资本的比例为 20%。这表明当债务资本成本率由 6%上升到 7%之前，企业可筹资 50 000 元；当筹资总额多于 50 000 元时，债务资本成本率就要上升到 7%。

第四步，测算边际资本成本率。根据上一步骤测算出的筹资分界点，可以得出下列五个新的筹资总额范围：①30 000 元以下。②30 000 元～50 000 元。③50 000 元～100 000 元。④100 000 元～200 000 元。⑤200 000 元以上。对这五个筹资总额范围分别测算其加权平均资本成本率，即可得到各种筹资总额范围的边际资本成本率，如表 5-8 所示。

表 5-8 边际资本成本率规划表

序 号	筹资总额范围/元	资 本 种 类	目标资本结构（%）	个别资本成本率（%）	边际资本成本率（%）
1	30 000 以内	长期债务	20	6	1.20
		优先股	5	10	0.50
		普通股权益	75	14	10.50
第一个筹资总额范围的边际资本成本率=12.20%					
2	30 000 ~ 50 000	长期债务	20	6	1.20
		优先股	5	10	0.50
		普通股权益	75	15	11.25
第二个筹资总额范围的边际资本成本率=12.95%					
3	50 000 ~ 100 000	长期债务	20	7	1.40
		优先股	5	12	0.60
		普通股权益	75	15	11.25
第三个筹资总额范围的边际资本成本率=13.25%					
4	100 000 ~ 200 000	长期债务	20	7	1.40
		优先股	5	12	0.60
		普通股权益	75	16	12.00
第四个筹资总额范围的边际资本成本率=14%					
5	200 000 以上	长期债务	20	8	1.60
		优先股	5	12	0.60
		普通股权益	75	16	12.00
第五个筹资总额范围的边际资本成本率=14.20%					

第二节 杠杆利益与风险

杠杆利益与风险是企业资本结构决策的一个基本因素。企业的资本结构决策应当在杠杆利益与风险之间进行权衡。本节将分析并衡量营业杠杆利益与风险、财务杠杆利益与风险以及这两种杠杆利益与风险的综合——联合杠杆利益与风险。

一、营业杠杆利益与风险

（一）营业杠杆原理

1．营业杠杆的概念

营业杠杆亦称经营杠杆或营运杠杆，是指企业在经营活动中对营业成本中固定成本的利用。企业营业成本按其与营业总额的依存关系可分为变动成本和固定成本两部分。其中，变动成本是指随着营业总额的变动而变动的成本；固定成本是指在一定的营业规模内，其总额不受营业总额变动的影响而保持相对固定不变的成本。企业可以通过扩大营业总额而降低单位营业额的固定成本，从而增加企业的营业利润，如此就形成企业的营业杠杆。企业利用营业杠杆，有时可以获得一定的营业杠杆利益，有时也承受着相应的营业风险即遭受损失。可见，营业杠杆是一把“双刃剑”。

2．营业杠杆利益分析

营业杠杆利益是指在企业扩大营业总额的条件下，单位营业额的固定成本下降而给企业增加的营业利润。在企业一定的营业规模下，变动成本随着营业总额的增加而增加，固定成本则不因营业总额的增加而增加，而是保持固定不变。随着营业额的增加，单位营业额所负担的固定成本会相对减少，从而给企业带来额外的利润。

例 5-16

XYZ 公司的营业总额为 2 500 万～3 000 万元，固定成本总额为 800 万元，变动成本率为 60%。公司 2007～2009 年的营业总额分别为 2 500 万元、2 650 万元和 3 000 万元。现以表 5-9 测算其营业杠杆利益。

表 5-9 XYZ 公司营业杠杆利益测算表

（单位：万元）

年份	营业总额	营业总额增长率（%）	变动成本	固定成本	营业利润	息税前利润增长率（%）
2007	2 500		1 500	800	200	
2008	2 650	6	1 590	800	260	30
2009	3 000	13.21	1 800	800	400	53.85

由表 5-9 可见，XYZ 公司在营业总额为 2 400 万元～3 000 万元的范围内，固定成本总额每年都是 800 万元，即保持不变，随着营业总额的增长，息税前利润以更快的速度增长。在例 5-16 中，XYZ 公司 2008 年与 2007 年相比，营业总额的增长率为 6%，同期息税前利润的增长率为 30%；2009 年与 2008 年相比，营业总额的增长率为 13.21%，同期息税前利润的增长率为 53.85%。由此可知，由于 XYZ 公司有效地利用了营业杠杆，获得了较高的营业杠杆利益，即息税前利润的增长幅度高于营业总额的增长幅度。

下面再对拥有不同营业杠杆的三家公司进行分析比较。其中，A 公司的固定成本大于变动成本，B 公司的变动成本大于固定成本，C 公司的固定成本是 A 公司的 2 倍。现以表 5-10 测算 A、B、C 三家公司的营业杠杆利益。

表 5-10 A、B、C 公司营业杠杆利益测算表

（单位：万元）

营业总额变动前	A 公司	B 公司	C 公司
营业总额	10 000	12 000	20 500
营业成本：			
固定成本	7 000	2 000	14 000
变动成本	2 000	7 000	3 000
营业利润	1 000	3 000	3 500
下年度营业总额增长 50%后	A 公司	B 公司	C 公司
营业总额	15 000	18 000	30 750
营业成本：			
固定成本	7 000	2 000	14 000
变动成本	3 000	10 000	4 500
营业利润	5 000	6 000	12 250
营业利润增长率（%）	400	100	250

由表 5-10 可见，尽管下年度营业总额的增长率相同，都是 50%，但由于 A、B、C 三家公司的具体情况不同，尤其是营业杠杆即固定成本比例的大小不同，营业利润的增长率不相等，其中 A 公司最高为 400%，C 公司次之为 250%，B 公司最低为 100%。由此可见，营业杠杆对营业利润有很大的影响作用。

3. 营业风险分析

营业风险亦称经营风险，是指与企业经营有关的风险，尤其是指企业在经营活动中利用营业杠杆而导致营业利润下降的风险。由于营业杠杆的作用，当营业总额下降时，营业利润下降得更快，从而给企业带来营业风险。

例 5-17

假定 XYZ 公司 2007～2009 年的营业总额分别为 3 000 万元、2 700 万元和 2 500 万元，每年的固定成本都是 800 万元，变动成本率为 60%。下面以表 5-11 测算其营业风险。

表 5-11 XYZ 公司营业风险测算表

（单位：万元）

年 份	营业总额	营业总额增长率（%）	变动成本	固定成本	营业利润	息税前利润增长率（%）
2007	3 000		1 800	800	400	
2008	2 700	−10	1 620	800	280	−30
2009	2 500	−7.41	1 500	800	200	−28.57

由表 5-11 的测算可见，XYZ 公司在营业总额为 2 400 万元～3 000 万元的范围内，固定成本总额每年都是 800 万元，即保持不变，而随着营业总额的下降，息税前利润以更快的速度下降。例如，XYZ 公司 2008 年与 2007 年相比，营业总额的降低率为 10%，同期息税前利润的降低率为 30%；2009 年与 2008 年相比，营业总额的降低率为 7.41%，同期息税前利润的降低率为 28.57%。由此可知，由于 XYZ 公司没有有效地利用营业杠杆，从而导致了营业风险，即息税前利润的降低幅度高于营业总额的降低幅度。

（二）营业杠杆系数的测算

营业杠杆系数是指企业营业利润的变动率相当于营业额变动率的倍数。它反映着营业杠杆的作用程度。为了反映营业杠杆的作用程度，估计营业杠杆利益的大小，评价营业风险的高低，需要测算营业杠杆系数。其测算公式为：

$$DOL = \frac{\Delta EBIT / EBIT}{\Delta S / S} \tag{5-4}$$

式中 DOL——营业杠杆系数；

EBIT——营业利润，即息税前利润；

ΔEBIT——营业利润的变动额；

S——营业额；

ΔS——营业额的变动额。

为了便于计算，可将公式（5-4）变换如下：

$$因为 EBIT = Q(P-V) - F$$

$$\Delta EBIT = \Delta Q(P-V)$$

$$所以 DOL_Q = \frac{Q(P-V)}{Q(P-V)-F}$$

或

$$DOL_S = \frac{S-C}{S-C-F}$$

式中 DOL_Q——按销售数量确定的营业杠杆系数；

Q——销售数量；

P——销售单价；

V——单位销量的变动成本额；

ΔQ——销售数量的变动额；

F——固定成本总额；

DOL_S——按销售金额确定的营业杠杆系数；

C——变动成本总额，可按变动成本率乘以销售总额来确定。

例 5-18

XYZ 公司的产品销量为 50 000 件，单位产品售价为 1 000 元，销售总额为 5 000 万元，固定成本总额为 800 万元，单位产品变动成本为 600 元，变动成本率为 60%，变动成本总额为 3 000 万元。其营业杠杆系数测算如下：

$$DOL_Q = \frac{50\,000 \times (1\,000-600)}{50\,000 \times (1\,000-600) - 8\,000\,000} = 1.67(倍)$$

$$DOL_S = \frac{50\,000\,000 - 30\,000\,000}{50\,000\,000 - 30\,000\,000 - 8\,000\,000} = 1.67(倍)$$

在例 5-18 中营业杠杆系数为 1.67 倍的意义在于：当企业销售收入增长 1%时，息税前利润将增长 1.67%；反之，当企业销售收入下降 1%时，息税前利润将下降 1.67%。前一种

情形表现为营业杠杆利益，后一种情形则表现为营业风险。一般而言，企业的营业杠杆系数越大，营业杠杆利益和营业风险就越高；企业的营业杠杆系数越小，营业杠杆利益和营业风险就越低。

（三）影响营业杠杆利益与风险的其他因素

影响企业营业杠杆系数，或者说影响企业营业杠杆利益和营业风险的因素，除了固定成本以外，还有其他许多因素，主要有：

（1）产品供求的变动。产品供求关系的变动，使产品的售价和变动成本都可能发生变动，从而对营业杠杆系数产生影响。

（2）产品售价的变动。在其他因素不变的条件下，产品售价的变动将会影响营业杠杆系数。假如在例 5-18 中，产品销售单价由 1 000 元升为 1 100 元，其他条件不变，则营业杠杆系数会变为：

$$\mathrm{DOL}_Q=\frac{50\,000\times(1100-600)}{50\,000\times(1100-600)-8\,000\,000}=1.47(\text{倍})$$

（3）单位产品变动成本的变动。在其他因素不变的条件下，单位产品变动成本额或变动成本率的变动亦会影响营业杠杆系数。假如在例 5-18 中，变动成本率由 60%升至 65%，其他条件不变，则营业杠杆系数会变为：

$$\mathrm{DOL}_S=\frac{50\,000\,000-32\,500\,000}{50\,000\,000-32\,500\,000-8\,000\,000}=1.84(\text{倍})$$

（4）固定成本总额的变动。在一定的产销规模内，固定成本总额相对保持不变。如果产销规模超出了一定的限度，则固定成本总额也会发生一定的变动。假如在例 5-18 中，产品销售总额由 5 000 万元增至 6 000 万元，同时固定成本总额由 800 万元增至 950 万元，变动成本率仍为 60%。这时，XYZ 公司的营业杠杆系数变为：

$$\mathrm{DOL}_S=\frac{6\,000-3\,600}{6\,000-3\,600-950}=1.66(\text{倍})$$

在上列因素发生变动的情况下，营业杠杆系数一般也会发生变动，从而产生不同程度的营业杠杆利益和营业风险。由于营业杠杆系数影响着企业的息税前利润，从而也就制约着企业的筹资能力和资本结构。因此，营业杠杆系数是资本结构决策的一个重要因素。

二、财务杠杆利益与风险

（一）财务杠杆原理

1. 财务杠杆的概念

财务杠杆亦称筹资杠杆，是指企业在筹资活动中对资本成本固定的债权资本的利用。企业的全部长期资本是由股权资本和债权资本构成的。股权资本成本是变动的，在企业税后利润中支付；而债权资本成本通常是固定的，并在企业所得税前扣除。不管企业的息税前利润多少，首先都要扣除利息等债权资本成本，然后才归属于股权资本。因此，企业利用财务杠杆会对股权资本的收益产生一定的影响，有时可能给股权资本的所有者带来额外的收益即财务杠杆利益，有时可能造成一定的损失即遭受财务风险。

2. 财务杠杆利益分析

财务杠杆利益亦称融资杠杆利益，是指企业利用债务筹资这个财务杠杆而给股权资本带来的额外收益。在企业资本规模和资本结构一定的条件下，企业从息税前利润中支付的债务利息是相对固定的，当息税前利润增多时，每1元息税前利润所负担的债务利息会相应降低，扣除企业所得税后可分配给企业股权资本所有者的利润就会增加，从而给企业所有者带来额外的收益。

例 5-19

XYZ 公司 2007～2009 年的息税前利润分别为 180 万元、240 万元和 400 万元，每年的债务利息为 150 万元，公司所得税税率为 25%。该公司财务杠杆利益的测算如表 5-12 所示。

表 5-12 XYZ 公司财务杠杆利益测算表

（单位：万元）

年　份	息税前利润	息税前利润增长率	债务利息	所得税	税后利润	税后利润增长率
2007	180		150	7.50	22.50	
2008	240	33%	150	22.50	67.50	200%
2009	400	67%	150	62.50	187.50	178%

由表 5-12 可见，在资本结构一定、债务利息保持固定不变的条件下，随着息税前利润的增长，税后利润以更快的速度增长，从而使企业所有者获得财务杠杆利益。在例 5-19 中，XYZ 公司 2008 年与 2007 年相比，息税前利润的增长率为 33%，同期税后利润的增长率达 200%；2009 年与 2008 年相比，息税前利润的增长率为 67%，同期税后利润的增长率为 178%。

由此可知，由于 XYZ 公司有效地利用了财务杠杆，从而给企业股权资本所有者带来了额外的利益，即税后利润的增长幅度高于息税前利润的增长幅度。

3. 财务风险分析

财务风险亦称筹资风险，是指企业在经营活动中与筹资有关的风险，尤其是指在筹资活动中利用财务杠杆可能导致企业股权资本所有者收益下降的风险，甚至可能导致企业破产的风险。由于财务杠杆的作用，当息税前利润下降时，税后利润下降得更快，从而给企业股权资本所有者造成财务风险。

例 5-20

假定 XYZ 公司 2007～2009 年的息税前利润分别为 400 万元、240 万元和 180 万元，每年的债务利息都是 150 万元，公司所得税税率为 25%。该公司的财务风险测算如表 5-13 所示。

表 5-13 XYZ 公司财务风险测算表

（单位：万元）

年 份	息税前利润	息税前利润增长率	债务利息	所得税	税后利润	税后利润增长率
2007	400		150	62.50	187.50	
2008	240	−40%	150	22.50	67.50	−64%
2009	180	−25%	150	7.50	22.50	−67%

由表 5-13 可见，XYZ 公司 2007～2009 年每年的债务利息均为 150 万元，保持不变，但随着息税前利润的下降，税后利润以更快的速度下降。例如，XYZ 公司 2008 年与 2007 年相比，息税前利润的降低率为 40%，同期税后利润的降低率为 64%；2009 年与 2008 年相比，息税前利润的降低率为 25%，同期税后利润的降低率为 67%。由此可知，由于 XYZ 公司没有有效地利用财务杠杆，从而导致了财务风险，即税后利润的降低幅度高于息税前利润的降低幅度。

（二）财务杠杆系数的测算

财务杠杆系数是指企业税后利润的变动率相当于息税前利润变动率的倍数。它反映着财务杠杆的作用程度。对股份有限公司而言，财务杠杆系数则表现为普通股每股税后利润变动率相当于息税前利润变动率的倍数。为了反映财务杠杆的作用程度，估计财务杠杆利益的大小，评价财务风险的高低，需要测算财务杠杆系数。其测算公式是：

$$DFL=\frac{\Delta EAT/EAT}{\Delta EBIT/EBIT} \tag{5-5}$$

或

$$DFL=\frac{\Delta EPS/EPS}{\Delta EBIT/EBIT} \tag{5-6}$$

式中 DFL——财务杠杆系数；

ΔEAT——税后利润变动额；

EAT——税后利润额；

ΔEBIT——息税前利润变动额；

EBIT——息税前利润额；

ΔEPS——普通股每股税后利润变动额；

EPS——普通股每股税后利润额。

为了便于计算，可将公式（5-5）和公式（5-6）变换如下：

因为

$$EPS=\frac{(EBIT-I)(1-T)}{N}$$

$$\Delta EPS=\Delta EBIT\frac{(1-T)}{N}$$

所以

$$DFL=\frac{EBIT}{EBIT-I}$$

式中 I——债务年利息额；

T——公司所得税税率；

N——流通在外普通股股数。

例 5-21

ABC 公司全部长期资本为 7 500 万元，债权资本比例为 40%，债务年利率为 8%。在息税前利润为 800 万元时，税后利润为 294.80 万元。其财务杠杆系数测算如下：

$$DFL=\frac{800}{800-7\,500\times40\%\times8\%}=1.43(倍)$$

例 5-21 中财务杠杆系数为 1.43 倍说明：当息税前利润增长 1%时，普通股每股税后利润将增长 1.43%；反之，当息税前利润下降 1%时，普通股每股利润将下降 1.43%。前一种情形表现为财务杠杆利益，后一种情形则表现为财务风险。一般而言，财务杠杆系数越大，企业的财务杠杆利益和财务风险就越高；财务杠杆系数越小，企业的财务杠杆利益和财务风险就越低。

（三）影响财务杠杆利益与风险的其他因素

影响企业财务杠杆系数，或者说影响企业财务杠杆利益和财务风险的因素，除了债权资本固定利息以外，还有其他许多因素，主要有：

（1）资本规模的变动。在其他因素不变的情况下，如果资本规模发生了变动，则财务杠杆系数也将随之变动。例如，在例 5-21 中，假如资本规模为 7 000 万元，其他因素保持不变，则财务杠杆系数变为：

$$DFL=\frac{800}{800-7\,000\times40\%\times8\%}=1.39(倍)$$

（2）资本结构的变动。一般而言，在其他因素不变的条件下，资本结构发生变动，或者说债权资本比例发生变动，财务杠杆系数也会随之变动。例如，在例 5-21 中，假如债权资本比例变为 50%，其他因素保持不变，则财务杠杆系数变为：

$$DFL=\frac{800}{800-7\,500\times50\%\times8\%}=1.60（倍）$$

（3）债务利率的变动。在债务利率发生变动的情况下，即使其他因素不变，财务杠杆系数也会发生变动。假如在例 5-21 中其他因素不变，只有债务利率发生了变动，由 8%降至 6%，则财务杠杆系数变动为：

$$DFL=\frac{800}{800-7\,500\times40\%\times6\%}=1.29(倍)$$

（4）息税前利润的变动。息税前利润的变动通常也会影响财务杠杆系数。假如例 5-21 的息税前利润由 800 万元增至 900 万元，在其他因素不变的情况下，财务杠杆系数则变为：

$$DFL=\frac{900}{900-7\,500\times40\%\times8\%}=1.36(倍)$$

在上列因素发生变动的情况下，财务杠杆系数一般也会发生变动，从而产生不同程度的财务杠杆利益和财务风险。因此，财务杠杆系数是资本结构决策的一个重要因素。

三、联合杠杆利益与风险

1．联合杠杆原理

联合杠杆亦称总杠杆，是指营业杠杆和财务杠杆的综合。营业杠杆是利用企业经营成本中固定成本的作用而影响息税前利润，财务杠杆是利用企业资本成本中债权资本固定利息的作用而影响税后利润或普通股每股税后利润。营业杠杆和财务杠杆两者最终都影响到企业税后利润或普通股每股税后利润。因此，联合杠杆综合了营业杠杆和财务杠杆的共同影响作用。一个企业若同时利用营业杠杆和财务杠杆，这种影响作用会更大。

2．联合杠杆系数的测算

对于营业杠杆和财务杠杆的综合程度的大小，可以用联合杠杆系数来反映。联合杠杆系数亦称总杠杆系数，是指普通股每股税后利润变动率相当于营业总额（营业总量）变动率的倍数。它是营业杠杆系数与财务杠杆系数的乘积。用公式表示如下：

$$\text{DCL（或DTL）} = \text{DOL} \cdot \text{DFL}$$

$$= \frac{\Delta \text{EPS}/\text{EPS}}{\Delta Q/Q}$$

或

$$= \frac{\Delta \text{EPS}/\text{EPS}}{\Delta S/S}$$

式中　DCL（或 DTL）——联合杠杆系数。

例 5-22

ABC 公司的营业杠杆系数为 2 倍，同时财务杠杆系数为 1.80 倍。该公司的联合杠杆系数测算为：

$$\text{DCL}=2\times1.80=3.60\text{（倍）}$$

在例 5-22 中，联合杠杆系数为 3.60 倍表示：当公司营业总额或营业总量增长 1%时，普通股每股税后利润将增长 3.60%，具体反映公司的联合杠杆利益；反之，当公司营业总额或营业总量下降 1%时，普通股每股税后利润将下降 3.60%，具体反映公司的联合杠杆风险。

第三节　资本结构理论与资本结构决策

一、资本结构理论

资本结构理论是关于公司资本结构（或简化为债权资本比例）、公司综合资本成本率与公司价值三者之间关系的理论。它是公司财务理论的重要内容，也是资本结构决策的重要理论基础。从资本结构理论的发展来看，主要有早期资本结构理论、MM 资本结构理论和新的资本结构理论。

（一）早期资本结构理论

早期资本结构理论主要有以下三种观点：

1. **净收益观点**

这种观点认为，在公司的资本结构中，债权资本的比例越高，公司的净收益或税后利润就越多，从而公司的价值就越高。按照这种观点，公司获取资本的来源和数量不受限制，并且债权资本成本率和股权资本成本率都是固定不变的，不受财务杠杆的影响。由于债权的投资报酬率固定，债权人有优先求偿权，所以债权投资风险低于股权投资风险，债权资本成本率一般低于股权资本成本率。因此，公司的债权资本越多，债权资本比例越高，综合资本成本率就越低，从而公司的价值就越大，如图 5-1 所示。

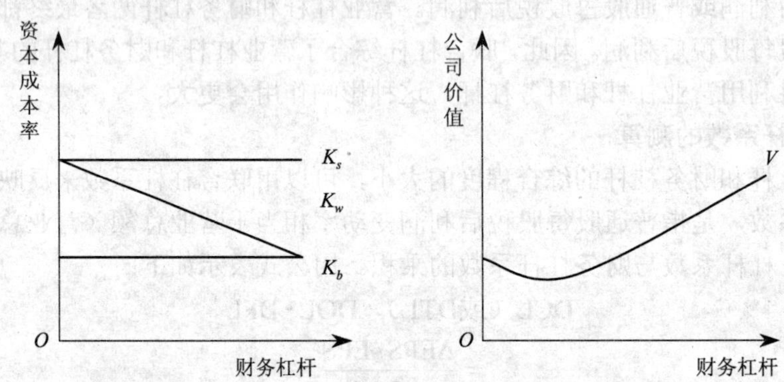

图 5-1　净收益观点下的资本结构与资本成本率和公司价值的关系

K_s—权益资本成本　K_w—加权平均资本成本　K_b—债权资本成本　V—企业总价值

这是一种极端的资本结构理论观点。这种观点虽然考虑到财务杠杆利益，但却忽略了财务风险。很明显，如果公司的债权资本过多，债权资本比例过高，财务风险就会很高，公司的综合资本成本率就会上升，公司的价值反而会下降。

2. **净营业收益观点**

这种观点认为，在公司的资本结构中，债权资本的多寡、比例的高低，与公司的价值没有关系。按照这种观点，公司的债权资本成本率是固定的，但股权资本成本率是变动的，公司的债权资本越多，公司的财务风险就越大，股权资本成本率就越高；反之，公司的债权资本越少，公司的财务风险就越小，股权资本成本率就越低。经加权平均计算后，公司的综合资本成本率不变，是一个常数。因此，资本结构与公司价值无关。从而，决定公司价值的真正因素，应该是公司的净营业收益，如图 5-2 所示。

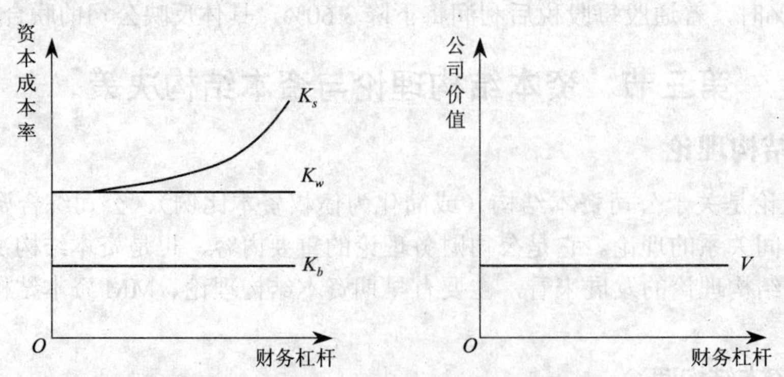

图 5-2　净营业收益观点下的资本结构与资本成本率和公司价值的关系

这是另一种极端的资本结构理论观点。这种观点虽然认识到债权资本比例的变动会产生公司财务风险，也可能影响公司的股权资本成本率，但实际上公司的综合资本成本率不可能是一个常数。公司净营业收益的确会影响公司价值，但公司价值也不仅仅取决于公司净营业收益的多少。

3．传统观点

关于早期资本结构理论观点，除了上述两种极端的观点以外，还有一种介于这两种极端观点之间的折中观点，称之为传统观点。按照这种观点，增加债权资本对提高公司价值是有利的，但债权资本规模必须适度。如果公司负债过度，则综合资本成本率会升高，并使公司价值下降。

上述早期资本结构理论是对资本结构理论的一些初级认识，有其片面性和缺陷，还没有形成系统的资本结构理论。

（二）MM 资本结构理论

1．MM 资本结构理论的基本观点

MM 资本结构理论是莫迪格莱尼和米勒两位财务学者所开创的资本结构理论的简称。1958 年，美国的莫迪格莱尼和米勒两位教授合作发表了《资本成本、公司价值与投资理论》一文。该文深入探讨了公司资本结构与公司价值的关系，创立了 MM 资本结构理论，并开创了现代资本结构理论的研究，这两位作者也因此荣获诺贝尔经济学奖。自 MM 资本结构理论创立以来，迄今为止几乎所有的资本结构理论研究都是围绕它进行的。

MM 资本结构理论的基本结论可以简要地归纳为：在符合该理论的假设之下，公司的价值与其资本结构无关。公司的价值取决于其实际资产，而不是其各类债权和股权的市场价值。

MM 资本结构理论的假设主要有如下九项：①公司在无税收的环境中经营。②公司营业风险的高低由息税前利润标准差来衡量，公司营业风险决定其风险等级。③投资者对所有公司未来盈利及风险的预期相同。④投资者不支付证券交易成本，所有债务利率相同。⑤公司为零增长公司，即年平均盈利额不变。⑥个人和公司均可发行无风险债券，并有无风险利率。⑦公司无破产成本。⑧公司的股利分配政策与公司价值无关，公司发行新债时不会影响已有债权的市场价值。⑨存在高度完善和均衡的资本市场。这意味着资本可以自由流通，充分竞争，预期报酬率相同的证券价格相同，有充分信息，利率一致。

MM 资本结构理论在上述假定之下得出如下两个重要命题：

命题 I：命题 I 的内容是，无论公司有无债权资本，其价值（普通股资本与长期债权资本的市场价值之和）都等于公司所有资产的预期收益额按适合该公司风险等级的必要报酬率予以折现。其中，公司资产的预期收益额相当于公司扣除利息、税收之前的预期盈利，即息税前利润；与公司风险等级相适应的必要报酬率相当于公司的综合资本成本率。因此，命题 I 的基本含义是：第一，公司的价值不会受资本结构的影响；第二，有债务公司的综合资本成本率等同于与它风险等级相同但无债务公司的股权资本成本率；第三，公司的股权资本成本率或综合资本成本率视公司的营业风险而定。

命题 II：命题 II 的基本含义是，利用财务杠杆的公司，其股权资本成本率随筹资额的增加而提高。因此，公司的市场价值不会随债权资本比例的上升而增加，因为便宜的债务给公司带来的财务杠杆利益会被股权资本成本率的上升而抵销，最后使有债务公司的综合资本成本率等于无债务公司的综合资本成本率，所以公司的价值与其资本结构无关。

上述 MM 资本结构理论是在一系列假设的前提下得出的。在企业的筹资实务中，几乎没有哪一家公司不关注资本结构。因此，MM 资本结构理论还需要发展。

2．MM 资本结构理论的修正观点

莫迪格莱尼和米勒于 1963 年合作发表了另一篇论文——《公司所得税与资本成本：一项修正》。该文取消了公司无所得税的假设，认为若考虑公司所得税的因素，则公司的价值会随财务杠杆系数的提高而增加，从而得出公司资本结构与公司价值相关的结论。修正的 MM 资本结构理论同样提出了两个命题。

命题 I——MM 资本结构理论的公司所得税观点：有债务公司的价值等于有相同风险但无债务公司的价值加上债务的税上利益。

根据该命题，当公司举债后，债务利息可以计入财务费用，形成节税利益，由此可以增加公司的净收益，从而提高公司的价值。随着公司债权比例的提高，公司的价值也会提高。

有债务公司的股权资本成本率等于无债务公司的股权资本成本率加上风险报酬率，风险报酬率的高低则视公司的债权比例和所得税税率而定。随着公司债权比例的提高，公司的综合资本成本率会越低，公司的价值会越高。

按照修正的 MM 资本结构理论，公司的资本结构与公司的价值不是无关，而是大大相关，并且公司债权比例与公司价值成正相关关系。这个结论与早期资本结构理论的净收益观点是一致的。

命题 II——MM 资本结构理论的权衡理论观点：随着公司债权比例的提高，公司的风险也会上升，因而公司陷入财务危机甚至破产的可能性也就越大，由此会增加公司的额外成本，降低公司的价值。因此，公司最佳的资本结构应当是节税利益和债权资本比例上升而带来的财务危机成本与破产成本之间的平衡点。

财务危机是指公司对债权人的承诺不能兑现，或者难以兑现。财务危机在某些情况下会导致公司破产，因此公司的价值应当扣除财务危机成本的现值。财务危机成本取决于公司危机发生的概率和危机的严重程度。根据公司破产发生的可能性，财务危机成本可分为有破产成本的财务危机成本和无破产成本的财务危机成本。

当公司债务的面值总额大于其市场价值时，公司会面临破产。这时，公司的财务危机成本是有破产成本的财务危机成本。公司的破产成本又有直接破产成本和间接破产成本两种。直接破产成本包括支付律师、注册会计师和资产评估师等的费用。这些费用实际上是由债权人所承担的，即从债权人的利息收入中扣除。因此，债权人必然要求与公司破产风险相应的较高报酬率，公司的债务价值和公司的总价值也因此降低。公司的间接破产成本包括公司破产清算损失以及公司破产后重组而增加的管理成本。公司的破产成本增加了公司的额外成本，从而会降低公司的价值。

当公司发生财务危机但还不至于破产时，也同样存在着财务危机成本并影响公司的价值。这时的财务危机成本是无破产成本的财务危机成本。这种财务危机成本对公司价值的影响是通过股东为保护其利益，在投资决策时以股票价值最大化目标代替公司价值最大化目标而形成的。而当公司的经营者按此作出决策并予以执行时，会使公司的节税利益下降并降低公司价值。因此，由于债务带来的公司财务危机成本抑制了公司通过无限举债而增加公司价

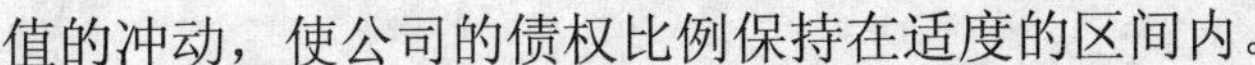

值的冲动，使公司的债权比例保持在适度的区间内。

（三）新的资本结构理论

19 世纪七八十年代后又出现了一些新的资本结构理论，主要有代理成本理论、信号传递理论和啄食顺序理论等。

1. 代理成本理论

代理成本理论是经过研究代理成本与资本结构的关系而形成的。这种理论通过分析指出，公司债务的违约风险是财务杠杆系数的增函数；随着公司债权资本的增加，债权人的监督成本随之提升，债权人会要求更高的利率。这种代理成本最终要由股东承担，公司资本结构中债权比例过高会导致股东价值的减低。根据代理成本理论，债权资本适度的资本结构会增加股东的价值。

上述资本结构的代理成本理论仅限于债务的代理成本。除此之外，还有一些代理成本涉及公司的雇员、消费者等，在资本结构的决策中也应予以考虑。

2. 信号传递理论

信号传递理论认为，公司可以通过调整资本结构来传递有关获利能力和风险方面的信息，以及公司如何看待股票市价的信息。

按照资本结构的信号传递理论，公司价值被低估时，公司会增加债权资本；反之，公司价值被高估时，公司会增加股权资本。当然，公司的筹资选择并非完全如此。例如，公司有时可能并不希望通过筹资行为告知公众公司的价值被高估的信息，而是模仿被低估价值的公司去增加债权资本。

3. 啄食顺序理论

资本结构的啄食顺序理论认为，公司倾向于首先采用内部筹资，如留存收益，因为采用内部筹资不会传导任何可能对股价不利的信息；如果需要外部筹资，公司将先选择债权筹资，再选择其他外部股权筹资，这种筹资顺序的选择也不会传递对公司股价产生不利影响的信息。

按照啄食顺序理论，不存在明显的目标资本结构，因为虽然留存收益和增发新股均属股权筹资，但前者最先选用，后者最后选用。获利能力较强的公司之所以安排较低的债务比率，并不是由于已确立较低的目标债务比率，而是由于不需要外部筹资；获利能力较差的公司选用债权筹资是由于没有足够的留存收益，而且在外部筹资选择中债权筹资为首选。

二、资本结构决策

（一）资本结构的意义

1. 资本结构的概念

资本结构是指企业各种资本的价值构成及其比例关系。在企业筹资管理活动中，资本结构有广义和狭义之分。广义的资本结构是指企业全部资本价值的构成及其比例关系。它不仅包括长期资本，还包括短期资本，主要是短期债权资本。狭义的资本结构是指企业各种长期资本价值的构成及其比例关系，尤其是指长期的股权资本与债权资本的构成及其比例关系。在狭义资本结构下，短期债权资本作为营运资本来管理。

2．资本结构的种类

资本结构可以从不同角度来认识，于是形成了各种资本结构种类，主要有资本的属性结构和资本的期限结构两种。

（1）资本的属性结构。资本的属性结构是指企业不同属性资本的价值构成及其比例关系。企业全部资本就属性而言，通常分为两大类：一类是股权资本，另一类是债权资本。这两类资本构成的资本结构就是该企业资本的属性结构。例如，ABC 公司的资本总额为 10 000 万元，其中银行借款和应付债券属于债权资本，两者合计 5 000 万元，比例为 50%；普通股和留存收益属于股权资本，两者合计 5 000 万元，比例为 50%。债权资本和股权资本各为 5 000 万元或各占 50%，或者债权资本与股权资本之比为 1:1。这就是 ABC 公司资本的属性结构的不同表达。企业同时由债权资本和股权资本构成的资本属性结构，有时又称“搭配资本结构”或“杠杆资本结构”，其搭配比例或杠杆比例通常用债权资本的比例来表示。

（2）资本的期限结构。资本的期限结构是指不同期限资本的价值构成及其比例关系。一个企业的全部资本就期限而言，一般可以分为两类：一类是长期资本，另一类是短期资本。这两类资本构成的资本结构就是资本的期限结构。在上例中，ABC 公司的银行借款 2 000 万元中有 1 000 万元是短期借款，1 000 万元是长期借款，应付债券、普通股和留存收益都是长期资本，因此该公司短期资本为 1 000 万元，长期资本为 9 000 万元，或长期资本占 90%，短期资本占 10%，或者长期资本与短期资本之比为 9:1。这就是 ABC 公司资本期限结构的不同表达。

（3）资本结构的价值基础。对于上述资本结构，尚未具体指明资本的价值计量基础。本书在本章第一节介绍综合资本成本率时曾说明资本价值的计量基础有账面价值、市场价值和目标价值。一个企业的资本分别按这三种价值计量基础来计量和表达资本结构，就形成由三种不同价值计量基础反映的资本结构，即资本的账面价值结构、资本的市场价值结构和资本的目标价值结构。

1）资本的账面价值结构是指企业资本按历史账面价值计量反映的资本结构。一个企业资产负债表的右方“负债及所有者权益”或“负债及股东权益”所反映的资本结构就是按账面价值计量反映的，由此形成的资本结构是资本的账面价值结构。它不太适合企业资本结构决策的要求。

2）资本的市场价值结构是指企业资本按现时市场价值计量反映的资本结构。当一个企业的资本具有现时市场价格时，可以按其市场价格计量反映资本结构。通常上市公司发行的股票和债券具有现时的市场价格，因此，上市公司可以市场价格计量反映其资本的市场价值结构。它比较适合于上市公司资本结构决策的要求。

3）资本的目标价值结构是指企业资本按未来目标价值计量反映的资本结构。当一家公司能够比较准确地预计其资本的未来目标价值时，可以按其目标价值计量反映资本结构。从理想的角度讲，它更适合企业资本结构决策的要求，但资本的未来目标价值不易客观准确地估计。

3．资本结构的意义

企业的资本结构决策问题，主要是资本的属性结构的决策问题，即债权资本的比例安排问题。在企业的资本结构决策中，合理地利用债权筹资，科学地安排债权资本的比例，是企业筹资管理的一个核心问题。它对企业具有如下重要意义：

（1）合理安排债权资本比例可以降低企业的综合资本成本率。由于债务利率通常低于股票股利率，而且债务利息在税前利润中扣除，企业可减少所得税，从而债权资本成本率明显

低于股权资本成本率。因此，在一定的限度内合理地提高债权资本的比例，可以降低企业的综合资本成本率。

（2）合理安排债权资本比例可以获得财务杠杆利益。由于债务利息通常是固定不变的，当息税前利润增大时，每 1 元利润所负担的固定利息会相应降低，从而可分配给股权所有者的税后利润就会相应增加。因此，在一定的限度内合理地利用债权资本，可以发挥财务杠杆的作用，给企业所有者带来财务杠杆利益。

（3）合理安排债权资本比例可以增加公司的价值。一般而言，一家公司的价值应该等于其债权资本的市场价值与股权资本的市场价值之和。可用公式表示为：

$$V=B+S \tag{5-7}$$

式中　V——公司总价值，即公司总资本的市场价值；

B——公司债权资本的市场价值；

S——公司股权资本的市场价值。

公式（5-7）清楚地表达了按资本的市场价值计量反映的资本属性结构与公司总价值的内在关系。公司的价值与公司的资本结构是紧密联系的，资本结构对公司的债权资本市场价值和股权资本市场价值，进而对公司总资本的市场价值即公司总价值具有重要的影响。因此，合理安排资本结构有利于增加公司的市场价值。

（二）资本结构决策因素的定性分析

1．企业财务目标的影响分析

企业组织类型不同，其财务目标也会有所不同。对企业财务目标的认识主要有三种观点：利润最大化、股东财富最大化和企业价值最大化。企业财务目标对资本结构决策具有重要的影响，下面分别简要分析。

（1）利润最大化目标的影响分析。利润最大化目标是指企业在财务活动中以获得尽可能多的利润作为总目标。利润是企业财务活动的一项综合性数量指标。企业的筹资和投资行为最终都会影响到利润。企业利润有各种口径的利润额，如营业利润额、息税前利润额、税前利润额和税后利润额，还有各种口径的利润率如总资产利润率（或总投资利润率）、净资产利润率（或股权资本利润率）等以及每股利润，而作为企业财务目标的利润应当是企业的净利润额即企业税后利润额。

在以利润最大化作为企业财务目标的情况下，企业的资本结构决策也应围绕着利润最大化目标。这就要求企业应当在资本结构决策中，在财务风险适当的情况下合理地安排债权资本比例，尽可能地降低资本成本，以提高企业的净利润水平。一般而言，对非股份制企业，由于其股权资本不具有市场价值，在资本结构决策中采用利润最大化目标是一种现实的选择。此外，利润最大化目标对股份制企业的资本结构决策也具有一定的意义。资本结构决策的资本成本比较法，实际上就是直接以利润最大化为目标的。

（2）股东财富最大化目标的影响分析。股东财富最大化目标是指公司在财务活动中以最大限度地提高股票的市场价值作为总目标。它综合了利润最大化的影响，但主要适用于股份有限公司的资本结构决策。在公司资本结构决策中以股东财富最大化为目标，需要在财务风险适当的情况下合理安排公司债权资本比例，尽可能地降低综合资本成本，通过增加公司的净利润而使股票的市场价格上升。资本结构决策的每股利润分析法，在一定程度上体现了股东财富最大化的目标。

（3）企业价值最大化目标的影响分析。企业价值最大化目标是指企业在财务活动中将最大限度地提高企业的总价值作为总目标。它综合了利润最大化和股东财富最大化目标的影响，主要适用于企业的资本结构决策。在通常情况下，企业的价值等于股权资本的价值加上债权资本的价值。企业的资本结构对于其股权资本和债权资本的价值都有影响。企业在资本结构决策中以企业价值最大化为目标，就应当在适度财务风险的条件下合理确定债权资本比例，尽可能地提高企业的总价值。资本结构决策的公司价值比较法，就是直接以企业价值最大化为目标的。

2. 投资者动机的影响分析

广义而言，一个企业的投资者包括股权投资者和债权投资者，两者对企业投资的动机各有不同。债权投资者对企业投资的动机主要是在按期收回投资本金的条件下获取一定的利息收益。股权投资者的基本动机是在保证投资本金的基础上，获得一定的股利收益并使投资价值不断增值。企业在决定资本结构时必须考虑投资者的动机，安排好股权资本和债权资本的比例关系。

3. 债权人态度的影响分析

在通常情况下，企业在决定资本结构并付诸实施之前，都要向贷款银行和评信机构咨询，并对它们提出的意见予以充分的重视。如果企业过高地安排债务融资，则贷款银行未必会接受大额贷款的要求，或者只有在担保抵押或较高利率的前提下才同意增加贷款。

4. 经营者行为的影响分析

如果企业的经营者不愿让企业的控制权旁落他人，则可能会尽量采用债务融资的方式增加资本，而不采用发行新股的方式增资。与此相反，如果经营者不愿承担财务风险，就可能会较少地利用财务杠杆，尽量降低债权资本的比例。

5. 企业财务状况和发展能力的影响分析

在其他因素相同的条件下，如果企业的财务状况和发展能力较差，则可以主要通过留存收益来补充资本；而企业的财务状况和发展能力越强，越会更多地进行外部筹资，倾向于使用更多的债权资本。

6. 税收政策的影响分析

按照税法的规定，企业债务的利息可以抵税，而股票的股利不能抵税。一般而言，企业所得税税率越高，借款举债的好处就越大。由此可见，税收政策实际上对企业债权资本的安排产生了一种刺激作用。

7. 资本结构的行业差别分析

在资本结构决策中，应掌握本企业所处行业的特点以及该行业资本结构的一般水准，并以此作为确定本企业资本结构的参照，分析本企业与同行业其他企业相比的特点和差别，以便更有效地决定本企业的资本结构。

（三）资本结构的决策方法

企业资本结构决策就是要确定最佳资本结构。所谓最佳资本结构，是指在适度财务风险的条件下，使预期的综合资本成本率最低，同时使企业达到预期利润或价值最大的资本结构。它应作为企业的目标资本结构。根据前述资本结构原理，确定企业的最佳资本结构，可以采用资本成本比较法、每股利润分析法和公司价值比较法。

1. 资本成本比较法

资本成本比较法是指在适度财务风险的条件下，测算可供选择的不同长期筹资组合方案的综合资本成本率，并以此为标准相互比较确定最佳资本结构的方法。

企业筹资可分为创立初期的初始筹资和发展过程中的追加筹资两种情况。与此相应，企业的资本结构决策可分为初始筹资的资本结构决策和追加筹资的资本结构决策。下面分别说明资本成本比较法在这两种情况下的运用。

（1）初始筹资的资本结构决策。在企业筹资实务中，企业对拟定的筹资总额，可以采用多种筹资方式来筹资，每种筹资方式的筹资额亦可有不同安排，由此会形成若干预选资本结构或筹资组合方案。在资本成本比较法下，可以通过综合资本成本率的测算及比较来作出选择。

例 5-23

XYZ 公司在初创时需资本总额 6 000 万元，有三个筹资组合方案可供选择，有关资料经测算如表 5-14 所示。

表 5-14 XYZ 公司初始筹资组合方案资料测算表

（单位：万元）

筹资方式	筹资方案Ⅰ		筹资方案Ⅱ		筹资方案Ⅲ	
	初始筹资额	资本成本率（%）	初始筹资额	资本成本率（%）	初始筹资额	资本成本率（%）
长期借款	500	6	600	6.50	800	7
长期债券	2 000	7	2 500	8	1 500	7.50
优先股	500	12	400	12	700	12
普通股	3 000	15	2 500	15	3 000	15
合计	6 000	—	6 000	—	6 000	—

假定 XYZ 公司的第Ⅰ、Ⅱ、Ⅲ三个筹资组合方案的财务风险相当，都是可以承受的。下面分两步分别测算这三个筹资组合方案的综合资本成本率并比较其高低，从而确定最佳筹资组合方案即最佳资本结构。

第一步，测算各方案下各种筹资方式的筹资额占筹资总额的比例及综合资本成本率。

方案Ⅰ 各种筹资方式的筹资额比例：

长期借款：$\dfrac{500}{6\,000}\times100\%=8.33\%$

长期债券：$\dfrac{2\,000}{6\,000}\times100\%=33.33\%$

优先股：$\dfrac{500}{6\,000}\times100\%=8.33\%$

普通股：$\dfrac{3\,000}{6\,000}\times100\%=50\%$

综合资本成本率：

$$6\%\times8.33\%+7\%\times33.33\%+12\%\times8.33\%+15\%\times50\%=11.33\%$$

方案 II　各种筹资方式的筹资额比例：

长期借款：$\frac{600}{6\,000}\times100\%=10\%$

长期债券：$\frac{2\,500}{6\,000}\times100\%=41.67\%$

优先股：$\frac{400}{6\,000}\times100\%=6.67\%$

普通股：$\frac{2\,500}{6\,000}\times100\%=41.67\%$

综合资本成本率：

$$6.50\%\times10\%+8\%\times41.67\%+12\%\times6.67\%+15\%\times41.67\%=11.03\%$$

方案 III　各种筹资方式的筹资额比例：

长期借款：$\frac{800}{6\,000}\times100\%=13.33\%$

长期债券：$\frac{1500}{6\,000}\times100\%=25\%$

优先股：$\frac{700}{6\,000}\times100\%=11.67\%$

普通股：$\frac{3\,000}{6\,000}\times100\%=50\%$

综合资本成本率：

$$7\%\times13.33\%+7.50\%\times25\%+12\%\times11.67\%+15\%\times50\%=11.71\%$$

第二步，比较各个筹资组合方案的综合资本成本率并作出选择。筹资组合方案 I、II、III 的综合资本成本率分别为 11.33%，11.03%和 11.71%。经比较，方案 II 的综合资本成本率最低，在适度财务风险的条件下，应选择筹资组合方案 II 作为最佳筹资组合方案，由此形成的资本结构可确定为最佳资本结构。

（2）追加筹资的资本结构决策。企业在持续的生产经营活动过程中，由于经营业务或对外投资的需要，有时会追加筹措新资，即追加筹资。因追加筹资以及筹资环境的变化，企业原定的最佳资本结构未必仍是最优的，可能需要进行调整。因此，企业应在有关情况的不断变化中寻求最佳资本结构，实现资本结构的最优化。

企业追加筹资可有多个筹资组合方案供选择。按照最佳资本结构的要求，在适度财务风险的前提下，企业选择追加筹资组合方案可用两种方法：一种方法是直接测算各备选追加筹资方案的边际资本成本率，从中比较、选择最佳筹资组合方案；另一种方法是分别将各备选追加筹资方案与原最佳资本结构汇总，测算各个追加筹资方案下汇总资本结构的综合资本成本率，从中比较、选择最佳筹资方案。下面举例说明。

例 5-24

XYZ 公司拟追加筹资 1 000 万元，现有两个追加筹资方案可供选择，有关资料经测算整理后如表 5-15 所示。

表 5-15　XYZ 公司追加筹资方案资料测算表

（单位：万元）

筹资方式	筹资方案 I		筹资方案 II	
	追加筹资额	资本成本率（%）	追加筹资额	资本成本率（%）
长期借款	400	6	500	7
优先股	300	12	200	13
普通股	300	15	300	16
合　计	1 000	—	1 000	—

下面分别按上述两种方法测算、比较追加筹资方案。

（1）追加筹资方案的边际资本成本率比较法。

首先，测算追加筹资方案 I 的边际资本成本率。

$$6\%\times\frac{400}{1\,000}+12\%\times\frac{300}{1\,000}+15\%\times\frac{300}{1\,000}=10.50\%$$

然后，测算追加筹资方案 II 的边际资本成本率。

$$7\%\times\frac{500}{1\,000}+13\%\times\frac{200}{1\,000}+16\%\times\frac{300}{1\,000}=10.90\%$$

最后，比较两个追加筹资方案。方案 II 的边际资本成本率为 10.90%，高于方案 I 的边际资本成本率。因此，在适度财务风险的情况下，方案 I 优于方案 II，应选追加筹资方案 I 为最佳筹资方案，由此形成的新的资本结构为 XYZ 公司的最佳资本结构。若 XYZ 公司原有资本总额为 5 000 万元，资本结构是：长期借款 500 万元、长期债券 1 500 万元、优先股 1 000 万元、普通股 2 000 万元。则追加筹资后的资本总额为 6 000 万元，资本结构是：长期借款 900 万元、长期债券 1 500 万元、优先股 1 300 万元、普通股 2 300 万元。

（2）备选追加筹资方案与原资本结构综合资本成本率比较法。

首先，汇总追加筹资方案和原资本结构，形成备选追加筹资后资本结构，如表 5-16 所示。

表 5-16　追加筹资方案和原资本结构资料汇总表

（单位：万元）

筹资方式	筹资方案		筹资方案 I		筹资方案 II	
	原资本结构	资本成本率（%）	追加筹资额	资本成本率（%）	追加筹资额	资本成本率（%）
长期借款	500	6.50	400	6	500	7
长期债券	1 500	8				
优先股	1 000	12	300	12	200	13
普通股	2 000	15	300	15	300	16
合　计	5 000	—	1 000	—	1 000	—

然后，测算汇总资本结构下的综合资本成本率。

追加筹资方案 I 与原资本结构汇总后的综合资本成本率：

$$\left(\frac{6.5\%\times500}{6\,000}+\frac{6\%\times400}{6\,000}\right)+\frac{8\%\times1\,500}{6\,000}+\frac{12\%\times(1\,000+300)}{6\,000}+\frac{15\%\times(2\,000+300)}{6\,000}=11.29\%$$

追加筹资方案 II 与原资本结构汇总后的综合资本成本率：

$$\left(\frac{6.5\%\times500}{6\,000}+\frac{7\%\times500}{6\,000}\right)+\frac{8\%\times1\,500}{6\,000}+\left(\frac{12\%\times1\,000}{6\,000}+\frac{13\%\times200}{6\,000}\right)+\left(\frac{15\%\times2\,000}{6\,000}+\frac{16\%\times300}{6\,000}\right)=11.35\%$$

在上列计算中，根据股票的同股同利原则，原有股票应按新发行股票的资本成本率计算，即全部股票按新发行股票的资本成本率计算其总的资本成本率。

最后，比较两个追加筹资方案与原资本结构汇总后的综合资本成本率，方案Ⅱ与原资本结构汇总后的综合资本成本率为 11.35%，高于方案Ⅰ与原资本结构汇总后的综合资本成本率。因此，在适度财务风险的前提下，追加筹资方案Ⅰ优于方案Ⅱ，由此形成的新的资本结构为 XYZ 公司的最佳资本结构。

由此可见，XYZ 公司追加筹资后，虽然改变了资本结构，但经过分析测算，作出正确的筹资决策，公司仍可保持资本结构的最优化。

资本成本比较法的测算原理容易理解，测算过程简单，但仅以资本成本率最低为决策标准，没有具体测算财务风险因素，其决策目标实质上是利润最大化而不是企业价值最大化，因此，一般适用于资本规模较小、资本结构较为简单的非股份制企业。

2. 每股利润分析法

每股利润分析法是利用每股利润无差别点进行资本结构决策的方法。所谓每股利润无差别点，是指两种或两种以上筹资方案下普通股每股利润相等时的息税前利润点，亦称息税前利润平衡点，有时亦称筹资无差别点。运用这种方法，根据每股利润无差别点，可以分析判断在什么情况下可利用债权或股权筹资来安排及调整资本结构，进行资本结构决策，以达到每股利润最大。

现举例说明这种方法的应用。

例 5-25

ABC 公司目前拥有长期资本 8 500 万元，其资本结构为：长期债务 1 000 万元，普通股 7 500 万元。现准备追加筹资 1 500 万元，有三种筹资方式可供选择：增发普通股、增加长期债务、发行优先股。有关资料如表 5-17 所示。

表 5-17　ABC 公司目前和追加筹资后的资本结构资料表

（单位：万元）

资本种类	目前资本结构		筹资方式					
			增发普通股		增加长期债务		发行优先股	
	金额	比例（%）	金额	比例（%）	金额	比例（%）	金额	比例（%）
长期债务	1 000	11.76	1 000	10	2 500	25	1 000	10
优先股							1 500	15
普通股	7 500	88.24	9 000	90	7 500	75	7 500	75
资本总额	8 500	100	10 000	100	10 000	100	10 000	100
其他资料：								
年债务利息额	90		90		270		90	
年优先股股利额							150	
普通股股数/万股	1 000		1 300		1 000		1 000	

当息税前利润为 1 600 万元时，为便于计算，假定公司所得税税率为 40%，下面测算这

三种筹资方式下追加筹资后的普通股每股利润，如表 5-18 所示。

表 5-18　ABC 公司预计追加筹资后的普通股每股利润测算表

（单位：万元）

项　　目	增发普通股	增加长期债务	发行优先股
息税前利润	1 600	1 600	1 600
减：长期债务利息	90	270	90
税前利润	1 510	1 330	1 510
减：所得税（40%）	604	532	604
税后利润	906	798	906
减：优先股股利			150
普通股可分配利润	906	798	756
普通股股数/万股	1 300	1 000	1 000
普通股每股利润/元	0.70	0.80	0.76

由表 5-18 的测算结果可见，采用不同筹资方式追加筹资后，普通股每股利润是不相等的。在息税前利润为 1 600 万元的条件下，当增发普通股时普通股每股利润最低，为每股 0.70 元；当增加长期债务时普通股每股利润最高，为每股 0.80 元；当发行优先股时普通股每股利润居中，为每股 0.76 元。这反映了在息税前利润一定的条件下不同资本结构对普通股每股利润的影响。

表 5-18 所测算的结果是在息税前利润预计为 1 600 万元的情况。那么，息税前利润究竟为多少时，采用哪种筹资方式更为有利呢?这需要通过测算息税前利润平衡点来判断。其测算公式如下：

$$\frac{(\overline{\text{EBIT}}-I_1)\quad(1-T)-D_{p1}}{N_1}=\frac{(\overline{\text{EBIT}}-I_2)\quad(1-T)-D_{p2}}{N_2} \qquad (5\text{-}8)$$

式中　$\overline{\text{EBIT}}$——息税前利润平衡点，即每股利润无差别点；

I_1、I_2——两种筹资方式下的长期债务年利息；

D_{p1}、D_{p2}——两种筹资方式下的优先股年股利；

N_1、N_2——两种筹资方式下的普通股股数。

现将表 5-18 的有关资料代入公式（5-8）进行测算。

（1）增发普通股与增加长期债务两种筹资方式下的每股利润无差别点为：

$$\frac{(\overline{\text{EBIT}}-90)\ (1-40\%)}{1300}=\frac{(\overline{\text{EBIT}}-270)\ (1-40\%)}{1000}$$

$$\overline{\text{EBIT}}=870\text{万元}$$

（2）增发普通股与发行优先股两种筹资方式下的每股利润无差别点为：

$$\frac{(\overline{\text{EBIT}}-90)\quad(1-40\%)}{1300}=\frac{(\overline{\text{EBIT}}-90)\quad(1-40\%)-150}{1000}$$

$$\overline{\text{EBIT}}=1173\text{万元}$$

上面的测算结果是：当息税前利润为 870 万元时，增发普通股和增加长期债务的每股利润相等；同样道理，当息税前利润为1173万元时，增发普通股和发行优先股的每股利润相等。为验证，还可列表测算，如表5-19所示。

表5-19 ABC公司每股利润无差别点测算表

（单位：万元）

项　目	增发普通股	增加长期债务	增发普通股	发行优先股
息税前利润	870	870	1 173	1 173
减：长期债务利息	90	270	90	90
税前利润	780	600	1 083	1 083
减：所得税（40%）	312	240	433.20	433.20
税后利润	468	360	649.80	649.80
减：优先股股利				150
普通股可分配利润	468	360	649.80	499.80
普通股股数/万股	1 300	1 000	1 300	1 000
普通股每股利润/元	0.36	0.36	0.50	0.50

上述每股利润无差别点分析的结果可用图5-3表示。

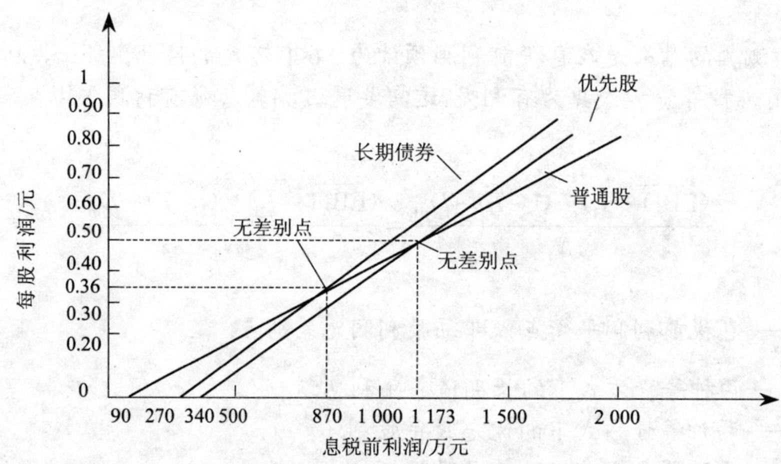

图5-3 ABC公司每股利润无差别点分析示意图

由图5-3可见，每股利润无差别点的息税前利润为870万元的意义在于：当息税前利润大于870万元时，增加长期债务要比增发普通股有利；而当息税前利润小于870万元时，增加长期债务则不利。同样道理，每股利润无差别点的息税前利润为1 173万元的意义在于：当息税前利润大于1 173万元时，发行优先股要比增发普通股有利；而当息税前利润小于1 173万元时，发行优先股则不利。

上述结论的前半部分，即“大于”的情况，已在表5-18中得到证明。例如，在表5-18中，息税前利润为1 600万元，大于870万元或1 173万元，则增加长期债务和发行优先股的每股利润分别为0.80元和0.76元，都高于增发普通股的每股利润（0.70元），因此，增加长期债务或发行优先股都比增发普通股有利。现在举例证明结论的后半部分，即“小于”的情况。

例 5-26

假设 ABC 公司息税前利润为 500 万元，其他有关资料与表 5-18 相同。下面通过表 5-20 来测算每股利润。

表 5-20 ABC 公司息税前利润为 500 万元时的每股利润测算表

（单位：万元）

项目	增发普通股	增加长期债务	发行优先股
息税前利润	500	500	500
减：长期债务利息	90	270	90
税前利润	410	230	410
减：所得税（40%）	164	92	164
税后利润	246	138	246
减：优先股股利			150
普通股可分配利润	246	138	96
普通股股数/万股	1 300	1 000	1 000
普通股每股利润/元	0.19	0.14	0.10

由表 5-20 可见，假设息税前利润为 500 万元，小于每股利润无差别点的息税前利润 870 万元或 1 173 万元时，增加长期债务和发行优先股的每股利润分别为 0.14 元和 0.10 元，都低于增发普通股的每股利润（0.19 元），因此，增加长期债务或发行优先股都不利。

每股利润分析法的测算原理比较容易理解，测算过程较为简单。它以普通股每股利润最高为决策标准，也没有具体测算财务风险因素，其决策目标实际上是股东财富最大化而不是公司价值最大化，可用于资本规模不大、资本结构不太复杂的股份有限公司。

3．公司价值比较法

公司价值比较法是在充分反映财务风险的前提下，以公司价值的大小为标准，经过测算确定公司最佳资本结构的方法。与资本成本比较法和每股利润分析法相比，公司价值比较法充分考虑了公司的财务风险和资本成本等因素的影响，进行资本结构的决策以公司价值最大为标准，更符合公司价值最大化的财务目标；但其测算原理及测算过程较为复杂，通常用于资本规模较大的上市公司。

（1）公司价值的测算。关于公司价值的内容和测算基础与方法，目前主要有以下三种认识：

1）公司价值等于其未来净收益（或现金流量，下同）按照一定折现率折现的价值，即公司未来净收益的折现值。用公式简要表示如下：

$$V=\frac{\text{EAT}}{K} \tag{5-9}$$

式中 V——公司的价值，即公司未来净收益的折现值；

EAT——公司未来的年净收益，即公司未来的年税后收益；

K——公司未来净收益的折现率。

这种测算方法的原理有其合理性，但不易确定的因素很多，主要有两个：一是公司未来的净收益不易确定，在公式（5-9）中还有一个假定，即公司未来每年的净收益为年金，事实上也未必都是如此；二是公司未来净收益的折现率不易确定。因此，这种测算方法尚难以在实践中加以应用。

2）公司价值是其股票的现行市场价值。根据这种认识，公司股票的现行市场价值可按其现行市场价格来计算，故有其客观合理性，但还存在两个问题：一是公司股票受各种因素的影响，其市场价格处于经常的波动之中，每个交易日都有不同的价格。在这种现实条件下，公司的股票究竟按哪个交易日的市场价格来计算？这个问题尚未得到解决。二是公司价值的内容是否只包括股票的价值，是否还应包括长期债务的价值？而股票的价值与长期债务的价值之间又是相互影响的，如果公司的价值只包括股票的价值，那么就无须进行资本结构的决策，这种测算方法也就不能用于资本结构决策。

3）公司价值等于其长期债务和股票的折现价值之和。与上述两种测算方法相比，这种测算方法比较合理，也比较现实。它至少有两个优点：一是从公司价值的内容来看，它不仅包括了公司股票的价值，而且还包括了公司长期债务的价值；二是从公司净收益的归属来看，它属于公司的所有者即属于股东。因此，在测算公司价值时，这种测算方法可以用公式表示为：

$$V = B + S \tag{5-10}$$

式中 V——公司的总价值，即公司总的折现价值；

B——公司长期债务的折现价值；

S——公司股票的折现价值。

公式（5-10）中，为简化测算起见，设长期债务（含长期借款和长期债券）的现值等于其面值（或本金）；股票的现值按公司未来净收益的折现值测算，测算公式为：

$$S = \frac{(\text{EBIT} - I)\ (1-T)}{K_S} \tag{5-11}$$

式中 S——公司股票的折现价值；

EBIT——公司未来的年息税前利润；

I——公司长期债务年利息；

T——公司所得税税率；

K_S——公司股票资本成本率。

上列公式（5-11）假定公司的长期资本系由长期债务和普通股组成。如果公司的股票有普通股和优先股之分，则公式（5-11）可写成下列形式：

$$S = \frac{(\text{EBIT} - I)\ (1-T) - D_P}{K_S}$$

式中 D_P——公司优先股年股利；

K_S——公司普通股资本成本率。

（2）公司资本成本率的测算。在公司价值测算的基础上，如果公司的全部长期资本由长期债务和普通股组成，则公司的全部资本成本率，即综合资本成本率可按下列公式测算：

$$K_W = K_B\left(\frac{B}{V}\right)(1-T) + K_S\left(\frac{S}{V}\right) \tag{5-12}$$

式中 K_W——公司资本成本率；

K_B——公司长期债务税前资本成本率，可按公司长期债务年利率计算；

K_S——公司普通股资本成本率。

在上列公式（5-12）中，为了考虑公司筹资风险的影响，普通股资本成本率可运用资本资产定价模型来测算，即

$$K_S = R_F + \beta(R_M - R_F)$$

式中　K_S——公司普通股投资的必要报酬率，即公司普通股的资本成本率；

R_F——无风险报酬率；

R_M——所有股票的市场报酬率；

β——公司股票的贝塔系数。

（3）公司最佳资本结构的确定。运用上述原理测算公司的总价值和综合资本成本率，并以公司价值最大化为标准比较确定公司的最佳资本结构。下面举例说明公司价值比较法的应用。

例 5-27

ABC 公司现有的全部长期资本均为普通股资本，无长期债权资本和优先股资本，账面价值为 20 000 万元。公司认为这种资本结构不合理，没有发挥财务杠杆的作用，准备举借长期债务，购回部分普通股予以调整。公司预计息税前利润为 5 000 万元，公司所得税税率为 25%。经测算，目前的长期债务年利率和普通股资本成本率如表 5-21 所示。

表 5-21　ABC 公司在不同长期债务规模下的债务年利率和普通股资本成本率测算表

B/万元	K_B（%）	β	R_F（%）	R_M（%）	K_S（%）
0	–	1.20	10	14	14.80
2 000	10	1.25	10	14	15
4 000	10	1.30	10	14	15.20
6 000	12	1.40	10	14	15.60
8 000	14	1.55	10	14	16.20
10 000	16	2.10	10	14	18.40

在表 5-21 中，当 B=2 000 万元，β=1.25，R_F=10%，R_M=14%时，K_S=10%+1.25×（14%-10%）=15%；其余同理计算。

根据表 5-21 的资料，运用前述公司价值和公司资本成本率的测算方法，可以测算在不同长期债务规模下的公司价值和公司资本成本率，列入表 5-22，据以比较、确定公司最佳资本结构。

表 5-22　ABC 公司在不同长期债务规模下的公司价值和公司资本成本率测算表

B/万元	S/万元	V/万元	K_B（%）	K_S（%）	K_W（%）
0	25 338	25 338	–	14.80	14.80
2 000	24 000	26 000	10	15	14.42
4 000	22 697	26 697	10	15.20	14.05
6 000	20 577	26 577	12	15.60	14.11
8 000	17 963	25 963	14	16.20	14.44
10 000	13 859	23 859	16	18.40	15.72

在表 5-22 中，当 B=2 000 万元，K_B=10%，K_S=15%，$EBIT$=5 000 万元时：

$$S=\frac{(5\,000-2\,000\times10\%)\times(1-25\%)}{15\%}=24\,000(\text{万元})$$

$$V=2\,000+24\,000=26\,000(\text{万元})$$

$$K_W=15\%\times\frac{24\,000}{26\,000}+10\%\times\frac{2\,000}{26\,000}\times(1-25\%)=14.42\%$$

其余同理计算。

从表 5-22 可以看到，在没有长期债权资本的情况下，ABC 公司的价值就是其原有普通股资本的价值，此时 $V=S=25\,338$ 万元。当 ABC 公司开始利用长期债权资本部分地替换普通股资本时，公司的价值开始上升，同时公司资本成本率开始下降；直到长期债权资本达到 4 000 万元时，公司的价值最大（26 697 万元），同时公司的资本成本率最低（14.05%）；而当公司的长期债权资本超过 4 000 万元后，公司的价值又开始下降，公司的资本成本率同时上升。因此，可以确定，ABC 公司的长期债权资本为 4 000 万元时的资本结构为最佳资本结构。此时，ABC 公司的长期资本价值总额为 26 697 万元，其中普通股资本价值为 22 697 万元，占公司总资本价值的比例为 85%（即 22 697/26 697）；长期债权资本价值为 4 000 万元，占公司总资本价值的比例为 15%（即 4 000/26 697）。

本章小结

资本成本是企业筹集和使用资本所承付的代价，它包括筹资费用和用资费用。资本成本率有个别资本成本率、综合资本成本率和边际资本成本率之分，需要运用相应的方法分别予以测算。

资本成本对于企业财务管理具有重要作用。它是企业筹资管理的主要依据，也是企业投资管理的重要标准，亦可作为评价企业经营业绩的经济标准。

杠杆利益与风险是企业资本结构决策的一个基本因素。它包括营业杠杆利益与风险、财务杠杆利益与风险和联合杠杆利益与风险，分别以营业杠杆系数、财务杠杆系数和联合杠杆系数来衡量。

资本结构理论是关于公司资本结构、公司综合资本成本率与公司价值三者之间的关系的理论。从资本结构理论与实践的发展考察，主要有早期资本结构理论、MM 资本结构理论和新的资本结构理论。

资本结构是企业各种资本的价值构成及其比例关系。它有广义和狭义之分。通常所说的资本结构是指狭义的资本结构，即企业各种长期资本价值的构成及其比例关系。资本结构的决定因素很多，主要有企业财务管理的目标、投资者的动机、债权人的态度、经营者的行为、企业的财务状况及发展能力、政府的税收政策、资本结构的行业差别等。

最佳资本结构是在适度财务风险的条件下，使预期综合资本成本最低，达到预期利润或价值最大的资本结构。它应作为企业的目标资本结构，可采用资本成本比较法、每股利润分析法或公司价值比较法来测算。

资本成本比较法是在适度财务风险的条件下，测算可供选择的长期筹资方案的综合资本

成本率，并以此为标准相互比较，选择综合资本成本率最低的长期筹资方案，以确定最佳资本结构。

每股利润分析法是利用每股利润无差别点进行资本结构决策的方法。其基本原理是测算多种筹资方案下普通股每股利润相等时的息税前利润点，在预期息税前利润的条件下，选择使每股利润达到最大的长期筹资方案，以确定最佳资本结构。

公司价值比较法是在充分考虑财务风险的前提下，以个别资本成本率和综合资本成本率作为折现率，测算不同长期筹资方案的公司价值，并以此为标准选择使公司价值达到最大的长期筹资方案，以确定最佳资本结构。

复习思考题

1. 试分析资本成本中筹资费用和用资费用的不同特性。
2. 试分析资本成本对企业财务管理的作用。
3. 试说明测算综合资本成本率中三种权数的影响。
4. 试说明营业杠杆的基本原理和营业杠杆系数的测算方法。
5. 试说明财务杠杆的基本原理和财务杠杆系数的测算方法。
6. 试说明联合杠杆的基本原理和联合杠杆系数的测算方法。
7. 试分析广义资本结构与狭义资本结构的差别。
8. 试对企业资本结构的决策因素进行定性分析。
9. 试说明资本成本比较法的基本原理和决策标准。
10. 试说明每股利润分析法的基本原理和决策标准。
11. 试说明公司价值比较法的基本原理和决策标准。
12. 试分析比较资本成本比较法、每股利润分析法和公司价值比较法在基本原理和决策标准上的异同之处。

练　习　题

1. 六郎公司年度销售收入净额为28 000万元，息税前利润为8 000万元，固定成本为3 200万元，变动成本率为60%；资本总额为20 000万元，其中债权资本比例为40%，平均年利率为8%。

试分别计算该公司的营业杠杆系数、财务杠杆系数和联合杠杆系数。

2. 七奇公司在初创时准备筹集长期资本5 000万元，现有甲、乙两个备选筹资方案，有关资料如表5-23所示。

表5-23　七奇公司甲、乙筹资方案

筹资方式	筹资方案甲		筹资方案乙	
	筹资额/万元	个别资本成本率（%）	筹资额/万元	个别资本成本率（%）
长期借款	800	7	1 100	7.50
长期债券	1 200	8.50	400	8
普通股	3 000	14	3 500	14
合　计	5 000	—	5 000	—

试分别测算该公司甲、乙两个筹资方案的综合资本成本率，并据以比较选择筹资方案。

3．八发公司 2008 年长期资本总额为 1 亿元，其中普通股为 6 000 万元（240 万股），长期债务为 4 000 万元，利率为 10%。假定企业所得税税率为 40%。2009 年公司预定将长期资本总额增至 1.20 亿元，需要追加筹资 2 000 万元。现有两个追加筹资方案可供选择：①发行公司债券，票面利率为 12%；②增发普通股 80 万股。预计 2009 年息税前利润为 2 000 万元。

要求：

（1）试测算该公司两个追加方案下无差别点的息税前利润和无差别点的普通股每股税后利润。

（2）试测算该公司两个追加方案下 2009 年普通股每股税后利润，并据以作出选择。

4．九天公司的全部长期资本为股票资本，账面价值为 1 亿元。公司认为目前的资本结构极不合理，打算发行长期债券（B）并购回部分股票予以调整。公司预计年度息税前利润为 3 000 万元，企业所得税税率假定为 40%。经初步测算，九天公司不同资本结构（或不同长期债务规模）下的贝塔系数（β）、长期债券的年利率（K_B）、股票的资本成本率（K_s）以及无风险报酬率（R_F）和市场平均报酬率（R_M）如表 5-24 所示。

表 5-24　九天公司在不同长期债务规模下的债务年利率和普通股资本成本率测算表

B/万元	K_B（%）	β	R_F（%）	R_M（%）	K_S（%）
0	—	1.20	10	15	16
1 000	8	1.40	10	15	17
2 000	10	1.60	10	15	18
3 000	12	1.80	10	15	19
4 000	14	2	10	15	20
5 000	16	2.20	10	15	21

试测算不同长期债务规模下的公司价值，并据以判断选择公司的最佳资本结构。

案例分析

如果你是财务经理，你该怎么做？

A 公司是一家位于某市高教园区的快餐连锁经营店，假设你刚被 A 公司聘任为财务经理。A 公司去年的息税前利润为 50 万元，由于高校扩招，预期公司的息税前利润将会持续稳定。由于公司不需要扩张资金，所以公司以后的盈余准备全部用来发放股利。

A 公司现有的资金全部都是自有资金，它有 10 万股股票流通在外，每股面值为 20 元。你知道企业所有者可以举债经营受益，于是你向你的老板建议采用负债筹资，并得到认可。他要求你提出一份报告。假设你从投资银行得到不同债务水平下有关债务资本成本率和股票资本成本率的资料如表 5-25 所示。

表 5-25　债务资本成本率和股票资本成本率资料

总　负　债	0 万元	25 万元	50 万元	75 万元	100 万元
债务资本成本率	-	10%	11%	13%	16%
股票资本成本率	15%	15.50%	16.50%	18%	20%

如果公司准备筹资，将会举借债务，并用于回购公司股票。假定公司适用的所得税税率为 40%。要求

你对以下问题进行分析：

1. 请你设计一个关于财务杠杆利益的例子给公司董事会，以两种企业模式为例：甲公司，没有负债；乙公司，有债务10万元，债务利率为12%。两个公司的总资产都是20万元，所得税税率都是40%。两个公司未来一年内相同的息税前利润预测如表5-26所示。

表5-26 息税前利润预测

概 率	息税前利润/元
0.20	20 000
0.50	30 000
0.30	40 000

（1）分别编制两个公司的部分利润表，从息税前利润开始。

（2）分别计算两个公司的期望投资收益率、净值报酬率、利息保障倍数。

（3）这个例子说明了财务杠杆对风险和预期报酬率会产生什么影响？

2. 不要用数据，简要说明如果公司重新筹资后会产生什么结果？并考虑：

（1）当公司重新筹资，负债总额分别达到25万元、50万元、75万元时，公司的股价将是多少？

（2）在不同负债水平下，公司流通在外的股票股数分别是多少？

（3）哪一种负债水平是公司的最佳资本结构？

3. 计算公司在不同负债水平下的每股收益。假设公司最初是以零负债开始，然后逐次改变资本结构，当每股收益最大时是否公司股价也最高？

4. 计算公司在不同负债水平下的加权平均资金成本。加权平均资金成本与股价有什么关系？

5. 假设你发现公司比原来预期的经营风险要大得多，说明这会如何影响以上分析？如果比预期的经营风险要更小时，结论又会如何？

6. 是否大多数公司都能采取相同的分析方法？为什么？你认为哪一种分析方法更适合公司最佳资本结构决策？公司经理在资本结构决策时，还应考虑哪些因素？

第六章

长期投资决策

本章要点：

本章介绍长期投资概述、现金流量分析的基本方法和长期投资决策的基本方法等。重点掌握以下内容：

1. 理解长期投资的相关概念。
2. 掌握现金流量分析的基本方法。
3. 掌握长期投资决策的基本方法。
4. 掌握长期投资决策指标的应用。
5. 学会有风险情况下的投资决策。

第一节　长期投资概述

一、长期投资的特点

企业投资是指企业投入财力，以期望在未来获取收益的一种行为。财务管理中的投资既包括对外投资，也包括对内投资。企业投资是实现财务管理目标的基本前提，也是发展生产的必要手段，还是降低风险的重要方法。按投资回收时间的长短，投资可分为短期投资和长期投资两类。短期投资又称流动资产投资，是指能够并且也准备在一年以内收回的投资。长期投资则是指一年以上才能收回的投资。长期投资具有以下特点：

1. 长期投资数额大

长期投资少则数千元，多则上亿元，需要占有企业大量资金，而且长期投资一经投入则不可轻易改变。因此，长期投资决策是否科学、合理，将对企业产生深远影响。

2. 长期投资回收期限长

长期投资的回收期限一般在几年或者十几年，其投资额需要在税法规定的折旧年限内分期收回，因此长期投资决策对企业影响的时间较长，这就要求企业进行长期投资时必须谨慎行事，认真进行可行性研究。

3. 长期投资频率低

长期投资在企业并非经常发生，尤其是大规模的长期投资，虽然投资频率低，但是由于每次投入的资金多，占用的时间长，影响程度大，因此对长期投资需要作专门的研究和评价。

4．长期投资风险大

长期投资数额大，而其变现能力差；长期投资回收时间长，不确定性大，所以长期投资风险大。

二、长期投资的分类

1．根据投资在生产过程中的作用分类

根据投资在生产过程中的作用，可把长期投资分为新建企业投资、简单再生产投资和扩大再生产投资。新建企业投资是指为一个新企业建立生产、经营、生活条件所进行的投资。简单再生产投资是指为了更新生产经营中已经老化的物质资源和人力资源所进行的投资。扩大再生产投资是指为扩大企业现有的生产经营规模所进行的投资。

2．按对企业前途的影响进行分类

按对企业前途的影响，可把长期投资分成战术性投资和战略性投资两大类。战术性投资是指不牵涉整个企业前途的投资。战略性投资是指对企业全局有重大影响的投资。

3．按投资项目之间的关系进行分类

按投资项目之间的关系，可把长期投资分成相关性投资和非相关性投资两大类。如果采纳或放弃某一项目并不显著地影响另一项目，则可以说这两个项目在经济上是不相关的。如果采纳或放弃某个投资项目，会显著地影响另外一个投资项目，则可以说这两个项目在经济上是相关的。

4．按增加利润的途径进行分类

从增加利润的途径来看，可把长期投资分成扩大收入投资与降低成本投资两类。扩大收入投资是指通过扩大企业生产经营规模，以便增加利润的投资。降低成本投资则是指通过降低营业支出，以便增加利润的投资。

5．按决策的分析思路进行分类

从决策的分析思路来看，可把长期投资划分为采纳与否投资和互斥选择投资。采纳与否投资决策是指决定是否投资于某一项目的决策。在两个或两个以上的项目中，只能选择其中之一的决策，叫做互斥选择投资决策。

三、长期投资的程序

长期投资的特点决定了长期投资具有相当大的风险，一旦决策失误，就会严重影响企业的财务状况和现金流量，甚至会使企业走向破产。因此，长期投资不能在缺乏调查研究的情况下轻率拍板，而必须按特定的程序，运用科学的方法进行可行性分析，以保证决策的正确有效。长期投资决策的程序一般包括如下几个步骤：

1．投资项目的提出

企业的各级领导者都可提出新的投资项目。一般而言，企业的高层领导提出的投资，多数是大规模的战略性投资，其方案一般由生产、市场、财务等各方面的专家组成的专门小组写出。企业的基层或中层人员提出的投资，主要是战术性投资项目，其方案由主管部门组织人员拟定。

2．投资项目的评价

投资项目的评价主要涉及如下几项工作：一是把提出的投资项目进行分类，为分析评价作好准备；二是计算有关项目的预计收入和成本，预测投资项目的现金流量；三是运用各种投资评价指标，把各项投资按可行性的顺序进行排队；四是写出评价报告，请上级批准。

3．投资项目的决策

投资项目评价后，企业领导者要作最后决策。最后决策一般可分成以下三种：①接受这个项目，可以进行投资。②拒绝这个项目，不能进行投资。③发还给项目的提出部门，重新调查后，再作处理。

4．投资项目的执行

决定对某项目进行投资后，要积极筹措资金，实施投资。在投资项目的执行过程中，要对工程进度、工程质量、施工成本进行控制，以便使投资按预算规定保质如期完成。

5．投资项目的再评价

在投资项目的执行过程中，应注意原来作出的决策是否合理、正确。一旦出现新的情况，要及时作出新的评价。如果情况发生重大变化，使实际情况与原来的投资计划发生了极大偏差，则要对原来的投资计划进行修订。修订后的投资计划如果由原来的经济可行变成了不可行，则要及时终止投资，以免给企业造成更大损失。

第二节　现 金 流 量

估计长期投资引起的现金净流量是编制资本预算的最重要也是最困难的工作。项目可行性研究结果的准确性取决于现金净流量预测的准确性。

一、现金流量的估算

（一）现金流量的概念

现金流量，在投资决策中是指一个项目引起的企业现金支出和现金收入增加的数量。这里的现金是广义的现金，它不仅包括货币资金，还包括企业拥有的非货币性资产的变现价值。例如，固定资产投资需要使用现有的厂房、设备或材料，其相关的现金流量并非其账面价值，而是其预计的变现价值。长期投资的现金流量包括：现金流出量、现金流入量和现金净流量。

1．现金流出量

长期投资发生的现金流出量，是指该投资引起的企业现金支出的增加额。例如，企业购置生产设备时，发生的现金流出量包括：①购买设备支出。企业购买生产设备时发生的一次或分次支付的买价、运费、安装费、保险费等一切支出。②垫支的营运资金。企业由于购置生产设备提高了生产能力，而增加了对流动资产的需求，这些应计入固定资产投资的相关现金流量中。只是在增加流动资产投资的资金来源中有些是依靠企业的流动负债解决的，因此增加流动资产投资引起的现金流出量，应是流动资产减去流动负债后的营运资金。③购置无形资产。企业在购置生产设备时，随之一起购买与设备相关的专利、技术秘密等无形资产的支出。④其他相关支出，如员工培训费、市场调查费等。

2．现金流入量

长期投资引起的现金流入量，是指该方案引起的企业现金收入的增加额。例如，企业购

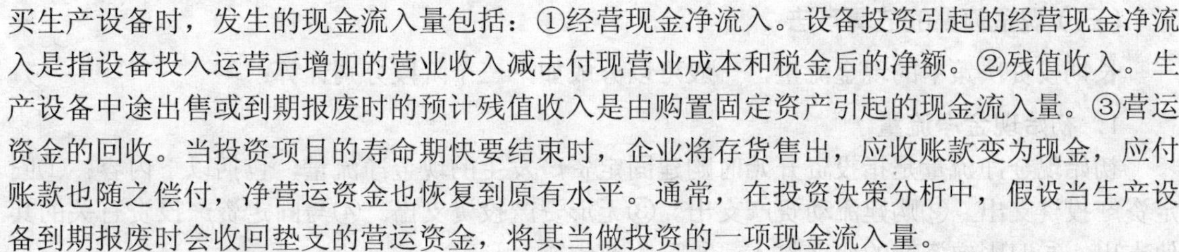

买生产设备时，发生的现金流入量包括：①经营现金净流入。设备投资引起的经营现金净流入是指设备投入运营后增加的营业收入减去付现营业成本和税金后的净额。②残值收入。生产设备中途出售或到期报废时的预计残值收入是由购置固定资产引起的现金流入量。③营运资金的回收。当投资项目的寿命期快要结束时，企业将存货售出，应收账款变为现金，应付账款也随之偿付，净营运资金也恢复到原有水平。通常，在投资决策分析中，假设当生产设备到期报废时会收回垫支的营运资金，将其当做投资的一项现金流入量。

3. 现金净流量

现金净流量是指一定期间现金流入量和现金流出量的差额。一定期间是指在长期投资持续的有效年限内的每一年。当现金流入量大于现金流出量时，现金净流量为正数，当现金流入量小于现金流出量时，现金净流量为负数。

（二）估算现金流量应注意的问题

1. 注意相关成本

在估计长期投资引起的现金净流量时，要注意区分相关成本和非相关成本。所谓相关成本，是指与长期投资决策有关，在分析、评价其财务可行性时必须考虑的成本，如差额成本、机会成本、未来成本、重置成本等都是相关成本。非相关成本是与长期投资决策无关的，在分析、评价时不必考虑的成本，如历史成本、账面成本、沉没成本等。

2. 重视机会成本

机会成本在投资决策中是非常重要的。在备选方案中，选择一个最优方案，必须放弃其他投资方案，被放弃的方案所带来的潜在收益就是所选择方案的机会成本。例如，在固定资产更新改造的决策中，有两个备选方案，即购置新设备和继续使用旧设备，如果选择购置新设备，就需要处置旧的设备，如果选择继续使用旧设备，就必须放弃处置旧的设备所取得的变现收益。那么放弃处置旧的设备所取得的变现收益就是继续使用旧设备的机会成本。

3. 注意增量现金流量

在确定长期投资方案的相关现金流量时，要注意只有增量现金流量才是固定资产投资方案的相关现金流量。所谓增量现金流量，是指某个长期投资方案所引起的现金流入量和现金流出量的增加额。

4. 考虑投资方案对公司其他部门的影响

当公司采纳一个新的投资项目后，可能对公司其他部门产生有利或不利影响。因此，公司在进行决策分析时，要考虑采用该投资方案对其他部门产生的影响。例如，某电器公司原来是生产电风扇的，现在准备投资新设备生产空调，预计新产品上市后，对电风扇的销售收入将产生不利影响。因此，在估计现金流入量时，不能仅计算生产空调所增加的销售收入，而是要将生产空调所增加的销售收入扣除电风扇销售收入减少额来计算。

5. 筹资的利息或股利

用于固定资产投资的资金来源通过负债或发行股票取得。但在固定资产投资决策分析中，不将在资金使用过程中向债权人支付的利息或向股东支付的股利视为现金流出量。而在贴现决策方法中，将筹资的资金成本率作为贴现率或项目的取舍率。

（三）现金流量的估算方法

长期投资决策中的现金流量，一般可以分成如下三个阶段分别计算：

1．初始现金净流量

初始现金净流量是指投资开始时购建固定资产发生的现金净流量，包括以下内容：①固定资产投资支出。②购建流动资产支出。③无形资产投资支出。④与固定资产投资有关的其他支出。⑤旧固定资产的变现收入。⑥税收节省额。

2．经营现金净流量

经营现金净流量（NCF）是指固定资产项目投产后，在整个寿命期限内由于生产运营所发生的现金净流量。通常，经营现金净流量按照年度估算，分别根据不同情况按以下公式计算：

经营现金净流量=销售收入–付现成本–所得税

=（销售收入–付现成本–折旧）×（1–所得税税率）+折旧

=税后利润+折旧

=税后收入–税后付现成本+折旧×所得税税率　　（6-1）

公式（6-1）中，折旧是指固定资产折旧等非付现费用，还包括无形资产摊销、长期待摊费用摊销等，此外还应加上年利息。因此，完整的公式为：

经营现金净流量=销售收入–付现成本–所得税

=（销售收入–付现成本–折旧–摊销–利息）×（1–所得税税率）+折旧+摊销+利息

=税后利润+折旧+摊销+利息

3．终结现金净流量

终结现金净流量是指固定资产报废时发生的现金净流量。其包括以下内容：①固定资产残值收入。②追加投入的营运资金回收。③残值净收入纳税。

二、现金流量估算举例

例 6-1

HY 公司准备购入一台设备以扩充生产能力，现有甲、乙两个方案以供选择。甲方案需投资 10 000 元，使用寿命为 5 年，采用直线法计提折旧，5 年后设备无残值。5 年中，每年的销售收入为 6 000 元，每年的付现成本为 3 000 元。乙方案需投资 12 000 元，采用直线法计提折旧，使用寿命也为 5 年，5 年后有残值收入 2 000 元。5 年中，每年的销售收入为 8 000 元，付现成本第一年为 3 000 元，以后随着设备陈旧，逐年将增加修理费 400 元，另需垫支营运资金 3 000 元。假设所得税税率为 40%，试计算两个方案的现金流量。

为计算现金流量，必须先计算两个方案每年的折旧额：

$$甲方案每年折旧额=\frac{10\,000}{5}=2\,000（元）$$

$$乙方案每年折旧额=\frac{12\,000-2\,000}{5}=2\,000（元）$$

下面先计算两个方案的经营现金净流量（见表 6-1），然后，再结合初始现金净流量和终结现金净流量编制两个方案的全部现金净流量计算表（见表 6-2）。

表 6-1　投资项目经营现金净流量计算表

（单位：元）

年　度	第 1 年	第 2 年	第 3 年	第 4 年	第 5 年
甲方案：					
销售收入①	6 000	6 000	6 000	6 000	6 000
付现成本②	3 000	3 000	3 000	3 000	3 000
折　旧③	2 000	2 000	2 000	2 000	2 000
税前利润④=①-②-③	1 000	1 000	1 000	1 000	1 000
所得税⑤=④×40%	400	400	400	400	400
税后利润⑥=④-⑤	600	600	600	600	600
经营现金净流量⑦=⑥+③ =①-②-⑤	2 600	2 600	2 600	2 600	2 600
乙方案：					
销售收入①	8 000	8 000	8 000	8 000	8 000
付现成本②	3 000	3 400	3 800	4 200	4 600
折　旧③	2 000	2 000	2 000	2 000	2 000
税前利润④=①-②-③	3 000	2 600	2 200	1 800	1 400
所得税⑤=④×40%	1 200	1 040	880	720	560
税后利润⑥=④-⑤	1 800	1 560	1 320	1 080	840
经营现金净流量⑦=⑥+③ =①-②-⑤	3 800	3 560	3 320	3 080	2 840

表 6-2　投资项目全部现金净流量计算表

（单位：元）

年　度	第 0 年	第 1 年	第 2 年	第 3 年	第 4 年	第 5 年
甲方案：						
固定资产投资	-10 000					
经营现金净流量		2 600	2 600	2 600	2 600	2 600
现金净流量合计	-10 000	2 600	2 600	2 600	2 600	2 600
乙方案：						
固定资产投资	-12 000					
营运资金垫支	-3 000					
经营现金净流量		3 800	3 560	3 320	3 080	2 840
固定资产残值						2 000
营运资金回收						3 000
现金净流量合计	-15 000	3 800	3 560	3 320	3 080	7 840

三、长期投资决策的基本方法

当确定了长期投资决策所需要的相关现金流量和必要报酬率的信息后，就要考虑采用一定的决策方法评价项目的经济可行性，以决定是否采纳或否决一个方案。对长期投资项目经济可行性评价时使用的方法分为两类：一类是非贴现法，包括投资回收期决策法和年均收益率决策法；另一类是贴现法，包括净现值决策法、现值指数决策法和内部报酬率决策法。

（一）非贴现法（Non-discounted Methods）

非贴现法是不考虑货币时间价值因素的各种决策方法。

1. 投资回收期（Payback Period，PP）决策法

（1）概念。投资回收期是指收回初始投资所需要的时间。投资回收期决策法是从收回投资所需要的时间长短角度评价项目的经济可行性。

（2）计算。在计算固定资产投资项目的投资回收期时，根据其现金流量的特点，有以下两种计算方式：

1）当项目各年的现金净流量相等时，用下列公式计算：

$$投资回收期（PP）=\frac{初始投资额}{年均现金净流量}$$

2）当项目各年的现金净流量不等时，用累计现金净流量法。即：投资回收期为累计现金净流量等于初始投资时所需要的时间。

例 6-2

根据例 6-1 中的资料，分别计算甲、乙两个方案的投资回收期。

甲方案每年现金净流量相等，故：

$$甲方案\ PP=\frac{10\,000}{2\,600}=3.85（年）$$

乙方案每年现金净流量不等，所以应先计算其各年累计现金净流量和尚未回收的投资额（见表 6-3），然后再计算投资回收期。

表 6-3　投资回收期计算表

（单位：元）

年　度	每年现金净流量	累计现金净流量	年末尚未回收的投资额
第 0 年			15 000
第 1 年	3 800	3 800	11 200
第 2 年	3 560	7 360	7 640
第 3 年	3 320	10 680	4 320
第 4 年	3 080	13 760	1 240
第 5 年	7 840		—

$$乙方案\ PP=4+\frac{1\,240}{7\,840}=4.16（年）$$

（3）决策标准。对相互独立的备选方案决策时：投资回收期≤期望投资回收期，可行；投资回收期>期望投资回收期，不可行。

对相互排斥的备选方案决策时：在满足投资回收期≤期望投资回收期的备选方案中，选择投资回收期最短的备选方案。

（4）优缺点

1）优点：投资回收期的概念容易理解，计算简单。

2）缺点：首先，没有考虑货币时间价值，只是将现金流量简单的相加，而没有考虑现金流量发生的时间；其次，没有考虑投资回收期满后的现金流量状况，因而不能充分说明问

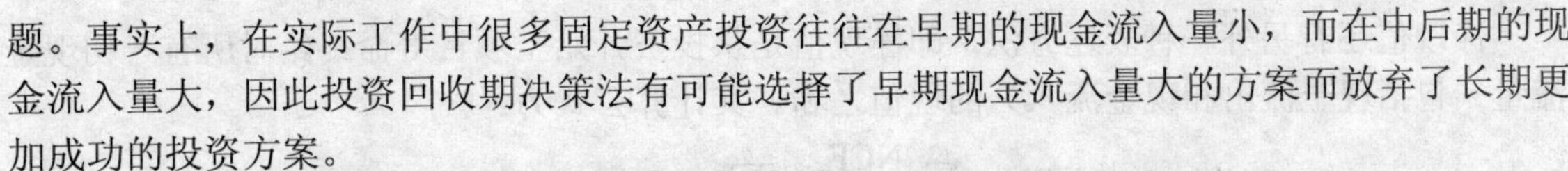

题。事实上，在实际工作中很多固定资产投资往往在早期的现金流入量小，而在中后期的现金流入量大，因此投资回收期决策法有可能选择了早期现金流入量大的方案而放弃了长期更加成功的投资方案。

2. 年均收益率（Average Rate of Return，ARR）决策法

（1）概念。年均收益率是投资项目在寿命期限内平均的年投资报酬率，也称为平均投资报酬率。

（2）计算。年均收益率的计算公式为：

$$\text{年均收益率（ARR）}=\frac{\text{年均净收益}}{\text{初始投资额}}\times 100\%$$

例 6-3

根据例 6-1 中的资料，计算年均收益率。

$$\text{甲方案 ARR=（600/10 000）}\times 100\%=6\%$$

$$\text{乙方案 ARR=}\frac{(1\,800+1\,560+1\,320+1\,080+840)/5}{15\,000}\times 100\%=8.80\%$$

（3）决策标准。对相互独立的备选方案决策时：年均收益率≥期望报酬率，可行；年均收益率<期望报酬率，不可行。

对相互排斥的备选方案决策时：在满足年均收益率≥期望报酬率的方案中，选择年均收益率最大的方案。

（4）优缺点

1）优点：简明、易算、易懂。

2）缺点：没有考虑货币时间价值；把第一年的现金流量与最后一年的现金流量看做具有相同的价值，所以有时会作出错误的决策。

（二）贴现法（Discounted Methods）

贴现法是考虑了货币时间价值的决策方法。

1. 净现值（Net Present Value，NPV）决策法

（1）概念。净现值是投资项目投入使用后产生的各年现金净流量，按资本成本率或企业要求达到的报酬率折算成总现值，减去初始投资额后的余额。

（2）计算。净现值的计算公式为：

$$NPV=\sum_{t=1}^{n}\frac{NCF_t}{(1+K)^t}-C$$

式中　NPV——净现值；

NCF_t——第 t 期现金净流量；

K——项目资本成本率或投资必要收益率，为简化计算假设各年不变；

n——项目周期（指项目建设期和生产期）；

C——初始投资额。

净现值还有另外一种表述方法，即净现值是从投资开始至项目寿命终结时所有一切现金流量（包括现金流出和现金流入）的现值之和。其计算公式为：

$$NPV=\sum_{t=0}^{n}\frac{NCF_t}{(1+K)^t}=\sum_{t=0}^{n}NCF_t(1+K)^{-t}$$

例 6-4

根据例 6-1 中的资料，假设资本成本率为 10%，计算净现值如下：

甲方案的 NCF 相等，可用公式计算：

甲方案 NPV=未来报酬的总现值–初始投资额
=2 600×（*P/A*，10%，5）–10 000
=2 600×3.790 8–10 000=–143.92（元）

乙方案的 NCF 不相等，列表计算如表 6-4 所示。

表 6-4　乙方案净现值计算表

（单位：元）

年　度	各年的 NCF①	复制现值系数②	现值③=①×②
第 1 年	3 800	0.909 1	3 454.58
第 2 年	3 560	0.826 4	2 941.98
第 3 年	3 320	0.751 3	2 494.32
第 4 年	3 080	0.683 0	2 103.64
第 5 年	7 840	0.620 9	4 867.86
未来报酬的总现值			15 862.38
减：初始投资额			15 000
净现值（NPV）			862.38

（3）决策标准。在独立备选方案的采纳与否决策中，若净现值为正则采纳；若净现值为负则不采纳。在有多个备选方案的互斥选择中，应采用净现值是正值中的最大者。

（4）优缺点

1）优点：考虑了货币时间价值，能够反映各种投资方案的净收益，因而是一种较好的方法。

2）缺点：不能揭示各个投资方案本身可能达到的实际报酬率是多少；对投资额不同的项目难以进行优先排序。

2．现值指数（Profitability Index，PI）决策法

（1）概念。现值指数又称获利指数或利润指数，是投资项目投产后未来现金流量的总现值与初始投资额的现值之比。

（2）计算。现值指数的计算公式为：

$$PI=\frac{\sum_{t=1}^{n}\frac{NCF_t}{(1+K)^t}}{C}$$

例 6-5

根据例 6-1 中的资料，计算现值指数。

甲方案 PI=9 856.08/10 000=0.99

乙方案 PI=15 862.38/15 000=1.06

（3）决策标准。在独立备选方案的采纳与否决策中，获利指数>1，则采纳；获利指数<1，就拒绝。在有多个方案的互斥选择决策中，应采用获利指数超过 1 最多的投资项目。

（4）优缺点

1）优点：考虑了货币时间价值；能够真实地反映投资项目的盈亏程度；现值指数是用相对数表示的，所以有利于在初始投资额不同的投资方案之间进行优先排序。

2）缺点：获利指数这一概念不易理解，而且不能反映项目本身的真实报酬率。

3. 内部报酬率（Internal Rate of Return，IRR）决策法

（1）概念。内部报酬率又称内含报酬率，反映的是项目本身真实的报酬率，是使投资项目的净现值等于零的贴现率。

（2）计算。内部报酬率的计算公式为：

$$\sum_{t=1}^{n}\frac{\mathrm{NCF}_t}{(1+r)^t}-C=0$$

式中 NCF_t——第 t 年的现金净流量；

r——内部报酬率；

n——项目使用年限；

C——初始投资额。

因为投资方案现金流量的特点不同，内部报酬率的求解方法也不同。

1）如果投资方案各年的现金流量相等，则用查表的方法求解。

第一步：计算年金现值系数。其计算公式为：

$$\text{年金现值系数}=\frac{\text{初始投资额}}{\text{每年NCF}}$$

第二步：查附表 D 年金现值系数表，在相同的期数内，找出与上述系数相邻近的较大和较小的两个贴现率。

第三步：根据上述两个邻近的贴现率和已求得的年金现值系数，采用插值法计算出该投资方案的内部报酬率。

2）如果投资方案各年的现金流量不同，则用测试法求解。其测试过程是：先设一个贴现率，计算其净现值，如果净现值为零，则结束测试过程，所设的贴现率就是项目的内部报酬率；如果净现值为正，则提高贴现率再测试；如果净现值为负，则降低贴现率再测试；经过反复测试，直到找到两个净现值接近于零的贴现率，再用插值法计算其精确的内部报酬率。

例 6-6

根据例 6-1 中的资料，计算内部报酬率。

由于甲方案每年的NCF相等，因而，可用如下方法计算内部报酬率：

$$2\,600\times(P/A,\ r,\ 5)-10\,000=0$$

$$\text{年金现值系数}(P/A,\ r,\ 5)=\frac{10\,000}{2\,600}=3.846\,2$$

查附表D年金现值系数表，第五期与3.846 2相邻近的年金现值系数在8%～10%之间，用插值法计算如下：

贴现率	年金现值系数
8%	3.992 7
r	3.846 2
10%	3.790 8

$$\frac{r-8\%}{10\%-8\%}=\frac{3.846\,2-3.992\,7}{3.790\,8-3.992\,7}$$

甲方案的内部报酬率（r）=8%+1.45%=9.45%

乙方案每年的NCF不相等，因而，必须逐次进行测算，测算过程如表6-5所示。

表6-5　乙方案现金流量测算过程

（单位：元）

年　度	NCF_t	R=10%		R=12%	
		（P/F，10%，t）	净现值	（P/F，12%，t）	净现值
第0年	−15 000	1	−15 000	1	−15 000
第1年	3 800	0.909 1	3 454.58	0.892 9	3 393.02
第2年	3 560	0.826 4	2 941.98	0.797 2	2 838.03
第3年	3 320	0.751 3	2 494.32	0.711 8	2 363.18
第4年	3 080	0.683 0	2 103.64	0.635 5	1 957.34
第5年	7 840	0.620 9	4 867.86	0.567 4	4 448.42
NPV			862.38		−0.01

经测试，乙项目的内部报酬率在10%～12%之间，用插值法计算：

贴现率	净现值
10%	862.38
r	0
12%	−0.01

$$\frac{r-12\%}{10\%-12\%}=\frac{0-(-0.01)}{862.38-(-0.01)}$$

r=12%

（3）决策标准。在独立备选方案的采纳与否决策中，如果计算出的内部报酬率大于企业的资本成本率或必要报酬率，则采纳；反之，如果计算出的内部报酬率小于企业的资本成本率或必要报酬率，则拒绝。

在有多个方案的互斥选择决策中，应采用内部报酬率超过资本成本率或必要报酬率最多的投资项目。

（4）优缺点

1）优点：考虑了货币时间价值，反映了投资项目的真实报酬率，能够对投资不同的项

目进行优先排序，概念也易于理解。

2）缺点：计算过程比较复杂，特别是每年 NCF 不相等的投资项目，一般要经过多次测算才能求得。

（三）投资决策指标的比较

1．各种指标在投资决策中应用的变化趋势

投资回收期决策法，作为评价企业投资效益的主要方法，在 20 世纪 50 年代曾流行全世界。但是，后来人们日益发现其局限性，于是，建立起以货币时间价值原理为基础的贴现现金流量指标。50～80 年代，在货币时间价值原理基础上建立起来的贴现现金流量指标，在投资决策指标体系中的地位发生了显著变化。使用贴现现金流量指标的公司不断增多，从 70 年代开始，贴现现金流量指标已占主导地位，并形成了以贴现现金流量指标为主、投资回收期为辅的多种指标并存的指标体系。

2．贴现现金流量指标广泛应用的原因

（1）非贴现指标把不同时间点上的现金收入和支出用毫无差别的资金进行对比，忽略了货币的时间价值因素，这是不科学的。而贴现指标则把不同时间点收入或支出的现金按统一的贴现率折算到同一时点上，使不同时期的现金具有可比性，这样才能作出正确的投资决策。

（2）非贴现指标中的投资回收期决策法只能反映投资的回收速度，不能反映投资的主要目标——净现值的多少。同时，由于投资回收期没有考虑货币时间价值因素，因而夸大了投资的回收速度。

（3）投资回收期、年均收益率等非贴现指标对寿命不同、资金投入的时间和提供收益的时间不同的投资方案缺乏鉴别能力，而贴现指标则可以通过净现值、内部报酬率和现值指数等指标，有时还可以通过净现值的年均化进行综合分析，从而作出正确合理的决策。

（4）非贴现指标中的年均收益率等指标由于没有考虑货币的时间价值，因而，实际上是夸大了项目的盈利水平。而贴现指标中的内部报酬率以预计的现金流量为基础，是考虑了货币的时间价值以后计算出的真实报酬率。

（5）在运用投资回收期这一指标时，标准回收期是方案取舍的依据。但标准回收期一般都是以经验或主观判断为基础来确定的，缺乏客观依据。而贴现指标中的净现值和内部报酬率等指标实际上都是以企业的资本成本率为取舍依据的，任何企业的资本成本率都可以通过计算得到，因此，这一取舍标准符合客观实际。

（6）管理人员水平的不断提高和电子计算机的广泛应用，加速了贴现指标的使用。

3．贴现现金流量指标的比较

（1）净现值和内部报酬率的比较。在多数情况下，运用净现值和内部报酬率这两种方法得出的结论是相同的。但在如下两种情况下，有时会产生差异：①初始投资不一致。②现金流入的时间不一致。尽管是在这两种情况下使二者产生了差异，但引起差异的原因是共同的：净现值决策法假定产生的现金流入量重新投资会产生相当于企业资本成本的利润率，而内部报酬率决策法却假定现金流入量重新投资产生的利润率与此项目的特定的内部报酬率相同。在无资本限量的情况下，净现值决策法是一个比较好的方法。

（2）净现值和现值指数的比较。由于净现值和现值指数使用的是相同的信息，在评价投资项目的优劣时，它们常常是一致的，但有时也会产生分歧。只有当初始投资不同时，净现

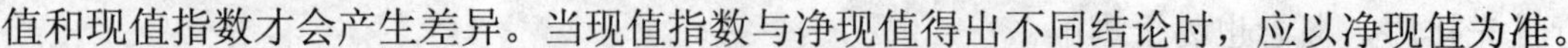

值和现值指数才会产生差异。当现值指数与净现值得出不同结论时，应以净现值为准。

总之，在无资本限量的情况下，利用净现值决策法在所有的投资评价中都能作出正确的决策；而利用内部报酬率决策法和现值指数决策法在采纳与否决策中也能作出正确的决策，但在互斥选择决策中有时会作出错误的决策。因而，在这三种评价方法中，净现值决策法是最好的评价方法。

第三节 长期投资决策指标的应用

一、固定资产更新决策

随着科学技术的不断发展，固定资产更新周期大大缩短。这是因为旧设备往往消耗大、维修费用多，当生产效率更高，原材料、燃料、动力的消耗更低的高效能设备出现时，尽管旧设备继续使用，但企业也会对固定资产进行更新。因此，固定资产更新决策便成为企业长期投资决策的一项重要内容。

例 6-7

BF 公司考虑用一台新的、效率更高的设备来代替旧设备，以减少成本，增加收益。旧设备原购置成本为 40 000 元，使用 5 年，估计还可使用 5 年，已提折旧 20 000 元，假定使用期满无残值，如果现在销售可得价款 20 000 元使用该设备每年可获收入 50 000 元，每年的付现成本为 30 000 元。该公司现准备用一台新设备来代替原有的旧设备，新设备的购置成本为 60 000 元，估计可使用 5 年，期满有残值 10 000 元，使用新设备后，每年收入可达 80 000 元，每年付现成本为 40 000 元。假设该公司的资本成本率为 10%，所得税税率为 40%，新、旧设备均用直线折旧法计提折旧。试作出该公司是继续使用旧设备还是对其进行更新的决策。

在本例中，一个方案是继续使用旧设备，另一个方案是出售旧设备而购置新设备。为此，采用差量分析法来计算一个方案比另一个方案增减的现金流量，所有增减额均用希腊字母“Δ”表示。

下面，从新设备的角度计算两个方案的差量现金流量。

（1）分别计算初始投资与折旧的现金流量的差量。

$$\Delta初始投资=60\,000-20\,000=40\,000（元）$$

$$\Delta年折旧额=10\,000-4\,000=6\,000（元）$$

（2）利用表 6-6 计算各年经营现金流量的差量。

表 6-6 各年经营现金流量的差量

（单位：元）

项目	第 1 年～第 5 年
Δ销售收入①	30 000
Δ付现成本②	10 000
Δ折旧额③	6 000
Δ税前利润④=①-②-③	14 000
Δ所得税⑤=④×40%	5 600
Δ税后利润⑥=④-⑤	8 400
Δ经营现金净流量⑦=⑥+③ =①-②-⑤	14 400

（3）利用表 6-7 计算两个方案现金流量的差量。

表 6-7　两个方案现金流量的差量

（单位：元）

项　目	第 0 年	第 1 年	第 2 年	第 3 年	第 4 年	第 5 年
Δ初始投资	−40 000					
Δ经营现金净流量		14 400	14 400	14 400	14 400	14 400
Δ终结现金流量						10 000
Δ现金流量	−40 000	14 400	14 400	14 400	14 400	24 400

（4）计算净现值的差量。

$$\Delta NPV=14\,400\times(P/A,\ 10\%,\ 4)+24\,400\times(P/F,\ 10\%,\ 5)-40\,000$$
$$=14\,400\times3.169\,9+24\,400\times0.620\,9-40\,000$$
$$=20\,796.52\text{（元）}$$

投资项目更新后，有净现值 20 800.40 元，故应进行更新。

二、资本限量决策

资本限量是指企业资金有一定限度，不能投资于所有可接受的项目。也就是说，有很多获利项目可供投资，但无法筹集到足够的资金。这种情况是在许多公司都存在的，特别是那些以内部融资为经营策略或外部融资受到限制的企业。

在资本限量的情况下，什么样的项目将被采用呢？为了使企业获得最大的利益，应投资于一组使净现值最大的项目。这样的一组项目必须用适当的方法进行选择，有两种方法可供采用，即现值指数法和净现值法。

1. 使用现值指数法的步骤

第一步：计算所有项目的现值指数，不能略掉任何项目，并列出每一个项目的初始投资。

第二步：接受 PI≥1 的项目，如果所有可接受的项目都有足够的资金，则说明资本没有限量，这一过程即可完成。

第三步：如果资金不能满足所有 PI≥1 的项目，那么就要对第二步进行修正。这一修正的过程是：对所有项目在资本限量内进行各种可能的组合，然后计算出各种组合的加权平均现值指数。

第四步：接受加权平均现值指数最大的一组项目。

2. 使用净现值法的步骤

第一步：计算所有项目的净现值，并列出项目的初始投资。

第二步：接受 NPV≥0 的项目，如果所有可接受的项目都有足够的资金，则说明资本没有限量，这一过程即可完成。

第三步：如果资金不能满足所有的 NPV≥0 的投资项目，那么就要对第二步进行修正。这一修正的过程是：对所有的项目都在资本限量内进行各种可能的组合，然后，计算出各种组合的净现值合计数。

第四步：接受净现值合计数最大的组合。

3. 资本限量决策举例

例 6-8

假设 PK 公司有五个可供选择的项目 A_1、B_1、B_2、C_1、C_2，其中 B_1 和 B_2、C_1 和 C_2 是互斥项目，该公司资本的最大限量是 4 000 000 元。详细情况如表 6-8 所示。

表 6-8 投资项目资料

（单位：元）

投资项目	初始投资	现值指数（PI）	净现值（NPV）
A_1	120 000	1.56	67 000
B_1	150 000	1.53	79 500
B_2	300 000	1.37	111 000
C_1	125 000	1.17	21 000
C_2	100 000	1.18	18 000

如果 PK 公司想选取现值指数最大的项目，那么它将选用 A_1 项目（现值指数为 1.56）、B_1 项目（现值指数为 1.53）和 C_2 项目（现值指数为 1.18）；如果 PK 公司按每一项目的净现值的大小来选取，那么它将首先选用 B_2 项目，另外可选择的只有 C_2 项目。

然而，以上两个选择方法都是错误的，因为它们选择的都不是能使企业净现值最大的项目组合。

为了选出最优的项目组合，必须列出在资本限量内所有可能的项目组合。为此，通过表 6-9 来计算所有可能的项目组合的加权平均现值指数和净现值合计数。

表 6-9 项目组合的加权平均现值指数和净现值合计数

（单位：元）

项目组合	初始投资	加权平均现值指数	净现值合计
$A_1B_1C_1$	395 000	1.42	167 500
$A_1B_1C_2$	370 000	1.41	164 500
A_1B_1	270 000	1.37	146 500
A_1C_1	245 000	1.22	88 000
A_1C_2	220 000	1.21	85 000
B_1C_1	275 000	1.25	100 500
B_2C_2	400 000	1.32	129 000

在表 6-9 中 $A_1B_1C_1$ 的组合有 5 000 元资金没有用完，假设这 5 000 元可投资于有价证券，现值指数为 1（以下其他组合也如此）。则 $A_1B_1C_1$ 组合的加权平均现值指数可按以下方法计算：

$$\frac{120\,000}{400\,000}\times1.56+\frac{150\,000}{400\,000}\times1.53+\frac{125\,000}{400\,000}\times1.17+\frac{5\,000}{400\,000}\times1.00=1.42$$

从表 6-9 中可以看出，PK 公司应选用 A_1、B_1 和 C_1 三个项目的投资组合，其净现值为 167 500 元。

三、投资开发时机决策

某些自然资源的储量不多，由于不断开采，价格将随储量的下降而上升。在这种情况下，一方面，由于价格不断上升，早开发的收入少，而晚开发的收入多；但另一方面，钱越早赚到手越好，因此，就必须研究开发时机问题。

在进行此类决策时，决策的基本规则也是寻求使净现值最大的方案，但由于两个方案的开发时间不一样，所以不能把净现值简单对比，而必须把晚开发所获得的净现值换算为早开发的第1年年初（t=0）时的现值，然后再进行对比。

例 6-9

DF公司拥有一稀有矿藏，这种矿产品的价格在不断上升。根据预测，6年后价格将一次性上升50%，因此，公司要研究现在开发还是6年后开发的问题。不论现在开发还是6年后开发，初始投资均相同，建设期均为1年，从第2年开始投产，投产后5年就把矿藏全部开采完。有关资料如表6-10所示。

表6-10 DF公司项目投资资料

投资与回收		收入与成本	
固定资产投资	80万元	年产销量	2 000t
营运资金垫支	10万元	现投资开发每吨售价	0.10万元
固定资产残值	0万元	6年后投资开发每吨售价	0.15万元
资本成本率	10%	年付现成本	60万元
		所得税税率	25%

（1）计算现在开发的净现值

1）通过表6-11计算现在开发的经营现金流量。

表6-11 现在开发的经营现金流量

（单位：元）

项　目	第2年～第6年
销售收入①	200
付现成本②	60
折旧③	16
税前利润④	124
所得税⑤	31
税后利润⑥	93
经营现金流量⑦=①–②–⑤ =③+⑥	109

2）根据经营现金流量、初始投资和终结现金流量编制现金流量计算表（见表6-12）。

表6-12 现金流量计算表

（单位：元）

项目	第0年	第1年	第2年～第5年	第6年
固定资产投资	–80			
营运资金垫支	–10			
经营现金流量		0	109	109
营运资金回收				10
现金流量	–90	0	109	119

3）计算现在开发的净现值。

$$NPV=[109\times(P/A,\ 10\%,\ 4)\times(P/F,\ 10\%,\ 1)+119\times(P/F,\ 10\%,\ 6)]-90$$
$$=(109\times3.169\,9\times0.909\,1+119\times0.564\,5)-90=291.29\text{（万元）}$$

（2）计算6年后开发的净现值

1）通过表6-13计算6年后开发的经营现金流量。

表6-13 经营现金流量计算表

（单位：元）

项　目	第2年～第6年
销售收入①	300
付现成本②	60
折旧③	16
税前利润④	224
所得税⑤	56
税后利润⑥	168
经营现金流量⑦=①-②-⑤ =③+⑥	184

2）根据经营现金流量、初始投资和终结现金流量编制现金流量计算表（见表6-14）。

表6-14 现金流量计算表

（单位：元）

项　目	第0年	第1年	第2年～第5年	第6年
固定资产投资	-80			
营运资金垫支	-10			
经营现金流量		0	184	184
营运资金回收				10
现金流量	-90	0	184	194

3）计算6年后开发的到开发年度初的净现值。

NPV=[184×（*P*/*A*，10%，4）×（*P*/*F*，10%，1）+194×（*P*/*F*，10%，6）]-90

=（184×3.169 9×0.909 1+194×0.564 5）-90

=549.75（万元）

（3）将6年后开发的净现值折算为立即开发的净现值

6年后开发折算为立即开发的净现值=549.75×（*P*/*F*，10%，6）

=549.75×0.564 5=310.34（万元）

所得结论为：早开发的净现值为291.29万元，6年后开发的净现值为310.34万元，因此，应6年后开发。

四、投资期决策

从开始投资至投资结束投入生产所需要的时间，称为投资期。集中施工力量、交叉作业、加班加点可以缩短投资期，可使项目提前竣工，早投入生产，早产生现金流入量，但采用上述措施往往需要增加投资额。究竟是否应缩短投资期，要进行认真分析，以判明得失。

在投资期决策中，最常用的分析方法是差量分析法，即根据缩短投资期与正常投资期相比的Δ现金流量来计算Δ净现值。如果Δ净现值为正，则说明缩短投资期比较有利；如果Δ净现值为负，则说明缩短投资期得不偿失。当然，也可以不采用差量分析法，通过分别计算正常投资期和缩短投资期的净现值，并加以比较，作出决策。

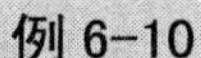

例 6-10

甲公司进行一项投资，正常投资期为 3 年，每年需 200 万元，3 年共需 600 万元。第 4 年～第 13 年每年现金净流量为 210 万元。如果把投资期缩短为 2 年，则每年需 320 万元，2 年共需 640 万元，竣工投产后的项目寿命和每年现金净流量不变。项目资本成本率为 20%，假设寿命终结时无残值，不用垫支营运资金。试分析判断应否缩短投资期。

（1）通过表 6-15 计算缩短投资期与正常投资期相比的 Δ 现金流量。

表 6-15 现金流量计算表

（单位：元）

项 目	第 0 年	第 1 年	第 2 年	第 3 年	第 4 年～第 12 年	第 13 年
缩短投资期的现金流量	−320	−320	0	210	210	0
正常投资期的现金流量	−200	−200	−200	0	210	210
缩短投资期的 Δ 现金流量	−120	−120	200	210	0	−210

（2）计算 Δ 净现值。

缩短投资期的 Δ 净现值=−120−120×（P/F，20%，1）+200×（P/F，20%，2）+210×（P/F，20%，3）−210×（P/F，20%，13）

=−120−120×0.833 3+200×0.694 4+210×0.578 7−210×0.093 5

=20.78（万元）

因为缩短投资期的 Δ 净现值为正值，所以应缩短投资期。

五、项目寿命不等的投资决策

大部分固定资产投资都会涉及两个或两个以上的寿命不同的投资项目的选择问题。由于项目的寿命不同，因而就不能对它们的净现值、内部报酬率和现值指数进行直接比较。为了使投资项目的各项指标具有可比性，必须设法使两个项目在相同的寿命周期内进行比较。

例 6-11

QW 公司要在两个投资项目中选取一个。半自动化的 A 项目需要 160 000 元初始投资，每年产生 80 000 元的现金净流量，项目的使用寿命为 3 年，3 年后必须更新且无残值；全自动化的 B 项目需要初始投资 210 000 元，使用寿命为 6 年，每年产生 64 000 元的现金净流量，6 年后必须更新且无残值。企业的资本成本率为 16%，那么，QW 公司该选用哪个项目呢？

两个项目的净现值计算如下：

$$NPV_A=NCF_A\times（P/A，K，n）-C$$

$$=80\,000\times（P/A，16\%，3）-160\,000$$

$$=80\,000\times2.245\,9-160\,000$$

$$=19\,672（元）$$

$$NPV_B=64\,000\times（P/A，16\%，6）-210\,000$$

$$=64\,000\times3.684\,7-210\,000$$

$$=25\,820.80（元）$$

项目的净现值表明 B 项目优于 A 项目，应先选用 B 项目。但这种分析是不完全的，因为没有考虑两个项目之间的寿命是不同的。如果采用 A 项目，则在 3 年以后还要进行相同的投资，才能与 B 项目的寿命相同。为了使指标的对比更加合理，必须考虑对相同年度内的两个项目净现值进行比较，或者是对两个项目的年均净现值进行比较。这便出现了进行合理比较的两种基本方法——最小公倍寿命法和年均净现值法。

1. 最小公倍寿命法

最小公倍寿命法是使投资项目的寿命周期相等的方法。也就是说，求出两个项目使用年限的最小公倍数。对于前面所举 QW 公司的 A 项目与 B 项目来说，它们的最小公倍寿命为 6 年。由于 B 项目的净现值原来就是按 6 年计算的，所以无须重新调整，对于 A 项目，则必须计算一个新的、假设项目要在第 0 年和第 3 年进行相同投资的净现值，具体情况如表 6-16 所示。

表 6-16 投资项目的现金流量表

（单位：元）

项　目	第 0 年	第 1 年	第 2 年	第 3 年	第 4 年	第 5 年	第 6 年
第 0 年投资的现金流量	−160 000	80 000	80 000	80 000			
第 3 年投资的现金流量				−160 000	80 000	80 000	80 000
再次投资合并的现金流量	−160 000	80 000	80 000	−80 000	80 000	80 000	80 000

$$\text{A 项目 6 年期的净现值}=\text{第 0 年投资的净现值}+\text{第 3 年投资的净现值}\times\frac{1}{(1+16\%)^3}$$

$$=19\,672+19\,672\times\frac{1}{(1+16\%)^3}=32\,275.85\text{（元）}$$

这时就可以把两个净现值相比较了，因为 A 项目的净现值为 32 275.85 元，而 B 项目的净现值为 25 820.80 元，因此，QW 公司应选用半自动化的 A 项目。

对 QW 公司的这个项目来说，两个项目的最小公倍寿命为 6 年。但在有些情况下，计算两个项目的最小公倍寿命是很麻烦的。例如，一个项目的寿命为 7 年，另一个项目的寿命为 11 年，那么，最小公倍寿命为 77 年。在这种情况下，应用最小公倍寿命法来评价这两个项目，工作量就会相当大。

2. 年均净现值法

年均净现值（ANPV）法是把项目总的净现值转化为项目每年的平均净现值。

年均净现值的计算公式是：

$$\text{ANPV}=\frac{\text{NPV}}{(P/A,\ r,\ n)} \qquad (6\text{-}2)$$

式中　ANPV——年均净现值；

$(P/A,\ r,\ n)$——建立在公司资本成本率和项目寿命周期基础上的年金现值系数。

对例 6-11 中 QW 公司的两个项目来说，可用公式（6-2）分别计算 A 项目和 B 项目的年均净现值。即：

$$\text{ANPV}_A=\frac{19\,672}{(P/A,16\%,3)}$$

$$=\frac{19\,672}{2.245\,9}=8\,759.07\text{（元）}$$

$$ANPV_B = \frac{25\,820.80}{(P/A,16\%,6)} = \frac{25\,820.80}{3.684\,7} = 7\,007.57（元）$$

从上面的计算可以看出，A 项目的年均净现值比 B 项目高，故 QW 公司应选用 A 项目。把这一计算结果与最小公倍寿命法计算的结果相比较，可以看出两者的结论是一致的。

第四节　有风险情况下的投资决策

传统的财务投资决策方法不能很好地反映有风险条件下的风险投资收益情况，因此不真实、不准确，所以必须研究有风险条件下的评估法。

风险调整情况下的投资决策需要依据风险条件下所作出的评估指标来进行。

固定资产投资决策涉及的时间较广，对未来收益和成本很难准确预测，即有不同程度的不确定性或风险性。有风险情况下的投资评估方法主要有调整贴现率和调整现金流量两种方法。

一、按风险调整贴现率法

将与特定投资项目有关的风险报酬，加入到资本成本率或企业要求达到的报酬率中，构成按风险投资的贴现率，并据此进行投资评估分析，叫做按风险调整贴现率法。

按风险调整贴现率有如下几种方法：

1. 用资本资产定价模型

特定投资项目按风险调整的贴现率可按下式来计算：

$$K_j = R_F + \beta_j(R_m - R_F)$$

式中　K_j——项目 j 按风险调整的贴现率或项目的必要报酬率；

R_F——无风险报酬率；

β_j——项目 j 的不可分散风险的 β 系数；

R_m——所有项目平均的贴现率或必要报酬率。

2. 按投资项目的风险等级来调整贴现率

这种方法是对影响投资项目风险的各因素进行评估，来确定风险等级，并根据风险等级来调整贴现率的一种方法，如表 6-17 和表 6-18 所示。

表 6-17　投资项目等级表

因　素	投资项目的风险状况及得分									
	A		B		C		D		E	
	状况	得分	状况	得分	状况	得分	状况	得分	状况	得分
市场竞争	无	1	较弱	3	一般	5	较强	8	很强	12
战略上的协调	很好	1	较好	3	一般	5	较差	8	很差	12
投资回收期	1.5 年	4	1 年	1	2.5 年	7	3 年	10	4 年	15
资源供应	一般	8	很好	1	较好	5	很差	12	较差	10
总分	—	14	—	8	—	22	—	38	—	49

表 6-18　投资项目调整后的贴现率表

总　分	风险等级	调整后的贴现率
0～8	很低	7%
8～16	较低	9%
16～24	一般	12%
24～32	较高	15%
32～40	很高	17%
40 分以上	最高	25%以上

3．用风险报酬率模型调整贴现率

一项风险投资的报酬可分为无风险报酬率和风险报酬率两部分。如下列公式所示：

$$K = R_F + bV$$

因此，特定项目按风险调整的可按下式计算：

$$K_i = R_F + b_i V_i$$

式中　K_i——项目 i 按风险调整的贴现率；

R_F——无风险报酬率；

b_i——项目 i 的风险报酬系数；

V_i——项目 i 的预期标准离差率。

按风险调整贴现率以后，具体的估值方法与无风险的情况基本相同。这种方法，对风险大的项目采用较高的贴现率，对风险小的项目采用较低的贴现率，简单明了，便于理解，因此，被广泛采用。

二、按风险调整现金流量法

风险的存在使得各年的现金流量变得不确定，因此，就需要按风险情况对各年的现金流量进行调整。这种先按风险调整现金流量，然后进行长期投资决策的评价方法，叫做按风险调整现金流量法。具体调整办法很多，这里介绍最常用的确定当量法。

在风险决策中，由于各年的现金流量具有不确定性，所以必须进行调整。所谓确定当量法就是把不确定的各年现金流量，按照一定的系数折算成大约相当于确定的现金流量的数量，然后，利用无风险贴现率来评价风险投资项目的估值方法。约当系数是肯定的现金流量对与之相当的、不肯定的现金流量的比值，通常用 d 表示。在进行评价时可根据各年的现金流量在 0～1 之间取值；当现金流量风险很小时，可取 $1>d>0.40$；当现金流量风险很大时，可取 $0.40>d>0$。

约当系数的选用可能会因人而异，敢于冒险的投资者会选用较高的约当系数，而不愿意冒险的投资者可能选用较低的约当系数。为了防止因决策者的偏好不同而造成决策失误，有些企业根据标准离差率来确定约当系数，因为标准离差率是衡量风险大小的一个很好指标，因而，用它来确定约当系数是合理的。标准离差率与约当系数的经验对照关系如表 6-19 所示。

表 6-19　约当系数表

d_t（标准离差率）	约当系数
0～0.07	1
0.08～0.15	0.90
0.16～0.23	0.80
0.24～0.32	0.70
0.33～0.42	0.60
0.42～0.54	0.50
0.55～0.70	0.40
⋮	⋮

按风险程度对现金流量进行调整后，若计算出的净现值大于零，则可以投资。

例 6-12

某公司准备进行一项投资，其各年的现金流量和分析人员确定的约当系数已列示在表 6-20 中，无风险贴现率为 10%，试判断此项目是否可行。

表 6-20　现金流量及约当系数表

项目	第 0 年	第 1 年	第 2 年	第 3 年	第 4 年
NCF_t	−20 000	8 000	8 000	8 000	8 000
d_t	1	0.95	0.90	0.80	0.80

根据以上资料，可利用净现值法进行评价。

$$NPV=0.95\times 8\,000\times(P/F,\ 10\%,\ 1)+0.90\times 8\,000\times(P/F,\ 10\%,\ 2)+0.80\times 8\,000\times(P/F,\ 10\%,\ 3)+0.80\times 8\,000\times(P/F,\ 10\%,\ 4)+1\times(-20\,000)$$
$$=2\,038.76\text{（元）}$$

本例中按风险程度对现金流量进行调整后，计算出的净现值为正数，故可以进行投资。

采用确定当量法来对现金流量调整，进而作出投资决策，克服了调整贴现率法夸大远期风险的缺点，但如何准确、合理地确定约当系数是一个十分困难的问题。

本 章 小 结

企业投资是指企业投入财力，以期望在未来获取收益的一种行为。长期投资是指一年以上才能收回的投资。长期投资的特点是投资数额大、投资风险大、投资频率低、投资回收期限长。

现金流量，在投资决策中是指一个项目引起的企业现金支出和现金收入增加的数量。长期投资的现金流量包括：现金流出量、现金流入量和现金净流量。长期投资引起的现金流入量是指该方案引起的企业现金收入的增加额。长期投资发生的现金流出量是指该投资引起的企业现金支出的增加额。估算现金流量主要从初始现金净流量、经营现金净流量和终结现金净流量三个方面进行。

对长期投资项目经济可行性评价时使用的方法分为两类：一类是非贴现法，包括投资回收期决策法和年均收益率决策法；另一类是贴现法，包括净现值决策法、现值指数决策法和内部报酬率决策法。投资回收期是指收回初始投资所需要的时间。净现值是投资项目投入使用后产生的各年现金净流量，按资本成本或企业要求达到的报酬率折算的总现值，减去初始投资以后的余额。现值指数又称获利指数或利润指数，是投资项目投产后未来现金流量的总现值与初始投资额的现值之比。内部报酬率又称内含报酬率，反映的是项目本身真实的报酬率，是使投资项目的净现值等于零的贴现率。

投资决策的方法可用于固定资产更新决策、资本限量决策、投资开发时机决策、投资期决策、项目寿命不等的投资决策等。

有风险情况下的投资评估方法主要有调整现金流量和调整贴现率两种方法。

复习思考题

1．什么是现金流量？什么是现金流入量、现金流出量？

2．试述长期投资决策中的现金流量的构成。

3．试述在投资决策中广泛应用贴现现金流量指标的原因。

4．净现值决策法与内部报酬率决策法在评价投资方案时有什么不同？

练　习　题

1．某公司因业务发展需要，准备购入一套设备。现有甲、乙两个方案可供选择，其中甲方案需投资20万元，使用寿命为5年，采用直线法计提折旧，5年后设备无残值。5年中每年的销售收入为8万元，每年的付现成本为3万元。乙方案需投资24万元，也采用直线法计提折旧，使用寿命也为5年，5年后有残值收入4万元。5年中每年的销售收入为10万元，付现成本第一年为4万元，以后随着设备不断陈旧，逐年将增加日常修理费2 000元，另需垫支营运资金3万元。假设所得税税率为40%。

要求：

（1）试计算两个方案的现金流量。

（2）如果该公司资本成本率为10%，试用净现值决策法对两个方案作出取舍。

2．某公司决定进行一项投资，投资期为3年。每年年初投资2 000万元，第四年初开始投产，投产时需垫支500万元营运资金，项目寿命期为5年，5年中会使企业每年增加销售收入3 600万元，每年增加付现成本1 200万元，假设该企业所得税税率为30%，资本成本率为10%，固定资产无残值。

要求：计算该项目的投资回收期、净现值。

3．某公司原有设备一套，购置成本为150万元，预计使用10年，已使用5年，预计残值为原值的10%，该公司用直线法提取折旧。现该公司拟购买新设备替换原设备，以提高生产率，降低成本。新设备购置成本为200万元，使用年限为5年，同样用直线法提取折旧，预计残值为购置成本的10%，使用新设备后公司每年的销售额可以从1 500万元上升到1 650万元，每年付现成本将从1 100万元上升到1 150万元，公司如购置新设备，则旧设备出售可得收入100万元。该公司的所得税税率为25%，资本成本率为10%。

要求：通过计算说明该设备应否更新。

4．假设某公司计划购置一个铜矿，需要投资600 000元。该公司购置铜矿以后，需要购置运输设备将

矿石运送到冶炼厂。公司在购置运输设备时有两种方案，投资方案甲是投资 400 000 元购买货车，而投资方案乙是投资 4 400 000 元安装一条矿石运送线。如果该公司采用投资方案甲，则货车的燃料费、人工费和其他费用将会高于运送线的经营费用。假设该投资项目的使用期为 1 年，1 年以后，铜矿的矿石将会耗竭。同时，假设投资方案甲的预期税后利润为 1 280 000 元，投资方案乙的预期税后利润为 6 000 000 元，投资方案甲和投资方案乙的资本成本率均为 10%且比较稳定。

要求：

（1）分别计算两个项目的净现值和内部报酬率。

（2）根据计算结果作出投资决策并简单阐述理由。

案例分析

晨鸣扩印机厂的新生产线投资

晨鸣扩印机厂是生产扩印机的中型企业，该厂生产的扩印机质量优良、价格合理，长期以来供不应求。为了扩大生产能力，晨鸣扩印机厂准备新建一条生产线。

于滔是该厂助理会计师，主要负责筹资和投资工作。总会计师张宽要求于滔搜集建设新生产线的有关资料，写出投资项目的财务评价报告，以供厂领导决策参考。

于滔经过十几天的调查研究，得到以下有关资料：该生产线的初始投资是 12.5 万元，建设期 1 年，分两次投入。第 1 次在建设期初投入 10 万元，第 2 次在建设期末投入 2.5 万元。第 1 年年末可完成建设并正式投产。投产后每年可生产扩印机 1 000 台，每台的销售价格是 300 元，每年可获销售收入 30 万元。投资项目可使用 5 年，5 年后残值为 2.5 万元。在投资项目经营期间要垫支流动资金 2.5 万元，这笔资金在项目结束时可如数收回。该项目生产的产品年总成本的构成情况如下：

原材料费用 20 万元

工资费用 3 万元

管理费用（扣除折旧）2 万元

折旧费用 2 万元

于滔又对晨鸣扩印机厂的各种资金来源进行了分析研究，得出该厂的加权平均资本成本率为 10%。

假如你是于滔，利用所学知识，完成以下工作：

1．预测该项目各年的现金净流量。

2．计算该项目的净现值，以评价项目是否可行。

第七章

对外投资管理

本章要点：

本章介绍对外投资概述、对外直接投资和对外证券投资。重点掌握以下内容：

1. 掌握对外投资的种类和目的。
2. 掌握对外直接投资的决策程序。
3. 掌握证券的种类，以及证券投资的目的与交易方式。
4. 了解证券投资组合的风险与收益。

第一节　对外投资概述

一、对外投资的种类

对外投资是企业在本身主要经营业务以外，以现金、实物、无形资产方式或以购买股票、债券等有价证券方式向其他单位进行投资，以期在未来获得投资收益的经济行为。

（一）按照投资时间长短分类

按照投资时间的长短，对外投资可分为短期投资与长期投资。

1. 短期投资

短期投资是指能够随时变现、持有时间不超过一年的有价证券及不超过一年的其他投资。短期投资主要利用债券和股票等有价证券进行投资，具有投资风险小、变现能力强、收益率低等特点。

2. 长期投资

长期投资是指不准备随时变现、持有时间超过一年的有价证券及超过一年的其他投资。长期投资可以利用现金、实物、无形资产、有价证券等形式进行，具有投资风险大、变现能力差、收益率高等特点。

短期投资与长期投资的界限主要有两个：能够随时变现、准备随时变现。只有同时符合这两个条件，才列入短期投资，否则列为长期投资。

长期投资与短期投资的划分不完全取决于投资期限的长短，而主要取决于长期投资的目的。在一年内不能随时变现的证券和其他资产通常用于其他投资，但可以随时变现的有价证

券则可根据需要用于短期投资。

（二）按照投资形成的产权关系不同分类

按照投资形成的产权关系不同，对外投资可分为股权投资和债权投资。

1．股权投资

股权投资是指投资企业以购买股票、兼并投资、联营投资等方式向被投资企业进行的投资。股权投资通过投资取得被投资企业的股份，是企业（或者个人）购买的其他企业（准备上市、未上市公司）的股票或以货币资金、无形资产和其他实物资产直接投资于其他企业，最终目的是为了获得较大的经济利益，这种经济利益可以通过分得利润或股利获取，也可以通过其他方式取得。股权投资通常是为长期（至少在一年以上）持有一个公司的股票或长期的投资一个公司，以期达到控制被投资企业，或对被投资企业施加重大影响，或为了与被投资企业建立密切关系，以分散经营风险的目的。例如，被投资单位生产的产品为投资企业生产所需的原材料，在市场上，这种原材料的价格波动较大，且不能保证供应。在这种情况下，投资企业通过所持股份，达到控制或对被投资企业施加重大影响，使其生产所需的原材料能够直接从被投资企业取得，而且价格比较稳定，以保证其生产经营的顺利进行。但是，如果被投资企业经营状况不佳，或者进行破产清算时，则投资企业作为股东，也需要承担相应的投资损失。股权投资通常具有投资大、投资期限长、风险大以及能为企业带来较大的利益等特点。

2．债权投资

债权投资是指投资企业以购买债券和租赁投资等方式向被投资企业进行的投资。债权投资形成被投资企业的负债，投资企业是被投资企业的债权人。债权投资根据投资方式的不同，可分为债券投资和租赁投资。债券投资可以获取固定的利息收入，也可以在市场买卖中赚差价。随着利率的升降，投资者如果能适时地买进卖出，就可获取较大收益。租赁投资是指企业以实物资产租赁或无形资产租赁等方式对其他企业进行的投资。

债权投资与股权投资相比具有投资收益小、风险小的特点。

（三）按照投资方式不同分类

按照投资方式的不同，对外投资可分为实物投资和证券投资。

1．实物投资

实物投资又称直接投资，是指企业以现金、实物、无形资产等投入其他企业进行的投资。实物投资直接形成生产经营活动的能力并为从事某种生产经营活动创造必要的条件。它具有与生产经营联系紧密、投资回收期较长、投资变现速度慢、流动性差等特点。实物投资包括联营投资、兼并投资等。

2．证券投资

证券投资又称间接投资，是指以购买有价证券（如股票、债券等）的方式对其他企业进行的投资。证券投资并不直接形成生产经营活动的能力，被投资企业在取得资金并以一定方式投入后，才能形成生产经营的能力。投资证券按其性质，可分为三类：一是债券性证券。即由发行企业或政府机构发行并规定还本付息的时间与金额的债务证书，包括国库券、金融债券和其他公司债券，表明企业拥有证券发行单位的债权。二是权益性证券。表明企业拥有

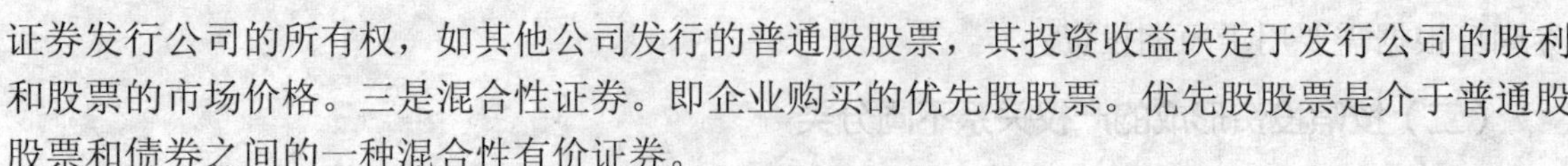

证券发行公司的所有权，如其他公司发行的普通股股票，其投资收益决定于发行公司的股利和股票的市场价格。三是混合性证券。即企业购买的优先股股票。优先股股票是介于普通股股票和债券之间的一种混合性有价证券。

（四）按照投资对企业前途的影响不同分类

按照投资对企业前途影响的不同，对外投资可分为战术性投资与战略性投资。

1．战术性投资

战术性投资是指不涉及企业整个前途的投资。战术性投资主要是为了充分利用闲置资金，增加企业收益，因而所需资金量较少，见效比较快，风险也比较小。

2．战略性投资

战略性投资是指对企业未来产生长期影响的资本支出，具有规模大、周期长、基于企业发展的长期目标、分阶段等特征，是影响企业的前途和命运的投资，即对企业全局有重大影响的投资。企业战略性投资泛指直接影响企业竞争地位、经营成败及中、长期战略目标实现的重大投资活动。典型意义的企业战略性投资项目包括：新产品的研究与开发、新的生产技术或生产线的引进、新领域的进入、兼并收购、资产重组、生产与营销能力的扩大等。这类投资通常资金需求量较大，回报周期较长并伴随较大的投资风险。因此，企业战略性投资的风险投资特征往往也非常明显。

（五）按照投资的风险程度不同分类

按照投资风险程度的不同，对外投资可分为确定性投资与风险性投资。

1．确定性投资

确定性投资是指在对未来影响投资决策的各种因素的影响方向及影响程度都明确掌握的情况下进行的投资。例如，企业购买债券，由于还本、付息的日期以及还本、付息的金额事先都已确知，因而属于确定性投资。确定性投资的风险比较小，投资收益可以比较准确地预测，所以进行这种投资一般可不考虑风险问题。

2．风险性投资

风险性投资是指在对未来影响投资决策的各种因素的影响方向或影响程度不能明确掌握的情况下进行的投资。例如，企业购买股票，由于损益及其数额往往事先不能准确预测，甚至连损益的方向都不能确知，所以在上述情况下进行的决策属于风险性决策。风险性投资的风险比较大，对未来的因素很难准确地把握，因而投资收益也很难准确地预测。

二、对外投资的目的

1．资金保值与增值

资金是企业资产价值的货币表现，有效地利用企业拥有或控制的经济资源，不仅会使企业取得收益，也必然会使资金在运动中保存价值和不断增值。因此，企业必须充分利用现有的资产，提高资产的利用效率，以增加企业的收益。但是，在企业的生产经营过程中，由于市场的变化或者企业管理的原因，有时会出现资产闲置或资产报酬率下降甚至亏损的情况。在这种情况下，企业可以考虑利用现有的资产对外投资，进行资产的重新组合，以优化资源配置，增加企业的收益。因此，追求更多的收益、实现资金的保值与增值是企业对外投资的

首要目的。

2．企业扩张与控制

为了生存和发展，企业必然要不断地扩大经营规模，不断地控制其他的企业。企业扩张经营规模的形式有两种：一是通过对内投资（包括固定资产投资、流动资产投资、无形资产投资及其他投资）扩张企业的经营规模，但一般来讲，该种形式的扩张速度较慢；二是通过对外投资（包括股票投资、债券投资及其他直接投资）扩张企业的经营规模，该种形式的扩张速度较快，往往在较短的时间内就能迅速扩张企业的规模，从而使企业在激烈的市场竞争中处于较为有利的地位。例如，在股份比较分散的情况下，一般认为当拥有发行公司25%以上的股份时，便可以控制该公司的经营活动，从而稳定本企业的原材料供应，巩固原有的销售网点，占有新的市场，增强企业的市场竞争能力。即使不足25%也能建立某种较为稳定的联系，如在原材料供应、零部件的加工、产品的销售等方面提供方便。当然，企业扩张规模并不局限于本经营领域的扩张（这种扩张将提高本企业的市场占有率），而且也包括向其他经营领域的扩张（这种扩张将实现企业的多角化经营）。可能企业目前从事的经营领域报酬率很高，但经营领域单一，会使企业承担较大的经营风险。一旦市场发生变化，会给企业造成重大的经济损失。因此，企业将一部分资产投放于企业外部，有利于优化投资组合，降低企业风险。因此，通过对外投资来控制或影响相关企业是企业对外投资的一个重要目的。

3．转移与分散风险

由于市场竞争的日趋激烈，企业在经营过程中都面临着各种不同程度的风险。例如，企业为了增强偿债能力，降低财务风险，必须保持资产良好的流动性。在企业的资产中，长期资产的流动性较差，一般不能直接用于偿还债务，流动资产中现金可以直接用于偿还债务，但储备现金过多，又会降低企业资产的收益率。如果通过购买或出售有价证券来调剂资金，则不仅可以保持资产的良好流动性，降低经营风险，而且也将增加企业的收益。另外，通过投资或退出被投资企业也可以优化资产组合，实现多角化经营。总之，通过对外投资实现风险转移或分散风险是对外投资的目的之一。

三、影响对外投资的因素

企业对外投资活动具有投资期限长、金额大、风险高的特点。投资的成败对企业的长远发展具有重要的影响，因此在进行投资决策时，必须充分考虑以下各方面的因素：

1．企业的财务状况

企业对外进行投资，首先必须考虑本企业当前的财务状况，如企业资产的利用情况、偿还债务的能力、未来几年的现金流动状况以及企业的筹资能力等。企业当前的财务状况是制约企业对外投资的一项重要因素，如果企业的资产利用情况较好，而且正面临着资金紧张、偿债能力不足、筹资渠道较少的情况，则即使有较好的投资机会，也没有投资的能力。反之，如果企业的资产没有得到充分利用，有大量闲置的资金，就可以考虑对外进行投资。

2．企业的经营目标

企业的对外投资必须服从企业整体的经营目标，对外投资的目标应与企业的整体经营目标相一致或者有利于实现企业的整体经营目标。企业的对外投资必须按照企业经营的需要来

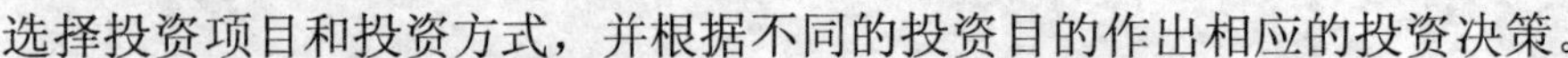

选择投资项目和投资方式，并根据不同的投资目的作出相应的投资决策。

3．投资对象的收益与风险

对外投资虽然目的不同，但是任何一种对外投资都希望获得更好的投资收益。企业进行对外投资时，要认真考虑投资对象的收益与风险，在保证实现投资目的的前提下，要尽可能选择投资收益较高、风险较小的投资项目。

第二节 对外直接投资

对外直接投资就是企业根据投资协议以货币资金、实物资产、无形资产对其他企业进行直接投资，以取得投资收益或者实现对被投资企业控股的目的。对外直接投资是企业的一种重要的投资方式，它通常是一种长期的战略性投资，具有投资期限较长、耗资多、不经常发生、变现力较差等特点。

一、对外直接投资的决策程序

对外直接投资必须按照科学的程序进行分析论证，以免因决策的失误而造成重大的经济损失。决策一般可按以下程序进行：

1．投资方案的提出

企业必须认真分析本企业生产经营状况，明确投资目的，根据企业实际需要提出投资方案。首先要明确投资的目的，然后才能以此为依据提出投资方案。

2．对投资方案进行分析、评价，选出最优投资方案

应由专家小组拟定多种投资方案，然后对拟定的几种投资方案进行比较分析，分析收益与成本、现金流量，从中选出最优方案。

3．拟定投资计划，选择合理的出资方式和时间

投资计划是企业进行投资活动的具体依据，它详细地规定了投资预算总额、出资方式、出资时间、投资的进度和期限等。

4．投资方案的实施

投资计划拟定以后，就应该由具体的业务部门来实施。

5．对投资效果进行评价

在计划执行过程中和完成后，都应及时对投资情况和结果进行分析评价，及时反馈各种信息，如发现问题应尽可能进行弥补。

二、对外直接投资的方式

1．合资经营方式

合资经营方式是指投资企业通过与其他企业共同投资组建合资经营企业所进行的对外投资。投资企业与其他企业共同投资、共同经营、共享利润、共担风险。

2．合作经营方式

合作经营方式是指投资企业与其他企业组建合作经营企业所进行的对外投资。它通过签订合同、协议规定各方的权利义务。

3. 购并控股方式

购并控股方式是指通过兼并其他企业或者购买其他企业的部分股权以实现对被投资企业控股的目的所进行的对外投资。

三、对外直接投资的决策

内部长期投资的决策方法也适用对外投资决策。但是，因对外直接投资有其特点，所以在进行投资决策时还应注意以下几个问题：

（1）与企业内部投资相比，对外直接投资更应遵循完备的法律程序，应注意产权要清晰，责任要明确。

（2）在不能取得完全的控股地位的情况下，对外直接投资不易为企业所控制，对投资对方具有较大的依附性。

（3）对外直接投资一般期限都较长，应当考虑到货币时间价值的影响，在投资决策时，应使用贴现现金流量方法进行决策。

（4）对外直接投资的变现能力较差，因此，在投资决策时必须对被投资企业的信用状况、未来的发展前景、市场形象、经营能力等各方面情况有充分的了解。

第三节　对外证券投资

证券是根据一国政府的有关法律法规发行的，代表财产所有权或债权的一种信用凭证或金融工具。证券投资是指企业通过购买证券的形式所进行的投资。

一、证券的种类

证券可以按照不同的标准进行分类。例如，按期限不同，可分为短期证券和长期证券；按发行主体不同，可分为政府证券、金融证券和公司证券；按证券所体现的经济内容不同，可分为债券、股票和投资基金。下面将详细介绍按其所体现的经济内容进行的分类。

（一）债券

债券是某一社会经济主体为筹措资金而向债券投资者出具的承诺按一定利率定期支付利息，并到期偿还本金的债权债务凭证。债券一般包含票面价值、利率、偿还期限以及发行主体名称、发行时间等基本要素。债券的种类繁多，且随着人们对融资和证券投资的需要，又不断创造出了新的债券形式。在现今的金融市场上，债券的种类可按发行主体、发行区域、期限长短、利息支付方式、发行方式、有无抵押担保和是否记名等分为九大类。

1. 按发行主体分类

根据发行主体的不同，债券可分为政府债券、金融债券和公司债券三大类。

第一类是由政府发行的债券，称之为政府债券。它的利息享受免税待遇，其中由中央政府发行的债券也称公债或国库券，其发行债券的目的都是为了弥补财政赤字或投资于大型建设项目；而由各级地方政府机构如市、县、镇等发行的债券就称为地方政府债券，其发行目的主要是为地方建设筹集资金，因此都是一些期限较长的债券；在政府债券中还有一类称为政府保证债券，它主要是为一些市政项目及公共设施的建设筹集资金而由一些与政府有直接关系的公司或金融机构发行的债券，这些债券的发行均由政府担保，但不享受中央和地方政府债券的利息免税待遇。

第二类是由银行或其他金融机构发行的债券，称之为金融债券。金融债券发行的目的一般是为了筹集长期资金，其利率也一般要高于同期银行存款利率，而且持券者需要资金时可以随时转让。

第三类是公司债券。它是由非金融性质的企业发行的债券，其发行目的是为了筹集长期建设资金，一般都有特定用途。按有关规定，企业要发行债券必须先参加信用评级，级别达到一定标准才可发行。因为企业的资信水平比不上金融机构和政府，所以公司债券的风险相对较大，因而其利率一般也较高。

2. 按发行的区域分类

按发行的区域划分，债券可分为国内债券和国际债券。国内债券，就是由本国的发行主体以本国货币为单位在国内金融市场上发行的债券；国际债券，则是本国的发行主体到别国或国际金融组织等以外国货币为单位在国际金融市场上发行的债券。例如，最近几年我国的一些公司在日本或新加坡发行的债券都可称为国际债券。由于国际债券属于国家的对外负债，所以本国的企业如到国外发债需事先征得政府主管部门的同意。

3. 按期限长短分类

根据偿还期限的长短，债券可分为短期、中期和长期债券。一般的划分标准是期限在 1 年以下的为短期债券，期限在 10 年以上的为长期债券，而期限在 1 年到 10 年之间的为中期债券。

4. 按利息的支付方式分类

根据利息的不同支付方式，债券一般分为附息债券、贴现债券和普通债券。附息债券是在它的券面上附有各期息票的中长期债券，息票的持有者可按其标明的时间期限到指定的地点按标明的利息额领取利息。息票通常以 6 个月为一期，由于它在到期时可获取利息收入，所以息票也是一种有价证券，也可以流通、转让。贴现债券是在发行时按规定的折扣率将债券以低于面值的价格出售，在到期时持有者仍按面额领回本息，其票面价格与发行价之差即为利息。除此之外的就是普通债券，它按不低于面值的价格发行，持券者可按规定分期分批领取利息或到期后一次领回本息。

5. 按发行方式分类

按照是否公开发行，债券可分为公募债券和私募债券。公募债券是指按法定手续，经证券主管机构批准在市场上公开发行的债券，其发行对象是不限定的。这种债券由于发行对象是广大的投资者，因而要求发行主体必须遵守信息公开制度，向投资者提供多种财务报表和资料，以保护投资者利益，防止欺诈行为的发生。私募债券是发行者以与其有特定关系的少数投资者为募集对象而发行的债券。该债券的发行范围很小，其投资者大多数为银行或保险公司等金融机构，它不采用公开呈报制度，债券的转让也受到一定程度的限制，流动性较差，但其利率水平一般较公募债券要高。

6. 按有无抵押担保分类

根据有无抵押担保，债券可分为信用债券和担保债券。

信用债券亦称无担保债券，是仅凭债券发行者的信用而发行的、没有抵押品作担保的债

券。一般政府债券及金融债券都为信用债券。少数信用良好的公司也可发行信用债券，但在发行时须签订信托契约，对发行者的有关行为进行约束限制，由受托的信托投资公司监督执行，以保障投资者的利益。

担保债券是指以抵押财产为担保而发行的债券。其具体包括：以土地、房屋、机器、设备等不动产为抵押担保品而发行的抵押公司债券，以公司的有价证券（股票和其他证券）为担保品而发行的抵押信托债券和由第三者担保偿付本息的承保债券。当债券的发行人在债券到期而不能履行还本付息义务时，债券持有者有权变卖抵押品来清偿抵付或要求担保人承担还本付息的义务。

7．按是否记名分类

根据在券面上是否记名的不同情况，债券可分为记名债券和无记名债券。记名债券是指在券面上注明债权人姓名，同时在发行公司的账簿上作同样登记的债券。转让记名债券时，除要交付票券外，还要在债券上背书和在公司账簿上更换债权人姓名。而无记名债券是指券面未注明债权人姓名，也不在公司账簿上登记其姓名的债券。现在市面上流通的一般都是无记名债券。

8．按发行时间分类

根据发行时间的先后，债券可分为新发债券和既发债券。新发债券指的是新发行的债券，这种债券都规定有招募日期。既发债券指的是已经发行并交付给投资者的债券。新发债券一经交付便成为既发债券。在证券交易部门既发债券随时都可以购买，其购买价格就是当时的市场价格，且购买者还需支付手续费。

9．按是否可转换分类

按照是否可转换来区分，债券又可分为可转换债券与不可转换债券。可转换债券是能按一定条件转换为其他金融工具的债券，而不可转换债券就是不能转化为其他金融工具的债券。可转换债券一般都是指的可转换公司债券，这种债券的持有者可按一定的条件根据自己的意愿将持有的债券转换成股票。

（二）股票

股票是一种有价证券，是股份有限公司在筹集资本时向出资人公开或私下发行的、用以证明出资人的股东身份和权利，并根据持有人所持有的股份数享有权益和承担义务的凭证。

按照不同的分类方法，股票可以分为不同的种类。

（1）按股票持有者的不同，股票可分为国家股、法人股、个人股三种。三者在权利和义务上基本相同。个人股投资资金来自个人，可以自由上市流通。

（2）按股东权利的不同，股票可分为普通股、优先股及两者的混合等多种。普通股的收益完全依赖于公司盈利的多少，因此风险较大，但享有优先认股、盈余分配、参与经营表决、股票自由转让等权利。优先股享有优先领取股息和优先得到清偿等优先权利，但股息是事先确定好的，不因公司盈利多少而变化，一般没有投票及表决权，而且公司有权在必要的时间收回。优先股还分为参与优先和非参与优先、积累与非积累、可转换与不可转换、可回收与不可回收等几大类。

（3）按票面形式的不同，股票可分为有面额、无面额及有记名、无记名四种。有面额股票在票面上标注出票面价值，一经上市，其面额往往没有多少实际意义；无面额股票仅标明其占资金总额的比例。我国上市的都是有面额股票。记名股将股东姓名记入专门设置的股东名簿，转让时须办理过户手续；无记名股的名字不记入名簿，买卖后无需过户。

（4）按享受投票权益的不同，股票可分为单权、多权及无权三种。每张股票仅有一份表决权的股票称为单权股票；每张股票享有多份表决权的股票称为多权股票；没有表决权的股票称为无权股票。

（5）按发行范围的不同，股票可分为A股、B股、H股和F股四种。A股是在我国国内发行，供国内居民和单位用人民币购买的普通股票；B股是专供境外投资者在境内以外币买卖的特种普通股票；H股是我国境内注册的公司在香港发行并在香港联合交易所上市的普通股票；F股是我国股份有限公司在海外发行上市流通的普通股票。

（6）股票的其他分类

根据风险和投资功能的不同，股票可分为蓝筹股股票、成长性股票、周期性股票、防守性股票、投机性股票。

蓝筹股股票是指一种热门股票。一般是由一些业绩优良、金融实力强大的大公司发行的，其红利稳定而优厚，股价呈上涨趋势，普遍受投资者欢迎。

成长性股票，发行这种股票的公司正处在上升阶段，其销售额和收益额都在上涨，且速度快于整个国家及其行业的增长速度。股票的红利不算高，但股市看好，股价稳步上升，投资者可望从中获得较高的收益。

周期性股票是指那些收益呈周期波动的股票，如钢铁、机器制造、建材等公司的股票。

防守性股票，这种股票与周期性股票恰好相反，在商业条件恶化时，其收益比其他股票优厚，并且较为稳定，如水电、交通等公用事业公司发行的股票。

投机性股票是指那些变化快、幅度大、前景很不确定的股票。其投机性较大，能够吸引一些专门从事证券投机的人的投入。

（三）投资基金

1. 投资基金的概念

投资基金是一种集合投资制度，由基金发起人以发行收益证券形式汇集一定数量的具有共同投资目的的投资者的资金，委托由投资专家组成的专门投资机构进行各种分散的投资组合，投资者按出资的比例分享投资收益，并共同承担投资风险。

投资基金作为一种有价证券，与股票、债券的区别主要表现在：

（1）反映的关系不同。股票反映的是所有权关系，债券反映的是债权债务关系，投资基金反映的是信托关系。

（2）在操作上投向不同。股票、债券是融资工具，其集资主要投向实业，是一种直接投资方式。而投资基金是信托工具，其集资主要投向有价证券，是一种间接投资方式。

（3）风险与收益状况不同。股票的收益是不确定的，其收益取决于发行公司的经营效益，投资股票有较大风险。债券的收益一般是事先确定的，其投资风险较小。证券投资基金的投资风险高于债券，收益也高于债券。证券投资基金采取组合投资，能够在一定程度上分散风险，风险小于股票，收益也较股票稳定。

（4）投资回收方式不同。股票没有到期日，股票投资者不能要求退股，投资者如果想变

现的话，只能在二级市场出售。开放式基金的投资者可以按资产净值赎回基金单位，封闭式基金的投资者在基金存续期内不得赎回基金单位，如果想变现，只能在证券交易所或者柜台市场上出售，但存续期满投资者可以得到投资本金的退让。

2．投资基金的种类

根据不同标准可将投资基金划分为不同的种类。

（1）根据基金单位是否可增加或赎回，投资基金可分为开放式基金和封闭式基金。开放式基金是指基金设立后，投资者可以随时申购或赎回基金单位，基金规模不固定的投资基金；封闭式基金是指基金规模在发行前已确定，在发行完毕后的规定期限内，基金规模固定不变的投资基金。

（2）根据组织形态的不同，投资基金可分为公司型投资基金和契约型投资基金。公司型投资基金是具有共同投资目标的投资者组成以盈利为目的的股份制投资公司，并将资产投资于特定对象的投资基金；契约型投资基金也称信托型投资基金，是指基金发起人依据其与基金管理人、基金托管人订立的基金契约，发行基金单位而组建的投资基金。

（3）根据投资风险与收益的不同，投资基金可分为成长型投资基金、收入型投资基金和平衡型投资基金。成长型投资基金是指把追求资本的长期成长作为其投资目的的投资基金；收入型投资基金是指以能为投资者带来高水平的当期收入为目的的投资基金；平衡型投资基金是指以支付当期收入和追求资本的长期成长为目的的投资基金。

（4）根据投资对象的不同，投资基金可分为股票基金、债券基金、货币市场基金、期货基金、期权基金、指数基金和认股权证基金等。股票基金是指以股票为投资对象的投资基金；债券基金是指以债券为投资对象的投资基金；货币市场基金是指以国库券、大额银行可转让存单、商业票据、公司债券等货币市场短期有价证券为投资对象的投资基金：期货基金是指以各类期货品种为主要投资对象的投资基金；期权基金是指以能分配股利的股票期权为投资对象的投资基金：指数基金是指以某种证券市场的价格指数为投资对象的投资基金；认股权证基金是指以认股权证为投资对象的投资基金。

（5）根据投资货币种类的不同，投资基金可分为美元基金、日元基金和欧元基金等。美元基金是指投资于美元市场的投资基金；日元基金是指投资于日元市场的投资基金；欧元基金是指投资于欧元市场的投资基金。

二、证券投资的目的

证券投资是企业通过购买证券的方式进行的对外投资，这种投资比对外直接投资更加灵活、方便。除了具有对外投资的一般目的外，还有其自身的特殊目的。

1．短期证券投资的目的

短期证券投资是指通过购买计划在 1 年内变现的证券而进行的对外投资。一般具有操作简便、变现能力强的特点。企业进行短期证券投资一般出于以下几种目的：

首先是作为现金的替代品。由于短期证券的收益率一般会高于银行的存款利率，而有些有价证券如政府债券，又具有极低的风险和极高的变现能力，所以不少企业愿意将一部分闲置的资金投资于短期有价证券上，来获得一定的收益，等到企业急需资金时，这些短期有价证券又具有极高的变现能力，能及时解决企业资金问题。

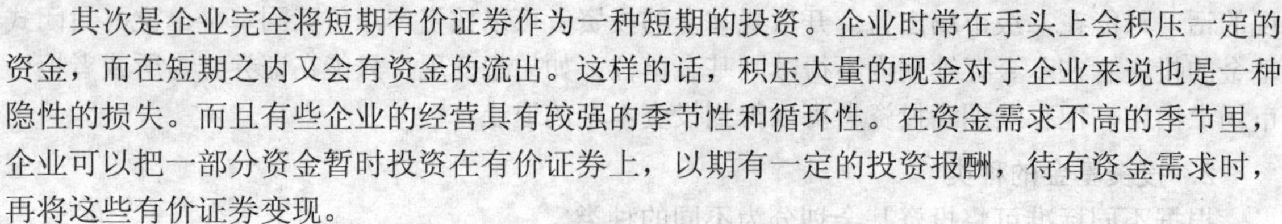

其次是企业完全将短期有价证券作为一种短期的投资。企业时常在手头上会积压一定的资金，而在短期之内又会有资金的流出。这样的话，积压大量的现金对于企业来说也是一种隐性的损失。而且有些企业的经营具有较强的季节性和循环性。在资金需求不高的季节里，企业可以把一部分资金暂时投资在有价证券上，以期有一定的投资报酬，待有资金需求时，再将这些有价证券变现。

2．长期证券投资的目的

长期证券投资是指通过购买不准备在 1 年之内变现的有价证券而进行的对外投资。一般占用的资金量较大，对企业具有深远的影响。通常企业进行长期证券投资主要出于以下目的：

（1）为了获取较高的投资收益。

（2）为了对被投资企业取得控制权。

三、证券投资的程序与交易方式

（一）证券投资的一般程序

（1）选择合适的投资对象。企业在选择投资对象时一般应遵循三个原则：①安全性原则。②流动性原则。③收益性原则。

（2）确定合适的证券买入价格。

（3）委托买卖并发出委托投资指示。

（4）进行证券交割和清算。

（5）办理证券过户。

（二）证券交易方式

早期证券交易主要采取现货交易方式，但随着商品经济及资本市场的发展，证券交易形式呈现出由低级向高级、由简单向复杂、由单一向复合的发展趋势。各国证券交易方式的分类标准出现多元化趋势，既可按单一标准分类，也可兼采多种标准分类，并形成了现货交易、期货交易、期权交易和信用交易等并存的交易形式。

1．现货交易

现货交易是证券交易双方在成交后即时清算交割证券和价款的交易方式。现货交易双方，分别为持券待售者和持币待购者。持券待售者意欲将所持证券转变为现金，持币待购者则希望将所持货币转变为证券。现货交易最初是在成交后即时交割证券和钱款，为“一手交钱、一手交货”的典型形式。在现代现货交易中，证券成交与交割间通常都有一定时间间隔，时间间隔长短依证券交易所规定的交割日期确定。证券成交与交割日期可在同一日，也可不是同一日。

在现货交易中，证券出卖人必须持有证券，证券购买人必须持有相应的货币，成交日期与交割日期相对比较接近，交割风险较低。从稳定交易秩序角度，现货交易应成为主要交易形式。现货交易作为历史上最古老的证券交易方式，适应了信用制度相对落后和交易规则相对简单的社会环境，有助于减少交易风险，是一种较安全的证券交易形式，也是目前场内交易和场外交易中广泛采用的证券交易形式。

2．期货交易

在广义上，期货交易包括远期交易，与现货交易相对应。其特点是：

（1）期货交易对象不是证券本身，而是期货合约，即未来购买或出卖证券并交割的合约。期货合约属于证券交易所制订的标准合约。根据期货合约，一方当事人应于交割期限内，向持有期货合约的另一方交付期货合约指定数量的金融资产。

（2）期货合约期限通常比较长，有些金融资产的期货合约期限可能长达数月，甚至一年。在合约期限来临前，期货合约持有人可依公开市场价格向他人出售合约，并借此转让期货合约项下权利。所以，在合约期限来临前，合约持有人可因转让期货合约而发生若干变化。

（3）在证券交易所制订标准期货合约时，参考了该等证券资产当时的市场价格，但在期货合约期限内，证券资产的实物价格会发生变动，而在交割证券资产时，其期货价格可能已接近实物资产的市场价格。

由于期货交易具有预先成交、定期交割和价格独立的特点，所以买卖双方在达成证券期货合约时并无意等到指定日期到来时实际交割证券资产，而是企盼在买进期货合约后的适当时机再行卖出，以谋取利益或减少损失，从而出现“多头交易”和“空头交易”。多头交易与空头交易是站在对期货价格走势不同判断的基础上分别作出的称谓，但均属于低买高卖并借此谋利的交易行为。

在期货合约期限届满前，有一交割期限。在该期限内，期货合约持有人有权要求对方向其进行实物交割。证券交易所为保持信誉和交割的安全性，会对此提供担保，并同时要求交割方存入需交割的证券或金钱。

3．期权交易

期权交易是当事人为获得证券市场价格波动带来的利益，约定在一定时间内，以特定价格买进或卖出指定证券，或者放弃买进或卖出指定证券的交易。期权交易是以期权作为交易标的的交易形式。期权分为看涨期权和看跌期权两种基本类型。根据看涨期权，期权持有人有权在某一确定时间，以某一确定价格购买标的资产即有价证券。根据看跌期权，期权持有人有权在某一确定的时间，以某一确定价格出售标的资产。根据期权交易规则，看涨期权持有人，可在确定日期购买证券实物资产，也可在到期日放弃购买证券资产；看跌期权持有人，可在确定日期出售证券实物资产，也可拒绝出售证券资产而支付保证金。期权交易属于选择权交易。

4．信用交易

对信用交易，学术上有多种学说。依据一般观点，信用交易是投资者凭借自己提供的保证金和信誉，取得经纪人信用，在买进证券时由经纪人提供贷款，在卖出证券时由经纪人贷给证券而进行的交易。因此，凡符合以下条件的证券交易，均属于信用交易：

（1）典型的信用交易必须是保证金交易，即投资者向经纪人交付一定数额的保证金，并在此基础上进行交易，故信用交易也称保证金交易。

（2）经纪人向投资者提供借款购买证券或者经纪人提供证券以供出售。据此，可将信用交易分为融资信用交易和融券信用交易，故证券信用交易也可称为“融资融券交易”。

（3）信用交易是证券交易所依照法律规定创设的证券交易方式。证券信用交易具有活跃市场、创造公正市场价格和满足投资者需求的优点，但因存在投资风险，须均衡证券信用交易优劣，设置合理和周严的风险控制制度，给证券信用交易以适当的地位，以实现扬长避短之理想。

信用交易可分为融资交易和融券交易两种类型，但这与我国证券交易实践中出现的“融资交易”与“融券交易”根本不同。首先，信用交易是依照法律和证券交易所规则创设的证券交易方式，具有适法性，实践中出现的融资融券交易则缺乏法律依据。其次，信用交易以投资者交付保证金为基础，实践中的融资融券交易则几乎完全没有保证金交易的性质。另外，信用交易是经纪人向投资者提供信用的方式，但在我国实践中广泛存在经纪人向投资者借用资金或借用证券的形式，属于反向融资融券行为。加之，有些资金和证券的借用系未经投资者同意的，属于非法挪用资金和证券的行为。在此意义上，未经法律准许的融资融券行为，属于非法交易行为。

四、债券投资

（一）债券投资的特点

债券投资是指企业通过证券市场购买各种债券（如国库券、金融债券、公司债券及短期融资券等）进行的投资。

相对于股票投资而言，债券投资一般具有以下特点：

（1）债券投资属于债权性投资。

（2）债券投资的风险小。

（3）债券投资的收益稳定。

（4）债券价格的波动性较小。

（5）市场流动性好。

（二）债券价格的确定

目前主要有以下几种基本计算方法：

1．债券价格确定的基本公式

债券价格确定的基本公式是指在复利方式下，通过计算债券各期利息的现值及债券到期收回收入的现值来确定债券价格的估价方式。其一般计算公式为：

$$
\begin{aligned}
P &= \sum_{t=1}^{n}\frac{Fi}{(1+K)^t}+\frac{F}{(1+K)^n} \\
&= \sum_{t=1}^{n}\frac{I}{(1+K)^t}+\frac{F}{(1+K)^n} \\
&= I(P/A,\ K,\ n)+F(P/F,\ K,\ n) \qquad (7\text{–}1)
\end{aligned}
$$

式中 P——债券价格；

i——债券票面利息率；

F——债券面值；

I——每年利息；

K——市场利率或投资者要求的必要收益率；

n——付息总期数。

例 7-1

某债券面值为 1 000 元，票面利率为 8%，期限为 6 年，某企业要对这种债券进行投资，当前的市场利率为 10%，问债券价格多少时才能进行投资？

根据公式（7–1）得：

$$P=1\,000\times8\%\times(P/A,\ 10\%,\ 6)+1\,000\times(P/F,\ 10\%,\ 6)$$
$$=80\times4.355\,3+1\,000\times0.564\,5=912.92\text{（元）}$$

即这种债券的价格必须低于 912.92 元时该企业才能购买。

2．期末一次还本付息且不计复利时债券价格的确定

我国目前发行的债券大多属于一次还本付利息且不计复利的债券，其估价计算公式为：

$$P=\frac{F+Fin}{(1+K)^n}=(F+Fin)\cdot(P/F,\ K,\ n) \tag{7-2}$$

例 7-2

某企业拟购买一种利随本清的企业债券，该债券面值为 800 元，期限为 6 年，票面利率为 8%，不计复利，当前市场利率为 10%。问该债券发行价格为多少时，企业才能购买？

由公式（7–2）可知：

$$P=(800+800\times8\%\times6)/(1+10\%)^6=(800+800\times8\%\times6)\times0.564\,5$$
$$=668.37\text{（元）}$$

即债券价格必须低于 668.37 元时企业才能购买。

3．折现发行时债券价格确定的公式

有些债券以折现方式发行，没有票面利率，到期按面值偿还。这些债券的估价模型为：

$$P=\frac{F}{(1+K)^n}=F\times(P/F,\ K,\ n) \tag{7-3}$$

例 7-3

某债券面值为 1 000 元，期限为 6 年，以折现方式发行，期内不计利息，到期按面值偿还，当时的市场利率为 6%，问债券价格为多少时才能进行投资？

根据公式（7–3）得：

$$P=1\,000\times(P/F,\ 6\%,\ 6)=1\,000\times0.705\,0=705\text{（元）}$$

该债券的价格只有低于 705 元时才能购买。

（三）债券投资收益

债券投资收益包括两个部分：

一部分为转让价差，即债券到期按债券面额收回的金额或到期前出售债券的价款与购买债券时投资金额之差。转让价差为正时为收益，相反时则为损失。

另一部分为利息收入。

通常用债券投资收益率来衡量债券投资收益的高低。债券投资收益率是一定时期内债券投资收益与投资额的比率，是衡量债券投资是否可行的重要指标。

由于债券投资收益的主要部分是利息，因此，计息方式的不同必然影响投资收益的计算。下面就按不同的计息方式分别介绍附息债券和贴现债券的投资收益率的计算。

1．附息债券投资收益率的计算

附息债券是指在债券券面上附有各种息票的债券。

附息债券投资收益率的计算又可以分为以下两种情况：

（1）单利计息的附息债券投资收益率。附息债券一般采用单利计息方式，每期利息额都是相等的，在用单利计息方式计算债券投资收益率时，如果不考虑债券利息的再投资收益，则债券投资收益率的计算公式为：

$$R=\frac{P+\dfrac{S_n-S_0}{n}}{S_0}\times 100\%$$

式中 R——债券的年投资收益率；

S_n——债券到期时的偿还金额或到期前出售的价款；

S_0——债券投资时购买债券的金额；

P——债券年利息额；

n——债券的持有期限（以年为单位）。

附息债券投资收益率也可以用下列公式计算：

$$R=\frac{M-S_0}{nS_0}\times 100\%$$

式中 R——债券的年投资收益率；

M——债券持有期间所取得的本利之和；

S_0——债券投资时购买债券的金额；

n——债券的持有期限（以年为单位）。

例 7-4

某企业于 2007 年 9 月 1 日购入面额为 500 元的付息债券 50 张，票面利率为年利率 6%，以发行价格每张 510 元买入，到期日为 2009 年 9 月 1 日。计算该债券到期时的投资收益率。

$$R=\frac{500\times 50\times 6\%+(500\times 50-510\times 50)\div 2}{510\times 50}\times 100\%=4.90\%$$

（2）复利计息的附息债券投资收益率。当投资决策采用复利计息，并且考虑债券的利息收入和转让价差及再投资收益时，债券投资收益率的计算公式为：

$$R=\sqrt[n]{\frac{S_n+P\sum_{t=1}^{n}(1+i)^{t-1}}{S_0}}-1$$

式中　R——债券的年投资收益率；

S_n——债券到期时的偿还金额或到期前出售的价款；

S_0——债券投资时购买债券的金额；

P——债券年利息额；

n——债券的持有期限（以年为单位）；

i——债券利息的再投资收益率，一般可用市场利率。

例 7-5

某企业于 2007 年 9 月 1 日购入面额为 1 000 元的付息债券 100 张，票面利率为年利率 10%，以发行价格每张 1 020 元买入，到期日为 2009 年 9 月 1 日。如果市场利率为年利率 9%，要求用复利计息方法计算该债券的投资收益率。

$$R=\sqrt{\frac{1\,000\times100+1\,000\times100\times10\%\times\sum_{t=1}^{2}(1+9\%)^{t-1}}{1\,020\times100}}-1=8.87\%$$

从上述两个例题可知，采用单利与复利两种计息方法，计算出来的债券投资收益率是有差异的，但两者的差异并不大，期限越长，其差异越大。一般在进行债券投资决策时，最好采用复利计息方法计算债券投资收益率，因为这种方法考虑到了货币时间价值，特别当债券的投资期限较长时，债券利息的再投资收益就不能不加以考虑。

2. 贴现债券投资收益率的计算

贴现债券是指券面上不附息票，发行时按规定的折扣率，以低于票面面值的价格折价发行，到期时按票面面值偿还本金的债券。这种债券无票面利率。发行价格与票面面值的差价就是债券的利息。贴现债券投资收益率也可以按单利和复利两种方法计算。

（1）单利计息的贴现债券投资收益率。贴现债券在债券持有期间无利息，只有在债券到期时或转让债券时能取得价差收益。在按单利计息时，贴现债券投资收益率的计算公式为：

$$R=\frac{S_n-S_0}{n\times S_0}\times100\%$$

例 7-6

某一投资者在债券发行时购买一张面值为 1 000 元、期限为 2 年的贴现债券，其发行价格为 860 元。按单利计息方法计算该债券的投资收益率如下式所示：

$$R=\frac{1000-860}{2\times860}\times100\%=8.14\%$$

（2）复利计息的贴现债券投资收益率。在投资决策中，也可以按复利计息方法计算贴现债券投资收益率，尤其对于期限较长的贴现债券，一般都应采用这种方法。其计算公式为：

$$R=(\sqrt[n]{S_n \div S_0}-1)\times100\%$$

例 7-7

如果例 7–6 中的债券采用复利计息方法，则其投资收益率可计算如下：

$$R=(\sqrt{1000\div860}-1)\times100\%=7.83\%$$

可见，采用复利计息方法计算的贴现债券投资收益率要比单利计息方法计算的投资收益率低一些。

（四）债券投资的风险

进行债券投资与进行其他投资一样，在获得未来投资收益的同时，也要承担一定的风险。风险与报酬是对应的，高风险意味着高报酬，低风险则意味着低报酬。因此，风险与报酬的分析是债券投资（乃至所有投资）决策必须考虑的重要因素。债券投资要承担的风险主要有违约风险、利率风险、流动性风险、通货膨胀风险和汇率风险等。

1. 违约风险

违约风险是指债券的发行人不能履行合约规定的义务、无法按期支付利息和偿还本金而产生的风险。不同种类的债券，违约风险是不同的。一般来说，政府债券以国家财政为担保，一般不会违约，可以看做是无违约风险的债券；由于金融机构的规模较大并且信誉较好，其发行的债券风险较政府债券高但又低于企业债券；工商企业的规模及信誉一般较金融机构差，因而其发行的债券风险较大。形成违约风险的原因大致有以下几个：①政治、经济形势发生重大变化。②自然灾害或其他非常事故，如水灾、火灾、风灾等。③企业在竞争中失败，丧失生存和发展的机会。④企业经营不善，发生重大亏损。⑤企业资金调度失灵，缺乏足够的现金清偿到期债务。违约风险的大小通常通过对债券的信用评级表现出来，高信用等级的债券的违约风险要比低信用等级的债券小。由于在未来较长的期间内，企业的经营状况可能会发生变化，其债券的信用等级也会有所改变，因此投资者应密切关注债券信用等级变化情况。

2. 利率风险

利率风险是指由于市场利率上升而引起的债券价格下跌，从而使投资者遭受损失的风险。债券的价格随着市场利率的变动而变动。一般来说，债券价格与市场利率成反比变化，市场利率上升会引起债券市场价格下跌；市场利率下降会引起债券市场价格上升。当金融市场上资金供大于求时，市场利率就会下降，当其下跌到低于债券利率时，将会导致债券价格上升；相反，当市场利率上升到高于债券利率时，投资者将转向更有利可图的投资机会，从而导致债券价格下跌。此外，债券利率风险与债券持有期限的长短密切相关，期限越长，利

率风险也越大。因此，即使债券的利息收入是固定不变的，但因市场利率的变化，其投资收益也是不确定的。

3．流动性风险

流动性风险是指债券持有人打算出售债券获取现金时，其所持债券不能按目前合理的市场价格在短期内出售而形成的风险，又称变现力风险。如果一种债券能在较短的时间内按市价大量出售，则说明这种债券的流动性较强，投资于这种债券所承担的流动性风险较小；反之，如果一种债券很难按市价卖出，则说明其流动性较差，投资者会因此而遭受损失。一般来说，政府债券以及一些著名的大公司的债券的流动性较高，而不为人们所了解的小公司的债券的流动性就较差。

4．通货膨胀风险（又称购买力风险）

通货膨胀风险是指由于通货膨胀而使债券到期或出售时所获得现金的购买力减少的风险。在通货膨胀比较严重时期，通货膨胀风险对债券投资者的影响比较大，因为投资于债券只能得到一笔固定的利息收益，而由于货币贬值，这笔现金收入的购买力会下降。一般而言，在通货膨胀情况下，固定收益证券要比变动收益证券承受更大的通货膨胀风险，因此普通股票被认为比公司债券和其他有固定收益的证券能更好地避免通货膨胀风险。

5．汇率风险

汇率风险是指由于外汇汇率的变动而给外币债券的投资者带来的风险。当投资者购买了某种外币债券时，本国货币与该外币的汇率变动会使投资者不能确定未来的本币收入。如果在债券到期时该外币贬值，就会使投资者遭受损失。

（五）债券投资决策

债券投资决策是一个非常复杂的问题，但是对于投资来说又是十分重要的。一般来说，债券投资决策应在上述分析的基础上再进行进一步的深入分析后作出。

1．基本分析

基本分析就是对影响债券价格的各种基本因素（如经济增长、利率水平、通货膨胀、企业财务状况等）进行分析，因为一个公司未来的发展前景实际上是由这些基本因素所决定的。基本分析既包括对宏观经济形势（如经济增长、经济周期、利率水平、通货膨胀、货币金融政策、财政政策、产业政策等）进行的分析，也包括对公司财务状况（如资产结构、偿债能力、盈利能力等）进行的分析。宏观经济形势对整个证券市场都会产生影响，它主要是影响证券市场的基本走势，因此对宏观经济形势的基本面进行分析有利于从战略上把握债券投资的方向。在宏观经济形势已经确定的情况下，对公司财务状况的分析就更加重要。公司分析主要应对公司的财务状况和公司的经营状况进行分析。对公司财务状况的分析主要是通过公司定期公布的财务报告进行；对公司经营状况的分析主要是了解公司的内部管理是否有效率、公司的商品和劳务的销售情况、市场占有率、产品的寿命周期、公司的投资计划、公司未来新的利润增长点、公司的发展前景等。

2．技术分析

技术分析就是运用数学和逻辑上的方法，通过对证券市场过去和现在的市场行为进行分析，从而预测证券市场上债券的未来变化趋势。技术分析是在证券市场上广泛使用的一种分

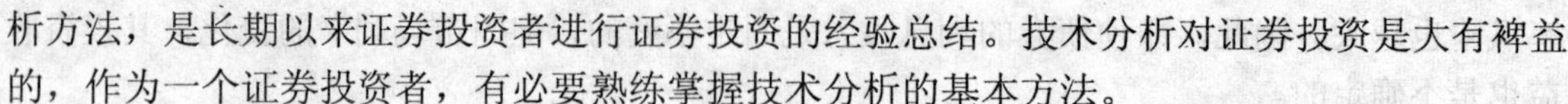

析方法，是长期以来证券投资者进行证券投资的经验总结。技术分析对证券投资是大有裨益的，作为一个证券投资者，有必要熟练掌握技术分析的基本方法。

五、股票投资

股票是股份有限公司为了筹集自有资金而发行的代表所有权的有价证券，购买股票是企业投资的一种重要形式。股票投资的目的主要有两种：一是获利，即作为一般的证券投资，获取股利收入及股票买卖差价；二是控股，即利用购买某一企业的大量股票达到控制该企业的目的。股票投资相对于债券投资风险更大。

（一）股票投资的特点

股票投资和债券投资都属于证券投资。证券投资与其他投资相比，总的说来都具有高风险、高收益、易于变现的特点。但股票投资相对于债券投资而言又具有以下特点：

（1）股票投资是权益性投资。股票投资与债券投资虽然都是证券投资，但投资的性质不同：股票投资属于权益性投资，股票是代表所有权的凭证，持有人作为发行公司的股东，有权参与公司的经营决策；而债券投资属于债权性投资，债券是代表债权债务的凭证，持有人作为发行公司的债权人，可以定期获取利息，但无权参与公司经营决策。

（2）股票投资的风险大。投资者购买股票之后，不能要求股份有限公司偿还本金，只能在证券市场上转让。因此股票投资者至少面临两方面的风险：一是股票发行公司经营不善所形成的风险。如果公司经营状况较好，盈利能力强，则股票投资者的收益就多；如果公司的经营状况不佳，发生了亏损，就可能没有收益： 如果公司破产，则由于股东的求偿权位于债权人之后，因此股东可能部分甚至全部不能收回投资。二是股票市场价格变动所形成的价差损失风险。股票价格的高低，除了取决于公司经营状况外，还受政治、经济、社会等多种因素的影响，因而股票价格经常处于变动之中，其变动幅度往往高于债券价格的变动幅度。股票价格的变动既能为股东带来价格上升的收益，也会带来价格下跌的损失。

（3）股票投资的收益高。由于投资的高风险性，股票作为一种收益不固定的证券，其收益一般高于债券。股票投资收益的高低取决于公司的盈利水平和整体经济环境的好坏。当公司经营状况好、盈利水平高而社会经济发展繁荣稳定时，股东既可以从发行公司领取高额股利，又可因股票升值获取转让收益。

（4）股票投资的收益不稳定。股票投资的收益主要是公司发放的股利和股票转让的价差收益，相对债券而言，其稳定性较差。股票股利直接与公司的经营状况相关，公司盈利多，就可能多发放股利，公司盈利少，就可能少发或不发股利；股票转让的价差收益主要取决于股票市场的行情，股市行情好，出售股票就可以得到较大的价差收益，股市低迷，出售股票就会遭受损失。

（5）股票价格的波动性大。股票价格既受发行公司经营状况影响，又受股市投机等因素的影响，波动性极大。这就决定了不宜冒险的资金最好不要用于股票投资，而应选择风险较小的债券投资。

（二）股票价格的确定

股票价格的确定实际是对股票投资价值进行的评估。虽然股票价格受多种因素的影响，但公司的内在品质，如公司的财务状况、盈利能力、成长性等，对股票价格有举足轻重的作

用。因此，实务中形成了以下几种常用的股票估价方法：

1．长期持有的、股利稳定不变的股票

股票价格的高低，同债券价格一样，取决于股票持有期间的现金流量的现值。对于长期持有某种股票的股东来说，它从发行公司取得的现金流量，就是无休止的股利。因此，股票的价格就是永续股利年金的现值之和。

于是，股票价格的估价模型可表述为：

$$V=\frac{d}{K}$$

式中　V——股票现在价格；

d——每年固定股利；

K——投资者要求的收益率。

例 7-8

某企业购入一种股票准备长期持有，预计每年股利为 4 元，预期收益率为 10%，则该种股票的价格为：

$$V=4\div10\%=40\text{（元）}$$

2．长期持有的、股利固定增长的股票

发行公司如果经营状况很好，其股利分派一般呈现逐年增长的状态。这种股票的估价就比较困难，只能计算近似数。

假设某公司最近一年支付的股利为 d_0，预期股利增长率为 g，则：

$$V=\frac{d_0(1+g)}{(K-g)}=\frac{d_1}{(K-g)} \tag{7–4}$$

将公式（7–4）进行转换，可计算出预期收益率为：

$$K=\frac{d_1}{V}+g$$

式中　d_1——第 1 年的股利。

例 7-9

A 公司准备投资购买 H 股份有限公司的股票，该股票上年每股股利为 4.80 元，预计以后每年以 5%的增长率增长，A 公司经分析后，认为必须得到 10%的报酬率才能购买 H 股份有限公司的股票，则该种股票的价格应为：

$$V=4.80\div(10\%-5\%)=96\text{（元）}$$

即 H 公司的股票价格在 96 元以下时 A 公司才能购买。

例 7-10

如果 A 公司以 80 元的价格购买 H 公司的股票，预期股利为每股 4.80 元，股利每年以 5% 的速度递增。则预期收益率为：

$$K=(4.80\div80)+5\%=11\%$$

3．短期持有、未来准备出售的股票

在现实生活中，大部分投资者并不准备永久持有某种股票，而是准备在持有一段时期后再转让出售，他们不仅希望得到股利收入，还希望在未来出售股票时从股票价格的上涨中获得好处。于是，投资者获得的未来现金流量就包括两个部分：股利和股票转让收入。这时，股票价格的计算公式为：

$$V=\sum_{t=1}^{n}\frac{d_t}{(1+K)^n}+\frac{V_n}{(1+K)^n}$$

式中 V——股票现在价格；

V_n——未来出售时预计的股票价格；

K——投资者要求的必要收益率；

d_t——第 t 期的预期股利；

n——预计持有股票的期数。

例 7-11

某公司拟购买 Z 公司发行的股票，预计 4 年后出售可得收入 2 500 元，该批股票在 4 年中每年可得股利收入 150 元，该股票预期收益率为 16%。其价格为：

$$V=\sum_{t=1}^{4}\frac{150}{(1+16\%)^4}+\frac{2\,500}{(1+16\%)^4}$$

$$=150\times2.798\,2+2\,500\times0.552\,3=1\,800.48\text{（元）}$$

从以上的计算可以看出，股票估价的关键在于确定一个能把风险因素考虑在内的、合适的收益率。为此，必须对股票投资的风险有足够的估量。

（三）股票投资的收益

1．不考虑货币时间价值因素的长期股票投资收益率

计算股票投资收益必须将股价与收益结合起来进行衡量，如果不考虑货币时间价值因素，则长期股票投资收益率可以采用下面的公式进行计算：

$$R=\frac{A+S_1+S_2+S_3}{P}\times100\%$$

式中 R——股票投资收益率；

P——股票购买价格；

A——每年收到的股利；

S_1——股价上涨的收益；

S_2——新股认购收益；

S_3——公司无偿增资收益。

例 7-12

某公司于 2006 年初以每股 1.5 元的价格购入 10 000 股面值为 1 元的 B 公司股票，该股票每年每股分派股利 0.25 元。由于 B 公司经营效益好，该公司股票价格每年上涨 8%。截至 2009 年年底，该批股票的投资收益率为：

$$R=\frac{10\,000\times0.25+10\,000\times1.5\times\left[(1+8\%)^4-1\right]}{10\,000\times1.5}\times100\%$$

$$=\frac{2\,500+10\,000\times1.5\times(1.360\,5-1)}{15\,000}\times100\%=52.72\%$$

这个指标标明了投资某一种股票所取得的综合收益，很显然，该指标越高，说明股票投资的收益越好。

2．考虑货币时间价值因素的长期股票投资收益率

如果考虑货币时间价值因素，则长期股票投资收益率应为该股票投资净现值为零时的折现率（即内部收益率）。在各年股利不等的情况下，其基本计算公式为：

$$V=\sum_{j=1}^{n}\frac{D_j}{(1+i)^j}+\frac{F}{(1+i)^n}$$

式中　V——股票的购买价格；

F——股票的出售价格；

D_j——第 j 年股利；

n——投资期限；

i——股票投资收益率。

例 7-13

某公司于 2008 年 2 月 1 日以每股 3.20 元的价格购入 H 公司股票 500 万股，2009、2010、2011 年分别分派现金股利每股 0.25 元、0.32 元、0.45 元，并于 2011 年 4 月 2 日以每股 3.50 元的价格售出，要求计算该项投资的收益率。

首先，采用逐次测试法，找到使净现值趋近于零的两个相邻折现率，然后采用插值法计算投资收益率，如表 7-1 所示。

表 7-1 测试表

（单位：万元）

年份	股利及出售股票的现金流量	测试 1		测试 2		测试 3	
		系数 10%	现值	系数 12%	现值	系数 14%	现值
2008	−1 600	1.000	−1 600	1.000	−1 600	1.000	−1 600
2009	125	0.909 1	113.64	0.892 9	111.61	0.877 2	109.65
2010	160	0.826 4	132.22	0.797 2	127.55	0.769 5	123.12
2011	1 975	0.751 3	1 483.82	0.711 8	1 405.81	0.675 0	1 333.13
净现值	—		129.68		44.97		−34.11

由于折现率为 12%时的净现值为 44.97 万元，折现率为 14%时的净现值为−34.11 万元，因此，该股票投资收益率必然介于 12%～14%之间。这时，可以采用插值法计算投资收益率：

12%	44.97
?	0
14%	−34.11

投资收益率=12%+1.14%=13.14%

3. 短期股票投资收益率

短期股票投资一般持有期间比较短，因而其收益率的计算通常不考虑货币时间价值因素，其基本计算公式为：

$$R=\frac{S_1-S_0+P}{S_0}\times 100\%$$

式中 R——股票投资收益率；

S_1——股票出售价格；

S_0——股票购买价格；

P——股票股利。

例 7-14

某公司于 2006 年 9 月以每股 85 元的价格购买 A 公司股票共计 85 000 元，2007 年 2 月该公司每股获现金股利 5.4 元；2007 年 3 月 5 日，该公司以每股 98 元的价格将 A 公司股票全部售出。该批股票的投资收益率为：

$$R=\frac{98\times 1\,000-85\,000+5.4\times 1\,000}{85\,000}\times 100\%=21.65\%$$

第四节 证券投资组合

人们进行证券投资的直接动机就是获得投资收益，所以投资决策的目标就是使投资收益最大化。由于投资收益受许多不确定性因素影响，所以投资者在作投资决策时只能根据经验和所掌握的资料对未来的收益进行估计。不确定性因素的存在，有可能使将来得到的投资收益偏离原来的预期，甚至可能发生亏损，这就是证券投资的风险。因此，人们在进行证券投

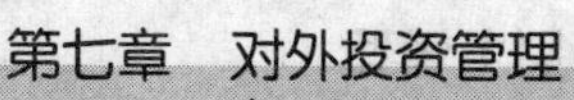

资时，总是希望尽可能地减少风险，增加收益。

（一）证券投资组合的风险

证券投资组合理论旨在探索如何通过有效的方法消除投资风险。证券投资组合的风险可以分为两种性质完全不同的风险，即非系统性风险和系统性风险。

1．非系统性风险

非系统性风险又叫可分散风险或公司特别风险，是指某些因素对单个证券造成经济损失的可能性，如公司在市场竞争中的失败等。这种风险可通过证券持有的多样化来抵消。即多买几家公司的股票，其中某些公司的股票收益上升，另一些公司的股票收益下降，从而将风险抵消。因而，这种风险称为可分散风险。

当然，并不是任何股票的组合都能降低可分散风险。一般来讲，只有呈负相关关系的股票（即一种股票的报酬上升时，另一种股票的报酬下降，则这两种股票呈负相关关系）进行组合才能降低可分散风险；而呈正相关关系的股票（即一种股票的报酬与另一种股票的报酬同升同降，则这两种股票呈正相关关系）进行组合不能降低可分散风险。因此，股票投资的风险应通过多种股票的合理组合予以降低。

2．系统性风险

系统性风险又称不可分散风险或市场风险，指的是由于某些因素给市场上所有的证券都带来经济损失的可能性。例如，宏观经济状况的变化、国家税法的变化、国家财政政策和货币政策的变化、世界能源状况的改变等都会使股票收益发生变动。这些风险影响到所有的证券，因此其不能通过证券组合分散掉。对投资者来说，这种风险是无法消除的，故称不可分散风险。不可分散风险的程度通常用β系数来计量。

投资者进行证券的组合投资，正是为了分散掉可分散风险。实践证明，只要科学地选择足够多的证券进行组合投资，就能基本分散掉大部分可分散风险。简而言之，就是不要把全部资金都投资于一种证券，而应根据各种证券的具体情况和投资者本人对收益与风险的偏好选择若干种最理想的证券作为投资对象，形成一个投资组合。

（二）证券投资组合的风险收益

证券投资组合的风险收益是投资者因承担不可分散风险而要求的，超过货币时间价值的那部分额外收益：

$$R_p=\beta_p（K_m-R_F）$$

式中 R_p——证券投资组合的风险收益率；

β_p——证券投资组合的β系数；

K_m——所有股票的平均收益率，简称市场收益率；

R_F——无风险收益率。

（三）风险和收益率的关系

在西方金融学和财务管理中，有许多模型论述风险和收益率的关系，其中一个最重要的模型为资本资产定价模型（CAPM），这一模型为：

$$K_i=R_F+\beta_i（K_m-R_F）$$

式中 K_i——第 i 种股票或第 i 种证券组合的必要收益率；
R_F——无风险收益率；
β_i——第 i 种或第 i 种证券组合的 β 系数；
K_m——所有股票或所有证券的平均收益率。

例 7-15

某公司购买甲、乙、丙三种股票进行组合投资，它们的 β 系数分别为 1.50 元、1.20 元和 0.50 元，三种股票在投资组合中的比重分别为 40%、30%和 30%，股票的市场收益率为 15%，无风险收益率为 8%。要求计算该投资组合的风险收益率和投资收益率。

首先，计算该投资组合的 β 系数：

$$\beta=40\%\times1.5+30\%\times1.2+30\%\times0.5=1.11$$

其次，计算该投资组合的风险收益率：

$$R_p=1.11\times(15\%-8\%)=7.77\%$$

最后，计算该投资组合的投资收益率：

$$K=R_F+R_P=8\%+7.77\%=15.77\%$$

证券投资组合的风险收益率计算的关键，在于组合中各种证券 β 系数和所占比重的确定，同时，要掌握投资组合的投资收益率与风险收益率的关系。

（四）证券投资组合的策略

证券投资组合策略是投资者根据市场上各种证券的具体情况以及投资者对风险的偏好与承担能力，选择相应证券进行组合时所采用的方针。

常见的证券投资组合策略有以下几种：

（1）保守的投资组合策略。该组合策略要求尽量模拟证券市场现状（无论是证券种类还是各证券的比重），将尽可能多的证券包括进来，以便分散掉全部可避免风险，从而得到与市场平均报酬率相同的投资报酬率。

（2）冒险的投资组合策略。该组合策略要求尽可能多选择一些成长性较好的股票，而少选择低风险、低报酬的股票，这样就可以使投资组合的收益高于证券市场的平均收益。

（3）适中的投资组合策略。该组合策略认为，股票的价格主要由企业的经营业绩决定，只要企业的经济效益好，股票的价格终究会体现其优良的业绩。

（五）证券投资组合的具体方法

（1）投资组合的三分法。比较流行的投资组合三分法是：三分之一的资金存入银行以备不时之需；三分之一的资金投资于债券、股票等有价证券；三分之一的资金投资于房地产等不动产。同样，投资于有价证券的资金也要进行三分，即三分之一投资于风险较大的有发展前景的成长性股票；三分之一投资于安全性较高的债券或优先股等有价证券；三分之一投资于中等风险的有价证券。

（2）按风险等级和报酬高低进行投资组合。证券的风险大小可以分为不同的等级，收益也有高低之分。投资者可以测定出自己期望的投资收益率和所能承担的风险程度，然后，在

市场中选择相应风险和收益的证券作为投资组合。一般来说，在选择证券进行投资组合时，同等风险的证券，应尽可能选择报酬高的；同等报酬的证券，应尽可能选择风险低的；并且要选择一些风险呈负相关的证券进行投资组合。

（3）选择不同的行业、区域和市场的证券作为投资组合。这种投资组合的做法是：

1）尽可能选择足够数量的证券进行投资组合，这样可以分散掉大部分可分散风险。

2）选择证券的行业也应分散，不可集中投资于同一个行业的证券。

3）选择证券的区域也应尽可能分散，这是为了避免因地区市场衰退而使投资遭受重大损失。

4）将资金分散投资于不同的证券市场，这样可以防范同一证券市场的可分散风险。

（4）选择不同期限的投资进行组合。这种投资组合要求投资者根据未来的现金流量来安排各种不同投资期限的证券，进行长、中、短期相结合的投资组合。同时，投资者可以根据可用资金的期限来安排投资，长期不用的资金可以进行长期投资，以获取较大的投资收益，近期就可能要使用的资金，最好投资于风险较小、易于变现的有价证券。

本章小结

对外投资是企业在本身主要经营业务以外以现金、实物、无形资产或以购买股票、债券等有价证券方式向其他单位进行投资，以期在未来获得投资收益的经济行为。对外投资的目的是降低风险、增加收益。在进行对外投资决策时，必须充分考虑各有关影响因素。

对外直接投资是以取得投资收益或者实现对被投资企业控股为目的。对外直接投资是企业的一种重要的投资方式，它通常是一种长期的战略性投资，具有投资期限较长、耗资多、不经常发生、变现力较差等特点。

债券投资是指企业通过证券市场购买各种债券进行的投资，具有不同于股票投资的特点。其价格确定取决于债券各期利息的复利现值及债券到期收回收入的复利现值之和。债券投资收益包括转让价差和利息收入，可按不同的计息方式分别计算。违约风险、利率风险、流动性风险、通货膨胀风险和汇率风险等是债券投资决策时必须考虑的重要因素。

股票投资的目的一是获利，二是控股，因此相对债券投资风险更大。股票价格的确定方法与债券投资相同，取决于各期股利的复利现值及到期收回收入的复利现值之和。股票投资收益可按不同方式分别计算。

复习思考题

1. 企业进行对外投资应当考虑哪些因素？
2. 如何确定股票和债券的价值？应考虑哪些因素？
3. 试说明股票的β系数是如何衡量该股票的市场风险的。
4. 试说明债券的票面利率和市场利率对债券价值的影响。
5. 证券投资组合的策略有哪些？
6. 证券投资组合的具体方法是什么？

练习题

1．某公司拟购买 A 公司发行的面值为 1 000 元的债券，票面利率为 8%，期限为 3 年，每年付息一次，若市场利率分别为：①5%，②8%，③10%时，该债券的价值分别为多少？当发行价格分别为多少时值得购买？

2．某公司于 2005 年 1 月 1 日以 924.16 元购买一张面值为 1 000 元、期限为 5 年的债券，其票面利率为 8%，每年 1 月 1 日计算并支付一次利息，该债券于 2007 年 1 月 1 按市价 953.26 元的价格出售，则该债券的持有期收益率为多少？

3．某公司普通股上年股利为 0.5 元/股，股利年固定增长率为 2%，投资者的期望报酬率为 10%，打算两年后转让出去，预计转让价格为 10 元/股。要求计算该股票的价值。

4．某股份公司预计第一年的股利为 0.5 元/股，以后每年增长 2%，某投资者要求的报酬率为 6%，若以 8 元/股的价格购入该股票，试计算该股票的价值、净现值及内部报酬率。

5．某企业以 110 元/张的价格购进面值为 1 000 元/张的债券 1 000 张，该债券票面利率为 5%，每年付息一次，期限为 3 年。试计算该债券到期投资报酬率。

6．某公司股票的 β 系数为 1.5，无风险报酬率为 6%，市场上所有股票的平均报酬率为 10%，试计算该公司股票的必要报酬率。

7．金融市场平均投资报酬率为 15%，无风险报酬率为 8%。

要求：

（1）计算市场平均风险报酬率。

（2）如果某种股票的 β 系数为 0.9，其投资报酬率为 10%，是否应该投资？

（3）如果某股票的必要报酬率为 15%，计算其 β 系数。

8．某公司准备对一种股利固定成长的普通股票进行长期投资，该股票当年股利为每股 2 元，估计年股利增长率为 4%，现行国库券的收益率为 6%，平均风险股票的必要收益率为 10%，该股票的 β 系数为 1.5。问该股票的价值是多少？

9．某公司于 2010 年 1 月 1 日以 894 元购买一张面值为 1 000 元、期限为 3 年的债券，到期偿还面值的债券，问企业持有该债券到期的收益率为多少？

案例分析

钱塘公司对外投资案例

钱塘公司是一家大型制造业企业。2008 年年初，公司领导召开会议，集体通过了利用手中的多余资金 1 500 万元对外投资，以获得投资收益的决定。经分析、整理调研资料，拟定以下可供公司选择的投资对象：

（1）国家发行七年期国债，每年付息一次，且实行浮动利率。第一年利率为 2.63%，以后每年按当年银行存款利率加利率差 0.38%计算支付利息。

（2）交通集团发行十年期重点企业债券，票面利率为 10%，每半年付息一次。

（3）春兰股份，中期预测每股收益为 0.45 元，股票市场价格为 22.50 元/股。总股本为

30 631 万股，流通股为 7 979 万股。公司主营：设计、制造空调制冷产品，空调使用红外遥控。财务状况十分稳定，公司业绩良好，但成长性不佳。

（4）格力电器，中期预测每股收益为 0.40 元，股票市场价格为 17 元/股。总股本为 29 617 万股，流通股为 21 676 万股。公司主营：家用电器、电风扇、清洁卫生器具。公司的空调产销量居国内第一位，有行业领先优势，尤其是出口增长迅速，比去年出口增长 70.70%，经营业绩稳定增长。

讨论：

1．面对上述可供选择的投资方案，如果钱塘公司为了扩大经营规模，实现规模效应，应如何进行投资组合，且分散或避免投资风险？

2．如果钱塘公司仅为获得投资收益，应如何进行投资组合，且分散或避免投资风险？

第八章

营运资金管理

本章要点：

本章介绍现金管理、应收账款管理及存货管理中的决策问题。重点掌握以下内容：

1. 了解各主要营运资金项目的基本内容和分析框架。
2. 掌握各项目的主要管理模型。
3. 熟悉各项目的主要管理方法。

第一节 现金管理

现金是指在生产过程中暂时停留在货币形态的资金，包括库存现金、银行存款、银行本票和银行汇票等。现金是变现能力最强的非盈利性资产，现金管理的过程就是在现金的流动性与收益性之间进行权衡选择的过程，其目的是在保证企业经营活动现金需要的同时，降低企业闲置的现金数量，提高资金收益率。现金管理通常采用的方法有：确定现金持有量，采用邮政信箱法、银行业务集中法等方法加快现金回收，合理利用“浮游量”、推迟支付应付款及采用汇票付款等方法延迟现金支出。

一、现金管理的意义

企业持有一定数量的现金主要是基于以下三个方面的动机：

1. 交易动机

交易动机，即企业在正常的生产经营秩序下应当保持一定的现金支付能力。企业为了组织日常生产经营活动，必须保持一定数额的现金余额。一般来说，企业为满足交易动机所持有的现金余额主要取决于企业的销售水平。企业销售扩大，销售额增加，所需现金余额也随之增加。

2. 预防动机

预防动机，即企业为应付紧急情况而需要保护的现金支付能力。由于市场行情的瞬息万变和其他各种不测因素的存在，企业通常难以对未来现金流入量和流出量作出准确的估计和预期。因此，在正常业务活动现金需要量的基础上，追加一定数量的现金余额以应付未来现

金流入和流出的随机波动，是企业在确定必要现金持有量时应当考虑的因素。

3．投机动机

投机动机，即企业为了抓住各种瞬息即逝的市场机会，获取较大的利益而准备的现金金额。投机动机只是企业确定现金余额时所需考虑的次要因素之一，其持有量的大小往往与企业在金融市场的投资机会及企业对待风险的态度有关。

现金是变现能力最强的非盈利性资产。现金管理的过程就是在现金的流动性与收益性之间进行权衡选择的过程。通过现金管理，使现金收支不但在数量上，而且在时间上相互衔接，对于保证企业经营活动的现金需要，降低企业闲置的现金数量，提高资金收益率具有重要意义。

二、现金的成本

企业持有现金的成本通常由以下三个部分组成：

1．持有成本

持有成本是指企业因保留一定现金余额而增加的管理费用及丧失的再投资收益。企业保留现金，对现金进行管理，会发生一定的管理费用，如管理人员的工资及必要的安全措施费等。这部分费用具有固定成本的性质，它在一定范围内与现金持有量的多少关系不大，是决策无关成本。再投资收益是企业不能同时用该现金进行有价证券投资所产生的机会成本，这种成本在数额上等同于资金成本。放弃的再投资收益即机会成本属于变动成本，它与现金持有量成正比例关系。

2．转换成本

转换成本，是企业用现金购入有价证券以及转让有价证券换取现金时付出的交易费用，即现金同有价证券之间相互转换的成本，如委托买卖佣金、委托手续费、证券过户费、实物交割手续费等。

3．短缺成本

短缺成本是指在现金持有量不足而又无法及时通过有价证券变现加以补充而给企业造成的损失，包括直接损失与间接损失。现金的短缺成本与现金持有量呈反方向变动关系。

三、现金持有量的确定

确定最佳现金持有量的模式主要有成本分析模式、存货模式和随机模式。

1．成本分析模式

成本分析模式是根据现金有关成本，分析预测其总成本最低时现金持有量的一种方法。运用成本分析模式确定现金最佳持有量，只考虑因持有一定量的现金而产生的机会成本及短缺成本，而不予考虑管理费用和转换成本。机会成本即因持有现金而丧失的再投资收益，与现金持有量成正比例变动关系，用公式表示即：

机会成本=现金持有量×有价证券利率（或报酬率）

短缺成本与现金持有量呈反方向变动关系。现金的成本同现金持有量之间的关系如图8-1所示。

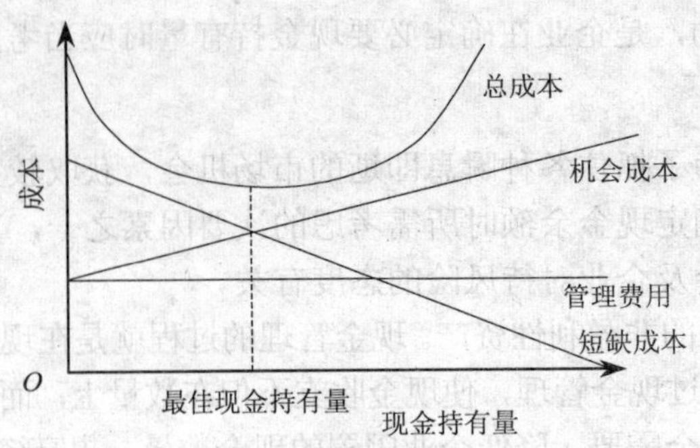

图 8-1　成本分析模式示意图

从图 8-1 可以看出，出于各项成本同现金持有量的变动关系不同，使得总成本曲线呈抛物线形，抛物线的最低点，即为成本最低点，该点所对应的现金持有量便是最佳现金持有量，此时总成本最低。

例 8-1

某企业现有 A、B、C、D 四种现金持有量方案，有关成本资料如表 8-1 所示。

表 8-1　现金持有量备选方案表

（单位：元）

项　目	A	B	C	D
现金持有量	100 000	200 000	300 000	400 000
机会成本率	10%	10%	10%	10%
短缺成本	48 000	25 000	10 000	5 000

根据表 8-1，可采用成本分析模式编制该企业最佳现金持有量测算表，如表 8-2 所示。

表 8-2　最佳现金持有量测算表

（单位：元）

方案及现金持有量	机会成本	短缺成本	相关总成本
A（100 000）	10 000	48 000	58 000
B（200 000）	20 000	25 000	45 000
C（300 000）	30 000	10 000	40 000
D（400 000）	40 000	5 000	45 000

通过分析比较表 8-2 中各方案的总成本可知，C 方案的相关总成本最低，因此企业持有 300 000 元的现金时，各方面的总代价最低，300 000 元为现金最佳持有量。

2．存货模式

利用存货模式计算现金最佳持有量时，对短缺成本不予考虑，只对机会成本和固定性转换成本予以考虑。机会成本和固定性转换成本随着现金持有量的变动而呈现出相反的变动趋向，因而能够使现金管理的机会成本与固定性转换成本之和保持最低的现金持有量，即为最

佳现金持有量。

设 T 为一个周期内现金总需求量；F 为每次转换有价证券的固定成本；Q 为现金持有量（每次证券变现的数量）；K 为有价证券利息率（机会成本）；TC 为现金管理相关总成本。则：

现金管理相关总成本=持有机会成本+固定性转换成本

即：
$$TC=(Q/2)K+(T/Q)F \quad (8-1)$$

现金管理相关总成本与持有机会成本、固定性转换成本的关系如图 8-2 所示。

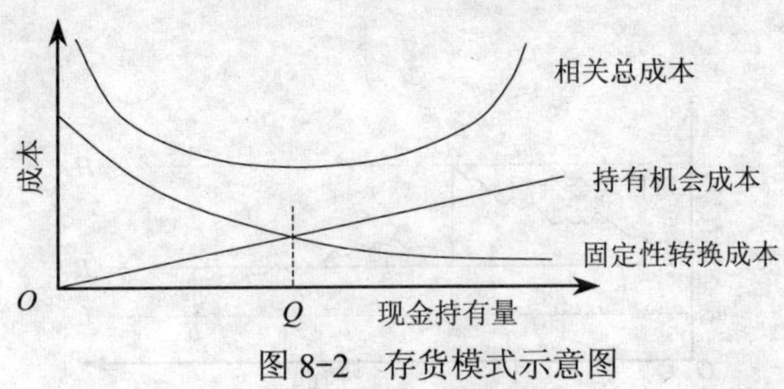

图 8-2　存货模式示意图

从图 8-2 可以看出，现金管理的相关总成本与现金持有量呈凹形曲线关系。持有现金的机会成本与证券变现的交易成本相等时，现金管理的相关总成本最低，此时的现金持有量为最佳现金持有量，即：

$$Q^*=\sqrt{\frac{2TF}{K}} \quad (8-2)$$

将公式（8-2）代入公式（8-1）得：

$$最低现金管理相关总成本（TC^*）=\sqrt{2TFK}$$

例 8-2

某企业现金收支状况比较稳定，预计全年（按 360 天计算）需要现金 400 万元，现金与有价证券的转换成本为每次 400 元，有价证券的年利率为 8%，则：

$$最佳现金持有量（Q^*）=\sqrt{2\times4\,000\,000\times\frac{400}{8\%}}$$
$$=200\,000（元）$$

$$最低现金管理相关总成本（TC^*）=\sqrt{2\times4\,000\,000\times400\times8\%}$$
$$=16\,000（元）$$

其中：转换成本=（4 000 000÷200 000）×400=8 000（元）

持有机会成本=（200 000÷2）×8%=8 000（元）

$$有价证券交易次数=\frac{4\,000\,000}{200\,000}=20（次）$$

有价证券交易间隔期=360÷20=18（天）

3. 随机模式

随机模式是在现金需求量难以预知的情况下进行现金持有量控制的方法。对企业来讲，现金需求量往往波动大且难以预知，但企业可以根据历史经验和现实需要，测算出一个现金持有量的控制范围，即制定出现金持有量的上限和下限，将现金持有量控制在上下限之内。当现金持有量达到控制上限时，用现金购入有价证券，使现金持有量下降；当现金持有量降到控制下限时，则抛售有价证券换回现金，使现金持有量回升。若现金持有量在控制的上下限之内，便不必进行现金与有价证券的转换，保持它们各自的现有存量。这种对现金持有量的控制，如图 8-3 所示。

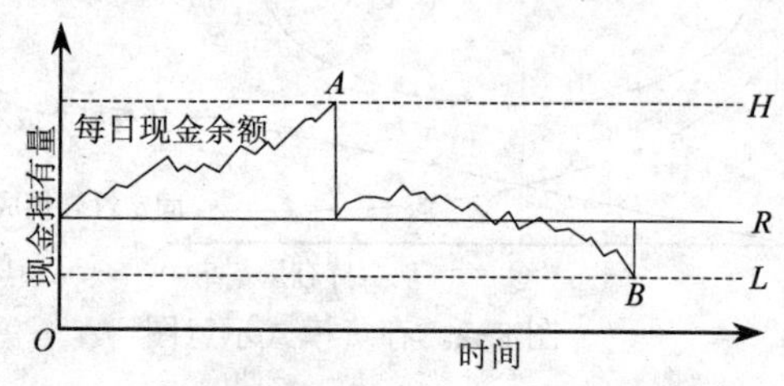

图 8-3　现金持有量示意图

图 8-3 中，虚线 H 为现金持有量的上限，虚线 L 为现金持有量的下限，实线 R 为最优现金返回线。从图中可以看到，企业的现金持有量（表现为现金每日余额）是随机波动的，当其达到 A 点时，即达到了现金控制的上限，企业应用现金购买有价证券，使现金持有量回落到现金返回线（R 线）的水平；当现金持有量降至 B 点时，即达到了现金控制的下限，企业则应转让有价证券换回现金，使其持有量回升至现金返回线的水平。现金持有量在上下限之间的波动属于控制范围内的变化，是合理的，可以不予理会。以上关系中的上限（H）、现金返回线（R）可按下列公式计算：

$$R=\sqrt[3]{\frac{3b\delta^2}{4i}}+L$$

$$H=3R-2L$$

式中　b——每次有价证券的固定转换成本；

i——有价证券的日利息率；

δ——预期每日现金余额变化的标准差（可根据历史资料测算）。

而下限（L）的确定，则要受到企业每日的最低现金需要、管理人员的风险承受倾向等因素的影响。

例 8-3

假定某公司有价证券的年利率为 9%，每次固定转换成本为 50 元，公司认为任何时候其银行活期存款及现金余额均不能低于 1 000 元，又根据以往经验测算出现金余额波动的标准差为 800 元。则最优现金返回线（R）、现金控制上限（H）的计算为：

有价证券日利率=9%÷360=0.025%

$$R=\sqrt[3]{\frac{3b\delta^2}{4i}}+L$$
$$=\sqrt[3]{\frac{3\times50\times800^2}{4\times0.025\%}}+1\,000=5\,579(\text{元})$$
$$H=3R-2L$$
$$=3\times5\,579-2\times1\,000$$
$$=14\,737(\text{元})$$

这样，当公司的现金余额达到 14 737 元时，即应以 9 158 元（14 737–5 579）的现金去投资于有价证券，使现金持有量回落为 5 579 元；当公司的现金余额降至 1 000 元时，则应转让 4 579 元（5 579–1 000）的有价证券，使现金持有量回升为 5 579 元，这可以用图 8–4 表示。

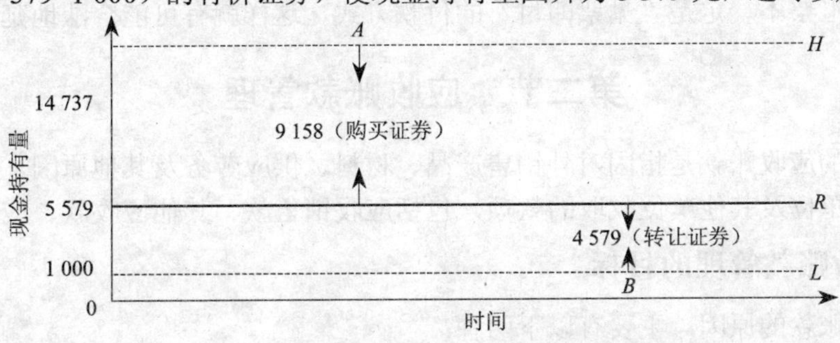

图 8–4 现金持有量示意图

随机模式建立在企业的现金未来需求总量和收支不可预测的前提下，因此计算出来的现金持有量比较保守。

四、现金回收的管理

现金回收管理的目的是尽快收回现金，加速现金的周转。为此，企业应根据成本与收益比较原则选用适当方法加速账款的收回。

现金回收主要采用的方法有邮政信箱法和银行业务集中法两种。

（1）邮政信箱法（又称锁箱法）这是西方企业加速现金流转的一种常用方法。企业可以在各主要城市租用专门的邮政信箱，并开立分行存款户，授权当地银行每日开启信箱，在取得客户支票后立即予以结算，并通过电汇将货款拨给企业所在地银行。该方法缩短了支票邮寄及在企业的停留时间，但成本较高。

（2）银行业务集中法。这是一种通过建立多个收款中心来加速现金流转的方法。在这种方法下，企业指定一个主要开户行（通常是总部所在地）为集中银行，并在收款额较集中的若干地区设立若干个收款中心；客户收到账单后直接汇款到当地收款中心，中心在收款后立即存入当地银行；当地银行在进行票据交换后立即转给企业总部所在地银行。该方法缩短了现金从客户到企业的中间周转时间，但在多处设立收款中心，增加了相应的费用支出。为此，企业应在权衡利弊得失的基础上，作出是否采用银行业务集中法的决策，这需要计算分散收账收益净额。其计算公式为：

$$\text{分散收账收益净额}=\left(\text{分散收账前应收账款投资额}-\text{分散收账后应收账款投资额}\right)\times\text{企业综合资金成本率}-\text{因增设收款中心每年增加费用额}$$

五、现金支出的管理

现金管理的另一个方面就是决定如何使用现金。企业应根据风险与收益权衡原则选用适当方法延期支付账款。

与现金收入的管理相反，现金支出管理的主要任务是尽可能延缓现金的支出时间。延期支付账款的方法一般有以下几种：

（1）合理利用“浮游量”。所谓现金的“浮游量”，是指企业账户上现金余额与银行账户上所示的存款余额之间的差额。

（2）推迟支付应付款。企业可在不影响信誉的情况下，尽可能推迟应付款的支付期。

（3）采用汇票付款。在使用支票付款时，只要受票人将支票存入银行，付款人就要无条件地付款。但汇票不一定是“见票即付”的付款方式，这样就有可能合法地延期付款。

第二节　应收账款管理

这里所说的应收账款是指因对外销售产品、材料、供应劳务及其他原因，应向购货单位或接受劳务的单位及其他单位收取的款项，包括应收销售款、其他应收款、应收票据等。

一、应收账款管理的目标

发生应收账款的原因，主要有以下两种：

第一，商业竞争。这是发生应收账款的主要原因。在社会主义市场经济的条件下，存在着激烈的商业竞争，竞争机制的作用迫使企业以各种手段扩大销售。除了依靠产品质量、价格、售后服务、广告等外，赊销也是扩大销售的手段之一。对于同等的产品价格、类似的质量水平、一样的售后服务，实行赊销的产品或商品的销售额将大于现金销售的产品或商品的销售额。这是因为顾客将从赊销中得到好处。基于扩大销售的竞争需要，企业不得不以赊销或其他优惠方式招揽顾客，于是就产生了应收账款。由竞争引起的应收账款，是一种商业信用。

第二，销售和收款的时间差距。商品成交的时间和收到货款的时间经常不一致，这也导致了应收账款。当然，现实生活中现金销售是很普遍的，特别是零售企业更常见，不过就一般批发和大量生产企业来讲，发货的时间和收到货款的时间往往不同。这是因为货款结算需要时间。结算手段越是落后，结算所需时间就越长，销售企业只能承认这种现实并承担由此引起的资金垫支。由于销售和收款的时间差而造成的应收账款，不属于商业信用，也不是应收账款的主要内容。这里不再对它进行深入讨论，而只论述属于商业信用的应收账款的管理。

既然企业发生应收账款的主要原因是扩大销售，增强竞争力，那么其管理的目标就是求得利润。应收账款是企业的一项资金投放，是为了扩大销售和盈利而进行的投资，而投资一定要发生成本，这就需要在应收账款信用政策所增加的盈利和这种政策的成本之间作出权衡。只有当应收账款所增加的盈利超过所增加的成本时，才应当实施应收账款赊销；如果应收账款赊销有着良好的盈利前景，就应当放宽信用条件增加赊销量。

二、应收账款机会成本的计算

应收账款的机会成本是指因资金投放在应收账款上而丧失的其他收入，如投资于有价证券便会有利息收入。这一成本的大小通常与企业维持赊销业务所需要的资金数量（即应收账

款投资额)、资金成本率有关。其计算公式为:

$$应收账款机会成本=维护赊销业务所需要的资金\times资金成本率 \tag{8-3}$$

公式(8-3)中,资金成本率一般可按有价证券利息率计算。

维持赊销业务所需要的资金数量可按下列步骤计算:

(1)计算应收账款平均余额。其计算公式为:

$$\begin{aligned}应收账款平均余额&=(年赊销额/360)\times平均收账天数\\&=平均每日赊销额\times平均收账天数\end{aligned} \tag{8-4}$$

公式(8-4)中,平均收账天数一般按客户各自赊销额占总赊销额比重为权数的所有客户收账天数的加权平均数计算。

(2)计算维持赊销业务所需要的资金。其计算公式为:

$$\frac{维持赊销业务}{所需要的资金}=\frac{应收账款}{平均余额}\times\frac{变动成本}{销售收入}=\frac{应收账款}{平均余额}\times\frac{变动}{成本率} \tag{8-5}$$

公式(8-5)假设企业的成本水平保持不变(即单位变动成本不变,固定成本总额不变),因此随着赊销业务的扩大,只有变动成本随之上升。

例 8-4

假设某企业预测的年度赊销额为 3 000 000 元,应收账款平均收账天数为 60 天,变动成本率为 60%,资金成本率为 10%,则应收账款机会成本可计算如下:

应收账款平均余额=3 000 000/360×60=500 000(元)

维持赊销业务所需要的资金:500 000×60%=300 000(元)

应收账款机会成本:300 000×10%=30 000(元)

上述计算表明,企业投放 300 000 元的资金可维持 3 000 000 元的赊销业务,相当于垫支资金的 10 倍之多。这一较高的倍数在很大程度上取决于应收账款的收账速度。在正常情况下,应收账款收账天数越少,一定数量资金所维持的赊销额就越大;应收账款收账天数越多,维持相同赊销额所需要的资金数量就越大。而应收账款机会成本在很大程度上取决于企业维持赊销业务所需要资金的多少。

三、信用标准的确定

信用标准是客户获得企业商业信用所应具备的最低条件,通常以预期的坏账损失率表示。如果企业把信用标准定得过高,将使许多客户因信用品质达不到所设的标准而被企业拒之门外,其结果尽管有利于降低违约风险及收账费用,但不利于企业市场竞争能力的提高和销售收入的扩大。相反,如果企业接受较低的信用标准,虽然有利于企业扩大销售,提高市场竞争力和占有率,但同时也会导致坏账损失风险加大和收账费用增加。为此,企业应在成本与收益比较原则的基础上,确定适宜的信用标准。

对信用标准进行分析,主要通过以下三个步骤来完成:

(1)设定信用等级的评价标准。即根据对客户信用资料的调查分析,确定评价信用优劣的数量标准,以一组具有代表性、能够说明付款能力和财务状况的若干比率(如流动比率、速动比率、应收账款平均收账天数、存货周转率、产权比率或资产负债率、赊购付款履约情况等）作为信用风险指标，根据数年内最坏年景的情况，分别找出信用好和信用差这两类顾客的上述比率的平均值，依此作为比较其他顾客的信用标准。

例 8-5

按照上述方法确定的某行业的信用标准如表 8-3 所示。

表 8-3　信用标准一览表

指　标	信用标准	
	信　用　好	信　用　差
流动比率	2.5:1	1.6:1
速动比率	1.1:1	0.8:1
现金比率	0.4:1	0.2:1
产权比率	1.8:1	4:1
利息保障倍数	3.2:1	1.6:1
有形净值负债率	1.5:1	2.9:1
应收账款平均收账天数/天	26	40
存货周转率/次	6	4
总资产报酬率（%）	35	20
赊购付款履约情况	及时	拖欠

（2）利用既有或潜在客户的财务报表数据，计算各自的指标值，并与上述标准比较。比较的方法是：若某客户的某项指标值等于或低于差的信用标准，则该客户的拒付风险系数（即坏账损失率）增加 10 个百分点；若客户的某项指标值介于好与差的信用标准之间，则该客户的拒付风险系数增加 5 个百分点；当客户的某项指标值等于或高于好的信用标准时，则视该客户的这一指标无拒付风险。客户的各项指标值及累计风险系数如表 8-4 所示。

表 8-4　客户信用状况评价表

指　标	指　标　值	拒付风险系数（%）
流动比率	2.6:1	0
速动比率	1.2:1	0
现金比率	0.3:1	5
产权比率	1.7:1	0
利息保障倍数	3.2:1	0
有形净值负债率	2.3:1	5
应收账款平均收账天数	36	5
存货周转率（次）	7	0
总资产报酬率（%）	35	0
赊购付款履约情况	及时	0
累计拒付风险系数		15

在表 8-4 中，该客户的流动比率、速动比率、产权比率、利息保障倍数、存货周转率、总资产报酬率、赊购付款履约情况等指标均等于或高于好的信用标准值，因此，这些指标产生拒付风险的系数为 0；而现金比率、有形净值负债率、应收账款平均收账天数三项指标值则介于信用好与信用差标准值之间，各自发生拒付风险的系数为 5%，累计为 15%。这样即

可认为该客户预期可能发生的坏账损失率为 15%。

当然，企业为了能够更详尽地对客户的拒付风险作出准确的判断，也可以设置并分析更多的指标值，如评价指标增为 20 项，各项最高的坏账损失率为 5%，介于信用好与信用差之间的，每项增加 2.5%的风险系数等。

（3）进行风险排队，并确定各有关客户的信用等级。依据上述风险系数的分析数据，按照客户累计风险系数由小到大进行排序。然后，结合企业承受违约风险的能力及市场竞争的需要，具体划分客户的信用等级，如累计拒付风险系数在 5%以内的为 A 级客户，在 5%～10%之间的为 B 级客户等。对于不同信用等级的客户，分别采取不同的信用对策，包括拒绝或接受客户信用订单，以及给予不同的信用优惠条件或附加某些限制条款等。

四、信用条件的决策

信用标准是企业评价客户等级，决定给予或拒绝客户信用优惠的依据。一旦企业决定给予客户信用优惠时，就需要考虑具体的信用条件。因此，所谓信用条件就是指企业接受客户信用订单时所提出的付款要求，主要包括信用期限、折扣期限及现金折扣率等。信用条件的基本表现方式如“2/10，*n*/45”，意思是：若客户能够在发票开出后的 10 天内付款，则可以享受 2%的现金折扣；如果放弃折扣优惠，则全部款项必须在 45 天内付清。在此，45 天为信用期限，10 天为折扣期限，2%为现金折扣率。

1．信用期限

信用期限是指企业允许客户从购货到支付货款的时间间隔。企业产品销售量与信用期限之间存在着一定的依存关系。通常，延长信用期限，可以在一定程度上扩大销售量，从而增加毛利。但不适当地延长信用期限，会给企业带来不良后果：一是使平均收账期延长，占用在应收账款上的资金相应增加，引起机会成本增加；二是引起坏账损失和收账费用的增加。因此，企业是否给客户延长信用期限，应视延长信用期限增加的边际收入是否大于增加的边际成本而定。

2．现金折扣和折扣期限

延长信用期限会增加应收账款占用的时间和金额，所以许多企业为了加速资金周转，及时收回货款，减少坏账损失，往往在延长信用期限的同时，采用一定的优惠措施。即在规定的时间内提前偿付货款的客户可按销售收入的一定比率享受折扣。例如，“2/10，*n*/45”表示赊销期限为 45 天，若客户在 10 天内付款，则可享受 2%的折扣。现金折扣实际上是对现金收入的扣减，企业决定是否提供以及提供多大程度的现金折扣时，着重考虑的是提供折扣后所得的收益是否大于现金折扣的成本。

企业究竟应当核定多长的现金折扣期限，以及给予客户多大程度的现金折扣优惠，必须将信用期限及加速收款所得到的收益与付出的现金折扣成本结合起来考察。同延长信用期限一样，采取现金折扣方式在有利于刺激销售的同时，也需要付出一定的成本代价，即给予现金折扣造成的损失。如果加速收款带来的机会收益能够绰绰有余地补偿现金折扣成本，企业就可以采取现金折扣或进一步改变当前的折扣方针；如果加速收款的机会收益不能补偿现金折扣成本的话，现金优惠条件便被认为是不恰当的。

除上述的信用条件外，企业还可以根据需要，采取阶段性的现金折扣期与不同的现金折扣率。例如，“3/10，2/20，*n*/45”，意思是：给予客户 45 天的信用期限，客户若能在开票后的 10 天内付款，便可以得到 3%的现金折扣；超过 10 天而能在 20 天内付款时，也可以得到

2%的现金折扣；否则，只能全额支付账面款项。

3. 信用条件备选方案的评价

虽然企业在信用管理政策中，已对可接受的信用风险水平作了规定，但是当企业的生产经营环境发生变化时，仍需要对信用管理政策中的某些规定进行修改和调整，并对改变条件的各种备选方案进行认真的评价。

例 8-6

某企业预测的 2007 年度赊销额为 3 600 万元，其信用条件是：*n*/30，变动成本率为 60%，资金成本率（或有价证券利息率）为 10%。假设企业收账政策不变，固定成本总额不变。该企业准备了三个信用条件的备选方案：

A：维持 *n*/30 的信用条件；

B：将信用条件放宽到 *n*/60；

C：将信用条件放宽到 *n*/90。

为各种备选方案估计的赊销水平、坏账百分比和收账费用等有关数据如表 8-5 所示。

表 8-5　信用条件备选方案表

（单位：万元）

项目 \ 方案 / 信用条件	A *n*/30	B *n*/60	C *n*/90
年赊销额	3 600	3 960	4 200
应收账款平均收账天数	30	60	90
应收账款平均余额	3 600÷360×30=300	3 960÷360×60=660	4 200÷360×90=1 050
维持赊销业务所需资金	300×60%=180	660×60%=396	1 050×60%=630
坏账损失/年赊销额	2%	3%	6%
坏账损失	3 600×2%=72	3 960×3%=118.80	4 200×6%=252
收账费用	36	60	144

根据以上资料，可计算如下指标（见表 8-6）。

表 8-6　信用条件分析评价表

（单位：万元）

项目 \ 方案 / 信用条件	A *n*/30	B *n*/60	C *n*/90
年赊销额	3 600	3 960	4 200
变动成本	2 160	2 376	2 520
信用成本前收益	1 440	1 584	1 680
信用成本：			
应收账款机会成本	180×10%=18	396×10%=39.60	630×10%=63
坏账损失	72	118.80	252
收账费用	36	60	144
小计	126	218.40	459
信用成本后收益	1 314	1 365.60	1 221

根据表 8-6 中的资料可知，在这三种方案中，B 方案（$n/60$）的获利最大，它比 A 方案（$n/30$）的收益要多 51.6 万元，比 C 方案（$n/90$）的收益要多 144.6 万元。因此，在其他条件不变的情况下，应选择 B 方案。

例 8-7

仍以例 8-6 所列资料为例，企业为了加速应收账款的回收，在企业向客户提供商业信用时，必须考虑三个问题：其一，客户是否会拖欠或拒付账款，程度如何；其二，怎样最大限度地防止客户拖欠账款；其三，一旦账款遭到拖欠甚至拒付，企业应采取怎样的对策。前两个问题主要靠信用调查和严格的信用审批制度；第三个问题则必须通过制定完善的收账方针，采取有效的收账措施予以解决。

从理论上讲，履约付款是客户不容置疑的责任与义务，债权企业有权通过法律途径要求客户履约付款。但如果企业对所有客户拖欠或拒付账款的行为均付诸法律解决，则往往并不是最有效的办法，因为企业解决与客户账款纠纷的目的，主要不是争论谁是谁非，而在于怎样最有成效地将账款收回。实际上，各个客户拖欠或拒付账款的原因是不尽相同的，许多信用品质良好的客户也可能因为某些原因而无法如期付款。此时，如果企业直接向法院起诉，则不仅需要花费相当数额的诉讼费，而且除非法院裁决客户破产，否则效果往往也不会很理想。所以，通过法律强行收回账款一般是企业不得已而为之的最后办法。基于这种考虑，企业如果能够同客户商量折中的方案，也许能够将大部分账款收回。

通常的步骤是：当账款被客户拖欠或拒付时，企业应当首先分析现有的信用标准及信用审批制度是否存在纰漏；然后重新对违约客户的资信等级进行调查、评价。将信用品质恶劣的客户从信用名单中删除，对其所拖欠的款项可先通过信函、电信或者派员前往等方式进行催收，态度可以逐渐强硬，并提出警告。当这些措施无效时，可考虑通过诉讼解决。为了提高诉讼效果，可以与其他经常被该客户拖欠或拒付账款的企业联合向法院起诉，以增强该客户信用品质不佳的证据力。对于信用记录一向正常的客户，在去电、去函的基础上，不妨派人与客户直接进行协商，彼此沟通意见，达成谅解妥协，既可密切相互间的关系，又有助于较为理想地解决账款拖欠问题，并且一旦将来彼此关系置换时，也有一个缓冲的余地。当然，如果双方无法取得谅解，也只能付诸法律来解决。

除上述收账政策外，有些国家还兴起了一种新的收账代理业务，即企业可以委托收账代理机构催收账款。但由于委托手续费往往较高，许多企业尤其是那些资财较小、经济效益差的企业很难采用。

企业对拖欠的应收账款，无论采用何种方式进行催收，都需要付出一定的代价，即收账费用，如收款所花的邮电通信费、派专人收款的差旅费和不得已时的法律诉讼费等。通常，企业为了扩大销售，增强竞争能力，往往对客户的逾期未付款项规定一个允许的拖欠期限，超过规定的期限，企业就应采取各种形式进行催收。如果企业制定的收账政策过宽，则会导致逾期未付款项的客户拖延时间更长，对企业不利；而收账政策过严，催收过急，又可能伤害无意拖欠的客户，影响企业未来的销售和利润。因此，企业在制定收账政策时，要权衡利弊，掌握好宽严界限。

一般而言，企业加强收账管理，及早收回货款，可以减少坏账损失，减少应收账款上的资金占用，但会增加收账费用。因此，制定收账政策就是要在增加收账费用与减少坏账损失、减少应收账款机会成本之间进行权衡，若前者小于后者，则说明制定的收账政策是可取的。

例 8-8

已知某企业应收账款原有的收账政策和拟改变的收账政策如表 8-7 所示。假设资金利润率为 10%，根据表 8-7 中的资料，计算两种方案的总成本，如表 8-8 所示。

表 8-7　收账政策备选方案资料

项　目	现行收账政策	拟改变的收账政策
年收账费用/万元	90	150
应收账款平均收账天数/天	60	30
坏账损失占赊销额的百分比（%）	3	2
赊销额/万元	7 200	7 200
变动成本率（%）	60	60

表 8-8　收账政策分析评价表

项　目	现行收账政策	拟改变的收账政策
赊销额/万元	7 200	7 200
应收账款平均收账天数/天	60	30
应收账款平均余额/万元	7 200÷360×60=1 200	7 200÷360×30=600
应收账款占用的资金/万元	1 200×60%=720	600×60%=360
收账成本：		
应收账款机会成本/万元	720×10%=72	360×10%=36
坏账损失/万元	7 200×3%=216	7 200×2%=144
年收账费用/万元	90	150
收账总成本/万元	378	330

表 8-8 的计算结果表明，拟改变的收账政策较现行收账政策减少的坏账损失和减少的应收账款机会成本之和为 108 万元[（216−144）+（72−36）]，大于增加的收账费用 60 万元（150−90），因此，改变收账政策的方案是可以接受的。

影响企业信用标准、信用条件及收账政策的因素很多，如销售额、赊销期限、收账期限、现金折扣、坏账损失、过剩生产能力、信用部门成本、机会成本、存货投资等。这就使得信用政策的制定更为复杂，一般来说，理想的信用政策就是企业采取或松或紧的信用政策时所带来的收益最大的政策。

五、应收账款账龄分析

企业已发生的应收账款时间长短不一，有的尚未超过信用期，有的则已逾期拖欠。一般来讲，逾期拖欠时间越长，账款催收的难度越大，成为坏账的可能性也就越高。应收账款账龄分析就是考察研究应收账款的账龄结构。所谓应收账款的账龄结构，是指各账龄应收账款的余额占应收账款总计余额的比重。

例 8-9

已知某企业的账龄分析表如表 8-9 所示。

表 8-9　应收账款账龄分析表

应 收 账 款	账龄账户数量	金额/万元	比重（%）
信用期内（设平均为 3 个月）	100	60	60
超过信用期 1 个月内	50	10	10
超过信用期 2 个月内	20	6	6
超过信用期 3 个月内	10	4	4
超过信用期 4 个月内	15	7	7
超过信用期 5 个月内	12	5	5
超过信用期 6 个月内	8	2	2
超过信用期 6 个月以上	16	6	6
应收账款余额总计	-	100	100

表 8-9 表明，该企业应收账款余额中，有 60 万元尚在信用期内，占全部应收账款的 60%。过期数额为 40 万元，占全部应收账款的 40%，其中逾期在 1、2、3、4、5、6 个月内的，分别为 10%、6%、4%、7%、5%、2%。另有 6%的应收账款已经逾期半年以上。此时，企业应分析逾期账款具体属于哪些客户，这些客户是否经常发生拖欠情况，发生拖欠的原因何在。一般而言，账款的逾期时间越短，收回的可能性就越大，即发生坏账损失的可能性相对越小；反之，收账的难度及发生坏账损失的可能性也就越大。因此，对不同拖欠时间的账款及不同信用品质的客户，企业应采取不同的收账方法，制定出经济可行的不同收账政策、收账方案。对可能发生的坏账损失，需提前作好准备，充分估计这一因素对企业损益的影响。对尚未过期的应收账款，也不能放松管理与监督，以防发生新的拖欠。

第三节　存 货 管 理

一、存货的功能及管理目标

1．存货的功能

存货是指企业在生产经营过程中为销售或生产耗用而储备的各种物资，包括产成品、半成品、在产品以及各种材料、燃料、包装物、低值易耗品等。企业储存存货，其主要功能在于：

（1）防止停工待料。适量的原材料存货和在产品、半成品存货是企业生产正常进行的前提和保证。就企业外部而言，供货方的生产和销售往往会因某些原因而暂停或推迟，从而会影响企业材料的及时采购、入库和投产。就企业内部而言，有适量的半成品储备，能使各生产环节的生产调度更加合理，各生产工序步调更加协调。可见适量的存货能有效防止停工待料事件的发生，维持生产的连续性。

（2）适应市场变化。存货储备能增强企业在生产销售方面的机动性以及适应市场变化的能力。企业有了足够的存货，才能有效地供应市场，满足顾客的需要。相反，若某种畅销产品库存不足，则将会失去目前和未来的市场，发生机会成本。

（3）降低进货成本。很多企业为扩大销售规模，对购货方提供优厚的数量折扣待遇，即购货达到一定数量时，便在价格上给予一定的折扣优惠。企业采用批量集中进货，可获得较大的数量折扣。此外，通过增加每次购货的数量，减少购货次数，可以降低采购费用支出。即便在推崇以零存货为管理目标的今天，仍有许多企业采取大批量进货方式，原因就在于这种方式有助于降低购货成本。只要采购成本的降低额大于因存货增加而导致的储存可能发生的费用，便是可行的。

（4）维持均衡生产。对于那些所生产产品具有季节性的企业或生产所需材料的供应具有季节性的企业，为实现均衡生产，降低生产成本，就必须适当储存一定的半成品存货或保持一定的原材料存货。否则，这些企业若按照季节变动组织生产活动，难免会产生忙时超负荷运转，闲时生产能力得不到充分利用的情况。这也会导致生产成本的提高。

2. 存货的管理目标

企业存货的目的主要是为了解决购料与生产不相配合的困难。周密和完善的生产计划和物资供应系统可使原材料、零部件的供应和生产过程完全衔接并及时满足市场对产品的需求，这时企业对存货的需求量最小。但生产和销售是一个动态系统，它必须随着市场的变化而变化，总会产生波动。若生产一时扩大而原材料供应不上，则会使生产中断。若市场销售量增加而企业无产成品库存，则会影响企业的销售和企业的声誉，造成一定的损失。因此，企业基于内、外的主客观环境和条件的影响，无法全面推行“适时生产系统”，存货的存在是不可避免的。

从企业的角度出发，存货的管理目标是在满足经营所需存货的条件下，使存货的成本最低。

二、存货成本

进行存货管理，首先应分清与购买和保管存货有关的成本，一般将其归为三类：

（一）存货取得成本

存货取得成本就是为取得存货而发生的成本，常用 TC_a 来表示。它包括存货的采购成本和订货成本。

1. 采购成本

采购成本是由存货的买价、运杂费以及其他使存货送至企业达到库存状态所花费的开支构成。它通常以数量和单价的乘积来确定。假定年需求量用 D 表示，单价用 U 表示，采购成本用 DU 表示。

2. 订货成本

订货成本是指企业向供货方订购存货而发生的成本，包括订购手续费、差旅费、邮电费等支出。一般而言，采购成本与采购数量成正比，单位采购成本基本不受采购数量的影响，只有供货方给予销售折扣时才有必要考虑采购成本。而订货成本中有一部分与订货次数无关，如常设采购机构的基本开支等，称为订货的固定成本，用 F_1 表示；另一部分与订货次数有关，如差旅费、邮资等支出，称为订货的变动成本。每次订货的变动成本用 K 表示，每次进货量用 Q 表示。在需求量一定的情况下，订货次数越多，订货总成本就越高；反之，则越少。订货成本的计算公式为：

$$订货成本=\frac{D}{Q}\times K+F_1$$

存货取得成本=存货的订货成本+存货的采购成本

$$\mathrm{TC}_a=F_1+\frac{D}{Q}\times K+DU$$

（二）存货储存成本

存货储存成本也称持有成本，是企业为保存存货而发生的成本，包括存货占用资金所应计的利息（也称机会成本）、仓库费用、保险费用、存货破损和变质损失等支出，通常用 TC_c 来表示。

储存成本也分为固定成本和变动成本。固定成本与存货储存数量的多少无关，如仓库折旧、仓库职工的固定月工资等，常用 F_2 来表示。储存变动成本与储存的数量有关，如保险费、存货破损和变质损失等，与存货数量成正比例变动。单位变动成本用 K_c 来表示。用公式表达的储存成本为：

储存成本=储存固定成本+储存变动成本

$$\mathrm{TC}_c=F_2+K_c\times\frac{Q}{2}$$

（三）存货短缺成本

存货短缺成本是指由于存货供应中断而造成的损失，包括停工待料损失、企业紧急采购代用材料而发生的额外购入成本、延迟交货承担的罚金和企业信誉损失等。存货短缺成本用 TC_s 表示。

如果以 TC 来表示储存存货的总成本，则其计算公式为：

$$\mathrm{TC}=\mathrm{TC}_a+\mathrm{TC}_c+\mathrm{TC}_s=F_1+\frac{D}{Q}K+DU+F_2+\frac{Q}{2}K_c+\mathrm{TC}_s$$

企业存货最优化，即是使 TC 值最小。

三、存货管理方法

（一）ABC 控制法

ABC 控制法是意大利经济学家帕累托于 19 世纪首创的。经过不断完善和发展，现已广泛应用于存货管理、成本管理和生产管理，其基本思想依据于统计学中的累积曲线（Ogive）。ABC 控制法是根据各项存货在全部存货中的重要程度，将存货分成 A、B、C 三类。A 类存货的数量、种类占全部存货的 10%左右，所占资金却占全部金额的 70%左右；B 类存货的数量、种类占全部存货的20%～30%，占用资金约为全部资金的20%；C类存货的数量、种类占全部存货的60%～70%，占用资金约占全部金额的10%，如图8-5所示。

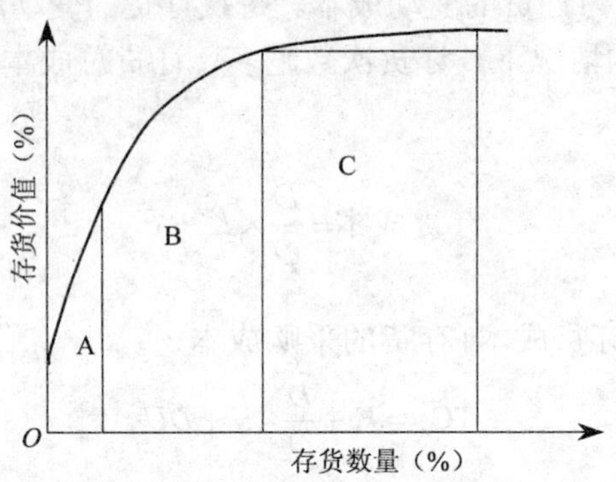

图8-5　ABC控制法分类图

对A类存货实行重点规划和管理，对存货的收、发、存进行详细记录，定期盘点。对采购、储存、使用过程中出现的偏差应及时分析原因，调查清楚，寻求改进措施。

对B类存货进行次重点管理。对B类存货一般可按存货类别进行控制，制定定额，对实际出现的偏差进行概括性检查。

对C类存货只进行一般管理，采用集中管理的方式。

（二）经济批量控制法

1．存货经济批量一般模型

存货过多或存货不足，都会使企业遭受不必要的损失。如何合理确定最佳的存货水平呢？存货经济批量模型对这一问题进行了解答。前面讨论存货成本时可知，存货订货成本与采购批量成反比，而存货储存成本与采购批量成正比。短缺成本由于难以计量，不予考虑。由此可见，订货成本与储存成本是决定存货经济批量的两大因素，而与批量无关的固定订货成本与固定储存成本则称为无关成本，在确定经济批量时不必考虑。因而，经济批量也就是可以通过使存货订货变动成本与储存变动成本之和最小的计算方法求得。用公式表示如下：

$$\mathrm{TC}=\frac{D}{Q}\times K+\frac{Q}{2}\times K_c$$

若使TC值最小，对TC求一阶导数，并令一阶导数等于零，此时的批量则称为最佳经济订货批量。其计算公式为：

$$Q^*=\sqrt{\frac{2KD}{K_c}}$$

根据这一公式可进一步推导出：

$$\mathrm{TC}(Q^*)=\sqrt{2KDK_c}$$

$$\text{最佳订货次数}（N）=\sqrt{\frac{DK_c}{2K}}$$

$$最佳订货周期（T）=\frac{1}{N}=\frac{1}{\sqrt{\frac{DK_c}{2K}}}$$

例 8-10

某企业一年某种材料需求量为 3 600t，每次订货成本为 250 元，单位储存成本为 20 元，每吨材料的单价（u）为 1 000 元，且每次材料订货均一次到齐，在订货间隔期均匀耗用。则经济批量为：

$$经济批量(Q^*)=\sqrt{\frac{2KD}{K_c}}=\sqrt{\frac{2\times3\,600\times250}{20}}=300\ \text{(t)}$$

$$经济批量下相关总成本(\text{TC}^*)=\sqrt{2KDK_c}=\sqrt{2\times3\,600\times250\times20}=6\,000\ （元）$$

$$最佳订货次数(N^*)=\frac{D}{Q^*}=\frac{3\,600}{300}=12\ （次）$$

$$最佳订货间隔期(T^*)=\frac{360}{12}=30（天/次）$$

$$经济订货量下平均占用资金(I^*)=\frac{Q^*}{2}\times u=\frac{300}{2}\times1\,000=150\,000\ （元）$$

应当注意，这里所计算的经济批量模型是一种理想化的模型，它是在一定的假设条件下推导出来的。其假设条件主要有：①存货的耗用量或销售量可以被准确地预测。②存货的耗用量或销售量均匀地分布在全年。③不存在供应商延期交货的情况。④全年存货的需求量、采购单价、单位储存成本和每次订货成本均为已知且全年保持不变。这些条件在现实的市场情况下是不可能满足的，因此其模型在实际中运用受到许多限制。为进一步增加模型的适用性，下面将结合实际工作中经常出现的几种情况加以分析。

2．特殊情况下存货经济批量的确定

(1) 存在销售折扣情况下的经济批量模型。在市场经济条件下，供应商为了扩大销售量，通常采用销售折扣的方式进行销售，即规定当一次采购量达到一定数额时给予购货方一定的价格优惠。在这种情况下，单位采购成本就不是固定不变的，它也随着采购数量的增减变化而变化，此时企业在确定经济批量时，就要比较享受折扣与放弃折扣两种情况下的总成本，选择总成本较低者。此时的批量视为经济批量。

例 8-11

如例 8-10，供应商规定每次购货量达到 360t 以上，就给予 10%的销售折扣，则经济批量应为多少？

在这种情况下，采购成本与每次采购的数量有一定的关系。因此，企业在确定经济批量时必须将此因素考虑进去，来计算两种情况下的总成本。

$$TC_{(300)}=1\,000\times3\,600+\frac{300}{2}\times20+\frac{3\,600}{300}\times250$$
$$=3\,600\,000+3\,000+3\,000=3\,606\,000（元）$$

$$TC_{(360)}=900\times3\,600+\frac{360}{2}\times20+\frac{3\,600}{360}\times250$$
$$=3\,240\,000+3\,600+2\,500=3\,246\,100（元）$$

通过上述计算可知，当每次订货量为 360t 时的总成本低于每次订货量为 300t 时的总成本，因此企业应选择 360t 作为每次采购批量，而不应选择 300t。通过上述分析，可以了解到在确定经济批量的分析中，只要与经济批量有关的成本因素都应该考虑进去，否则会出现决策错误。相应地，订货次数、订货周期都要作调整：

$$N=\frac{3\,600}{360}=10\ （次）$$

（2）订货提前期和安全储备量。一般情况下，企业要想做到存货库存到零时再补充到 Q 几乎是不可能的。供应商在收到企业订单后，从组织货源到运达企业往往需要花费一段时间。为了保证生产和销售正常进行，不受存货供应的影响，企业需要解决两大问题：一是什么时候发出订货单，二是为了预防意外事件发生应建立多少保险性的存货储备量。这就是管理上所说的订货提前期和安全储备量。

所谓的订货提前期也就是再订货点，是指企业库存存货达到多少时企业发订货订单，此时的存货量就是再订货点的储备量。影响再订货点的因素有以下几个：①平均日耗用量。②提前时间，一般是指平时从发出订单到所订货物运达仓库使用所需时间。③预计每天最大耗用量与最长的提前时间。④安全储备量，也就是预防耗用量突然增加或交货误期而进行的储备。

再订货点=（订货至到货间隔期×每日耗用量）+安全储备量

企业设立安全储备量主要是预防企业订货提前期与耗用量不能完全确定，影响企业再订货点，从而影响企业正常生产经营。安全储备量虽然有用，但企业为此也要付出一定的代价，即增加企业储存成本以及存货所占用的资金。因此企业是否需要设立安全储备以及安全储备量为多少，对企业来说是很重要的。最合理的安全储备量应是使存货短缺成本和储存成本之和最低。

例 8-12

某企业某材料的经济批量为 1 000 件，每件的单价为 10 元，该材料单位储存成本为单价的 20%，根据以往经验，企业每短缺 1 件该材料就发生 1 元的损失。企业每日正常耗用该材料 50 件，每年采购 12 次，假定生产耗用量不确定的概率分布如表 8-10 所示。

表 8-10 生产耗用量的概率分布

生产耗用量/件	1 500	1 700	2 000	2 300
概　率	0.85	0.10	0.03	0.02

计算不同安全储备量情况下的总成本如表 8-11 所示。

表 8-11　不同安全储备量情况下的总成本

安全储备量/件	短缺量/件	短缺概率	短缺成本/元	储存成本/元	成本合计/元
0	200 500 800	0.10 0.03 0.02	200×12×0.1×1=240 500×12×0.03×1=180 800×12×0.02×1=192	0	612
200	300 600	0.03 0.02	300×12×0.03×1=108 600×12×0.02×1=144	200×10×0.2=400	652
500	300	0.02	300×12×0.02×1=72	500×10×0.2=1 000	1 072
800	0	0	0	800×10×0.2=1 600	1 600

不难看出，企业的安全储备量并不是越多越好，企业只有保持适量的安全储备，才能达到成本最低，存货管理效率最佳。

（3）存货陆续供应和使用。在建立基本模型时，假设存货一次全部入库，故存量增加时存量变化为一条垂直的直线。但实际上，企业各批存货可能是陆续入库，使存量陆续增加。尤其是产成品入库和产成品转移，几乎总是陆续供应和陆续耗用的。在这种情况下需要对基本模型进行一定的修改。

例 8-13

某零件年需求量（D）为 3 600 件，每日送货量（P）为 30 件，每日耗用量（d）为 10 件，单价（U）为 10 元，一次订货成本（K）为 25 元，单位储存变动成本（K_c）为 2 元，存货数量变动如图 8-6 所示。

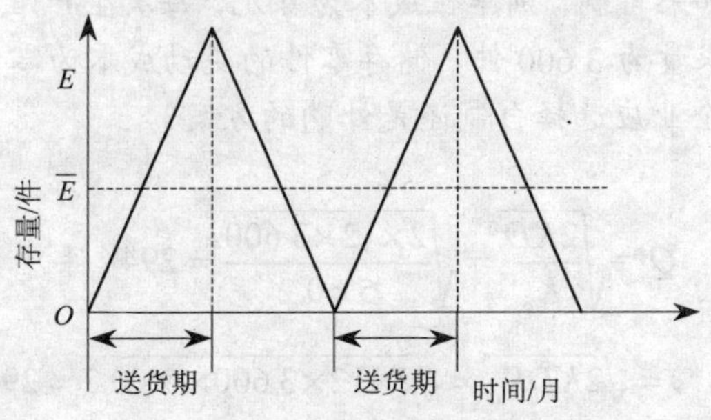

图 8-6　存货数量变动

设每批订货数为 Q，由于每日送货量为 P，故该批零件全部送达所需日数为 Q/P，称之为送货期。因零件每日耗用量为 d，故送货期内的全部耗用量为（Q/P）×d。由于零件边用边送，所以每批送完时，最高库存量为 $Q-\dfrac{Q}{P}\times d$。平均存量则为 $\dfrac{1}{2}\left(Q-\dfrac{Q}{P}\times d\right)$。这样，与批量有关的总成本为：

$$\mathrm{TC}(Q)=\frac{D}{Q}\times K+\frac{Q}{2}\left(1-\frac{d}{P}\right)\times K_c$$

在订货变动成本与储存变动成本相等时，TC（Q）有最小值，故存货陆续供应和使用的经济批量为：

$$\frac{D}{Q}\times K=\frac{Q}{2}\left(1-\frac{d}{P}\right)\times K_c$$

$$Q^*=\sqrt{\frac{2KD}{K_c}\times\frac{P}{P-d}}$$

$$\text{TC}(Q^*)=\sqrt{2KDK_c\times\left(1-\frac{d}{P}\right)}$$

在本例中，其经济批量为：

$$Q^*=\sqrt{\frac{2\times 25\times 3\,600}{2}\times\frac{30}{(30-10)}}=367\text{（元）}$$

$$\text{TC}(Q^*)=\sqrt{2\times 25\times 3\,600\times 2\times\left(1-\frac{10}{30}\right)}=490\text{（元）}$$

应当注意，陆续供应和陆续使用的存货经济批量模型，同样适用于企业产品的自制和外购的决策。企业自制零件于边送边用的情况，单位成本可能很低，但每批零件投产的准备成本比一次外购订货的成本可能高许多。外购零件的单位成本可能很高，但订货成本却可能很低。因此，企业要在自制和外购零件之间进行选择，必须比较两种方式的总成本，才能作出正确的决策。此时，企业可以利用陆续供应的模型进行分析决策。

例 8-14

某企业生产使用 A 零件，可以外购，也可以自制。如果外购，则该零件的单价为 5 元，一次订货成本为 12 元；如果自制，则单位成本为 4 元，每次生产准备成本为 660 元，日产量为 50 件。零件全年的需求量为 3 600 件，储存零件的变动成本为零件价值的 20%，每日平均需求量为 10 件。那么，企业应选择自制还是外购的方案？

（1）外购零件：

$$Q^*=\sqrt{\frac{2KD}{K_c}}=\sqrt{\frac{2\times 12\times 3\,600}{5\times 0.2}}=294\text{（件）}$$

$$\text{TC}(Q^*)=\sqrt{2KDK_c}=\sqrt{2\times 12\times 3\,600\times 5\times 0.2}=294\text{（元）}$$

$$\text{TC}=DU+\text{TC}(Q^*)=3\,600\times 5+294=18\,294\text{（元）}$$

（2）自制零件：

$$Q^*=\sqrt{\frac{2KD}{K_c}\times\frac{P}{P-d}}=\sqrt{\frac{2\times 660\times 3\,600}{4\times 0.2}\times\frac{50}{50-10}}=2\,725\text{（件）}$$

$$\text{TC}(Q^*)=\sqrt{2KDK_c\times\left(1-\frac{d}{p}\right)}=\sqrt{2\times 660\times 3\,600\times 4\times 0.2\times\left(1-\frac{10}{50}\right)}=1\,744\text{（元）}$$

$$\text{TC}=DU\times\text{TC}(Q^*)=3\,600\times 4+1\,744=16\,144$$

由于自制的总成本低于外购的总成本，所以企业应采用自制的方案。

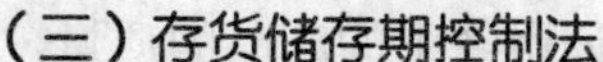

（三）存货储存期控制法

从有效管理的角度分析，企业应尽量缩短存货的储存时间，加速存货周转，提高存货的管理水平。其中，重要的一面是加强对存货储存期的管理。其分析计算公式为：

利润=收入−变动成本−固定成本=毛利−变动储存成本−固定储存成本−销售税金及附加

=毛利−每日单位变动储存成本×储存天数−固定储存成本−销售税金及附加

$$\text{保本储存天数}=\frac{\text{毛利}-\text{固定储存成本}-\text{销售税金及附加}}{\text{每日单位变动储存成本}}$$

$$\text{保利储存天数}=\frac{\text{毛利}-\text{固定储存成本}-\text{销售税金及附加}-\text{目标利润}}{\text{每日单位变动储存成本}}$$

$$\begin{matrix}\text{节约保本储存天数时}\\\text{某批存货获利或亏损额}\end{matrix}=\begin{matrix}\text{每日单位}\\\text{变动储存成本}\end{matrix}\times(\text{保本储存天数}-\text{实际储存天数})$$

例 8-15

某企业购进甲商品 2 000 件，单位进价为 100 元，单位售价为 140 元，分摊固定储存成本为 20 000 元，年保管费率为 2%，销售税金及附加为 4 000 元。假如贷款为银行借款，年利率为 9%。要求：

（1）计算该批存货的保本储存天数。

（2）计算投资利润率为 5%时的保利储存天数。

（3）该批存货实际储存 700 天，是否实现了 5%的目标利润？

计算分析如下：

保本储存天数=[（140−100）×2 000−20 000−4 000]/[100×2 000×（2%+9%）/360]

=56 000/61.11=916.38（天）

保利储存天数=[（140−100）×2 000−20 000−4 000−100×2 000×5%]/[100×2 000×（2%+9%）/360]

=46 000/61.11=752.74（天）

实际储存 700 天的节约额=61.11×（916.38−700）=13 222.98（元）

利润差额=13 222.98−10 000=3 222.98（元）

实际利润率=13 222.98/（100×2 000）=6.61%

利润率差额=6.61%−5%=1.61%

所以，该批存货实际储存 700 天，能够实现 5%的目标利润。

四、零存货与适时生产管理

存货管理的理想状态莫过于存货库存趋近于零或根本没有存货，企业无需在存货上花费许多资金和精力。要实现这种高层次的管理，就要求企业做到存货生产经营的需要与材料物资的供应同步，以便只有当企业生产过程中需要原材料或配件时，供应商才会将原材料或配件送来，从而体现适时性（Just-in-Time）的管理。

采用零存货与适时生产管理必须满足以下几个基本要求：

（1）供应商能够及时地供应批量不大但优质的材料与配件。

（2）企业和供应商之间经常保持密切的联系，确保供应环节不出问题。

（3）各生产环节的工人应具有较高的素质与技能，能够保证所经手的产品的质量，防止损害有限的原材料和配件。

本章小结

主要营运资金项目管理包括对现金、应收账款和存货的管理。

企业持有现金是为了满足对现金的交易需求、预防需求以及投机需求，但过量持有现金会导致企业获利能力的降低以及安全性受到挑战，为此必须确定最佳现金持有量。可供采用的方法包括成本分析模式、存货模式和随机模式。常用的现金管理方法主要包括现金回收管理和现金支出管理。

企业持有应收账款的利益在于增加销售和降低存货占用，但相应的要承担机会成本、坏账成本和管理成本。为此，企业要制定信用政策，选择信用条件，制定合理的收账政策。

企业持有存货的动机包括保证生产和销售的正常进行和获取规模效益等。相应的成本包括取得成本、储存成本和短缺成本。存货的管理控制方法包括 ABC 控制法、经济批量控制法和存货储存期控制法。

复习思考题

1. 现金资产有哪些特点？持有现金的动机是什么？
2. 最佳现金持有量的确定方法有哪些？
3. 应收账款的成本有哪些？
4. 什么是信用政策？包括哪些内容？
5. 存货的功能与成本是什么？
6. 如何确定经济批量？

练习题

1. 企业一个月需用现金 80 000 元，可采用有价证券转换。该企业每天现金收支均衡，有价证券每次转换成本为 100 元，有价证券年利率为 12%。计算该企业月内最合理的现金持有量及有价证券转换次数。

2. 某企业每日现金余额变化的标准差为 800 元，有价证券的年利率为 9%，每次转换的固定成本为 75 元，企业认为任何时候其银行活期存款及现金余额均不能低于 1 000 元，一年按 360 天计算。计算该企业现金返回线和现金控制上限。

3. 某企业只生产销售一种产品，每年赊销额为 240 万元，该企业产品的变动成本率为 80%，资金利润率为 25%。企业现有两种收账政策 A、B 可供选用。有关资料如表 8-12 所示。

表 8-12 A、B 政策对照表

项　目	A 政策	B 政策
平均收账期/天	60	45
坏账损失率（%）	3	2

（续）

项　　目	A 政策	B 政策
应收账款平均余额/万元		
收账成本：	—	—
应收账款机会成本/万元		
坏账损失/万元		
年收账费用/万元	1.8	3.2
收账成本合计/万元		

要求：

（1）计算列表中的空白部分（一年按 360 天计算）。

（2）对上述收账政策进行决策。

4．某企业全年需要甲零件 1 200 件，每次订货成本为 400 元，每件零件的年储存成本为 6 元。要求计算该企业最佳经济订货批量和最佳进货批次。

5．某企业目前的年度赊销收入为 5 500 万元，总成本为 4 850 万元（其中，固定成本为 1 000 万元），信用条件为（*n*/30）资金成本率为 10%。该企业为扩大销售，拟定了 A、B 两个信用方案（一年按 360 天计算）。

A 方案：将信用条件放宽为（*n*/60），预计坏账损失率为 4%，收账费用为 80 万元，预计赊账收入会增加 10%。

B 方案：将信用条件放宽为（2/10，1/20，*n*/60），预计赊账收入会增加 20%，估计约有 70%的客户（按赊销额计算）会利用 2%的现金折扣，10%的客户会利用 1%的现金折扣，平均坏账损失率为 3%，收账费用为 60 万元。

要求：计算 A、B 两个方案的税前利润，并确定该公司应选择何种信用条件方案。

6．已知宏达公司每年需要甲材料 36 000t，单位进价为 150 元，每次订货成本为 1 250 元，每吨甲材料每年储存成本为 10 元。

要求：（1）计算甲材料的经济批量。

（2）计算经济批量的相关存货成本。

（3）计算最佳经济订货批量。

（4）若一年生产周期为 300 天，根据以往经验，甲材料从发出订单到货物验收完毕一般需要的交货期为 3 天，企业建立的安全储备量为 200t，则该材料的再订货点为多少？

案例分析

收账政策的选择

A 公司是一个商业企业。由于目前的收账政策过于严厉，不利于扩大销售，且收账费用较高，该公司正在研究修改现行的收账政策。现有甲和乙两个放宽收账政策的备选方案，有关数据如表 8-13 所示。

表 8-13　甲、乙收账方案对照表

项　目	现行收账政策	甲　方　案	乙　方　案
年销售额/万元	2 400	2 600	2 700
收账费用/（万元/年）	40	20	10
所有账户的平均收账期	2 个月	3 个月	4 个月
所有账户的坏账损失率	2%	2.5%	3%

已知 A 公司的销售净利率为 20%，应收账款投资要求的最低报酬率为 15%。假设不考虑所得税的影响。

讨论：通过计算分析回答，应否改变现行的收账政策？如果要改变，应选择甲方案还是乙方案？

第九章

收 益 分 配

本章要点：

本章介绍收益分配概述、股利分配理论、股利分配政策与方式及股票分割和股票回购。重点掌握以下内容：

1. 掌握收益分配的内容、原则和程序。
2. 掌握股利分配政策的影响因素和类型。
3. 了解股利分配的形式与程序。
4. 理解股票分割与股票回购的基本概念。

第一节 收益分配概述

一、收益分配的内容

企业通过一定时期的生产经营活动来赚取收益，并主要以价值形式反映其生产经营成果在相关各方面进行的分配，它既是企业一次资本运动过程的终点，也能为下一次资本运动过程的开始作准备。

企业的收益分配有广义和狭义两种。广义的收益分配是指对企业的收入和收益总额进行分配的过程；而狭义的收益分配则是指对企业净收益（净利润）的分配。本章所指收益分配是指对企业净收益（净利润）的分配。

我国财政部 2006 年颁布的《企业会计准则——基本准则》规定，利润是指企业在一定会计期间的经营成果，利润包括收入减去费用后的净额、直接计入当期损益的利得和损失等，具体包含营业利润、利润总额和净利润三个层次。

（一）营业利润

营业利润是指企业一定期间的日常活动取得的利润。由企业日常经营活动所取得的利润，才是企业利润的主要来源。营业利润的计算公式为：

营业利润 = 营业收入 − 营业成本 − 营业税金及附加 − 销售费用 − 管理费用 − 财务费用 − 资产减值损失 + 公允价值变动净收益 + 投资收益

1. 营业收入

在会计上，收入是指企业在一定时期内形成的、会导致所有者权益增加的、与所有者投入资本无关的经济利益的总流入。收入有广义和狭义之分。广义的收入包括营业收入、投资收益和营业外收入；狭义的收入仅指营业收入。根据我国现行会计制度规定，营业收入是指企业在销售商品、提供劳务及让渡资产使用权等日常活动中所形成的经济利益的总流入，包括主营业务收入和其他业务收入。

主营业务收入是指企业从事主营业务活动产生的收入。例如，工业企业销售产成品、自制半成品所取得的产品销售收入以及提供工业性劳务所发生的收入；商品流通企业自购自销商品的销售收入、进出口业务销售收入、接受其他单位委托代销商品的销售收入以及代购代销的手续费收入等；企业以库存商品进行非货币性资产交换（具有商业实质且公允价值能够可靠计量）或债务重组，被用于交换的产成品的公允价值可列入主营业务收入。

其他业务收入是指企业除主营业务活动以外的其他经营活动实现的收入，包括出租固定资产、出租无形资产、出租包装物和商品、销售材料、用材料进行非货币性资产交换（具有商业实质且公允价值能够可靠计量）或债务重组等实现的收入。

2. 营业成本

营业成本是指与营业活动相关的，已经确定了归属期和归属对象的费用，包括主营业务成本和其他业务成本。

主营业务成本是指企业确认销售商品、提供劳务等主营业务收入时应结转的成本。

其他业务成本是指企业确认的除主营业务活动以外的其他经营活动所发生的支出，包括销售材料的成本、出租固定资产的折旧额、出租无形资产的摊销额、出租包装物的成本或摊销额等。

3. 营业税金及附加

营业税金及附加是指企业日常活动应负担的税金及附加，具体包括营业税、消费税、城市维护建设税、资源税、土地增值税和教育费附加等。

4. 销售费用

销售费用是指企业销售商品和材料、提供劳务的过程中发生的各种费用，包括保险费、包装费、展览费、广告费、商品维修费、预计产品质量保证损失、运输费、装卸费等以及为销售本企业产品而专设的销售机构（含销售网点、售后服务网点等）的职工薪酬、业务费、折旧费等经营费用。在商品流通企业中，购买商品过程中所发生的进货费用也包括在内。

5. 管理费用

管理费用是指企业行政管理部门为组织和管理生产经营活动而发生的各项费用，包括企业在筹建期间发生的开办费、董事会和行政管理部门在企业的经营管理中发生的或应由企业统一负担的公司经费（包括行政管理部门职工工资及福利费、物料消耗、低值易耗品摊销、办公费和差旅费等）、工会经费、董事会费（包括董事会成员津贴、会议费、差旅费等）、聘请中介机构费、咨询费（含顾问费）、诉讼费、业务招待费、房产税、车船税、土地使用税、印花税、技术转让费、矿产资源补偿费、研究费用、排污费等。

6. 财务费用

财务费用是指企业为筹集生产经营所需资金等而发生的费用，包括利息支出（减利息收入）、汇兑损益及相关的手续费、企业发生的现金折扣或收到的现金折扣等。

7．资产减值损失

资产减值损失是指企业计提各项资产减值准备所发生的损失，包括坏账损失、存货跌价损失、可供出售金融资产减值损失、持有至到期投资减值损失、长期股权投资减值损失、投资性房地产减值损失、固定资产减值损失、工程物资减值损失、在建工程减值损失、生产型生物资产减值损失、油气资产减值损失、无形资产减值损失、商誉减值损失等。

8．公允价值变动净收益

公允价值变动净收益是指企业交易性金融资产、交易性金融负债以及采用公允价值模式计量的投资性房地产、衍生工具、套期保值业务等公允价值变动形成的应计入当期损益的利得或损失。

9．投资收益

投资收益是指企业对外投资取得的收益减去对外投资损失的净额。投资收益包括对外投资分得的利润、股利和债券利息，投资到期收回或中途转让取得款项高于账面价值的差额，以及按照权益法核算的股权投资在被投资单位增加的净资产中所拥有的数额等。投资损失包括对外投资到期收回或中途转让取得款项低于账面价值的差额，以及按照权益法核算的股权投资在被投资单位减少的净资产中所负担的数额等。

（二）利润总额

利润总额是指企业一定期间的营业利润，加上营业外收入减去营业外支出后的税前利润总额，用公式表示如下：

利润总额=营业利润+营业外收入−营业外支出

1．营业外收入

营业外收入是指企业发生的与其日常生产经营活动无直接关系的各项利得，主要包括处置非流动资产形成的利得、非货币性资产交换形成的利得、债务重组形成的利得、政府补助、资产盘盈利得、罚没利得或捐赠利得等。

2．营业外支出

营业外支出是指企业发生的与其日常生产经营活动无直接关系的各项支出，主要包括处置非流动资产形成的损失、非货币性资产交换形成的损失、债务重组形成的损失、公益性捐赠支出、非常损失、资产盘亏损失等。

（三）净利润

净利润是指企业一定期间的利润总额减去所得税费用后的净额，用公式表示如下：

净利润=利润总额−所得税费用

其中，所得税费用是指企业确认的应从当期利润总额中扣除的当期所得税费用和递延所得税费用。

净利润是企业经过一定时期的生产经营活动所取得的最终财务成果。而利润是实现净利润的基础。获得利润是企业生存和发展的前提条件之一，利润水平的高低不仅反映了企业生产经营状况的好坏，而且反映了企业为整个社会所作贡献的大小。

根据《公司法》的规定，公司收益分配就是公司净利润的分配，包括向公司股东支付股利和留存收益两部分内容。

二、收益分配的基本原则

作为一项财务活动，企业的收益分配至关重要，必须遵循一定的原则来进行。企业收益的分配主要应遵循以下几项原则：

1. 依法分配原则

企业的收益分配既涉及国家及相关利益主体如企业、股东、债权人、职工等多方面的利益，又关系到企业的长远发展和相关利益主体的眼前利益，矛盾贯穿于收益分配的全过程。因此，正确处理各方面的利益关系、协调各方面的利益矛盾是进行收益分配的重要方面。

企业的收益分配必须依法进行。为了规范企业的收益分配行为，国家颁布了相关法律，主要有《公司法》和《企业所得税法》，它们对企业税后利润的分配顺序作出了明确的、统一的规定；规范企业收益分配行为的法规主要有《企业财务通则》和《企业会计准则》，它们也对企业收益分配提出了相应要求，企业应当认真执行，不得违反。

2. 资本保全原则

企业的收益分配必须以资本的保全为前提条件，它是对投资者投入资本的增值部分所进行的分配，而不是投资者资本金的返还。若以企业的资本金进行分配，则属于一种清算行为，而不是收益的分配行为。企业必须在有可供分配的留存收益的情况下进行收益分配，只有这样才能充分保护投资者的利益。

3. 兼顾相关利益主体之间利益原则

企业的收益分配必须兼顾相关利益主体之间的利益。企业是经济社会的基本单元，企业的收益分配直接关系到相关利益主体的切身利益。企业除依法纳税外，投资者作为资本的投入者、企业的所有者，依法享有净收益的分配权。企业的债权人，在向企业投入资金的同时也承担了一定的风险，企业的收益分配中应当体现出对债权人利益的充分保护，不能伤害债权人的利益；另外，企业的员工是企业净收益的直接创造者，企业的收益分配应当考虑到员工的长远利益。因此，企业进行收益分配时，应当统筹兼顾，维护各相关利益主体的合法权益。

4. 分配与积累并重原则

企业进行收益分配必须坚持分配与积累并重的原则。企业赚取的净收益，一部分对投资者进行分配；另一部分则形成企业的积累。企业积累起来的留存收益仍归企业所有者拥有，只是暂时未作分配。积累的留存收益不仅为企业扩大再生产筹措了资金，同时也壮大了企业的财务实力，增强了企业抵抗风险的能力，提高了企业经营的稳定性和安全性，有利于所有者的长远利益。正确处理分配与积累之间的关系，留存一部分净收益以供未来分配之需，还可以达到以丰补歉，平抑收益分配数额的波动，稳定投资报酬率的效果。因此，企业在进行收益分配时，应当正确处理分配与积累之间的关系。

5. 投资与收益对等原则

企业进行收益分配时必须遵循投资与收益对等的原则，即企业进行收益分配应当体现“谁投资谁收益”、收益大小与投资比例相适应的原则。投资与收益对等原则是正确处理投资者利益关系的关键。投资者因其投资行为而享有收益权，投资收益应同其投资比例对等。企业在向投资者分配收益时，应本着平等一致的原则，按照投资者投入资本的比例来进行分配，

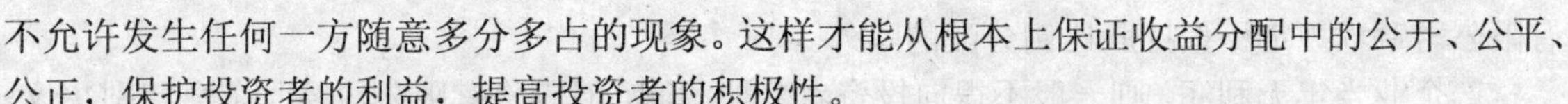

不允许发生任何一方随意多分多占的现象。这样才能从根本上保证收益分配中的公开、公平、公正，保护投资者的利益，提高投资者的积极性。

三、收益分配的程序

根据《公司法》的规定，公司进行利润分配涉及的项目包括盈余公积和股利两部分。公司税后利润分配的顺序是：

1．弥补企业以前年度亏损

公司的法定公积金不足以弥补以前年度亏损的，在提取法定公积金之前，应当先用当年利润弥补亏损。

企业在经营过程中，有时可能发生亏损。按照我国现行财务和税收制度的规定，企业亏损可由下一年度的税前利润弥补，下一年度的税前利润不足以弥补的，继续用以后年度的税前利润弥补，但连续弥补期最长不超过五年。五年弥补期是从亏损年度后的第一年算起的，连续五年内无论盈亏，都作为实际弥补年限计算。对于五年内的某个或某几个年度又发生亏损的，应分别从各亏损年度后的第一年起连续五年弥补各自的亏损。国家这样规定，一方面是为了帮助和扶持亏损企业，使其尽快扭亏；另一方面是为了保证国家税基不被过多侵蚀。连续五年尚未弥补完亏损的企业，应从第六年起依法缴纳所得税，同时用税后利润连续弥补未弥补的亏损。税后弥补亏损的资金来源之一是未分配利润，在累计亏损未得到弥补前，企业不能向股东分派股利，未分配利润只能用于补亏；税后弥补亏损的另一资金来源是法定盈余公积金，即当企业亏损额用未分配利润尚不足弥补时，经企业股东会决议，可用法定盈余公积金弥补亏损。

2．提取法定盈余公积金

根据《公司法》的规定，法定盈余公积金的提取比例为当年税后利润（弥补亏损后）的10%。若企业累积的法定盈余公积金已达到注册资本的50%时可不再提取。

法定盈余公积金的用途主要有两个方面：①弥补企业亏损。前面已经阐述，用税后利润弥补亏损的一个重要资金来源就是法定盈余公积金。在弥补亏损以后，如果当年利润以及以前年度未分配利润不够分配股利的，经股东会决定可以用公积金向股东支付股利，但其支付额不得超过股票面值的 6%，且在支付股利后，法定盈余公积金的余额不能低于企业注册资本的 25%。②扩大公司生产经营或转增资本。盈余公积金经股东会特别决议以后，也可用于转增资本，但转增资本后，法定盈余公积金的余额也不得低于转增前公司注册资本的 25%。

3．提取任意盈余公积金

根据《公司法》的规定，公司从税后利润中提取法定盈余公积金之后，根据企业章程或者股东会决议，还可以从税后利润中提取任意盈余公积金。

法定盈余公积金和任意盈余公积金是企业从税后利润中提取的积累资金，是企业抵御风险、补充资本的重要资金来源。

4．向股东（投资者）分配股利（利润）

根据《公司法》的规定，企业弥补亏损和提取公积金后所余税后利润，可以向股东（投资者）分配股利（利润）。其中，有限责任公司股东按照实缴的出资比例分取红利，全体股东约定不按照出资比例分取红利的除外；股份有限公司按照股东持有的股份比例分配，但股份有限公司章程规定不按持股比例分配的除外。

若企业当年无利润，则一般不得向投资者分配利润。但股份有限公司经股东会特别决议，可按不超过股票面值 6%的比例用公积金分配股利。在股份有限公司中，首先应向优先股股东分配股利，之后若企业章程或股东会决议规定需提取任意盈余公积金，则要按规定比例提取，最后才能向普通股股东分配股利。根据《公司法》的规定，股东会、股东大会或者董事会违反相关规定，在公司弥补亏损和提取法定公积金以前向股东分配股利的，股东必须将违反规定分配的利润退还公司。另外，公司持有的本公司股份不得分配利润。

第二节　股利分配理论

股利分配政策本质的问题是正确处理企业税后利润在股利派发与企业留存之间的关系。在股利分配政策是否影响企业股票价格的认识上，西方财务理论界存在着不同的观点，并形成了不同的股利理论——股利无关论和股利相关论。在对股利分配理论的研究中，财务学家们从不同的角度开展研究，各自形成有一定影响的理论，从而为企业股利支付模式的选取提供了理论指导。股利分配理论主要包括股利无关论、股利相关论、所得税差异理论及代理理论。

一、股利无关论

股利无关论（也称 MM 理论）认为，在一定的假设条件限定下，股利分配政策不会对企业的价值或股票价格产生任何影响。一个企业的股票价格完全由企业的投资决策的获利能力和风险组合决定，而与企业的利润分配政策无关。该理论是建立在完全市场理论之上的，假定条件包括：①市场具有强式效率。②不存在任何公司或个人所得税。③不存在任何筹资费用（包括发行费用和各种交易费用）。④企业的投资决策与股利决策彼此独立（企业的股利分配政策不影响投资决策）。

股利无关论的基本观点是：①企业的市场价值取决于企业的获利能力，而企业具体如何分配实现的盈利与企业的市场价值没有直接的联系。②企业的盈利和企业的市场价值的增加与否完全由投资收益所决定，在企业投资决策既定的条件下，企业股利分配政策不会产生任何影响的结果。即企业盈利是用于派发股利还是留存企业用于再投资，两者并无区别。③在完整资本市场中理性投资者的股息收入与资本增值两者之间并不存在区别。因此，企业的股利分配政策中不存在最佳股利分配政策的问题，无论什么样的股利分配政策对企业的市场价值都不会造成任何影响。

股利无关论认为，企业税后利润用于派发股利还是留存公司，两者并无差别。因为实现的税后利润已经反映在股票的市场价格之上。当企业作出投资决策后，面临着一个选择，是将税后利润留存下来用于再投资，还是以股利的形式发给股东，并发行新股票筹措所需资金，以满足投资项目的需求。如果企业决定将税后利润留存下来用于再投资，那么现有的股东可以卖掉手中的股票，从而将他们置于与企业支付股利相同的境地。如果企业选择支付股利，那么企业必须发行新股票筹资。这样就存在股利发放和外部筹资之间的套利过程。股利支付使股票市场价格上升，而发行新股票会使股票市场价格下降，这两种效应相互抵消。结果是，每股市价等于股利支付前的每股市价。股东们会处于股利没有被支付的相同情况。因此，无

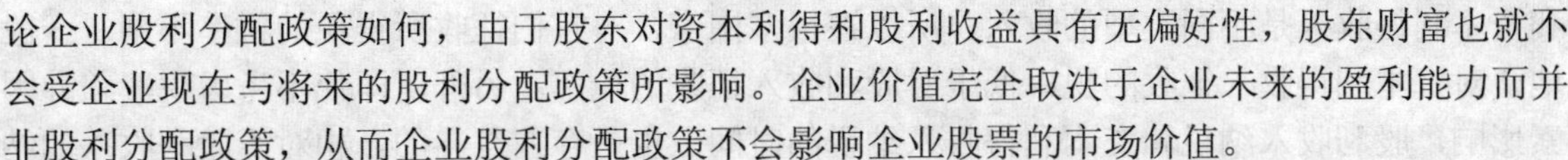

论企业股利分配政策如何，由于股东对资本利得和股利收益具有无偏好性，股东财富也就不会受企业现在与将来的股利分配政策所影响。企业价值完全取决于企业未来的盈利能力而并非股利分配政策，从而企业股利分配政策不会影响企业股票的市场价值。

二、股利相关论

股利相关论认为，企业的股利分配政策会影响到股票价格。

股利相关论认为，当期的股利支付可以解除投资者心中的不确定性，投资者对股利收益和资本利得有不同的偏好。股东更喜欢股利，都或多或少地厌恶风险。由于股利是定期的、确定的报酬，而未来的资本收益则缺乏确定性，未来资本收益的价值低于股利收益。股利支付可以使企业股东按较低的普通股权益报酬率对企业的未来盈利进行折现，从而使企业的价值得到提高。相反，如果不发放股利或降低股利支付率，用增加留存收益的方法进行再投资，以获得更多未来的资本收益，却会增大投资者的不确定性，使普通股的折现率上升，企业价值下降。所以，为了使资金成本最低、企业价值最大，企业应维持高股利支付率的股利分配政策。

企业股利分配政策与股票的价格密切相关，这是股利相关论的基本观点。从这一基本观点出发，按照对股利分配政策与股票价格相关的不同解释，形成了以下两种主要观点：

1. 股利重要论

股利重要论（又称“在手之鸟”理论）认为，用留存收益再投资给投资者带来的收益具有较大的不确定性，并且投资的风险随着时间的推移会进一步增大，因此，投资者更喜欢现金股利，而不愿意将收益留存在企业内部，而去承担未来的投资风险。根据证券市场中收益与风险正相关的理论关系，当企业提高股利支付时，投资者由于需要承担的投资风险较小，所要求的报酬率也较低，所以会使企业股票价格上升；而当企业降低股利支付时，投资者相对承担较高的投资风险，所要求的报酬也较高，就会导致企业股票价格下降。因此，该理论认为企业的股利分配政策与企业的股票价格是密切相关的，即当企业支付较高的股利时，企业的股票价格会随之上升，所以企业应保持较高水平的股利支付政策。

2. 信号传递理论

信号传递理论认为，在信息不对称的情况下，企业可以通过股利分配政策向市场传递有关企业未来获利能力的信息，从而会影响企业的股价。一般来讲，预期未来获利能力强的公司往往愿意通过相对较高的股利支付水平，把自己同预期获利能力差的企业区别开来，以吸引更多的投资者。对市场上的投资者来讲，股利分配政策的差异或许是反映企业预期获利能力的信号。如果企业连续保持较为稳定的股利支付水平，那么，投资者就可能对企业未来的获利能力与现金流量抱有较为乐观的预期。另外，如果企业的股利支付水平在过去一个较长的时期内相对稳定，而现在却有所变动，投资者就会把这种现象看作企业管理当局将改变企业未来收益率的信号，股票市价将会对股利的变动作出反应。

三、所得税差异理论

所得税差异理论认为，由于普遍存在的税率的差异及纳税时间的差异，资本利得收入比股利收入更有助于实现收益最大化目标，所以企业应当采用低股利政策。由于认为股利收入和资本利得收入是不同类型的收入，所以在很多国家，对它们征收所得税的税率不同。一般地，对资本利得收入征收的税率低于对股利收入征收的税率。另外，即使不考虑税率差异因素影响，股利收入纳税和资本利得收入纳税的时间上也是存在差异的。相对于股利收入的纳税来说，投资者对资本利得收入的纳税时间选择更具有弹性。这样，即使股利收入和资本利得收入没有税率上的差别，仅就纳税时间而言，由于投资者可以自由后推资本利得收入纳税的时间，所以它们之间也会存在延迟纳税带来的收益差异。

因此，在其他条件不变的情况下，投资者更偏好资本利得收入而不是股利收入。而持有高股利支付政策股票的投资者，为了取得与低股利支付政策股票相同的税后净收益，就必须要求有一个更高的税前回报预期。所以会导致资本市场上的股票价格与股利支付水平呈反向变化，而权益资本成本与股利支付水平呈正向变化的情况。

四、代理理论

代理理论认为，股利分配政策有助于减缓管理者与股东之间的代理冲突，也就是说，股利分配政策是协调股东与管理者之间代理关系的一种约束机制。根据代理理论，在存在代理问题时，股利分配政策的选择至关重要。较多地派发现金股利至少具有以下几点好处：①企业管理者将企业的盈利以股利的形式支付给投资者，则管理者自身可以支配的“闲余现金流量”就相应减少了，这在一定程度上可以抑制企业管理者过度地扩大投资或进行特权消费，从而保护外部投资者的利益；②较多地派发现金股利，减少了内部融资，导致企业进入资本市场寻求外部融资，从而企业可以经常接受资本市场的有效监督，这样便可以通过资本市场的监督减少代理成本。因此，高水平的股利支付政策有助于降低企业的代理成本，但同时也增加了企业的外部融资成本。因此，理想的股利分配政策应当使两种成本之和最小。

第三节　股利分配政策与方式

一、影响股利分配政策的因素

在确定企业的股利分配政策时，应当考虑相关因素的影响。

（一）法律因素

为了保护债权人和股东的利益，法律法规会就企业的收益分配作出规定，企业的收益分配政策必须符合相关法律规范的要求。相关要求主要体现在资本保全约束、偿债能力约束、资本积累约束、超额累积利润约束等几个方面。

1. 资本保全约束

资本保全约束要求企业股利的发放不能侵蚀资本，即企业不能因支付股利而引起资本减少。资本保全的目的，在于防止企业任意减少资本结构中的所有者权益的比例，以保护债权人的利益。

2. 偿债能力约束

偿债能力是指企业按时足额偿还各种到期债务的能力，是企业确定股利分配政策时要考虑的一个基本因素。现金股利是企业现金的支出，而大量的现金支出必然影响企业的偿债能

力。因此，企业在确定股利分配数量时，一定要考虑现金股利分配对企业偿债能力的影响，保证在现金股利分配后企业仍能保持较强的偿债能力，以维护企业的信誉和借贷能力，从而保证企业的正常资金周转。

3．资本积累约束

资本积累约束要求企业必须按照一定的比例和基数提取各种公积金，股利只能从企业的可供分配收益中支付，企业当期的净利润按照规定提取各种公积金后和过去累积的留存收益形成企业的可供分配收益。另外，在进行收益分配时，一般应当贯彻“无利不分”的原则，即当企业出现年度亏损时，一般不进行利润分配。

4．超额累积利润约束

因为资本利得与股利收入的税率不一致，如果企业通过保留利润来提高其股票价格，则可使股东避税。有些国家的法律禁止企业过度地积累盈余，如果一个企业盈余的积累大大超过企业目前及未来投资的需要，则可看作是过度保留，将被加征额外的税款。例如，美国《国内收入法》规定，如果国内税务局能够查实企业是故意压低股利支付率以帮助股东逃避缴纳个人所得税，就可以对企业的累积盈余处以惩罚性的税率。我国法律目前对此尚未作出规定。

（二）企业因素

企业出于长期发展和短期经营的考虑，需要考虑以下因素，来确定股利分配政策：

1．现金流量

企业资金的正常周转，是企业生产经营得以有序进行的必要条件。因此，保证企业正常的经营活动对现金的需求是确定股利分配政策的最重要的限制因素。企业在进行股利分配时，必须充分考虑企业的现金流量，而不仅仅是企业的净收益。由于会计规范的要求和核算方法的选择，有一部分项目增加了企业的净收益，但并未增加企业可供支配的现金流量，在确定收益分配政策时，企业应当充分考虑该方面的影响。

2．投资需求

企业的股利分配政策应当考虑未来投资需求的影响。如果一个企业有较多的投资机会，那么，它更适合采用低股利支付水平的分配政策。相反，如果一个企业的投资机会较少，那么就有可能倾向于采用较高的股利支付水平。

3．筹资能力

企业的股利分配政策受到其筹资能力的限制。如果企业具有较强的筹资能力，随时能筹集到所需资金，那么企业就具有较强的股利支付能力。

4．资产的流动性

企业现金股利的支付能力，在很大程度上受其资产变现能力的限制。较多地支付现金股利，会减少企业的现金持有量，使资产的流动性降低，而保持一定的资产流动性是企业正常运转的基础和必备条件。如果一个企业的资产有较强的变现能力，现金的来源较充裕，则它的股利支付能力也会比较强。

5．盈利的稳定性

企业的股利分配政策在很大程度上会受到其盈利稳定性的影响。一般来讲，一个企业的盈利越稳定，则其股利支付水平也就越高。

6. 筹资水平

留存收益是企业内部筹资的一种重要方式，它同发行新股或举债相比，具有成本低的优点。因此，很多企业在确定收益分配政策时，往往将企业的净收益作为首选的筹资渠道，特别是在负债资金较多、资本结构欠佳的时期。

7. 股利分配政策惯性

一般情况下，企业不宜经常改变其股利分配政策。企业在确定股利分配政策时，应当充分考虑股利分配政策调整有可能带来负面影响。如果企业历年采取的股利分配政策具有一定的连续性和稳定性，那么重大的股利分配政策调整有可能对企业的声誉、股票价格、负债能力、信用等多方面产生影响。另外，靠股利来生活和消费的股东不愿意投资于股利波动频繁的股票。

8. 其他因素

企业股利分配政策的确定还会受到其他企业因素的影响。例如，上市公司所处行业也会影响到它的股利分配政策。一般地，朝阳行业一般处于调整成长期，甚至能以数倍于经济发展速度水平发展，因此就可能进行较高比例的股利支付；而夕阳产业则由于处在发展的衰退期，会随着经济的高增长而萎缩，就难以进行高比例的分红；对公用事业来说，则往往有及时、充裕的现金来源，而且可选择的投资机会有限，所以发放现金股利的可能性较大。另外，企业可能有意的多发股利使股价上升，使已发行的可转换债券尽快地实现转换，从而达到调整资本结构的目的或达到兼并、反收购的目的等。

（三）股东因素

股东在收入、控制权、税赋、风险及投资机会等方面的考虑也会对企业的股利分配政策产生影响。

1. 稳定的收入

有的股东依赖企业发放的现金股利维持生活，他们往往要求企业能够支付稳定的股利，反对企业留存过多的收益。另外，有些股东认为留存利润使企业股票价格上升而获得资本利得具有较大的不确定性，取得现实的股利比较可靠，因此，这些股东也会倾向于多分配股利。

2. 控制权

股利分配政策也会受到现有股东对控制权要求的影响。以现有股东为基础组成的董事会，在长期的经营中可能形成了一定的有效控制格局，他们往往会将股利分配政策作为维持其控制地位的工具。当企业为有利可图的投资机会筹集所需资金，而外部又无适当的筹资渠道可以利用时，为避免由于增发新股，可能会有新的股东加入企业中来，而打破目前已经形成的控制格局，股东就会倾向于较低的股利支付水平，以便从内部的留存收益中取得所需资金。

3. 税赋

企业的股利分配政策会受股东对税赋因素考虑的影响。一般来讲，股利收入的税率要高于资本利得的税率，很多股东会由于对税赋因素的考虑而偏好于低股利支付水平。因此，低股利政策会使他们获得更多纳税上的好处。

4. 投资机会

股东的外部投资机会也是企业制定股利分配政策必须考虑的一个因素。如果企业将留存

收益用于再投资的所得报酬低于股东个人单独将股利收入投资于其他投资机会所得的报酬，则股东会倾向于企业不应多留存收益，而应多发放股利给股东，因为这样做，将对股东更为有利。

（四）债务契约与通货膨胀

1．债务契约

一般来说，股利支付水平越高，留存收益越少，企业的破产风险加大，就越有可能损害到债权人的利益。因此，为了保证自己的利益不受损害，债权人通常都会在企业借款合同、债券契约，以及租赁合约中加入关于借款企业股利分配政策的条款，以限制企业股利的发放。

这些限制条款经常包括以下几个方面：①未来的股利只能以签订合同之后的收益来发放，即不能以过去的留存收益来发放股利。②营运资金低于某一特定金额时不得发放股利。③将利润的一部分以偿债基金的形式留存下来。④利息保障倍数低于一定水平时不得发放股利。

2．通货膨胀

通货膨胀会使货币购买力水平下降、固定资产重置资金来源不足，此时，企业往往不得不考虑留用一定的利润，以便弥补由于货币购买力水平下降而造成的固定资产重置资金缺口。因此，在通货膨胀时期，企业一般会采取偏紧的股利分配政策。

二、股利分配政策的类型

股利分配政策是指在法律允许的范围内，企业是否发放股利、发放多少股利以及何时发放股利的方针对策。企业的净收益可以支付给股东，也可以留存在企业内部，股利分配政策的关键问题是确定分配和留存的比例。股利分配政策不仅会影响股东的财富，而且会影响企业在资本市场上的形象及企业股票的价格，更会影响企业的长短期利益，因此，合理的股利分配政策对企业及股东来讲是非常重要的。企业应当确定适当的股利分配政策，并使其保持连续性，以便股东据以判断其发展的趋势。在实际工作中，通常有下列几种股利分配政策可供选择：

（一）剩余股利政策

1．剩余股利政策的内容

剩余股利政策是指企业生产经营所获得的净收益首先应满足企业的资金需求，如果还有剩余，则派发股利；如果没有剩余，则不派发股利。剩余股利政策的理论依据是股利无关论。根据股利无关论，在完全理想状态下的资本市场中，上市公司的股利分配政策与企业普通股每股市价无关，企业派发股利的高低不会给股东的财富价值带来实质性的影响，投资者对于盈利的留存或发放毫无偏好，企业决策者不必考虑企业的分红模式，企业的股利分配政策只需要随着企业的投资、融资方案的制定而自然确定。另外，很多企业有自己的最佳目标资本结构，企业的股利分配政策不应当破坏最佳资本结构。因此，根据这一政策，企业按如下步骤确定其股利分配额：

（1）根据企业的投资计划确定企业的最佳资本预算。

（2）根据企业的目标资本结构及最佳资本预算预计企业资金需求中所需要的权益资本数额。

（3）尽可能用留存收益来满足资金需求中所需增加的股东权益数额。

（4）留存收益在满足企业股东权益增加需求后，如果有剩余再用来发放股利。

例 9-1

假设某公司 2008 年在提取了公积金之后的税后净利润为 2 000 万元，2009 年的投资计划需要资金 2 200 万元，公司的目标资本结构为权益资本占 60%，债务资本占 40%。那么，按照目前资本结构的要求，公司投资方案所需的权益资本额为：

$$2\,200 \times 60\% = 1\,320 \text{（万元）}$$

公司当年全部可用于分派的盈利为 2 000 万元，除了可以满足上述投资方案所需的权益性资本额以外，还有剩余可以用于分派股利。2009 年可以发放的股利额为：

$$2\,000 - 1\,320 = 680 \text{（万元）}$$

假设该公司当年流通在外的普通股为 1 000 万股，那么，每股股利为：

$$680 \div 1\,000 = 0.68 \text{（元/股）}$$

2．剩余股利政策的利弊

剩余股利政策的优点：①可以取得或保持合理的资本结构。②满足企业增长而外部融资难度较大情况下对资金的需求。③在负债比率较高、利息负担及财务风险较大的情况下，满足投资规模扩大对资金需求增加的需要。④减少外部融资的交易成本。

剩余股利政策的缺点：①股利支付额受到投资机会和盈利水平的制约，造成股利的多少与企业盈利水平高低脱节。②难以满足追求稳定收益股东的要求。③会因股利发放的波动性而造成企业经营状况不稳定的感觉。④会因股利发放率过低而影响股票价格的上升，导致企业价值被低估。

剩余股利政策不利于投资者安排收入与支出，也不利于企业树立良好的形象，一般适用于企业初创阶段。

（二）固定或稳定增长的股利政策

1．固定或稳定增长的股利政策的内容

固定或稳定增长的股利政策是指企业将每年派发的股利额固定在某一特定水平或是在此基础上维持某一固定比率逐年稳定增长。只有在确信企业未来的盈利增长不会发生逆转时，才会宣布实施固定或稳定增长的股利政策。在固定或稳定增长的股利政策下，首先应确定的是股利分配额，而且该分配一般不随资金需求的波动而波动。

近年来，为了避免通货膨胀对股东收益的影响，最终达到吸引投资的目的，很多企业开始实行稳定增长的股利政策，即为了避免股利的实际波动，企业在支付某一固定股利的基础上，还制定了一个目标股利增长率，依据企业的盈利水平按目标股利增长率逐步提高企业的股利支付水平。

2．固定或稳定增长股利政策的利弊

固定或稳定增长股利政策的优点：①由于股利分配政策本身的信息含量，它能将企业未来的获利能力、财务状况以及管理层对企业经营的信心等信息传递出去。固定或稳定增长的股利政策可以传递给股票市场和投资者一个企业经营状况稳定、管理层对未来充满信心的信

号，这有利于企业在资本市场上树立良好形象、增强投资者信心，进而有利于稳定企业股价。②固定或稳定增长股利政策，有利于吸引那些打算作长期投资的股东，这部分股东希望其投资的获利能够成为其稳定的收入来源，以便安排各种经常性的消费和其他支出。

固定或稳定增长股利政策的缺点：①固定或稳定增长股利政策下的股利分配只升不降，股利支付与企业盈利相脱离，即不论企业盈利多少，均要按固定的乃至固定增长的比率派发股利。②在企业的发展过程中，难免会出现经营状况不好或短暂的困难时期，如果这时仍执行固定或稳定增长的股利政策，那么派发的股利金额大于企业实现的盈利，必将侵蚀企业的留存收益，影响企业的后续发展，甚至侵蚀企业现有的资本，给企业的财务运作带来很大压力，最终影响企业正常的生产经营活动。

因此，采用固定或稳定增长的股利政策，要求企业对未来的盈利和支付能力能作出较准确的判断。一般来说，企业确定的固定股利额不应太高，要留有余地，以免陷入企业无力支付的被动局面。固定或稳定增长的股利政策一般适于经营比较稳定或处于成长期的企业，且很难被长期采用。

（三）固定股利支付率政策

1. 固定股利支付率政策的内容

固定股利支付率政策是指企业将每年净收益的某一固定百分比作为股利分派给股东。这一百分比通常称为股利支付率，股利支付率一经确定，一般不得随意变更。固定股利支付率越高，企业留存的净收益就越少。在这一股利分配政策下，只要企业的税后利润一经计算确定，所派发的股利也就相应确定了。

2. 固定股利支付率政策的利弊

固定股利支付率政策的优点：①采用固定股利支付率政策，股利与企业盈余紧密地配合，体现了多盈多分、少盈少分、无盈不分的股利分配原则。②由于企业的获利能力在年度间经常变动，因此，每年的股利也应当随着企业收益的变动而变动，并保持分配与留存收益间的一定比例关系。采用固定股利支付率政策，企业每年按固定的比例从税后利润中支付现金股利，从企业支付能力的角度来看，这是一种稳定的股利分配政策。

固定股利支付率政策的缺点：①传递的信息容易成为企业的不利因素。大多数企业每年的收益很难保持稳定不变，如果企业每年收益状况不同，则固定支付率政策将导致企业每年股利分配额的频繁变化。而股利通常被认为是企业未来前途的信号传递，那么波动的股利向市场传递的信息就是企业未来收益前景不明确、不可靠等，很容易给投资者带来企业经营状况不稳定、投资风险较大的不良印象。②容易使企业面临较大的财务压力。因为企业实现的盈利越多，一定支付比率下派发的股利也就越多，但企业实现的盈利多，并不代表企业有充足的现金派发股利，只能表明企业盈利状况较好而已。如果企业的现金流量状况并不好，却还要按固定比率派发股利的话，就很容易给企业造成较大的财务压力。③缺乏财务弹性。股利支付率是企业股利分配政策的主要内容，模式的选择、政策的制定是企业的财务手段和方法。在不同阶段，根据财务状况制定不同的股利分配政策，会更有效地实现企业的财务目标。但在固定股利支付率政策下，企业丧失了利用股利分配政策的财务方法，缺乏财务弹性。④合适的固定股利支付率的确定难度大。如果固定股利支付率确定得较低，则不能满足投资者对投资收益的要求；而固定股利支付率确定得较高，则没有足够的现金派发股利时会给企业带来巨大的财务压力。另外，当企业发展需要大量资金时，也要受其制约。所以确定较优的股利支付率的难度很大。

由于企业每年面临的投资机会、筹资渠道都不同，而这些都可以影响到企业的股利分派，所以，一成不变的奉行一种按固定比率发放股利的政策的企业在实际中并不多见，固定股利支付率政策只是比较适用于那些处于稳定发展且财务状况也较稳定的企业。

例 9-2

某公司长期以来采用固定股利支付率政策进行股利分配，确定的股利支付率为40%。2009年可供分配的税后利润为 1 000 万元，如果仍继续执行固定股利支付率政策，则公司本年度将要支付的股利为：

1 000×40%=400（万元）

但公司下一年度有较大的投资需求，因此，准备在本年度采用剩余股利政策。如果公司下一年度的投资预算为 1 200 万元，目标资本结构为权益资本占 60%，债务资本占 40%。按照目标资本结构的要求，公司投资方案所需的权益资本额为：

1 200×60%=720（万元）

2009 年可以发放的股利额为：

1 000−720=280（万元）

（四）低正常股利加额外股利政策

1. 低正常股利加额外股利政策的内容

低正常股利加额外股利政策，是企业事先设定一个较低的正常股利额，每年除了按正常股利额向股东发放现金股利外，还在企业盈余情况较好、资金较为充裕的年度向股东发放高于每年正常股利的额外股利。

2. 低正常股利加额外股利政策的利弊

低正常股利加额外股利政策的优点：①低正常股利加额外股利政策赋予企业一定的灵活性，使企业在股利发放上留有余地和具有较大财务弹性，同时，每年可以根据企业的具体情况，选择不同的股利发放水平，以完善企业的资本结构，进而实现企业的财务目标。②低正常股利加额外股利政策有助于稳定物价，增强投资者信息。由于企业每年固定派发的股利维持在一个较低的水平上，在企业盈利较少或需用较多的留存收益进行投资时，企业仍能够按照既定承诺的股利水平派发股利，使投资者保持一个固有的收益保障，这有助于维持企业股票的现有价格。而当企业盈利状况较好且有剩余现金时，就可以在正常股利的基础上再派发额外股利，而额外股利信息的传递则有助于企业股价的上扬，增强投资者信心。

可以看出，低正常股利加额外股利政策既吸收了固定股利政策对股东投资收益的保障优点，同时又摒弃了其对企业所造成的财务压力方面的不足，所以在资本市场上颇受投资者和企业的欢迎。

低正常股利加额外股利政策的缺点：①由于年份之间企业的盈利波动使得额外股利不断变化，或时有时无，造成分派的股利不同，容易给投资者以企业收益不稳定的感觉。②当企业在较长时期持续发放额外股利后，可能会被股东误认为是“正常股利”，而一旦取消了这部

分额外股利，传递出去的信号可能会使股东认为这是企业财务状况恶化的表现，进而可能会引起企业股价下跌的不良后果。所以相对来说，对于那些盈利水平随着经济周期而波动较大的企业或行业，这种股利分配政策也许是一种不错的选择。

三、股利的支付形式

按照股份有限公司对其股东支付股利的不同方式，股利可以分为不同的种类。其中，常见的有以下四类：

1．现金股利

现金股利，是以现金支付的股利，它是股利支付的最常见的方式。发放现金股利将同时减少企业资产负债表上的留存收益和现金，所以企业选择支付现金股利时，除了要有足够的留存收益之外，还要有足够的现金。而充足的现金往往会成为企业发放现金股利的主要制约因素。

2．财产股利

财产股利，是以现金以外的其他资产支付的股利，主要是以企业所拥有的其他公司的有价证券，如公司债券、公司股票等，作为股利发放给股东。

3．负债股利

负债股利，是以负债方式支付的股利，通常以企业的应付票据支付给股东，有时也以发行公司债券的方式支付股利。

财产股利和负债股利实际上都是现金股利的替代方式，但目前这两种股利支付方式在我国公司实务中极少使用。

4．股票股利

股票股利，是企业以增发股票的方式所支付的股利，我国公司实务中通常也称其为“红股”。股票股利对企业来说，并没有现金流出企业，也不会导致企业的财产减少，而只是将企业的留存收益转化为股本。但股票股利会增加流通在外的股票数量，同时降低股票的每股价值。它不会改变企业股东权益总额，但会改变股东权益的构成。

例 9-3

某上市公司在 2009 年发放股票股利前，其资产负债表上的股东权益账户情况如下（单位：万元）：

股东权益：	
普通股（面值 1 元，流通在外 2 000 万股）	2 000
资本公积	4 000
盈余公积	2 000
未分配利润	3 000
股东权益合计	11 000

假设该公司宣布发放 30%的股票股利，现有股东每持有 10 股，即可获得赠送的 3 股普通股。该公司发放的股票股利为 600 万股，随着股票股利的发放，未分配利润中有 600 万元的资金要转移到普通股的股本账户上去，因而普通股股本由原来的 2 000 万元增加到 2 600 万

元，而未分配利润的余额由 3 000 万元减少至 2 400 万元，但该公司的股东权益总额并未发生改变，仍是 11 000 万元，股票股利发放之后的资产负债表上股东权益部分如下（单位：万元）：

股东权益：	
普通股（面额 1 元，流通在外 2 600 万股）	2 600
资本公积	4 000
盈余公积	2 000
未分配利润	2 400
股东权益合计	11 000

假设一位股东在派发股票股利之前持有公司的普通股 3 000 股，那么，他拥有的股权比例为：

3 000 股÷2 000 万股=0.015%

派发股利之后，他拥有的股票数量和股份比例为：

3 000 股+900 股=3 900 股

3 900 股÷2 600 万股=0.015%

通过例 9-3 可以说明，由于企业的净资产不变，而股票股利派发前后每一位股东的持股比例也不发生变化，那么他们各自持股所代表的净资产也不会改变。

表面上看来，除了所持股数同比例增加外，股票股利好像并没有给股东带来直接收益，但事实上并非如此。理论上，派发股票股利之后的每股价格会成比例降低，保持股东的持有价值不变，但实务中这并非是必然的结果。因为市场和投资者普遍认为，企业发放股票股利往往预示着企业会有较大的发展和成长，这样的信息传递不仅会稳定股票价格甚至可能使股价不降反升。另外，如果股东把股票股利出售，变成现金收入，还会给他带来资本利得的纳税上的好处。所以股票股利对股东来说并非像表面上看到的那样毫无意义。

对企业来讲，股票股利的优点主要有：

（1）发放股票股利既不需要向股东支付现金，又可以在心理上给股东以从企业取得投资回报的感觉。因此，股票股利有派发股利之“名”，而无派发股利之“实”。在再投资机会较多的情况下，企业就可以为再投资提供成本较低的资金，从而有利于企业的发展；如果企业资金紧张，没有多余的现金派发股利，而又面临市场或股东要求分派股利的压力时，股票股利不失为一种好的选择。

（2）发放股票股利可以降低企业股票的市场价格，一些企业在其股票价格较高，不利于股票交易和流通时，通过发放股票股利来适当降低股价水平，促进企业股票的交易和流通。

（3）发放股票股利可以降低股价水平，如果日后企业要以发行股票方式筹资，则可以降低发行价格，有利于吸引投资者。

（4）发放股票股利可以传递企业未来发展前景良好的信息，增强投资者的信息。

（5）股票股利降低每股市价的时候，会吸引更多的投资者成为企业的股东，从而可以使股权更为分散，有效地防止企业被恶意控制。

四、股利的发放

企业在选择了股利分配政策、确定了股利支付水平和方式后，应当进行股利的发放。企

业股利的发放必须遵循相关的要求，按照日程安排来进行。一般情况下，股利的发放需要按照下列日程来进行：

1．预案发布日

上市公司分派股利时，首先要由公司董事会制订分红预案，包括本次分红的数量、分红的方式，股东大会召开的时间、地点及表决方式等，以上内容由公司董事会向社会公开发布。

2．宣布日

董事会制订的分红预案必须经过股东大会讨论。只有讨论通过之后，才能公布正式的分红方案及实施时间。

3．股权登记日

这是由公司在宣布分红方案时确定的一个具体日期。凡是在此指定日期收盘之前取得了公司股票，成为公司在册股东的投资者都可以作为股东享受公司分派的股利。在此日之后取得股票的股东则无权享受已宣布的股利。

4．除息日

在除息日，股票的所有权和领取股息的权利分离，股利权利不再从属于股票，所以在这一天购入公司股票的投资者不能享有已宣布发放的股利。另外，由于失去了“附息”的权利，除息日的股价会下跌，下跌的幅度约等于分派的股息。

5．股利发放日

在这一天，公司按公布的分红方案向股权登记日在册的股东实际支付股利。

例 9-4

某上市公司于 2009 年 4 月 10 日公布 2008 年度的最后分红方案，其发布的公告如下：“2009 年 4 月 9 日在北京召开的股东大会，通过了 2009 年 4 月 2 日董事会关于每股分派 0.2 元的 2008 年股息分配方案。股权登记日为 4 月 25 日，除息日为 4 月 26 日，股东可在 5 月 10～25 日之间通过深圳证券交易所按交易方式领取股息。特此公告。”

那么，该公司的股利支付程序如图 9-1 所示。

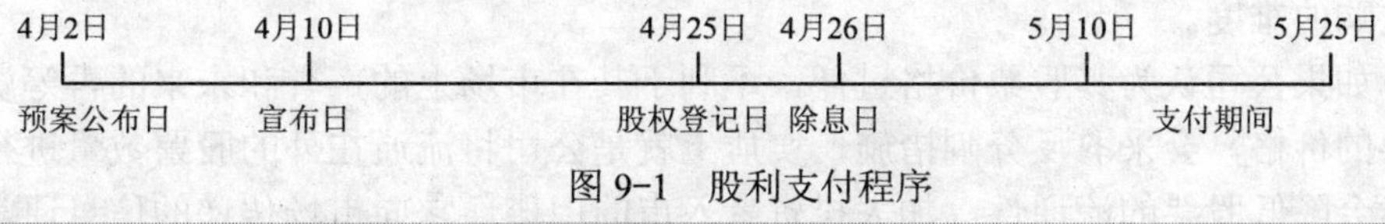

图 9-1　股利支付程序

第四节　股票分割和股票回购

一、股票分割

1．股票分割的含义

股票分割又称股票拆细，即将一张较大面值的股票拆成几张较小面值的股票。在实务中，如果上市公司的股票市场价格太高，不利于其良好的流动，有必要将其降低，就可能进行股票分割。如将其一分为二，即流通股股数翻番，每股收益和每股净资产减半，以推动股价下调。

股票分割对公司的资本结构不会产生任何影响，一般只会使发行在外的股票总数增加，资产负债表中股东权益账户（股本、资本公积、留存收益）的余额都保持不变，股东权益的总额也保持不变。因此，股票分割与股票股利非常相似，都是在不增加股东权益的情况下增加了股票的数量，所不同的是，股票股利虽不会引起股东权益总额的改变，但股东权益构成项目之间的比例会发生变化，而股票分割之后，股东权益总额及其构成项目的金额都不会发生任何变化，变化的只是股票面值。

2．股票分割的作用

（1）股票分割会使公司股票每股市价降低，买卖该股票所必需的资金含量减少，易于增加该股票在投资者之间的交易，并且可以使更多的资金实力有限的潜在股东变成持股股东。因此，股票分割可以促进股票的流通和交易。

（2）股票分割可以向投资者传递公司发展前景良好的信息，有助于提高投资者对公司的信心。

（3）股票分割可以为公司发行新股作准备。公司股票价格太高，会使许多潜在的投资者力不从心而不敢轻易对公司股票进行投资。在新股发行之前，利用股票分割降低股票价格，可以促进新股的发行。

（4）股票分割有助于公司并购政策的实施，增加对被并购方的吸引力。

例 9-5

假设有甲乙两家公司，甲公司股票每股市价为 60 元，乙公司股票每股市价为 6 元，甲公司准备通过股票交换的方式对乙公司实施并购。如果甲公司以 1 股股票换取乙公司的 10 股股票，则可能会使乙公司的股东在心理上难以承受；相反，如果甲公司先进行股票分割，将原来的股票 1 股分拆为 5 股，然后再以 1:2 的比例换取乙公司的股票，则乙公司的股东在心理上可能容易接受一些。因此，通过股票分割的办法改变被并购企业股东的心理差异，更有利于企业并购方案的实施。

（5）股票分割带来的股票流通性的提高和股东数量的增加，会在一定程度上加大对公司股票恶意收购的难度。

另外，如果公司认为其股票价格过低，不利于其在市场上的声誉和未来的再筹资时，为提高其股票的价格，会采取反分割措施，实质上就是公司将流通在外的股票数量进行合并。反分割显然会降低股票的流通性，加大投资者入市的门槛，它向市场传递的信息通常都是不利的。实证证据及统计结果也表明，在其他因素不变的条件下，股票反分割宣布日前后股票价格有大幅度的下跌。

例 9-6

某上市公司在 2009 年年终，其资产负债表上的股东权益账户情况如下（单位：万元）：

股东权益：

普通股（面额 10 元，流通在外 1 000 万股）	10 000
资本公积	20 000
盈余公积	4 000
未分配利润	5 000
股东权益合计	39 000

要求：（1）假设该公司宣布发放 30%的股票股利，即现有股东每持有 10 股，即可获得赠送的 3 股普通股。发放股票股利后，股东权益有何变化？每股净资产是多少？

（2）假设该公司按照 1:5 的比例进行股票分割。股票分割后，股东权益有何变化？每股的净资产是多少？

解：（1）发放股票股利后股东权益情况如下：

股东权益：

普通股（面额 10 元，流通在外 1 300 万股）	13 000
资本公积	20 000
盈余公积	4 000
未分配利润	2 000
股东权益合计	39 000

每股的净资产为：

39 000÷（1 000+300）=30（元/股）

（2）股票分割后股东权益情况如下：

股东权益：

普通股（面额 2 元，流通在外 5 000 万股）	10 000
资本公积	20 000
盈余公积	4 000
未分配利润	5 000
股东权益合计	39 000

每股的净资产为：

39 000÷（1 000×5）=7.8（元/股）

二、股票回购

（一）股票回购及其法律规定

股票回购是指上市公司出资将其发行的流通在外的股票以一定的价格购买回来予以注销或作为库存股的一种资本运作方式。但应注意，公司持有的其他公司的股票、本公司未发行的股票以及本公司已发行后回到公司手中但已注销的股票，不能视为库存股。

《公司法》规定，公司不得收购本公司股份。但是，有以下情形之一者除外：

（1）减少公司注册资本的。

（2）与持有本公司股份的其他公司合并的。

（3）将股份奖励给本公司职工的。

（4）股东因对股东大会作出的公司合并、分立决议持异议，要求公司收购其股份的。

（二）股票回购的动机

在证券市场上，股票回购的动机主要有以下几点：

1．现金股利的替代

对公司来讲，派发现金股利会对公司产生未来的派现压力，而股票回购属于非正常股利政策，不会对公司产生未来的派现压力。对股东来讲，需要现金的股东可以选择出售股票，不需要现金的股东可以选择持有股票。因此，当公司有富余资金，但又不希望通过派现方式进行分配的时候，股票回购可以作为现金股利的一种替代。

2．提高每股收益

由于账务上的每股收益指标是以流通在外的股份数作为计算基础的，有些公司为了自身形象、上市需求和投资者渴望高回报等原因，采取股票回购的方式来减少实际支付股利的股份数，从而提高每股收益指标。

3．改变公司的资本结构

股票回购可以改变公司的资本结构，提高财务杠杆水平。无论是用现金回购还是举债回购股份，都会提高财务杠杆水平，改变公司的资本结构。在现金回购方式下，假定公司的负债规模不变，那么股票回购之后的权益资本在公司资本结构中的比重下降，公司财务杠杆水平提高；而在举债回购股份的情况下，一方面是公司负债规模增加，另一方面是权益资本比重下降，公司财务杠杆水平更会明显提高。因此，公司认为权益资本在资本结构中所占比例较大时，会为了调整资本结构而进行股票回购，从而在一定程度上降低整体资金成本。

4．传递公司的信息以稳定或提高公司的股价

由于信息不对称和预期差异，证券市场上的公司股票价格可能被低估，而过低的股价将会对公司产生负面影响。因此，如果公司认为公司的股价被低估时，可以进行股票回购，以向市场和投资者传递公司真实的投资价值，稳定或提高公司的股价。这时，股票回购就是公司管理层向市场和投资者传递公司内部信息的一种手段。一般情况下，投资者会认为股票回购意味着公司认为其股票价值被低估而采取的应对措施。

5．巩固既定控制权或转移公司控制权

许多股份有限公司的大股东为了保证其对股份有限公司的控制权不被改变，往往采取直接或间接的方式回购股票，从而巩固既有的控制权。另外，有些公司的法定代表人并不是公司大股东的代表，为了保证不“以身试法”在公司中的地位，也为了能在公司中实现自己的意志，往往也采取股票回购的方式分散或削弱原控股股东的控制权，以实现控制权的转移。

6．防止敌意收购

股票回购有助于公司管理者避开竞争对手企图收购的威胁，因为它可以使公司流通在外的股份数变少，股价上升，从而使收购方要获得控制公司的法定股份比例变得更为困难。而且，股票回购可能会使公司的流动资金大大减少，财务状况恶化，这样的结果也会减少收购公司的兴趣。

7．满足认股权的行使

在企业发行可转换债券、认股权证或施行经理人员股票期权计划及员工持股计划的情况下，采取股票回购的方式既不会稀释每股收益，又能满足认股权的行使。

8．满足企业兼并与收购的需要

在进行企业兼并与收购时，产权交换的实现方式包括现金购买及换股两种。如果公司有库藏股，则可以用公司的库藏股来交换被并购的股权，这样可以减少公司的现金支出。

（三）股票回购的影响

1．股票回购对上市公司的影响

（1）股票回购需要大量资金支付回购的成本，容易造成资金紧张，资产流动性降低，影响公司的后续发展。公司进行股票回购必须以拥有资金实力为前提，如果公司负债率较高，再进行股票回购，将使公司的资产流动性恶化，偿债能力降低，会使公司面临巨大的偿债压力，公司正常的生产经营活动及后续发展将会受到影响。

（2）公司进行股票回购，无异于股东退股和公司资本的减少，在一定程度上削弱了对债权人利益的保障。

（3）股票回购可能使公司的发起人股东更注重创业利润的兑现，而忽视公司长远的发展，损害公司的根本利益。

（4）股票回购容易导致公司操纵股价。公司回购自己的股票，容易导致其利用内幕消息进行炒作，或操纵财务信息，加剧公司行为的非规范化，使投资者蒙受损失。

2．股票回购对股东的影响

对于投资者来说，与现金股利相比，股票回购不仅可以节约个人税收，而且具有更大的灵活性。因为股东对公司派发的现金股利没有是否接受的可选择性，而对股票回购则具有可选择性，需要现金的股东可选择卖出股票，而不需要现金的股东则可继续持有股票。如果公司急于回购相当数量的股票，而对股票回购的出价太高，以至于偏离均衡价格，那么结果会不利于选择继续持有股票的股东，因为回购行动过后，股票价格会出现回归性下跌。

（四）股票回购方式

股票回购包括公开市场回购、要约回购及协议回购三种方式。

1．公开市场回购

公开市场回购是指公司在股票的公开交易市场上以等同于任何潜在投资者的地位，按照公司股票当前市场价格回购股票。这种方式的缺点是在公开市场回购时很容易推高股价，从而增加回购成本，另外交易税和交易佣金也是不可忽视的成本。

2．要约回购

要约回购是指公司在特定期间向市场发出的以高出股票当前市场价格的某一价格，回购既定数量股票的要约。这种方式赋予所有股东向公司出售其所持股票的均等机会。与公开市场回购相比，要约回购通常被市场认为是更积极的信号，原因在于要约价格存在高出股票当前价格的溢价。但是，溢价的存在也使得要约回购的执行成本较高。

3．协议回购

协议回购是指公司以协议价格直接向一个或几个主要的股东回购股票。协议价格一般低于当前的股票市场价格，尤其是在卖方首先提出的情况下，但是有时公司也会以超常溢价向其认为有潜在威胁的非控股股东回购股票，显然，这种过高的回购价格将损害继续持有股票的股东的利益，公司有可能为此而涉及法律诉讼。

本章小结

收益分配是以价值形式反映其生产经营成果在相关各方面进行的分配，有广义和狭义两种，在收益分配时必须遵循一定的原则来进行并要注意分配的程序。企业税后利润分配的顺序是：①弥补企业以前年度亏损。②提取法定盈余公积金。③提取任意盈余公积金。④向股东（投资者）分配股利（利润）。

股利分配政策本质的问题是正确处理企业税后利润在股利派发与企业留存之间的关系。在股利分配政策是否影响企业股票价格的认识上，西方财务理论界存在着不同的观点，并形成了不同的股利分配理论——股利无关论和股利相关论等。

企业股利分配政策的制定通常要考虑各种因素的影响，如法律因素、企业因素、股东因素、债务契约与通货膨胀等。通常有四种股利分配政策可供选择：剩余股利政策、固定或稳定增长的股利政策、固定股利支付率政策、低正常股利加额外股利政策。股利分配的形式常见的有四类：现金股利、财产股利、负债股利、股票股利。除此以外还有股票回购等特殊形式。

复习思考题

1. 企业资本收益分配的原则以及程序是什么？
2. 股利支付方式有哪几种？分别是什么？
3. 企业在制定股利分配政策时应考虑哪些因素？怎样考虑这些因素？
4. 简述股票分割和股票股利的异同。
5. 股利相关论有哪些代表观点？
6. 什么是股利无关论？
7. 试述股利分配政策的基本类型。
8. 企业采用剩余股利政策的原因是什么？在采用剩余股利政策时，应注意哪些问题？
9. 简述股票回购的动机及方式。

练 习 题

1. 某公司本年税后利润为300万元，下一年拟上一个新项目，需投资400万元，公司目标资本结构是产权比率为0.667，公司流通在外的普通股为1 000万股，采用的是剩余股利政策。

要求：

（1）计算公司本年可发放的股利额。

（2）计算股利支付率。

（3）计算每股股利。

2. 某公司以50%的资产负债率作为目标资本结构，公司当年税后利润为500万元，预计公司未来的总资产要达到1 200万元，现有的权益资本为250万元。公司采用剩余股利政策。

要求：

（1）计算当年股利支付率。

（2）计算在市盈率为 10 倍，每股盈余为 2 元的条件下应增发的普通股股数。

3．某公司年终利润分配前的股东权益项目资料如下：股本——普通股（每股面值 2 元，200 万股）为 400 万元；资本公积金为 160 万元；未分配利润为 840 万元，股东权益合计 1 400 万元。公司股票的每股现行市价为 35 元。

要求：

（1）若该公司计划按每 10 股送 1 股的方案发放股票股利，并按发放股票股利后的股数派发每股现金股利 0.2 元，股票股利的金额按现行市价计算。计算完成这一分配方案后的股东权益各项目数额。

（2）若该公司按 1 股换 2 股的比例进行股票分割。计算股东权益各项目数额、普通股股数。

（3）假设利润分配不改变市净率，公司按每 10 股送 1 股的方案发放股票股利，股票股利按现行市价计算，并按新股数发放现金股利，且希望普通股市价达到每股 30 元，计算每股现金股利。

4．某公司今年年底的所有者权益总额为 9 000 万元，普通股为 6 000 万股。目前的资本结构为长期负债占 55%，所有者权益占 45%，没有需要付息的流动负债。假定该公司的所得税税率为 30%。预计继续增加长期债务不会改变目前 11%的平均利率水平。

董事会在讨论明年资金安排时提出：

（1）计划年度分配现金股利为 0.05 元 / 股。

（2）为新的投资项目筹集 4 000 万元的资金。

（3）计划年度维持目前的资本结构，并且不增发新股，不举借短期借款。

试测算实现董事会上述要求所需要的息税前利润。

案例分析

某股份有限公司 2008 年度分配方案

某股份有限公司 2008 年度分配方案已获得公司在 2009 年 4 月 2 日召开的 2008 年度股东大会审议通过。该股东大会决议公告刊登于 2009 年 4 月 3 日的《××证券时报》上。本次分配及转增资本事宜公告如下（节选）：

1．分配方案

2008 年度分配方案为：以公司现有总股本 1 355 702 400 股为基数，向全体股东每 10 股送红股 8 股，公积金转增 2 股，派现金股利 2 元（含税）。

扣税后，社会公众股中的个人股东、投资基金，实际分配为每 10 股送红股 8 股，公积金转增 2 股。社会公众股中的法人股东，实际分配为每 10 股送红股 8 股，公积金转增 2 股，派现金股利 2 元（含税）。

公司本次分配前的总股本为 1 355 702 400 股，分配后总股本增至 2 711 404 800 股。

2．股权登记日与除权除息日

（1）股权登记日为 2009 年 4 月 12 日。

（2）除权除息日为 2009 年 4 月 13 日。

3．分配及转增股本对象

本次分配及转增股本实施对象为：截至 2009 年 4 月 12 日下午深圳证券交易所收市后，

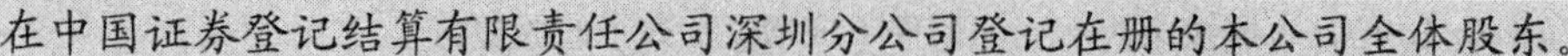

在中国证券登记结算有限责任公司深圳分公司登记在册的本公司全体股东。

4．分配及转增股本方法

（1）本次所送红股及转增股份于2009年4月13日通过股东托管证券商直接计入股东证券账户。

（2）国家股股东的持股股息（派现金股利2元）由本公司派发。社会公众股中的法人股股息于2009年4月13日通过股东托管证券商直接划入资金账户。

5．本次所送红股和转增股份起始交易日

本次所送红股和转增股份起始交易日为2009年4月13日。

6．实施送转股分配后的上年度每股收益

2008年度，公司每股收益为0.52元，经本次分配及转增股份后，按新股本总数摊薄计算的2008年度每股收益为0.26元。

讨论：

1．结合本案例，谈谈股利分配过程中一次经过的几个日期。

2．发放现金股利的基本条件是什么？

3．资本公积金转增股本和发放股票股利有区别么？为什么？

4．股票股利对企业和股东各有什么好处？对股东财富有何影响？

5．谈谈你对该公司2008年股利分配政策的评价。

第十章

财务预算

本章要点：

本章介绍财务预算体系、财务预算的编制方法以及日常业务预算、特种决策预算、现金预算与预计财务报表的编制。重点掌握以下内容：

1. 理解财务预算的意义和作用。
2. 掌握财务预算的编制方法。
3. 掌握日常业务预算的编制。
4. 掌握特种决策预算的编制。
5. 掌握现金预算的编制。

第一节 财务预算体系

一、财务预算的意义和作用

财务预算是一系列专门反映企业未来一定预算期内预计财务状况和经营成果，以及现金收支等价值指标的各种预算的总称。具体包括现金预算、财务费用预算、预计资产负债表、预计利润表和预计现金流量表等内容。编制财务预算是企业财务管理的一项重要内容。

财务预算具有以下功能：

（1）规划。编制财务预算可以使管理层在制订经营计划时更具前瞻性。

（2）沟通和协调。通过财务预算的编制可以使各部门的管理者更好地扮演纵向与横向的沟通角色。

（3）资源分配。由于企业资源有限，通过财务预算的编制可以将资源分配给获利能力相对较高的相关部门或项目、产品。

（4）营运控制。财务预算可视为一种控制标准。若将实际经营成果与预算相比较，则可以使管理者找出差异，分析原因，改善经营。

（5）绩效评估。通过财务预算的编制可以建立完善的绩效评估体系，可以帮助各部门管理者做好绩效评估工作。

财务预算的编制需要以财务预测的结果为根据，并受到财务预测质量的制约；财务预算必须服从决策目标的要求，使决策目标具体化、系统化、定量化。

二、全面预算的内容

全面预算是根据企业目标所编制的经营、资本、财务等年度收支计划，即以货币及其他数量形式反映的有关企业未来一段期间内全部经营活动各项目标的行动计划与相应措施的数量说明。具体包括特种决策预算、日常业务预算与财务预算。

特种决策预算是指企业不经常发生的、需要根据特定决策临时编制的一次性预算。特种决策预算包括经营决策预算和投资决策预算两种类型。

日常业务预算是指与企业日常经营活动直接相关的经营业务的各种预算。主要包括：①销售预算。②生产预算。③直接材料耗用量及采购预算。④应交增值税、销售税金及附加预算。⑤直接人工预算。⑥制造费用预算。⑦产品成本预算。⑧期末存货预算。⑨销售费用预算。⑩管理费用预算等。

三、全面预算的组织机构

全面预算的组织机构通常包括：

（1）领导机构。领导机构一般为预算管理委员会，该机构属于董事会下设的预算管理最高指挥机构，掌有预算管理的决策权和指挥权。

（2）参谋机构。参谋机构是领导机构的智囊组织，主要负责企业预算管理中所出现问题的研究，并提出解决方案。

（3）执行机构。企业内部各个经营管理部门都应当是企业全面预算管理的执行机构。这些机构不仅需要严格执行企业下达的预算任务，还需要积极配合和参加预算编制工作。

（4）专职业务机构。这是企业专门设立的预算业务部门，在预算编制前负责预算指标的预测，在预算编制中负责编制预算并负责对各项业务预算编制工作的技术指导和汇总，在预算执行中负责预算指标的控制和考核。

四、财务预算在全面预算体系中的地位和作用

财务预算作为全面预算体系中的最后环节，可以从价值方面总括地反映经营期决策预算的结果，亦称为总预算，其余预算则相应称为辅助预算或分预算。因此，它在全面预算体系中占有举足轻重的地位。

财务预算的作用主要表现在以下四个方面：

（1）明确工作目标。财务预算作为一种以价值尺度编制的计划，规定了企业一定时期的总目标以及各级各部门的具体财务目标。这样就可使各个部门从价值上了解本单位的经济活动与整个企业经营目标之间的关系，明确各自的职责及其努力方向，从各自的角度去完成企业总的战略目标。

（2）协调部门关系。财务预算可以把企业各方面的工作纳入统一计划，促使企业内部各部门的预算相互协调，环环紧扣，达到平衡，在保证企业总体目标最优的前提下，组织各自的生产经营活动。例如，多数日常业务预算需要在反映具体业务的同时，反映现金收支情况。

（3）控制日常活动。编制预算是企业经营管理的起点，也是控制日常经营活动的依据。在预算的执行过程中，各部门应通过计量、对比，及时揭露实际脱离预算的差异并分析其原因，以便采取必要措施，消除薄弱环节，保证预算目标的顺利完成。

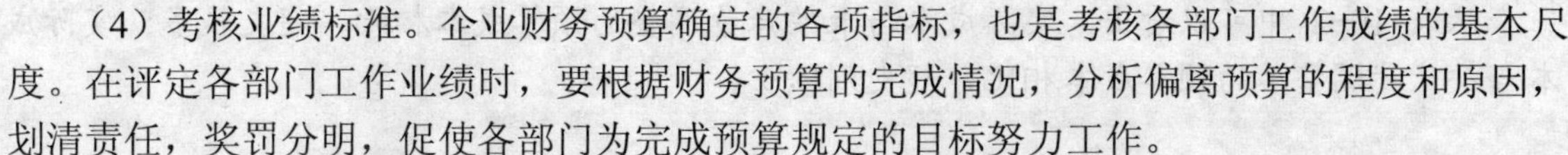

（4）考核业绩标准。企业财务预算确定的各项指标，也是考核各部门工作成绩的基本尺度。在评定各部门工作业绩时，要根据财务预算的完成情况，分析偏离预算的程度和原因，划清责任，奖罚分明，促使各部门为完成预算规定的目标努力工作。

第二节 财务预算编制方法

一、固定预算方法与弹性预算方法

编制预算的方法按其业务量基础的数量特征不同，可分为固定预算方法和弹性预算方法两大类。

（一）固定预算方法

固定预算方法简称固定预算，又称静态预算，是指在编制预算时，只根据预算期内正常的、可实现的某一固定业务量（如生产量、销售量）水平作为唯一基础来编制预算的一种方法。传统预算大多采用固定预算的方法。

例 10-1

MN 股份有限公司（以下简称 MN 公司）采用完全成本法，其预算期生产的某产品的预计产量为 1 000 件，按固定预算方法编制的该种产品成本如表 10-1 所示。

表 10-1 MN 公司产品成本预算（按固定预算方法编制）

预计产量：1 000 件 （单位：元）

成本项目	总成本	单位成本
直接材料	5 000	5
直接人工	1 000	1
制造费用	2 000	2
合计	8 000	8

该种产品预算期的实际产量为 1 200 件，实际发生的总成本为 10 000 元，其中：直接材料为 6 600 元，直接人工为 1 300 元，制造费用为 2 100 元。单位成本为 8.33 元。

该企业根据实际成本资料和预算成本资料编制的成本业绩报告如表 10-2 所示。

表 10-2 MN 公司成本业绩报告

（单位：元）

成本项目	实际成本	预算成本		差异	
		未按产量调整	按产量调整	未按产量调整	按产量调整
直接材料	6 600	5 000	6 000	+1 600	+600
直接人工	1 300	1 000	1 200	+300	+100
制造费用	2 100	2 000	2 400	+100	−300
合计	10 000	8 000	9 600	+2 000	+400

从表 10-2 中可以看出：实际成本与未按产量调整的预算成本相比，超支较多；实际成本与按产量调整后的预算成本相比，超支则较少。

在产量从1 000件增加到1 200件的情况下，如果不按变动后的产量对预算成本进行调整，就会因业务量不一致而导致所计算的差异缺乏可比性；但是如果所有的成本项目都按实际产量进行调整，也不够科学。因为制造费用中包括一部分固定性制造费用，它们是不随产量变动的，即使按产量调整了固定预算，也不能准确说明企业预算的执行情况。

固定预算的缺点主要有两个：

第一，过于机械呆板。因为编制预算的业务量基础是事先假定的某个业务量。在此方法下，无论预算期内业务量水平可能发生哪些变动，都只按事先确定的某一个业务量水平作为编制预算的基础。

第二，可比性差。这是该方法的致命缺点。当实际的业务量与编制预算所根据的业务量发生较大差异时，有关预算指标的实际数与预算数就会因为业务量基础不同而失去可比性。因此，按照固定预算方法编制的预算不利于正确的控制、考核和评价企业预算的执行情况。例如，当某成本预算的预计业务量为生产量的100%，而实际执行结果为120%时，那么成本方面实际脱离预算的差异就会包括本不该在成本分析范畴出现的非主观因素——业务量增长造成的差异（对成本来说，只要分析单位用量差异和单价差异就够了，业务量差异根本无法控制，分析也没有意义）。

固定预算只能适用于那些业务量水平较为稳定的企业，或非营利组织在编制预算时使用。

（二）弹性预算方法

弹性预算方法简称弹性预算，又称变动预算或滑动预算，是指为克服固定预算方法的缺点而设计的，以业务量、成本和利润之间的依存关系为依据，按照预算期可预见的各种业务量水平为基础，编制能够适应多种情况预算的一种方法。

编制弹性预算所依据的业务量可以是产量、销售量、直接人工工时、机器工时、材料消耗量或直接人工工资等。

与固定预算相比，弹性预算具有如下两个显著的优点：

第一，预算范围宽。弹性预算能够反映预算期内与一定相关范围内的可预见的多种业务量水平相对应的不同预算额，从而扩大了预算的适用范围，便于预算指标的调整。因为弹性预算不再是只适应一个业务量水平的一个预算，而是能够随业务量水平的变动作机动调整的一组预算。

第二，可比性强。在预算期实际业务量与计划业务量不一致的情况下，可以将实际指标与实际业务量相应的预算额进行对比，从而能够使预算执行情况的评价与考核建立在更加客观和可比的基础上，便于更好地发挥预算的控制作用。

弹性预算的适用范围。由于未来业务量的变动会影响到成本费用、利润等各个方面，因此，弹性预算从理论上讲适用于编制全面预算中所有与业务量有关的各种预算。但从实用的角度来看，主要用于编制弹性成本预算和弹性利润预算等。在实务中，由于收入、利润可按概率的方法进行风险分析预算，直接材料、直接人工可按标准成本制度进行标准预算，只有制造费用、推销及行政管理费用等间接费用应用弹性预算频率较高，以至于有人将弹性预算误认为只是编制费用预算的一种方法。

1. 弹性成本预算的编制

（1）弹性成本预算的基本公式。编制弹性成本预算，关键是进行成本性态分析，将全部成本最终区分为变动成本和固定成本两大类。变动成本主要根据单位业务量来控制，固定成本则按总额控制。其成本的预算公式如下：

成本的弹性预算=固定成本预算数+Σ（单位变动成本预算数×预计业务量）

在此基础上，按事先选择的业务量计量单位和确定的有效变动范围，根据该业务量与有关成本费用项目之间的内在关系即可编制弹性成本预算。

（2）业务量的选择。编制弹性成本预算首先要选择适当的业务量。选择业务量包括选择业务量计量单位和业务量变动范围两部分内容。业务量计量单位应根据企业的具体情况进行选择。一般来说，生产单一产品的部门，可以选用产品实物量；生产多品种产品的部门，可以选用人工工时、机器工时等；修理部门可以选用修理工时等；以手工操作为主的企业应选用人工工时；机械化程度较高的企业选用机器工时更为适宜。

业务量变动范围是指弹性预算所适用的业务量变动区间。业务量变动范围的选择应根据企业的具体情况而定。一般来说，可定在正常生产能力的70%～120%，或以历史上最高业务量和最低业务量为其上下限。

（3）弹性成本预算的具体编制方法。编制弹性成本预算可以选择公式法和列表法两种具体方法。

1）公式法。公式法是通过确定成本公式 $y_i=a_i+b_ix_i$ 中的 a_i 和 b_i 来编制弹性成本预算的方法。

在成本性态分析的基础上，可将任何成本项目近似地表示为 $y_i=a_i+b_ix_i$（当 a_i 为零时，$y_i=b_ix_i$ 为变动成本；当 b_i 为零时，$y_i=a_i$ 为固定成本；当 a_i 和 b_i 均不为零时，y_i 为混合成本；x_i 可以为多种业务量指标如产销量、直接人工工时等）。

在公式法下，如果事先确定了有关业务量的变动范围，则只要根据有关成本项目的 a 和 b 参数，就可以很方便地推算出业务量在允许范围内任何水平上的各项预算成本。

例 10-2

MN 公司按公式法编制的制造费用弹性预算如表 10-3 所示。其中较大的混合成本项目已经被分解。

表 10-3 MN 公司预算期制造费用弹性预算（公式法）

直接人工工时变动范围：70 000～120 000 h （单位：元）

项 目	a	b
管理人员工资	15 000	—
保险费	4 000	—
设备租金	7 000	—
维修费	6 000	0.25
水电费	500	0.15
辅助材料	4 000	0.30
辅助人员工资	—	0.45
检验员工资	—	0.35
合 计	36 500	1.50

根据表 10-3，可利用 y=36 500+1.50x，计算出人工工时在 70 000～120 000h 的范围内，任一业务量基础上的制造费用预算总额；也可计算出在该人工工时变动范围内，任一业务量的制造费用中某一费用项目的预算额，如维修费 y=6 000+0.25x，检验员工资 y=0.35x 等。

这种方法的优点是在一定范围内不受业务量波动影响，编制预算的工作量较小；缺点是在进行预算控制和考核时，不能直接查出特定业务量下的总成本预算额，而且按细目分解成本比较麻烦，同时又有一定的误差。

在实际工作中可以将公式法与列表法结合起来应用。

2）列表法。列表法是指通过列表的方式，在相关范围内每隔一定业务量范围就计算相关数值预算，来编制弹性成本预算的方法。

例 10-3

MN 公司按列表法编制的制造费用弹性预算如表 10-4 所示。

表 10-4 MN 公司预算期制造费用弹性预算（列表法）

（单位：元）

直接人工工时/h	70 000	80 000	90 000	100 000	110 000	120 000
生产能力利用	70%	80%	90%	100%	110%	120%
1．变动成本项目	56 000	64 000	72 000	80 000	88 000	96 000
辅助人员工资	31 500	36 000	40 500	45 000	49 500	54 000
检验员工资	24 500	28 000	31 500	35 000	38 500	42 000
⋮	⋮	⋮	⋮	⋮	⋮	⋮
2．混合成本项目	59 500	66 500	73 500	80 500	87 500	94 500
维修费	23 500	26 000	28 500	31 000	33 500	36 000
水电费	11 000	12 500	14 000	15 500	17 000	18 500
辅助材料	25 000	28 000	31 000	34 000	37 000	40 000
⋮	⋮	⋮	⋮	⋮	⋮	⋮
3．固定成本项目	26 000	26 000	26 000	26 000	26 000	26 000
管理人员工资	15 000	15 000	15 000	15 000	15 000	15 000
保险费	4 000	4 000	4 000	4 000	4 000	4 000
设备租金	7 000	7 000	7 000	7 000	7 000	7 000
⋮	⋮	⋮	⋮	⋮	⋮	⋮
制造费用预算	141 500	156 500	171 500	186 500	201 500	216 500

表 10-4 中的业务量间距为 10%，在实际工作中可选择更小的间距（如 5%，可以根据需要自行计算）。

显然，业务量的间距越小，实际业务量水平出现在预算表中的可能性就越大，但工作量也就越大。

列表法的主要优点是可以直接从表中查得各种业务量下的成本预算，便于预算的控制和考核，可以在一定程度上弥补公式法的不足。

但这种方法工作量较大，且不能包括所有业务量条件下的费用预算，故适用面较窄。

2．弹性利润预算的编制

弹性利润预算是根据成本、业务量和利润之间的依存关系，为适应多种业务量变化而编制的利润预算。弹性利润预算是以弹性成本预算为基础编制的，其主要内容包括销售量、价格、单位变动成本、边际贡献和固定成本。

编制弹性利润预算，可以选择因素法和百分比法两种方法。

（1）因素法。因素法是指根据受业务量变动影响的有关收入、成本等因素与利润的关系，列表反映在不同业务量条件下的利润水平的预算方法。

例 10-4

预计 MN 公司预算年度某产品的销售量在 7 000～12 000 件之间变动；销售单价为 100 元；单位变动成本为 86 元；固定成本总额为 80 000 元。试根据上述资料以 1 000 件为销售量的间隔单位编制该产品的弹性利润预算。

解：依题意编制的弹性利润预算如表 10-5 所示。

表 10-5 MN 公司弹性利润预算

（单位：元）

销售量/件	7 000	8 000	9 000	10 000	11 000	12 000
单价	100	100	100	100	100	100
单位变动成本	86	86	86	86	86	86
销售收入	700 000	800 000	900 000	1 000 000	1 100 000	1 200 000
减：变动成本	602 000	688 000	774 000	860 000	946 000	1 032 000
边际贡献	98 000	112 000	126 000	140 000	154 000	168 000
减：固定成本	80 000	80 000	80 000	80 000	80 000	80 000
营业利润	18 000	32 000	46 000	60 000	74 000	88 000

如果销售价格、单位变动成本、固定成本发生变动，也可参照此方法，分别编制在不同销售价格、不同单位变动成本、不同固定成本水平下的弹性利润预算，从而形成一个完整的弹性利润预算体系。

这种方法适用于单一品种经营或采用分算法处理固定成本的多品种经营的企业。

（2）百分比法。百分比法又称销售额百分比法，是指按不同销售额的百分比来编制弹性利润预算的方法。

一般来说，许多企业都经营多品种，在实际工作中，分别按品种逐一编制弹性利润预算是不现实的，这就要求用一种综合的方法——百分比法对全部经营商品或按商品大类编制弹性利润预算。

例 10-5

MN 公司预算年度的销售业务量达到 100%时的销售收入为 1 000 000 元，变动成本为 850 000 元，固定成本为 80 000 元。试根据上述资料以 10%的间隔为 MN 公司按百分比法编制弹性利润预算。

解：根据题意编制的弹性利润预算如表 10-6 所示。

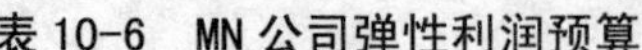

表 10-6　MN 公司弹性利润预算

（单位：元）

销售收入百分比①	80%	90%	100%	110%	120%
销售收入②=1 000 000×①	800 000	900 000	1 000 000	1 100 000	1 200 000
变动成本③=850 000×①	680 000	765 000	850 000	935 000	1 020 000
边际贡献④=②-③	120 000	135 000	150 000	165 000	180 000
固定成本⑤	80 000	80 000	80 000	80 000	80 000
利润总额⑥=④-⑤	40 000	55 000	70 000	85 000	100 000

百分比法主要适用于多品种经营的企业，比较简单。但必须假定固定成本在固定预算的基础上不变和变动成本随着销售收入变动百分比而同比例变动，即销售收入百分比的上下限均不突破相关范围。

二、增量预算方法与零基预算方法

编制成本费用预算的方法按其出发点的特征不同，可分为增量预算方法和零基预算方法两大类。

（一）增量预算方法

1．增量预算方法的定义

增量预算方法简称增量预算，又称调整预算方法，是指以基期成本费用水平为基础，结合预算期业务量水平及有关影响成本因素的未来变动情况，通过调整有关原有费用项目而编制预算的一种方法。

2．增量预算方法的基本假定

增量预算方法源于以下假定：

第一，现有的业务活动是企业所必需的。只有保留企业现有的每项业务活动，才能使企业的经营过程得到正常发展。

第二，原有的各项开支都是合理的。既然现有的业务活动是必需的，那么原有的各项费用开支就都是合理的，必须予以保留。

第三，未来预算期的费用变动是在现有费用的基础上调整的结果。

3．增量预算方法的缺点

增量预算方法以过去的经验为基础，实际上是承认过去所发生的一切都是合理的，主张不需要在预算内容上作较大改进，而是因循沿袭以前的预算项目。这种方法可能导致以下不足：

第一，受原有费用项目限制，可能导致保护落后。由于按这种方法编制预算，往往不加分析地保留或接受原有的成本项目，可能使原来不合理的费用开支继续存在下去，形成不必要开支的合理化，造成预算上的浪费。

第二，滋长预算中的“平均主义”和“简单化”。采用此法，容易鼓励预算编制人凭主观臆断按成本项目平均削减预算或只增不减，不利于调动各部门降低费用的积极性。

第三，不利于企业未来的发展。按照这种方法编制的费用预算，对于那些未来实际需要开支的项目可能因没有考虑未来情况的变化而造成预算的不足。

（二）零基预算方法

1. 零基预算方法的定义

零基预算方法的全称为“以零为基础编制计划和预算的方法”，简称零基预算，又称零底预算，是指在编制成本费用预算时，不考虑以往会计期间所发生的费用项目或费用数额，而是将所有的预算支出均以零为出发点，一切从实际需要与可能出发，逐项审议预算期内各项费用的内容及开支标准是否合理，在综合平衡的基础上编制费用预算的一种方法。

2. 零基预算方法的程序

零基预算方法的程序如下：

第一，动员与讨论。即动员企业内部所有部门，在充分讨论的基础上提出本部门在预算期内应当发生的费用项目，并确定其预算数额，而不考虑这些费用项目以往是否发生及发生额是多少。

第二，划分不可避免项目和可避免项目。即将全部费用划分为不可避免项目和可避免项目，前者是指在预算期内必须发生的费用项目，后者是指在预算期内通过采取措施可以不发生的费用项目。在预算的编制过程中，对不可避免项目必须保证资金供应；对可避免项目则需要逐项进行成本—效益分析，按照各项目开支必要性的大小确定各项费用预算的优先顺序。

第三，划分不可延缓项目和可延缓项目。即将纳入预算的各项费用进一步划分为不可延缓项目和可延缓项目，前者是指必须在预算期内足额支付的费用项目，后者是指可以在预算期内部分支付或延缓支付的费用项目。在预算编制过程中，必须根据预算期内可供支配的资金数额在各费用项目之间进行分配。应优先保证满足不可延缓项目的开支，然后再根据需要和可能，按照项目的轻重缓急确定可延缓项目的开支标准。

例 10-6

MN 公司为深入开展双增双节运动，降低费用开支水平，拟对历年来超支严重的业务招待费、劳动保护费、办公费、广告费、保险费等间接费用项目按照零基预算方法编制预算。

经多次讨论研究，预算编制人员确定上述费用在预算年度开支水平如表 10-7 所示。

表 10-7　MN 公司预计费用项目及开支金额

（单位：元）

费用项目	开支金额
1. 业务招待费	180 000
2. 劳动保护费	150 000
3. 办公费	110 000
4. 广告费	300 000
5. 保险费	130 000
合　计	870 000

经过充分论证，得出以下结论：上述费用中除业务招待费和广告费以外都不能再压缩了，必须得到全额保证。

根据历史资料对业务招待费和广告费进行成本—效益分析，得到以下数据，如表 10-8 所示。

表 10-8 MN 公司成本—效益分析

（单位：元）

成本项目	成本金额	收益金额
业务招待费	1	4
广告费	1	6

然后，权衡上述各项费用开支的轻重缓急排出层次和顺序。

因为劳动保护费、办公费和保险费在预算期必不可少，需要全额得到保证，属于不可避免的约束性固定成本，故应列为第一层次。

因为业务招待费和广告费可根据预算期间企业财力情况酌情增减，所以属于可避免项目。其中，广告费的成本—效益较大，应列为第二层次；业务招待费的成本—效益相对较小，应列为第三层次。

假定该公司预算年度对上述各项费用可动用的财力资源只有 720 000 元，根据以上排列的层次和顺序，分配资源，最终落实的预算金额如下：

（1）确定不可避免项目的预算金额：

150 000+110 000+130 000=390 000（元）

（2）确定可分配的资金数额：720 000–390 000=330 000（元）

（3）按成本—效益比重将可分配的资金数额在业务招待费和广告费之间进行分配：

业务招待费可分配资金=330 000×4÷（4+6）=132 000（元）

广告费可分配资金=330 000×6÷（4+6）=198 000（元）

在实际工作中，某些成本项目的成本—效益关系不容易确定，按零基预算方法编制预算时，不能机械地平均分配资金，而应根据企业的实际情况，有重点、有选择地确定预算项目，保证重点项目的资金需要。

3. 零基预算方法的优缺点和适用范围

零基预算方法的优点有：

（1）不受现有费用项目的限制。这种方法可以促使企业合理有效地进行资源分配，将有限的资金用在刀刃上。

（2）能够调动各方面降低费用的积极性。这种方法可以充分发挥各级管理人员的积极性、主动性和创造性，促进各预算部门精打细算，量力而行，合理使用资金。

（3）有助于企业未来的发展。由于这种方法以零为出发点，对一切费用一视同仁，有利于企业面向未来发展考虑预算问题。

零基预算方法的缺点在于，这种方法一切从零出发，在编制费用时需要完成大量的基础工作，如历史资料分析、市场状况分析、现有资金使用分析和投入产出分析等，这势必带来浩繁的工作量，搞不好会顾此失彼，难以突出重点，而且也需要比较长的编制时间。

为了克服零基预算方法的缺点，简化预算编制的工作量，不需要每年都按零基预算方法编制预算，而是每隔几年才按此方法编制一次预算。

此方法特别适合产出较难辨认的服务性部门费用预算的编制。

三、定期预算方法与滚动预算方法

编制预算的方法按其预算的时间特征不同，可分为定期预算方法和滚动预算方法两大类。

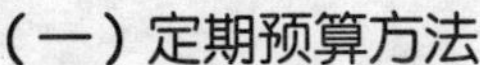

(一) 定期预算方法

1. 定期预算方法的定义

定期预算方法简称定期预算，是指在编制预算时以不变的会计期间（如公历年度）作为预算期的一种编制预算的方法。

2. 定期预算方法的优缺点

定期预算方法的唯一优点是能够使预算期间与会计年度相配合，便于考核和评价预算的执行结果。

按照定期预算方法编制的预算主要有以下缺点：

第一，盲目性。由于定期预算往往是在年初甚至提前两三个月编制的，对于整个预算年度的生产经营活动很难作出准确的预算，尤其是对预算后期的预算只能笼统地估算，数据笼统含糊，缺乏远期指导性，给预算的执行带来很多困难，不利于对生产经营活动的考核与评价。

第二，滞后性。由于定期预算不能随情况的变化及时调整，当预算中所规划的各种经营活动在预算期内发生重大变化时（如预算期临时中途转产），就会造成预算滞后过时，使之成为虚假预算。

第三，间断性。由于受预算期间的限制，致使经营管理者的决策视野局限于本期规划的经营活动，通常不考虑下期。例如，一些企业提前完成本期预算后，就以为可以松一口气，其他事等来年再说，从而形成人为的预算间断。因此，按固定预算方法编制的预算不能适应连续不断的经营过程，从而不利于企业的长远发展。

为了克服定期预算方法的缺点，在实践中可采用滚动预算方法编制预算。

(二) 滚动预算方法

1. 滚动预算方法的定义

滚动预算方法简称滚动预算，又称连续预算或永续预算，是指在编制预算时，将预算期与会计年度脱离，随着预算的执行不断延伸补充预算，逐期向后滚动，使预算期永远保持为一个固定期间的一种预算编制方法。

其具体做法是：每过一个季度（或月份），就立即根据前一个季度（或月份）的预算执行情况，对以后季度（或月份）进行修订，并增加一个季度（或月份）的预算。这样以逐期向后滚动、连续不断的预算形式规划企业未来的经营活动。

2. 滚动预算方法的优缺点

与传统的定期预算方法相比，按滚动预算方法编制的预算具有以下优点：

(1) 透明度高。由于编制预算不再是预算年度开始之前几个月的事情，而是实现了与日常管理的紧密衔接，可以使管理人员能够始终从动态的角度把握企业近期的规划目标和远期的战略布局，使预算具有较高的透明度。

(2) 及时性强。由于滚动预算能根据前期预算的执行情况，结合各种因素的变动影响，及时调整和修订近期预算，从而使预算更加切合实际，能够充分发挥预算的指导控制作用。

(3) 连续性、完整性和稳定性突出。由于滚动预算在时间上不再受公历年度的限制，能够连续不断地规划未来的经营活动，不会造成预算的人为间断，同时可以使企业管理人员了解未来 12 个月内企业的总体规划与近期预算目标，能够确保企业管理工作的完整性与稳定性。

采用滚动预算方法编制预算的唯一缺点就是预算工作量较大。

3．滚动预算方法的方式及其特征

滚动预算方法按其预算编制和滚动的时间单位不同可分为逐月滚动、逐季滚动和混合滚动三种方式。

（1）逐月滚动方式。逐月滚动方式是指在预算编制过程中，以月份为预算的编制和滚动单位，每个月调整一次预算的方法。

例如，在2010年1～12月的预算执行过程中，需要在1月末根据当月预算的执行情况，修订2～12月的预算，同时补充2011年1月份的预算；到2月末可根据当月预算的执行情况，修订3月～2011年1月的预算，同时补充2011年2月份的预算……以此类推。

按照逐月滚动方式编制的预算比较精确，但工作量太大。

逐月滚动方式示意图如图10-1所示。

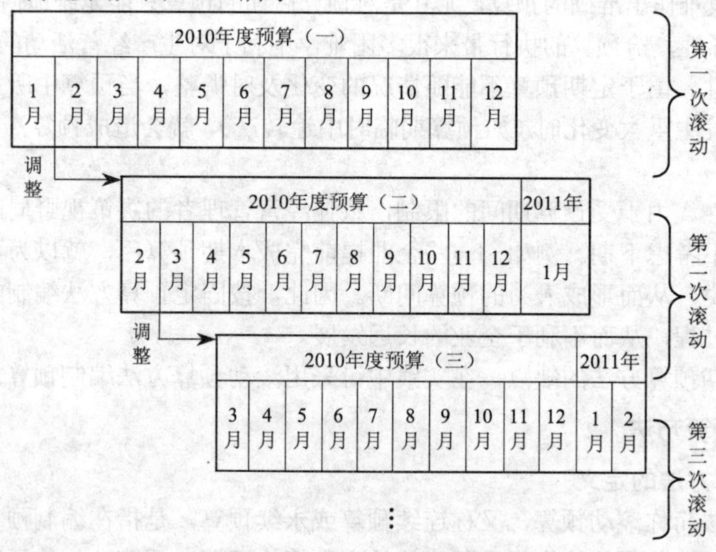

图10-1　逐月滚动方式示意图

（2）逐季滚动方式。逐季滚动方式是指在预算编制过程中，以季度为预算的编制和滚动单位，每个季度调整一次预算的方法。

例如，在2010年第一～第四季度的预算执行过程中，需要在第一季度末根据当季预算的执行情况，修订第二～第四季度的预算，同时补充2011年第一季度的预算；第二季度末根据当季预算的执行情况，修订第三季度～2011年第一季度的预算，同时补充2011年第二季度的预算……以此类推。

逐季滚动方式编制的预算比逐月滚动方式的工作量小，但预算精确度较差。

（3）混合滚动方式。混合滚动方式是指在预算编制过程中，同时使用月份和季度作为预算的编制和滚动单位的方法。它是滚动预算的一种变通方式。

这种预算方法的理论依据是：人们对未来的了解程度具有对近期的预计把握较大、对远期的预计把握较小的特征。为了做到长计划短安排，远略近详，在预算编制过程中，可以对近期预算提出较高的精度要求，使预算的内容相对详细；对远期预算提出较低的精度要求，使预算的内容相对简单，这样可以减少预算的工作量。

例如，对2010年1～3月的头三个月逐月编制详细预算，其余4～12月分别按季度编制粗略预算；3月末根据第一季度预算的执行情况，编制4～6月的详细预算，并修订第三～第四季度的预算，同时补充 2011 年第一季度的预算；6 月末根据当季预算的执行情况，编制 7～9 月的详细预算，并修订第四季度～2011 第一季度的预算，同时补充 2011 年第二季度的预算；以此类推。混合滚动方式示意图如图 10-2 所示。

在实际工作中，采用哪一种滚动预算方式应视企业的实际需要而定。

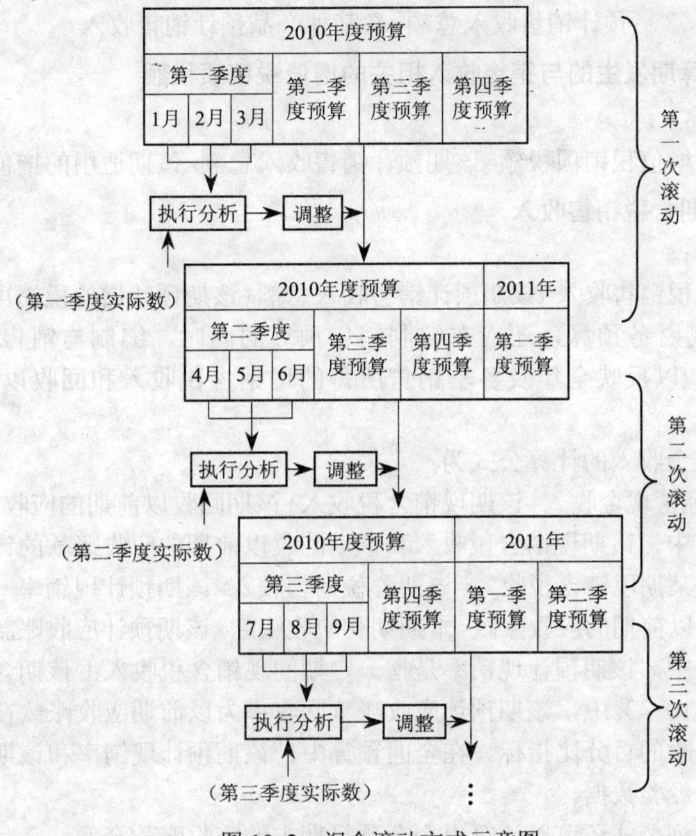

图 10-2 混合滚动方式示意图

第三节 日常业务预算和特种决策预算

一、日常业务预算

(一) 销售预算的编制

销售预算是指为规划一定预算期内因组织销售活动而引起的预计销售收入而编制的一种日常业务预算。由于其他预算都需要在销售预算的基础上编制或者大都与销售预算数据有关，因此，可以说销售预算是编制全面预算的关键点和起点。

本预算需要在销售预测的基础上，根据企业年度目标利润确定的预计销售量和销售价格等参数进行编制。其编制程序如下：

1. 计算各种产品的预计销售收入

按照各种产品的预计单价和预计销售量计算各种产品的预计销售收入。其计算公式为：

某种产品预计销售收入=该种产品预计单价×该种产品预计销售量 (10-1)

公式（10-1）中，该种产品预计单价可根据市场供求关系并通过价格决策来决定；该种产品预计销售量则需要根据市场预测或销售合同并结合企业生产能力来确定。

2．预计预算期所有产品的预计销售收入总额

其计算公式为：

预计销售收入总额=Σ某种产品预计销售收入

3．预计在预算期发生的与销售收入相关的增值税销项税额

其计算公式为：

某期预计增值税销项税额=该期预计销售收入总额×该期适用的增值税税率

4．预计预算期含税销售收入

其计算公式为：

某期含税销售收入=该期预计销售收入总额+该期预计增值税销项税额

为了便于编制财务预算，还应在编制销售预算的同时，编制与销售收入有关的经营现金收入预算表，以反映全年及各季销售所得的现销含税收入和回收以前应收账款的现金收入。

预算期经营现金收入的计算公式为：

某期经营现金收入=该期现销含税收入+该期回收以前期的应收账款　（10-2）

公式（10-2）中，该期现销含税收入和该期回收以前期的应收账款的计算公式为：

某期现销含税收入=该期含税销售收入×该期预计现销率　（10-3）

某期回收以前期的应收账款=本期期初应收账款×该期预计应收账款回收率（10-4）

公式（10-3）中，该期预计现销率是指一定期间现销含税收入占该期含税销售收入的百分比指标。公式（10-4）中，该期预计应收账款回收率为以前期应收账款在本期回收的现金额占相关的应收账款的百分比指标。在全面预算中，该期预计现销率和该期预计应收账款回收率通常为已知的经验数据。

此外，根据下列公式还可以计算出企业预算期末的应收账款余额：

预算期末应收账款余额=预算期初应收账款余额+该期含税销售收入–该期经营现金收入

例 10-7

ABC 公司生产经营甲、乙两种产品，2009 年度年初应收账款数据和各季度预测的销售单价和销售量等资料如表 10-9 所示。

表 10-9　2009 年度 ABC 公司的预计销售单价、预计销售量和其他资料

（单位：元）

季度		一	二	三	四	年初应收账款	增值税税率	收现率	
								首期	二期
甲产品	销售单价/（元/件）	65	65	65	70	19 000	17%	60%	40%
	预计销售量/件	800	1 000	1 200	1 000				
乙产品	销售单价/（元/件）	80	80	80	75	12 000			
	预计销售量/件	500	800	1 000	1 200				

资料显示，到第四季度甲、乙两种产品的单价都与前三个季度不同；每种产品每季的销

售中有 60%能于当季收到现金，其余 40%要到下季收讫。

试为 ABC 公司编制 2009 年度的销售预算和经营现金收入预算表（平均单价保留两位小数，其他计算结果保留整数）。

解： 编制 ABC 公司的销售预算和经营现金收入预算表如表 10-10 和表 10-11 所示。

表 10-10　2009 年度 ABC 公司的销售预算

（单位：元）

季　度		一	二	三	四	全　年	资料来源
销售单价/(元/件)	甲产品	65	65	65	70	66.25	见表 10-9
	乙产品	80	80	80	75	78.75	见表 10-9
预计销售量/件	甲产品	800	1 000	1 200	1 000	4 000	见表 10-9
	乙产品	500	800	1 000	1 200	3 500	见表 10-9
预计销售收入	甲产品	52 000	65 000	78 000	70 000	265 000	
	乙产品	40 000	64 000	80 000	90 000	274 000	
	合　计	92 000	129 000	158 000	160 000	539 000	
增值税销项税额		15 640	21 930	26 860	27 200	91 630	
含税销售收入		107 640	150 930	184 860	187 200	630 630	

由于例 10-7 中的含税销售收入分两期收到现金，因此，表 10-11 中的经营现金收入可按下式计算：

某期经营现金收入=当期含税销售收入×首期收现率+前期含税销售收入×二期收现率

根据表 10-11 中的数据还可以很方便地计算出 ABC 公司年末应收账款的余额：

年末应收账款余额=31 000+630 630−586 750

或　　=187 200×40%=74 880（元）

表 10-11　2009 年度 ABC 公司的经营现金收入预算

（单位：元）

季　度	一	二	三	四	全　年	资料来源
含税销售收入	107 640	150 930	184 860	187 200	630 630	见表 10-10
年初应收账款	31 000				31 000	见表 10-9
第一季度经营现金收入	64 584	43 056			107 640	
第二季度经营现金收入		90 558	60 372		150 930	年末应收账款余额：74 880 元
第三季度经营现金收入			110 916	73 944	184 860	
第四季度经营现金收入				112 320	112 320	
经营现金收入合计	95 584	133 614	171 288	186 264	586 750	

（二）生产预算的编制

生产预算是指为规划一定预算期内预计生产量水平而编制的一种日常业务预算。

该预算是所有日常业务预算中唯一只使用实物量计量单位的预算，可以为进一步编制有关成本和费用预算提供实物量数据。

生产预算需要根据预计的销售量按品种分别编制。由于企业的生产和销售不能做到“同步同量”，所以必须设置一定的存货，以保证均衡生产。因此，预算期间除必须备有充足的产品以供销售外，还应考虑预计期初存货和预计期末存货等因素。有关计算公式如下：

$$\text{某种产品预计生产量}=\text{该种产品预计销售量}+\text{该种产品预计期末存货量}-\text{该种产品预计期初存货量} \quad (10\text{-}5)$$

公式（10-5）中，该种产品预计销售量可在销售预算中找到；该种产品预计期初存货量等于上期期末存货量；该种产品预计期末存货量应根据长期销售趋势来确定，在实践中，一般是按事先估计的期末存货量占下期销售量的比例进行估算。

在编制预算时，应注意保持生产量、销售量、存货量之间合理的比例关系，以避免储备不足、产销脱节或超储积压等。

例 10-8

ABC 公司甲、乙两种产品 2009 年度期初的实际存货量和年末的预计存货量等资料如表 10-12 所示。试为 ABC 公司编制 2009 年度的生产预算。

表 10-12　2009 年度 ABC 公司的存货资料

（实物量单位：件）
（金额单位：元）

品　种	年初产成品存货量	年末产成品存货量	年初在产品存货量	年末在产品存货量	预计期末产成品占下期销量的百分比	年初产成品成本	
						单价	总额
甲产品	80	120	0	0	10%	40	3 200
乙产品	50	130	0	0	10%	62	3 100

解：编制 ABC 公司的生产预算如表 10-13 所示。

表 10-13　2009 年度 ABC 公司的生产预算

（单位：件）

品　种	季　度	一	二	三	四	全年	资 料 来 源
甲产品	预计销售量（销售预算）	800	1 000	1 200	1 000	4 000	见表 10-9
	加：预计期末存货量	100	120	100	120	120	见表 10-12
	减：期初存货量	80	100	120	100	80	见表 10-12
	预计生产量	820	1 020	1 180	1 020	4 040	
乙产品	预计销售量（销售预算）	500	800	1 000	1 200	3 500	见表 10-9
	加：预计期末存货量	80	100	120	130	130	见表 10-12
	减：期初存货量	50	80	100	120	50	见表 10-12
	预计生产量	530	820	1 020	1 210	3 580	

（三）直接材料预算的编制

直接材料预算是指为规划一定预算期内因组织生产活动和材料采购活动预计发生的直接材料需用量、采购量和采购成本而编制的一种经营预算。

直接材料预算以生产预算、材料消耗定额和预计材料采购单价等信息为基础，并考虑期初、期末材料存货水平。

直接材料预算包括需用量预算和采购预算两个部分。

1．直接材料需用量预算

直接材料需用量预算的编制程序如下：

（1）按照各种产品的材料消耗定额和生产量计算预算期某种直接材料的需用量。其计算公式为：

某种产品消耗某种直接材料预计需用量=该种产品耗用该种材料的消耗定额×该种产品预算期的预计生产量

（2）预计预算期某种直接材料的全部需用量。其计算公式为：

预算期某种直接材料全部需用量=∑某种产品消耗该种直接材料预计需用量

2．直接材料采购预算

直接材料采购预算的编制程序如下：

（1）预计预算期某种直接材料的全部采购量。其计算公式为：

$$\text{某种直接材料预计采购量}=\text{该种直接材料预计需用量}+\text{该种直接材料预计期末库存量}-\text{该种直接材料预计期初库存量} \quad (10\text{-}6)$$

公式（10-6）中，该种直接材料预计期末库存量通常按下期需要的经验数据确定，在实践中，可按下期的预计需用量的一定比例估算；该种直接材料预计期初库存量等于其上期期末库存量。

（2）预计预算期某种直接材料的采购成本。其计算公式为：

某种直接材料预计采购成本=该种直接材料单价×该种直接材料预计采购量（10-7）

公式（10-7）中，该种直接材料单价为不含增值税的价格。

（3）确定预算期企业直接材料采购总成本。其计算公式为：

预算期企业直接材料采购总成本=∑某种直接材料预计采购成本

（4）计算在预算期发生的与直接材料采购总成本相关的增值税进项税额。其计算公式为：

某期预计增值税进项税额=预算期企业直接材料采购总成本×该期适用的增值税税率

（5）计算预算期预计采购金额。其计算公式为：

某期预计采购金额=预算期企业直接材料采购总成本+该期预计增值税进项税额

同编制生产预算一样，编制直接材料采购预算应注意材料的采购量、需用量和库存量保持合理的比例关系，以避免材料的供应不足或超储积压。

为了便于以后编制现金预算，通常要编制与材料采购有关的各季度预计材料采购现金支出预算。

预算期采购现金支出的计算公式为：

某期采购现金支出=该期现购材料现金支出+该期支付以前期的应付账款　（10-8）

公式（10-8）中，该期现购材料现金支出和该期支付以前期应付账款的计算公式为：

某期现购材料现金支出=某期预计采购金额×该期预计付现率　（10-9）

某期支付以前期的应付账款=本期期初应付账款×该期预计应付账款支付率　（10-10）

公式（10-9）中，该期预计付现率是指一定期间现购材料现金支出占该期含税采购金额的百分比指标。公式（10-10）中，该期预计应付账款支付率为以前期应付账款在本期支付的现金额占相关的应付账款的百分比指标。在全面预算中，该期预计付现率和该期预计应付账款支付率通常为已知的经验数据。

此外，根据下列公式还可以计算出企业预算期末的应付账款余额：

预算期末应付账款余额=预算期初应付账款余额+该期预计采购金额−该期采购现金支出

例 10-9

ABC 公司甲、乙两种产品在 2009 年度需用的各种材料消耗定额及其采购单价资料如表

10-14 所示；各种材料年初和年末的存货量，以及有关账户余额等资料如表 10-15 所示。

表 10-14　2009 年度 ABC 公司的材料消耗定额及其采购单价资料

产品品种	季度	一	二	三	四	资料来源
甲产品材料消耗定额/件	A 材料	3	3	3	4	
	B 材料	2	2	2	2	
乙产品材料消耗定额/件	A 材料	5	5	5	4.5	
	C 材料	2	2	2	2	
材料采购单价/元	A 材料	4	4	4	4	
	B 材料	5	5	5	5	
	C 材料	6	6	6	6	
	D 材料				10	

表 10-15　2009 年度 ABC 公司的材料存货量及其他资料

（单位：件）

材料名称	年初存货量	年末存货量	预计期末存货量占下期需用量的百分比	增值税税率	年初余额/元		付现率	
					应付账款	库存材料	首期	二期
A 材料	1 500	1 800	20%	17%	14 400	10 200	60%	40%
B 材料	480	720	30%					
C 材料	300	500	30%					
D 材料	0	1 000	为下一年度开发丙产品作准备，于第四季度购买					

资料显示，到第四季度甲、乙两种产品消耗 A 材料的定额都将作相应调整，届时 C 材料的单价也将有所变动，同时，企业每季采购金额中，有 60%于当季支付现金，其余 40%要到下季付讫。

试为 ABC 公司编制 2009 年度的直接材料需用量预算、采购预算和采购现金支出预算（材料单耗保留两位小数，其他计算结果保留整数）。

解： 编制 ABC 公司的直接材料需用量预算、采购预算和采购现金支出预算分别如表 10-16～表 10-18 所示。

表 10-16　2009 年度 ABC 公司的直接材料需用量预算

产品品种	项目	季度	一	二	三	四	全年	资料来源
甲产品	材料单耗/（kg/件）	A 材料	3	3	3	4	3.25	见表 10-14
		B 材料	2	2	2	2	2	见表 10-14
	预计生产量/件		820	1 020	1 180	1 020	4 040	见表 10-13
	预计材料需用量/kg	A 材料	2 460	3 060	3 540	4 080	13 140	
		B 材料	1 640	2 040	2 360	2 040	8 080	
乙产品	材料单耗/（kg/件）	A 材料	5	5	5	4.5	4.88	见表 10-14
		C 材料	2	2	2	2	2	见表 10-14
	预计生产量/件		530	820	1 020	1 210	3 580	见表 10-13
	预计材料需用量 kg	A 材料	2 650	4 100	5 100	5 445	17 295	
		C 材料	1 060	1 640	2 040	2 420	7 160	

表 10-17 2009 年度 ABC 公司的直接材料采购预算

（实物量单位：件）

（金额单位：元）

材料品种	季度	一	二	三	四	全年	资料来源
A 材料	材料采购单价（不含税）	4	4	4	4	4	见表 10-14
	甲产品需用量	2 460	3 060	3 540	4 080	13 140	见表 10-16
	乙产品需用量	2 650	4 100	5 100	5 445	17 295	见表 10-16
	材料总需用量	5 110	7 160	8 640	9 525	30 435	
	加：期末材料存货量	1 432	1 728	1 905	1 800	1 800	见表 10-15
	减：期初材料存货量	1 500	1 432	1 728	1 905	1 500	见表 10-15
	本期采购量	5 042	7 456	8 817	9 420	30 735	
	材料采购成本（不含税）	20 168	29 824	35 268	37 680	122 940	材料采购单价×本期采购量
B 材料	材料采购单价（不含税）	5	5	5	5	5	见表 10-14
	甲产品需用量	1 640	2 040	2 360	2 040	8 080	见表 10-16
	乙产品需用量	0	0	0	0	0	见表 10-16
	材料总需用量	1 640	2 040	2 360	2 040	8 080	
	加：期末材料存货量	612	708	612	720	720	见表 10-15
	减：期初材料存货量	480	612	708	612	480	见表 10-15
	本期采购量	1 772	2 136	2 264	2 148	8 320	
	材料采购成本（不含税）	8 860	10 680	11 320	10 740	41 600	材料采购单价×本期采购量
C 材料	材料采购单价（不含税）	6	6	6	6	6	见表 10-14
	甲产品需用量	0	0	0	0	0	见表 10-16
	乙产品需用量	1 060	1 640	2 040	2 420	7 160	见表 10-16
	材料总需用量	1 060	1 640	2 040	2 420	7 160	
	加：期末材料存货量	492	612	726	500	500	见表 10-15
	减：期初材料存货量	300	492	612	726	300	见表 10-15
	本期采购量	1 252	1 760	2 154	2 194	7 360	
	材料采购成本（不含税）	7 512	10 560	2 924	13 164	44 160	材料采购单价×本期采购量
D 材料	材料采购单价（不含税）				10	10	见表 10-14
	本期采购量				1 000	1 000	见表 10-15
	材料采购成本（不含税）	0	0	0	10 000	10 000	材料采购单价×本期采购量
预计材料采购成本（不含税）合计		36 540	51 064	59 512	71 584	218 700	
增值税进项税额		6 212	8 681	10 117	12 169	37 179	
预计采购金额合计		42 752	59 745	69 629	83 753	255 879	

表 10-18　2009 年度 ABC 公司的直接材料采购现金支出预算

（单位：元）

季　度	一	二	三	四	全　年	资料来源
预计采购金额合计	42 752	59 745	69 629	83 753	255 879	见表 10-17
年初应付账款余额	14 400				14 400	见表 10-15
第一季度现购材料现金支出	25 651	17 101			42 752	年末应付账款余额：33 501
第二季度现购材料现金支出		35 847	23 898		59 745	
第三季度现购材料现金支出			41 777	27 852	69 629	
第四季度现购材料现金支出				50 252	50 252	
现购材料现金支出合计	40 051	52 948	65 675	78 104	236 778	

由于本例中的采购金额分两期支付现金，因此，表 10-18 中的现购材料现金支出可按下式计算：

某期现购材料现金支出=当期预计采购金额×首期付现率+前期预计采购金额×二期付现率

根据表 10-18 中的数据还可以很方便地计算出 ABC 公司年末应付账款的余额：

年末应付账款余额=14 400+255 879−236 778 或=83 753−50 252=33 501（元）

（四）应交税费预算的编制

应交税费预算是指为规划一定预算期内发生的应交增值税、营业税、消费税、资源税、城市维护建设税和教育费附加金额而编制的一种经营预算。

应交税费预算中不包括预交所得税和直接计入管理费用的印花税。由于税金需要及时清缴，为简化预算方法，可假定预算期发生的各项应交税费均于当期以现金形式支付。

应交税费预算需要根据销售预算、材料采购预算的相关数据和适用税率资料来编制，有关指标的估算公式为：

$$\begin{matrix}\text{某期预计}\\\text{发生的应交税费}\end{matrix} = \begin{matrix}\text{该期预计发生}\\\text{的营业税金及附加}\end{matrix} + \begin{matrix}\text{该期预计}\\\text{应交增值税}\end{matrix} \quad (10\text{-}11)$$

公式（10-11）中，该期预计发生的营业税金及附加按下式计算：

$$\begin{matrix}\text{某期预计发生}\\\text{的营业税金及附加}\end{matrix} = \begin{matrix}\text{该期预计}\\\text{应交营业税}\end{matrix} + \begin{matrix}\text{该期预计}\\\text{应交消费税}\end{matrix} + \begin{matrix}\text{该期预计}\\\text{应交资源税}\end{matrix} + \begin{matrix}\text{该期预计应交}\\\text{城市维护建设税}\end{matrix} + \begin{matrix}\text{该期预计应交}\\\text{教育费附加}\end{matrix} \quad (10\text{-}12)$$

公式（10-12）中，该期预计应交营业税、消费税均等于应纳税额与适用税率的乘积（为简化计算，假定本书仅采用从价定率征收方法）；应交资源税按照应税产品的课税数量和规定的单位税额计算；应交城市维护建设税和应交教育费附加分别等于预计应交营业税、消费税和增值税之和与适用的附加税率或征收率的乘积。

例 10-10

某汽车制造厂 2009 年的预计销售收入为 1 000 万元，适用的消费税税率为 8%，应交增值税额为 68 万元，城市维护建设税税率为 7%，教育费附加的征收率为 3%。

试根据上述资料测算该企业 2009 年预计的营业税金及附加。

解：该企业预计消费税=1 000×8%=80（万元）

该企业预计城市维护建设税=（68+80）×7%=10.36（万元）

该企业预计教育费附加=（68+80）×3%=4.44（万元）

该企业预计营业税金及附加=80+10.36+4.44=94.8（万元）

由于城市维护建设税和教育费附加的计算基础完全相同，可以将前者的适用税率和后者的征收率合并，称为附加税费率。

预计应交增值税可按以下两种方法估算：

1．简捷法

预计应交增值税的第一种方法是简捷法，即直接按以下简化公式估算应交增值税额：

某期预计应交增值税=该期预计销售收入×应交增值税估算率　　(10-13)

公式（10-13）中，应交增值税估算率是一个经验数据，是根据一定期间内实际或估算的应交增值税额占同期不含税销售收入的百分比计算出来的。

这种方法比较简单，可以直接估算出某期的应交增值税额；其缺点是存在一定的误差。

例 10-11

承例 10-10，该企业 2008 年的不含税销售收入总额为 2 000 万元，销售利润率为 20%，适用的增值税税率为 17%，材料成本占总成本的百分比为 75%，假定该企业生产所使用的材料都是在当期采购的，应交消费税为 80 万元。

要求：（1）根据上述资料测算该企业的应交增值税估算率。

（2）估算该企业 2009 年应交增值税额。

（3）计算该企业的附加税费率和营业税金及附加。

解：（1）2008 年增值税销项税额=2 000×17%=340（万元）

2008 年总成本=2 000×（1−20%）=1 600（万元）

2008 年材料采购成本=1 600×75%=1 200（万元）

2008 年增值税进项税额=1 200×17%=204（万元）

2008 年应交增值税额=340−204=136（万元）

应交增值税估算率=136÷2 000×100%=6.8%

（2）该企业 2009 年应交增值税额=1 000×6.8%=68（万元）

（3）附加税费率=7%+3%=10%

营业税金及附加=80+（80+68）×10%=94.8（万元）

2. 常规法

预计应交增值税的第二种方法是常规法，即按照增值税的实际计税方法进行估算。其计算公式为：

某期预计应交增值税=该期预计应交增值税销项税额−该期预计应交增值税进项税额

本方法的优点是与实际计税方法一致，缺点是需要分别估算增值税销项税额和增值税进项税额，比较麻烦。

例 10-12

ABC 公司 2009 年度各季度预计的增值税销项税额和进项税额资料分别如表 10-10 和表 10-17 所示；该企业流通环节只缴纳增值税，并于实现销售的当期（每季度）用现金完税；附加税费率为 10%。

试为 ABC 公司编制 2009 年度的应交税费预算（计算结果保留整数）。

解：编制该公司的应交税费预算如表 10-19 所示。

表 10-19 2009 年度 ABC 公司的应交税费预算

（单位：元）

季 度	一	二	三	四	全 年	资 料 来 源
增值税销项税额	15 640	21 930	26 860	27 200	91 630	见表 10-10
增值税进项税额	6 212	8 681	10 117	12 169	37 179	见表 10-17
应交增值税	9 428	13 249	16 743	15 031	54 451	销项税额−进项税额
营业税金及附加	943	1 325	1 674	1 503	5 445	应交增值税×附加税费率
现金支出合计	10 371	14 574	18 417	16 534	59 896	

例 10-13

承例 10-7 和例 10-12，假定 ABC 公司是按照 2009 年全年应交增值税和同期预计销售收入合计确定的应交增值税估算率。

要求：（1）计算该公司的应交增值税估算率。

（2）按简捷法估算该公司 2009 年各季度的应交增值税，并比较分析按两种方法估算应交增值税的数据关系。

解：（1）该公司的应交增值税估算率=54 451÷539 000≈10.10%

（2）按简捷法估算该公司 2009 年各季度的应交增值税并对照分析应交增值税两种估算方法如表 10-20 所示。

表 10-20 应交增值税两种估算方法对照分析表

（单位：元）

季 度	一	二	三	四	全年	资 料 来 源
常规法估算的应交增值税	9 428	13 249	16 743	15 031	54 451	
预计销售收入	92 000	129 000	158 000	160 000	539 000	见表 10-10
简捷法估算的应交增值税	9 292	13 029	15 958	16 160	54 439	预计销售收入×应交增值税估算率
误 差	136	220	785	−1 129	12	两种方法估算额之差

从表 10-20 可以看出，两种方法估算的各季度应交增值税数额存在差异，但从全年来看，两种方法估算的数额基本相等。这表明，只要在一定时期内企业能够基本保持应交增值税与销售收入的相应比例，就可以利用简捷法大致估算出该期间的应交增值税。

（五）直接人工预算的编制

直接人工预算是指为规划一定时期内人工工时的消耗水平和人工成本水平而编制的一种经营预算。

直接人工成本包括直接工资和按直接工资的一定比例计算的其他直接费用（应付福利费）。

编制直接人工预算的主要依据是已知的标准工资率、标准单位直接人工工时、其他直接费用计提标准和生产预算中的预计生产量等资料。

直接人工预算的编制程序如下：

（1）预计每种产品的直接人工工时总数，计算公式为：

$$\text{某种产品直接人工工时总数}=\text{单位产品工时定额}\times\text{该种产品预计生产量} \qquad (10\text{-}14)$$

公式（10-14）中，单位产品工时定额与特定产品的生产流程有关，需要由企业根据经验数据事先分析确定，不同的产品可能有不同的工时定额；该种产品预计生产量数据可从生产预算中取得。

（2）预计每种产品耗用的直接工资，计算公式为：

$$\text{预计某种产品耗用直接工资}=\text{单位工时工资率}\times\text{该种产品直接人工工时总数} \qquad (10\text{-}15)$$

公式（10-15）中，单位工时工资率又称标准小时工资率，该指标是企业根据一定时期全厂直接工资总额和同期全厂直接人工工时总数确定的，各种产品的单位工时工资率完全相同。

（3）预计每种产品计提的其他直接费用，计算公式为：

$$\begin{matrix}\text{预计某种产品}\\\text{计提其他直接费用}\end{matrix}=\begin{matrix}\text{预计该种产品}\\\text{耗用直接工资}\end{matrix}\times\begin{matrix}\text{其他直接}\\\text{费用计提标准}\end{matrix} \qquad (10\text{-}16)$$

公式（10-16）中，其他直接费用计提标准，可以参见我国现行制度的有关规定，如职工应付福利费的计提率为 14%。

（4）计算预算期每种产品的预计直接人工成本，计算公式为：

$$\text{预计某种产品直接人工成本}=\text{预计该种产品耗用直接工资}+\text{预计该种产品计提其他直接费用}$$

（5）预计预算期企业的直接人工成本合计，计算公式为：

$$\text{预计企业直接人工成本合计}=\sum\text{预计某种产品直接人工成本}$$

由于各期直接人工成本中的直接工资一般均由现金开支，因此在西方，通常不单独编制列示与此相关的预计现金支出预算。在我国企业中，由其他直接费用形成的应付福利费则不一定在提取的当期用现金开支，应当进行适当的调整，以反映预计的应付福利费开支情况。

预计某期直接人工成本的现金支出可按下式计算：

$$\begin{matrix}\text{预计某期直接}\\\text{人工成本现金支出}\end{matrix}=\begin{matrix}\text{该期预计耗用}\\\text{直接工资总额}\end{matrix}+\begin{matrix}\text{该期预计应付福}\\\text{利费现金支出}\end{matrix} \qquad (10\text{-}17)$$

公式（10-17）中，该期预计应付福利费现金支出可按下式测算：

$$\begin{matrix}\text{某期预计应付}\\\text{福利费现金支出}\end{matrix}=\begin{matrix}\text{预计某种产品}\\\text{计提其他直接费用}\end{matrix}\times\text{预计应付福利费支用率} \qquad (10\text{-}18)$$

公式（10-18）中，预计福利费支用率等于一定时期内支用的应付福利费占同期提取的应付福利费的百分比，它是一个经验数据。

例 10-14

ABC 公司 2009 年单位工时工资率和工时定额资料如表 10-21 所示。

表 10-21　2009 年度 ABC 公司的单位工时工资率和工时定额资料

季　度		一	二	三	四	其他直接费用计提标准	预计应付福利费支用率
单位工时工资率/（元/h）		4	4	4	5	14%	80%
单位产品工时定额/h	甲产品	3	3	3	2.8		
	乙产品	5	5	5	4.6		

试为 ABC 公司编制 2009 年度的直接人工预算（单位产品工时定额和单位工时直接人工成本保留两位小数，其他计算结果保留整数）。

解：编制 ABC 公司的直接人工预算如表 10-22 所示。

表 10-22　2009 年度 ABC 公司的直接人工预算

（单位：元）

品　种	季　度	一	二	三	四	全年	资料来源
全公司单位工时工资率/（元/h）		4	4	4	5	–	见表 10-21
甲产品	单位产品工时定额/h	3	3	3	2.8	2.95	见表 10-21
	预计生产量/件	820	1 020	1 180	1 020	4 040	见表 10-13
	直接人工工时总数/h	2 460	3 060	3 540	2 856	11 916	
	预计耗用直接工资	9 840	12 240	14 160	14 280	50 520	
	其他直接费用	1 378	1 714	1 982	1 999	7 073	预计耗用直接工资×其他直接费用计提标准（见表 10-21）
	直接人工成本合计	11 218	13 954	16 142	16 279	57 593	
	单位工时直接人工成本	4.56	4.56	4.56	5.70	4.83	
乙产品	单位产品工时定额/h	5	5	5	4.6	4.86	见表 10-21
	预计生产量/件	530	820	1 020	1 210	3 580	见表 10-13
	直接人工工时总数/h	2 650	4 100	5 100	5 566	17 416	
	预计耗用直接工资	10 600	16 400	20 400	27 830	75 230	
	其他直接费用	1 484	2 296	2 856	3 896	10 532	预计耗用直接工资×其他直接费用计提标准（见表 10-21）
	直接人工成本合计	12 084	18 696	23 256	31 726	85 762	
	单位工时直接人工成本	4.56	4.56	4.56	5.70	4.92	
合计	直接工资总额	20 440	28 640	34 560	42 110	125 750	
	其他直接费用	2 862	4 010	4 838	5 895	17 605	
	直接人工成本合计	23 302	32 650	39 398	48 005	143 355	
预计应付福利费现金支出		2 290	3 208	3 871	4 716	14 084	其他直接费用×预计应付福利费支用率（见表 10-21）
直接人工成本现金支出合计		22 730	31 848	38 431	46 826	139 834	

（六）制造费用预算的编制

制造费用预算是指为规划一定预算期内除直接材料和人工预算以外预计发生的其他生

产费用水平而编制的一种日常业务预算。

当以变动成本法为基础编制制造费用预算时，可按变动性制造费用和固定性制造费用两部分内容分别编制。

变动性制造费用根据单位产品预算分配率乘以预计的生产量进行预计，其中，变动性制造费用预算分配率的计算公式为：

$$变动性制造费用预算分配率=\frac{变动性制造费用预算总额}{相关分配标准预算总数} \tag{10-19}$$

公式（10-19）中，分母可在预算生产量或预算直接人工工时总数中选择，多品种条件下，一般按后者进行分配。

固定性制造费用可在上年的基础上根据预期变动加以适当修正进行预计，并作为期间成本直接列入利润表内作为收入的扣除项目。

制造费用预算也应包括一个预算现金支出部分，以便为编制现金预算提供必要的资料。由于固定资产折旧费是非付现成本项目，在计算时应予剔除。有关公式为：

$$\begin{matrix}某季度预计\\制造费用现金支出\end{matrix}=\begin{matrix}该季度预计变动性\\制造费用现金支出\end{matrix}+\begin{matrix}该季度预计固定性\\制造费用现金支出\end{matrix} \tag{10-20}$$

公式（10-20）中，有关指标的计算公式如下：

$$\begin{matrix}某季度预计变动性\\制造费用现金支出\end{matrix}=\sum\left(\begin{matrix}变动性制造\\费用预算分配率\end{matrix}\times\begin{matrix}该季度某种产品预\\计直接人工工时\end{matrix}\right)$$

$$\begin{matrix}某季度预计固定性\\制造费用现金支出\end{matrix}=\left(\begin{matrix}该年度预计固\\定性制造费用\end{matrix}-预计年折旧费\right)\div 4 \tag{10-21}$$

公式（10-21）中，预计年折旧费必须是在制造费用中列支的折旧。

例 10-15

ABC 公司在编制预算时采用变动成本法，变动性制造费用按各种产品直接人工工时比例分配，2009 年预计的直接人工工时资料如表 10-22 所示，制造费用预算如表 10-23 所示，除预计年折旧费以外的各项制造费用均以现金支付。

其中，租赁费 3 000 元是根据年初作出的特种决策确定的。

试为 ABC 公司编制制造费用现金支出预算（预算分配率计算结果保留两位小数，其他计算结果保留整数）。

解：编制的制造费用现金支出预算如表 10-24 所示。

表 10-23　2009 年度 ABC 公司的制造费用预算

（单位：元）

变动性制造费用		固定性制造费用		资料来源
1. 间接材料	10 000	1. 管理人员工资	9 100	
2. 间接人工成本	7 600	2. 折旧费	15 347	
3. 维修费	6 145	3. 办公费	6 500	
4. 水电费	7 280	4. 保险费	3 200	
5. 其他	4 173	5. 租赁费	3 000	见例 10-21
合　计	35 198	6. 其他	1 000	

（续）

变动性制造费用		固定性制造费用		资料来源
直接人工工时总数	29 332①	合计	38 147	
		减：预计年折旧费	15 347	非付现成本
变动性制造费用预算分配率=35 198÷29 332≈1.20		现金支出合计	22 800	
		各季支出数=22 800÷4=5 700		

① 29 332=11 916+17 416（见表 10-22）。

表 10-24　2009 年度 ABC 公司的制造费用现金支出预算

（单位：元）

季　度		一	二	三	四	全　年	资料来源
变动性制造费用预算分配率		1.20	1.20	1.20	1.20	1.20	见表 10-23
直接人工工时总数/h	甲产品	2 460	3 060	3 540	2 856	11 916	见表 10-22
	乙产品	2 650	4 100	5 100	5 566	17 416	见表 10-22
	小计	5 110	7 160	8 640	8 422	29 332	
变动性制造费用	甲产品	2 952	3 672	4 248	3 427	14 299	
	乙产品	3 180	4 920	6 120	6 679	20 899	
	小计	6 132	8 592	10 368	10 106	35 198	
固定性制造费用		5 700	5 700	5 700	5 700	22 800	见表 10-23
现金支出合计		11 832	14 292	16 068	15 806	57 998	

（七）产品成本预算的编制

产品成本预算是指为规划一定预算期内每种产品的单位产品成本、生产成本、销售成本等内容而编制的一种日常业务预算。

该预算需要在生产预算、直接材料预算、直接人工预算和制造费用预算的基础上编制；同时，也为编制预计利润表和预计资产负债表提供数据。

该预算必须按照各种产品进行编制，其程序与存货的计价方法密切相关；不同的存货计价方法，需要采用不同的预算编制方法。此外，不同的成本计算模式也会产生不同的影响。

在变动成本法下，如果产品存货采用先进先出法计价，则产品成本预算的编制程序为：

（1）估算每种产品预算期预计发生的单位生产成本，计算公式为：

$$\begin{matrix}\text{某种产品某期预计}\\\text{发生单位生产成本}\end{matrix}=\begin{matrix}\text{该种产品该期单位}\\\text{产品直接材料成本}\end{matrix}+\begin{matrix}\text{该种产品该期单位}\\\text{产品直接人工成本}\end{matrix}+\begin{matrix}\text{该种产品该期单位}\\\text{产品变动性制造费用}\end{matrix}\qquad(10\text{-}22)$$

公式（10-22）中，该种产品该期单位产品直接材料成本等于该期单位产品预计耗用各种直接材料成本之和，后者的计算公式为：

$$\begin{matrix}\text{某期单位产品预计耗}\\\text{用某种直接材料成本}\end{matrix}=\begin{matrix}\text{该种材料该期}\\\text{平均采购单价}\end{matrix}\times\begin{matrix}\text{单位产品该期平均}\\\text{消耗该种材料的数量}\end{matrix}\qquad(10\text{-}23)$$

公式（10-23）中，单位产品该期平均消耗该种材料的数量又称单位产品消耗某种材料的平均定额，它与某种材料某期平均采购单价都可以在直接材料采购预算中找到。

单位产品直接人工成本和变动性制造费用的计算方法，与单位产品直接材料成本的计算过程相似，所不同的是：单位产品直接人工成本等于平均单位工时直接人工成本与平均产品工时定额的乘积；单位产品变动性制造费用等于变动性制造费用预算分配率与平均产品工时定额的乘积。

（2）估算每种产品预算期预计发生的生产成本，计算公式为：

$$\frac{\text{某种产品某期预计}}{\text{发生产品生产成本}}=\frac{\text{该种产品该期预计耗}}{\text{用全部直接材料成本}}+\frac{\text{该种产品该期预计}}{\text{耗用直接人工成本}}+\frac{\text{该种产品该期预计}}{\text{耗用变动性制造费用}} \tag{10-24}$$

公式（10-24）中，该种产品该期预计耗用全部直接材料成本等于该种产品该期预计耗用各种直接材料成本之和，后者的计算公式为：

$$\frac{\text{某产品某期预计耗用}}{\text{某种直接材料成本}}=\frac{\text{该期单位产品预计}}{\text{耗用该种直接材料成本}}\times\frac{\text{该期该产品}}{\text{预计产量}}$$

同样的道理，产品耗用直接人工成本和变动性制造费用的计算方法，与产品耗用直接材料成本的计算过程相似，所不同的是：产品耗用直接人工成本等于单位产品直接人工成本与产品预计产量的乘积；产品耗用变动性制造费用等于单位产品变动性制造费用与产品预计产量的乘积。

（3）估算每种产品预算期预计的产品生产成本，计算公式为：

$$\frac{\text{某种产品某期预}}{\text{计产品生产成本}}=\frac{\text{该种产品该期预计}}{\text{发生产品生产成本}}+\frac{\text{该种产品在产品}}{\text{成本期初余额}}-\frac{\text{该种产品在产品}}{\text{成本期末余额}}$$

为简化预算编制过程，可假定在产品成本期初和期末余额均为零，或均为已知数。在这种情况下，某种产品预算期预计的产品生产成本与该种产品预算期预计发生的产品生产成本相等；该种产品的单位产品生产成本等于预计发生的单位生产成本。

（4）估算每种产品预算期预计的产品销售成本，计算公式为：

$$\frac{\text{某种产品某期预}}{\text{计产品销售成本}}=\frac{\text{该种产品该期预}}{\text{计产品生产成本}}+\frac{\text{产成品成本}}{\text{期初余额}}-\frac{\text{产成品成本}}{\text{期末余额}} \tag{10-25}$$

公式（10-25）中，产成品成本期初余额等于期初单位产成品成本与产成品期初存货量的乘积。

此外，为简化程序，假定企业只编制全年的产品成本预算，不编制分季度的预算。

例 10-16

ABC 公司 2009 年的年初产成品资料、生产预算、直接材料采购预算、直接人工预算和制造费用预算分别如表 10-12、表 10-13、表 10-17、表 10-22 和表 10-24 所示。产成品按先进先出法计价。

试分别按变动成本法为 ABC 公司编制甲、乙两种产品 2009 年度的产品成本预算（单位成本保留两位小数，其他计算结果保留整数）。

解：编制的甲、乙两种产品 2009 年度产品成本预算分别如表 10-25 和表 10-26 所示。

表 10-25　2009 年度 ABC 公司甲产品成本预算

（实物量单位：件）

计划产量：4 040 件　　（金额单位：元）

成本项目	单价	单位用量	单位成本	总成本	资料来源
直接材料					
A 材料	4.00	3.25	13.00	52 560	见表 10-16、表 10-17
B 材料	5.00	2.00	10.00	40 400	见表 10-16、表 10-17
小　计	—	—	23.00	92 960	
直接人工	4.83	2.95	14.26	57 593	见表 10-22
变动性制造费用	1.20	2.95	3.54	14 299	见表 10-24
合　计			40.80	164 852	
加：在产品成本期初余额		0	0		
减：在产品成本期末余额		0	0		
预计产品生产成本			40.80	164 852	
加：产成品成本期初余额			40.00	3 200	年初产成品存货量：80（见表 10-12）
减：产成品成本期末余额			40.80	4 896	年末产成品存货量：120（见表 10-12）
预计产品销售成本			40.79	163 156	163 156÷4 000（预计销售量）≈40.79

表 10-26　2009 年度 ABC 公司乙产品成本预算

（实物量单位：件）

计划产量：3 580 件　　（金额单位：元）

成本项目	单价	单位用量	单位成本	总成本	资料来源
直接材料					
A 材料	4.00	4.83	19.32	69 180	见表 10-16、表 10-17
C 材料	6.00	2.00	12.00	42 960	见表 10-16、表 10-17
小　计	—	—	31.32	112 140	
直接人工	4.92	4.86	23.96	85 762	见表 10-22
变动性制造费用	1.20	4.86	5.84	20 899	见表 10-24
合　计			61.12	218 801	
加：在产品成本期初余额			0	0	
减：在产品成本期末余额			0	0	
预计产品生产成本			61.12	218 801	
加：产成品成本期初余额			62.00	3 100	年初产成品存货量：50（见表 10-12）
减：产成品成本期末余额			61.12	7 946	年末产成品存货量：130（见表 10-12）
预计产品销售成本			61.13	213 955	213 955÷3500（预计销售量）≈61.13

（八）期末存货预算的编制

期末存货预算是指为规划一定预算期末的在产品、产成品和原材料预计成本水平而编制的一种日常业务预算。

由于该预算与产品成本预算密切相关，因此它也受到存货计价方法的影响。其程序是按存货的具体项目分别编制预算。存货包括在产品、产成品和原材料三种形式。为了简化预算过程，可假定期末在产品存货为零。如果产成品采用先进先出法计价，则期末产成品存货成

本预算额等于产品成本预算中各种产品的产成品期末余额之和；期末原材料存货成本预算额为各种材料期末余额之和。

通常期末存货预算也只编制年末预算，不编制分季度预算。

例 10-17

ABC 公司的直接材料采购预算和甲、乙两种产品 2009 年度的产品成本预算分别如表 10-17、表 10-25 和表 10-26 所示。产成品按先进先出法计价，原材料按加权平均法计价。

试按变动成本法为 ABC 公司编制 2009 年度的年末存货预算（单位成本保留两位小数，其他计算结果保留整数）。

解：编制的 2009 年度的年末存货预算如表 10-27 所示。

表 10-27　2009 年度 ABC 公司的年末存货预算

（单位：元）

<table>
<tr><th colspan="2">项　目</th><th colspan="2">单 位 成 本</th><th>产成品期末存货量</th><th>产成品期末存货成本</th><th>资 料 来 源</th></tr>
<tr><td rowspan="3">产成品存货</td><td>甲产品</td><td colspan="2">40.80</td><td>120</td><td>4 896</td><td>见表 10-12 和表 10-25</td></tr>
<tr><td>乙产品</td><td colspan="2">61.12</td><td>130</td><td>7 946</td><td>见表 10-12 和表 10-26</td></tr>
<tr><td colspan="4">小　计</td><td>12 842</td><td></td></tr>
<tr><td rowspan="2">材料存货</td><td rowspan="2">年初材料成本</td><td rowspan="2">本期材料采购成本</td><td colspan="2">本期耗用材料成本</td><td rowspan="2">材料期末存货成本</td><td rowspan="2">资料来源</td></tr>
<tr><td>甲产品</td><td>乙产品</td></tr>
<tr><td>A 材料</td><td>6 000</td><td>122 940</td><td>52 560</td><td>69 180</td><td>7 200</td><td rowspan="5">见表 10-15、表 10-17、表 10-25 和表 10-26</td></tr>
<tr><td>B 材料</td><td>2 400</td><td>41 600</td><td>40 400</td><td>0</td><td>3 600</td></tr>
<tr><td>C 材料</td><td>1 800</td><td>44 160</td><td>0</td><td>42 960</td><td>3 000</td></tr>
<tr><td>D 材料</td><td>0</td><td>10 000</td><td>0</td><td>0</td><td>10 000</td></tr>
<tr><td>小计</td><td>10 200</td><td>218 700</td><td>92 960</td><td>112 140</td><td>23 800</td></tr>
<tr><td colspan="4">期末存货合计</td><td>36 642</td><td colspan="2">年初存货成本 16 500</td></tr>
</table>

（九）销售费用预算的编制

销售费用预算是指为规划一定预算期内企业在销售阶段组织产品销售预计发生各项费用水平编制的一种日常业务预算。

销售费用预算的编制方法与制造费用预算的编制方法非常接近，也可将其分为变动性销售费用和固定性销售费用两部分。但对随销售量成正比例变动的那部分变动性销售费用，只需要反映各个项目的单位产品变动性销售费用分配额即可。对于固定性销售费用，只需要按项目反映全年预计水平。

销售费用预算也要编制相应的现金支出预算。

预算期变动性销售费用的现金支出等于该期产品的相应现金支出之和。一定期间某种产品预计的变动性销售费用的现金支出的计算公式为：

$$\text{某期某种产品预计变动性销售费用现金支出}=\text{该种产品单位变动性销售费用分配额}\times\text{该期该种产品预计销售量}$$

对于固定性销售费用的现金支出可以采取两种处理方法：第一种方法是根据全年固定性销售费用的预算总额扣除其中的非付现成本（如销售机构的折旧费）的差额在年内各季度内

平均分摊。第二种方法是不主张将其在年内各季度内平均分摊，而是根据具体的付现成本项目的预计发生情况分季度编制预算。这是因为固定性销售费用中存在有部分内容属于年内待摊或预提的性质，如一次性支付的全年广告费和销售保险费等，这些开支的时间与受益期间不一致，对于这些跨期分摊的项目来说，任何平均费用都不等于实际支出，必须逐项按预计支出情况编制预算。本书采用第一种方法。

例 10-18

ABC 公司 2009 年度的销售费用预算如表 10-28 所示。

试为 ABC 公司编制 2009 年度的销售费用现金支出预算（计算结果保留整数）。

解：编制的 2009 年度销售费用现金支出预算如表 10-29 所示。

表 10-28 2009 年度 ABC 公司的销售费用预算

（单位：元）

变动性销售费用			固定性销售费用	
项　目	单位产品变动性销售费用分配额		项　目	全年费用额
			管理人员工资	6 000
			专设销售机构办公费	15 000
	甲产品	乙产品	广告费	5 000
销售佣金	2.5	3	保险费	2 600
销售运杂费	1.2	1.5	其他	1 400
其他	0.3	0.5	合计	30 000
合计	4	5	各季平均数=30 000÷4=7 500	

表 10-29 2009 年度 ABC 公司的销售费用现金支出预算

（单位：元）

季　度		一	二	三	四	全　年	资料来源
单位产品变动性销售费用分配额	甲产品	4	4	4	4	4	见表 10-28
	乙产品	5	5	5	5	5	各季可以变动
预计销售量/件	甲产品	800	1 000	1 200	1 000	4 000	见表 10-9
	乙产品	500	800	1 000	1 200	3 500	见表 10-9
变动性销售费用	甲产品	3 200	4 000	4 800	4 000	16 000	
	乙产品	2 500	4 000	5 000	6 000	17 500	
	小　计	5 700	8 000	9 800	10 000	33 500	
固定性销售费用		7 500	7 500	7 500	7 500	30 000	见表 10-28
现金支出合计		13 200	15 500	17 300	17 500	63 500	

（十）管理费用预算的编制

管理费用预算是指为规划一定预算期内因管理企业预计发生的各项费用水平而编制的一种日常业务预算。

该预算的编制可采取以下两种方法：第一种方法是按项目反映全年预计水平。这是因为管理费用大多为固定成本。第二种方法类似于制造费用预算或销售费用预算的编制方法，即将管理费用划分为变动性管理费用和固定性管理费用两部分，对前者再按预算期的变动性管理费用分配率（等于一定时期变动性管理费用除以同期销售量）和预计销售量进行测算。为简化预算编制，本书采用第一种方法。

在编制管理费用预算的同时，还需要分季度编制管理费用现金支出预算。在假定管理费用均为固定成本的条件下，某季度预计管理费用现金支出为全年现金支出的平均数，计算公式为：

$$\text{某季度预计管理费用现金支出}=(\text{该年度预计管理费用}-\text{预计年折旧费}-\text{预计年摊销费})\div 4 \quad (10\text{-}26)$$

公式（10-26）中，预计年折旧费和预计年摊销费分别是指管理费用中列支的折旧费和无形资产摊销额。

管理费用预算及其现金支出预算可以合并在同一张预算表中。

例 10-19

根据有关资料编制的ABC公司2009年度的管理费用及其现金支出预算如表10-30所示。

表 10-30 2009 年度 ABC 公司管理费用及其现金支出预算

（单位：元）

费用项目	金额
1. 公司经费	4 000
2. 工会经费	1 500
3. 办公费	1 900
4. 董事会费	800
5. 折旧费	1 000
6. 无形资产摊销	700
7. 职工培训费	800
8. 其他	1 000
合计	11 700
减：折旧费	1 000
无形资产摊销	700
现金支出	10 000
平均每季支付数=10 000÷4=2 500	

（十一）财务费用预算的编制

财务费用预算是指反映预算期内因筹措使用资金而发生财务费用水平的一种预算。就其本质而言，该预算属于日常业务预算，但由于该预算必须根据现金预算中的资金筹措及运用的相关数据来编制，因此本书将其纳入财务预算的范畴。

例 10-20

ABC 公司 2009 年度的现金预算如表 10-33 所示。

试为 ABC 公司编制 2009 年度的财务费用预算。

解：编制的 ABC 公司 2009 年度财务费用预算如表 10-31 所示。

表 10-31　2009 年度 ABC 公司的财务费用预算

（单位：元）

季　度	一	二	三	四	全　年	资料来源
应计并支付短期借款利息	0	0	75	525	600	见表 10-33
应计并支付长期借款利息	2 400	2 025	1 650	1 650	7 725	见表 10-33
应计并支付公司债券利息	0	0	0	2 400	2 400	见表 10-33
支付利息合计	2 400	2 025	1 725	4 575	10 725	
减：资本化利息	0	0	0	2 400	2 400	
预计财务费用	2 400	2 025	1 725	2 175	8 325	

二、特种决策预算

1. 经营决策预算的编制

经营决策预算是指与短期经营决策密切相关的特种决策预算。该类预算的主要目标是通过制定最优生产经营决策和存货控制决策来合理地利用或调配企业经营活动所需要的各种资源。

该类预算通常是在短期经营决策确定的最优方案基础上编制的，因而需要直接纳入日常业务预算体系，同时也将影响现金预算等财务预算。譬如，企业耗用的某种零件的取得方式决策方案一旦确定，就要相应调整材料采购预算或生产预算、产品成本预算。

例 10-21

ABC 公司为提高甲产品质量，拟于 2009 年度增设一台专用检测设备，有以下三种取得方案：

方案一：用 40 000 元从市场上购置，预计可用 5 年。

方案二：用半年时间自行研制，预计研制成本为 20 000 元。

方案三：采用经营租赁形式，以全年 3 000 元的租金向信托投资公司租借（每季度支付 750 元）。

经公司决策，决定采取第三个方案。于是该项决策预算纳入了当期的制造费用预算（见表 10-23 制造费用预算中的租赁费项目）。

2. 投资决策预算

投资决策预算又称资本支出预算，通常是指与项目投资决策密切相关的特种决策预算。由于这类预算涉及长期建设项目的投资投放与筹措等，并经常跨年度，因此，除个别项目外

一般不纳入日常业务预算，但应计入与此有关的现金预算与预计资产负债表。

例 10-22

为了形成开发新产品（丙产品）的再生产能力，ABC 公司决定在 2009 年度上马一条新的生产线，年内安装调试完毕，年末交付使用。该固定资产投资的明细项目及其分次支付时间如表 10-32 所示。预计发生固定资产投资 60 950 元。

丙产品需用的主要原材料为 D 材料，其预计单价为 10 元，第四季度采购量为 1 000kg。

为筹集该项投资所需资金，ABC 公司将于年初发行票面利率为 8%、每年年末支付一次利息、预计发行收入为 30 000 元的公司债券（建设期利息计入固定资产原值）；于第二季度增加发行股本为 40 000 元的普通股（假定不因此而形成资本公积）。

根据资料编制的 ABC 公司 2009 年度投资预算及筹资方案如表 10-32 所示。

表 10-32　2009 年度 ABC 公司丙产品生产线项目投资预算及筹资方案

（单位：元）

季　度	一	二	三	四	全　年
固定资产投资：					
勘察设计费	950	1 000			1 950
土建工程	2 000	4 000			6 000
设备购置			12 000	32 000	44 000
安装工程				6 000	6 000
其他				3 000	3 000
合　计	2 950	5 000	12 000	41 000	60 950
流动资产投资：					
D 材料采购（下年度使用）				10 000	10 000
投资支出总计	2 950	5 000	12 000	51 000	70 950
投资资金筹措					
发行公司债券（票面利率为 8%）	30 000				30 000
增加发行普通股		40 000			40 000
合　计	30 000	40 000	0	0	70 000

该项目的建设期为 1 年，2009 年度应付债券的利息为 2 400 元（30 000×8%×1），该利息必须资本化，计入固定资产原值，则：

预算期完工的固定资产价值=60 950+2 400=63 350（元）

该预算中，只有 D 材料采购被纳入直接材料采购预算（见表 10-17），其余均未涉及日常业务预算。

第四节　现金预算与预计财务报表的编制

一、现金预算的编制

1. 编制现金预算的依据

现金预算亦称现金收支预算，它是以日常业务预算和特种决策预算为基础所编制的反映现金收支情况的预算。

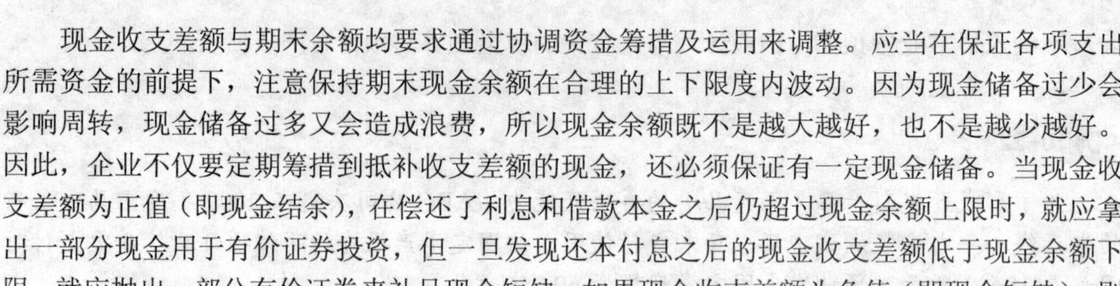

现金收支差额与期末余额均要求通过协调资金筹措及运用来调整。应当在保证各项支出所需资金的前提下，注意保持期末现金余额在合理的上下限度内波动。因为现金储备过少会影响周转，现金储备过多又会造成浪费，所以现金余额既不是越大越好，也不是越少越好。因此，企业不仅要定期筹措到抵补收支差额的现金，还必须保证有一定现金储备。当现金收支差额为正值（即现金结余），在偿还了利息和借款本金之后仍超过现金余额上限时，就应拿出一部分现金用于有价证券投资，但一旦发现还本付息之后的现金收支差额低于现金余额下限，就应抛出一部分有价证券来补足现金短缺；如果现金收支差额为负值（即现金短缺），则可采取暂缓还本付息、抛售有价证券或向银行借款等筹措。

2．现金预算的编制方法

现金预算需要根据经营现金收入预算、直接材料采购现金支出预算、应交税费预算、直接人工预算、制造费用现金支出预算、销售费用现金支出预算和管理费用现金支出预算等相关数据进行编制。需要熟练掌握以下两个重要关系式：

某期现金余缺=该期现金收入−该期现金支出

期末现金余额=该期现金余缺+现金的筹措及运用

例 10-23

ABC 公司 2009 年度的经营现金收入预算、直接材料采购现金支出预算、应交税费预算、直接人工预算、制造费用现金支出预算、销售费用现金支出预算和管理费用现金支出预算分别如表 10-11、表 10-18、表 10-19、表 10-22、表 10-24、表 10-29 和表 10-30 所示。每季末现金余额的额定范围为 4 000～5 000 元。

试为 ABC 公司编制 2009 年度的现金预算。

解：编制的 ABC 公司 2009 年度现金预算如表 10-33 所示。

表 10-33　2009 年度 ABC 公司的现金预算

（单位：元）

季　度	一	二	三	四	全　年	资料来源及计算依据
①期初现金余额	4 000	4 051	4 478	4 150	4 000	年初数等于第一季度数
②经营现金收入	95 584	133 614	171 288	186 264	586 750	见表 10-11
③可运用现金合计	99 584	137 665	175 766	190 414	590 750	①+②
④经营现金支出	105 184	136 162	162 890	181 770	586 006	
采购直接材料	40 051	52 948	65 675	78 104	236 778	见表 10-18
支付直接人工	22 730	31 848	38 430	46 826	139 834	见表 10-22
支付制造费用	11 832	14 292	16 068	15 806	57 998	见表 10-24
支付销售费用	13 200	15 500	17 300	17 500	63 500	见表 10-29
支付管理费用	2 500	2 500	2 500	2 500	10 000	见表 10-30
支付增值税、营业税金及附加	10 371	14 574	18 417	16 534	59 896	见表 10-19
预交所得税	2 500	2 500	2 500	2 500	10 000	估算预交 10 000 元
预分股利	2 000	2 000	2 000	2 000	8 000	估计数 8 000 元
⑤资本性现金支出	2 950	5 000	12 000	41 000	60 950	
购置固定资产	2 950	5 000	12 000	41 000	60 950	见表 10-32
⑥现金支出合计	108 134	141 162	174 890	222 770	646 956	④+⑤
⑦现金余缺	−8 550	−3 497	876	−32 356	−56 206	③−⑥

（续）

季度	一	二	三	四	全年	资料来源及计算依据
⑧资金筹措及运用	12 600	7 975	3 275	35 425	59 275	
加：短期借款			5 000	30 000	35 000	每期期初借款
发行普通股		40 000			40 000	见表 10-32
发行公司债券	30 000				30 000	见表 10-32
减：支付短期借款利息			75	525	600	年利息率 10%，每季末支付利息
支付长期借款利息	2 400	2 025	1 650	1 650	7 725	年利息率 10%，每季末支付利息
支付公司债券利息				2 400	2 400	票面利息率 8% 每年末付息
归还长期借款本金	15 000	15 000			30 000	30 000 元上半年到期
购买有价证券		15 000		−10 000	5 000	临时调剂
⑨期末现金余额	4 050	4 478	4 151	3 069	3 069	⑨=⑦+⑧

二、预计财务报表的编制

财务预算中的预计财务报表主要包括预计利润表和预计资产负债表。

1．预计利润表的编制

预计利润表是指以货币形式综合反映预算期内企业经营活动成果（包括利润总额、净利润）计划水平的一种财务预算。

该项预算需要在销售预算、产品成本预算、应交税费预算、制造费用预算、销售费用预算、管理费用预算和财务费用预算等日常业务预算的基础上编制。

例 10-24

ABC 公司 2009 年度的销售预算、产品成本预算、应交税费预算、制造费用预算、销售费用预算、管理费用预算和财务费用预算分别如表 10-10、表 10-25、表 10-26、表 10-19、表 10-23、表 10-24、表 10-29、表 10-30 和表 10-31 所示。

试按变动成本法为 ABC 公司编制 2009 年度的预计利润表（所得税计算结果保留整数）。

解：编制的 ABC 公司 2009 年度预计利润表如表 10-34 所示。

表 10-34　2009 年度 ABC 公司预计利润表

（单位：元）

项目	金额	资料来源
销售收入	539 000	见表 10-10
减：变动销售成本	377 111	见表 10-25、表 10-26
营业税金及附加	5 445	见表 10-19
边际贡献（生产阶段）	156 444	
减：变动性销售费用	33 500	见表 10-29
边际贡献（销售阶段）	122 944	
减：固定性制造费用	38 147	见表 10-23
固定性销售费用	30 000	见表 10-28
管理费用	11 700	见表 10-30
财务费用	8 325	见表 10-31
利润总额	34 772	
减：所得税（税率 25%）	8 693	
净利润	26 079	

2. 预计资产负债表的编制

预计资产负债表是指用于总括反映企业预算期末财务状况的一种财务预算。

预计资产负债表中除上年期末数已知外，其余项目均应在前述各项日常业务预算和特种决策预算的基础上分析填列。

例 10-25

ABC 公司 2009 年度的日常业务预算、特种决策预算、现金预算和预计利润表如例 10-7～例 10-24 的计算结果所示。另提取盈余公积 3 477 元，向投资者分配股利 9 738 元。

试为 ABC 公司编制 2009 年度的预计资产负债表（计算结果保留整数）。

解：编制的 ABC 公司 2009 年度的预计资产负债表如表 10-35 所示。

表 10-35　2009 年度 ABC 公司预计资产负债表

2009 年 12 月 31 日　　（单位：元）

项　目	年 初 数	期 末 数	期末资料来源及计算过程
流动资产			
货币资金	4 000	3 069	见表 10-33
交易性金融资产	0	5 000	0+15 000–10 000（见表 10-33）
应收账款	31 000	74 880	见表 10-11
存货	16 500	36 642	见表 10-27
流动资产合计	51 500	119 591	
固定资产			
固定资产原值	198 699	262 049	198 699+60 950（见表 10-32）+2 400（见表 10-31）
减：累计折旧	10 000	26 347	10 000+15 347（见表 10-23）+1 000（见表 10-30）
固定资产净值	188 699	235 702	
固定资产合计	188 699	235 702	
无形及其他非流动资产			
无形资产	1 700	1 000	1 700–700（见表 10-30）
无形及其他非流动资产合计	1 700	1 000	
非流动资产合计	190 399	236 702	
资产总计	241 899	356 293	
流动负债			
短期借款	0	35 000	0+5 000+30 000–0（见表 10-33）
未交所得税	0	–1 307	0+8 693（见表 10-34）–10 000（见表 10-33）
应付账款	14 400	33 501	见表 10-18
应付股利	0	1 738	0+9 738–8 000（见表 10-33）

（续）

项　　目	年 初 数	期 末 数	期末资料来源及计算过程
应付职工薪酬	3 900	7 421	3 900+17 605–14 084（见表 10–22）
流动负债合计	18 300	76 353	
非流动负债			
长期借款	96 000	66 000	96 000–15 000–15 000（见表 10–33）
应付债券	0	30 000	0+30 000（见表 10–32）
非流动负债合计	96 000	96 000	
负债合计	114 300	172 353	
所有者权益			
实收资本	100 000	140 000	100 000+40 000（见表 10–32）
资本公积	5 799	5 799	假定本期增加资本公积为零
盈余公积	3 800	7 277	3 800+3 477
未分配利润	18 000	30 864	18 000+（26 079–3 477–9 738）
所有者权益合计	127 599	183 940	
负债及所有者权益总计	241 899	356 293	

本章小结

财务预算是一系列专门反映企业未来一定预算期内预计财务状况和经营成果及现金收支等价值指标的各种预算的总称，具体包括现金预算、财务费用预算、预计资产负债表和预计利润表等内容。

全面预算是根据企业目标所编制的经营、资本、财务等年度收支计划，即以货币及其他数量形式反映的有关企业未来一段期间内全部经营活动各项目标的行动计划与相应措施的数量说明。具体包括特种决策预算、日常业务预算与财务预算。

特种决策预算包括经营决策预算和投资决策预算两种类型。

日常业务预算是指与企业日常经营活动直接相关的经营业务的各种预算。其主要包括：①销售预算。②生产预算。③直接材料耗用量及采购预算。④应交增值税、营业税金及附加预算。⑤直接人工预算。⑥制造费用预算。⑦产品成本预算。⑧期末存货预算。⑨销售费用预算。⑩管理费用预算等。

编制预算的方法按其业务量基础的数量特征不同，可分为固定预算方法和弹性预算方法两大类。

编制成本费用预算的方法按其出发点的特征不同，可分为增量预算方法和零基预算方法两大类。

编制预算的方法按其预算的时间特征不同，可分为定期预算方法和滚动预算方法两大类。

复习思考题

1．全面预算包括哪些内容？

2．什么是弹性预算？

3．增量预算方法和零基预算方法的区别在哪些方面？

4．简述定期预算方法和滚动预算方法的优缺点。

5．现金预算有什么作用？

6．简述直接材料需用量预算的编制程序。

7．简述直接人工预算与其他预算的区别。

练　习　题

1．某企业预计 2009 年 A 产品的单位变动成本为 6 万元，固定成本为 2 000 万元。当年生产的产品当年销售，销售业务量的有效变动范围为 700～1 100 台，同一销售业务量下其销售单价分别为 10 万元和 11 万元。

试求采用因素法推算出以每 100 台为业务量间隔时，该企业 2009 年 A 产品的利润预算数额。

2．某企业 2009 年有关资料如下：

（1）该企业 2～7 月的销售收入分别为 30 000 元、40 000 元、50 000 元、60 000 元、70 000 元和 80 000 元。每月销售收入中，当月收到 60%的现金，下月收到 30%的现金，下下月收到 10%的现金。

（2）各月直接材料采购成本按下一个月销售收入的 60%计算，所购材料款于当月支付 50%的现金，下月支付 50%的现金。

（3）该企业 4～6 月的制造费用分别为 4 000 元、4 500 元和 4 700 元，其中，每月制造费用中包括固定资产折旧费 1 000 元。4～6 月的销售费用分别为 2 500 元、2 800 元和 3 200 元，其中，每月的非付现成本均为 500 元。

（4）该企业 4 月份购置固定资产，需要现金 15 000 元。

（5）该企业在现金不足时，向银行借款（借款为 1 000 元的倍数）；现金有多余时，归还银行借款（还款也为 1 000 元的倍数）。借款在期初，还款在期末，借款年利率为 12%。

（6）该企业期末现金余额最低为 6 000 元，其他资料见 2009 年 4～6 月现金预算表（见表 10-36）。

要求：根据以上资料，完成该企业 2009 年 4～6 月现金预算表（见表 10-36）的编制工作。

表 10-36　2009 年 4～6 月现金预算表

（单位：元）

月　　份	4月	5月	6月
①期初现金余额	7 000		
②经营现金收入			
③直接材料采购支出			
④直接人工支出	2 000	3 500	3 900
⑤制造费用支出			
⑥销售费用支出			
⑦预交所得税	—	—	8 000
⑧购置固定资产			
⑨现金余缺			
⑩向银行借款			
⑪归还银行借款			
⑫支付借款利息			
⑬期末现金余额			

3．某企业生产甲、乙两种产品，2009年材料耗用量资料如表10-37所示。

表10-37　2009年材料耗用量资料

（单位：元）

成本项目	甲产品（2 000件）				乙产品（6 000件）			
	单耗	单价	单位成本	总成本	单耗	单价	单位成本	总成本
直接材料								
A材料	2kg/件	10元/kg	20	40 000				
B材料	5 kg/件	8元/kg	40	80 000				
C材料					6 kg/件	5元/件	30	180 000
D材料					6 kg/件	7元/件	30	126 000
小计				120 000				306 000
直接人工	6h/件	2元/h	12	24 000	4h/件	5元/件	20	120 000
变动性制造费用预算				12 000				15 000
合计				156 000				441 000

已知该企业固定成本预算为70 000元，全部产品实际成本与预算成本的差额为−65 000元。

要求：（1）计算该企业的总预算成本和实际总成本。

（2）计算甲、乙产品应分担的固定成本预算，固定成本预算按工时比例进行分配。

案例分析

兴达机器制造公司财务预算草案

1．兴达机器制造公司基本案情

兴达机器制造公司的副总经理在已接近2010年年底的时候，第一次接手预算组织工作，所以有许多问题不太明确只能先行进入工作状态，一方面进行全面预算的编制，另一方面对操作中的错误予以纠正。以下是他进行预算组织工作的详细记录。

12月10日，向全公司各生产部门和职能部门下达编制全面预算的任务，预算的编制顺序为“两上两下”，即先由基层单位编制初稿，一并交公司统一汇总、协调，然后再返还基层单位修改，修改后再次上交总公司以调整、确认。

12月11日，发专门文件说明预算的本质是财务计划，是预先的决策。

12月12日，专门指定生产部门先将生产计划编制出来，提前上交，因为生产部门的生产计划是全部预算的开端。

12月15日，设计预算编制程序如下：

（1）成立预算委员会，由公司董事长任主任。

（2）确定全面预算只包括短期预算。

（3）由预算委员会提出具体生产任务和其他任务。

（4）由各部门负责人自拟分项预算。

（5）上报分项预算给公司预算委员会。

（6）由董事会对预算进行审查。

（7）将预算下达给各部门实施。

2. 分析要点及要求

12月20日，截止到该日，已上交的营业预算有：销售预算、生产预算、直接人工预算、直接材料采购预算、制造费用预算、销售费用预算、预计利润表。该副总经理认为营业预算已经基本上交完毕。资本支出预算也刚刚交来，被归入营业预算。其主要内容是关于下一经营期购买厂房和土地的问题。

12月21日，收到的现金预算中有以下几项内容：现金收入、现金支出、现金结余。该副总经理把现金预算归入销售预算内，因为销售是企业现金的主要来源。

12月22日，交来的预计资产负债表被该副总经理退回，认为它不在预算之列。

12月25日，该副总经理强行要求所有与生产成本相关的预算都以零基预算的方法进行。基层单位负责人反映该企业为方便业绩考核，前任财务经理对生产成本一直实施滚动预算，况且重新搜集成本资料支出过大，时限过长。

12月28日，生产经理的基本职责有两方面：生产控制和成本控制。公司要求生产经理作固定预算，生产经理强烈反对，认为只有弹性预算才能把生产控制和成本控制分开，便于考核业绩。

12月31日，预计出下一期股利的支付政策和方案，并把它列入特种决策预算。

讨论：

1. 请帮助该公司找出其中的错误之处，说明理由并加以纠正。

2. 请详细说明编制预算中需要注意的事项。

第十一章

财务控制

本章要点：

本章全面介绍内部控制、财务控制、标准成本等内容。重点掌握以下内容。

1. 掌握内部控制的基本目标和基本要求。
2. 了解内部控制的原则和方法。
3. 掌握标准成本控制的含义、标准成本的制定、成本差异的计算和分析方法。

第一节 内部控制概述

一、内部控制的基本概念

1. 内部控制的含义及目标

内部控制是指由企业董事会（或者由企业章程规定的经理、厂长办公会等类似的决策、治理机构，以下简称董事会）、管理层和全体员工共同实施的旨在合理保证实现企业基本目标的一系列控制活动。

一般而言，内部控制的目标有以下几个方面：①企业战略。②经营的效率和效果。③财务报告及管理信息的真实可靠。④资产的安全完整。⑤遵循国家法律法规和有关监管要求。

2. 内部控制的基本要素

一是内部环境。内部环境是影响、制约企业内部控制制度建立与执行的各种内部因素的总称，是实施内部控制的基础。内部环境主要包括治理结构、组织机构设置与债权分配、企业文化、人力资源政策、内部审计机制、反舞弊机制等内容。

二是风险评估。风险评估是及时识别、科学分析影响企业战略和经营管理目标实现的各种不确定因素并采取应对策略的过程，是实施内部控制的重要环节和内容。风险评估主要包括目标设定、风险识别、风险分析和风险应对。

三是控制措施。控制措施是根据风险评估结果、结合风险应对策略所采取的确保企业内部控制目标得以实现的方法和手段，是实施内部控制的具体方式和载体。控制措施结合企业具体业务和事项的特点与要求制定，主要包括职责分工控制、授权控制、审核批准控制、预算控制、财产保全控制、会计系统控制、内部报告控制、经济活动分析控制、绩效考评控制、信息技术控制。

四是信息与沟通。信息与沟通是及时、准确、完整的收集与企业经营管理相关的各种信息，并使这些信息以适当的方式在企业有关层级之间进行及时传递、有效沟通和正确应用的过程。它是实施内部控制的重要条件。信息与沟通主要包括信息收集机制及在企业内部和与企业外部有关方面的沟通机制等。

五是监督检查。监督检查是企业对其企业内部控制制度的健全性、合理性和有效性进行监督检查与评估，形成书面报告并作出相应处理的过程，是实施内部控制的重要保证。监督检查主要包括对建立并执行内部控制制度的整体情况进行持续性监督检查，对内部控制的某一方面或某些方面进行专项监督检查，以及提交相应的检查报告、提出有针对性的改进措施等。企业内部控制自我评估是内部控制监督检查工作中的一项重要内容。

二、内部控制制度设计的原则

现代企业在建立和设计内部控制框架时，必须遵循和依据的客观规律和基本法则，成为内部控制的基本原则。同时，这些原则也是外部人员判断一个企业内部控制制度设计状况的基本依据。其具体原则如下：

一是合法性原则。内部控制制度应当符合法律、行政法规的规定和有关政府监督管理部门的监管要求。

二是全面性原则。内部控制制度在层次上应当涵盖企业决策层、管理层和全体员工，在对象上应该覆盖企业各项业务和管理活动，在流程上应该渗透到决策、执行、监督、反馈等各个环节，避免内部控制出现空白和漏洞。

三是重要性原则。内部控制制度应该在兼顾全面的基础上突出重点，针对重要业务与事项、高风险领域与环节采取更为严格的控制措施，确保不存在重大缺陷。

四是有效性原则。内部控制制度应当能够为内部控制目标的实现提供合理保证。企业全体员工应当自觉维护内部控制制度的有效执行。内部控制制度建立和实施过程存在的问题应该能够及时地纠正和处理。

五是制衡性原则。企业的机构、岗位设置和权责分配应当科学合理并符合内部控制的基本要求，确保不同部门、岗位之间权责分明并有利于相互制约、相互监督。履行内部控制监督检查职责的部门应当具有良好的独立性。任何人不得拥有凌驾于内部控制之上的特殊权利。

六是合理性原则。内部控制制度应该合理体现企业经营规模、业务范围与特点、风险状况以及所处具体环境等方面的要求。

七是适应性原则。内部控制制度应当随着企业外部环境的变化、经营业务的调整、管理要求的提高等不断地改进和完善。

八是成本效益原则。内部控制制度应当在保证内部控制有效性的前提下，合理权衡成本与效益的关系，争取以合理的成本实现更为有效的控制。

三、内部控制的一般方法

内部控制的一般方法通常包括不相容职务分离控制、授权批准控制、会计系统控制、预算控制、财产保全控制、内部报告控制、风险控制、绩效考评控制、电子信息技术控制等。

1. 不相容职务分离控制

它要求根据企业目标和职能任务，按照科学、精简、高效的原则，合理设置职能部门和

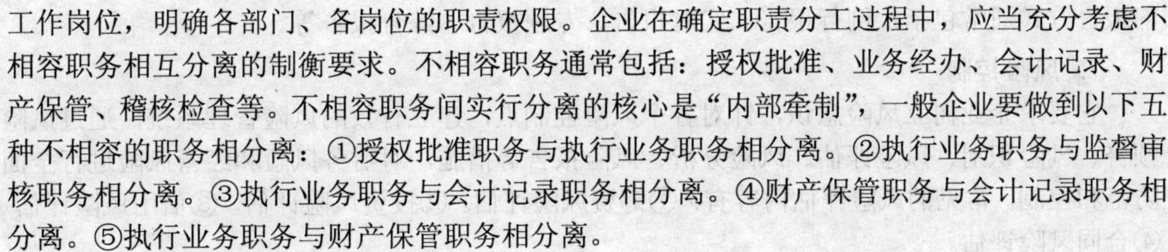

工作岗位，明确各部门、各岗位的职责权限。企业在确定职责分工过程中，应当充分考虑不相容职务相互分离的制衡要求。不相容职务通常包括：授权批准、业务经办、会计记录、财产保管、稽核检查等。不相容职务间实行分离的核心是“内部牵制”，一般企业要做到以下五种不相容的职务相分离：①授权批准职务与执行业务职务相分离。②执行业务职务与监督审核职务相分离。③执行业务职务与会计记录职务相分离。④财产保管职务与会计记录职务相分离。⑤执行业务职务与财产保管职务相分离。

2．授权批准控制

它要求企业根据职责分工，明确各部门、各岗位办理经济业务与事项的权限范围、审批程序和相应职责等内容。企业内部各级管理人员必须在授权范围内行使职权和承担责任，业务经办人员必须在授权范围内办理业务。企业应建立授权批准体系，其中包括：①授权批准范围。②授权层次。③授权责任。④授权批准程序。

3．会计系统控制

会计系统控制要求企业严格执行国家统一的会计准则制度，加强会计基础工作，明确会计凭证、会计账簿和财务报告的处理程序，保证会计资料真实完整。企业应当依法设置会计机构，配备会计从业人员。从事会计工作的人员，必须取得会计从业资格证书。会计机构负责人应当具备会计师以上专业技术职务资格。大中型企业应当设置总会计师。设置总会计师的企业，不得设置与其职权重叠的副职。会计系统控制制度包括企业的核算规程、会计工作规程、会计人员岗位责任制、财务会计部门职责、会计档案管理制度等。

4．预算控制

它要求企业加强预算编制、执行、分析、考核等各环节的管理，明确预算项目，建立预算标准，规范预算的编制、审定、下达和执行程序，及时分析和控制预算差异，采取改进措施，确保预算的进行。预算控制主要应抓好以下七个环节：①预算体系的建立，包括预算项目、标准和程序。②预算的编制和审定。③预算指标的下达及有关负责人或部门的落实。④预算执行的授权。⑤预算执行过程的监控。⑥预算差异的分析与调整。⑦预算业绩的评价与考核。

5．财产保全控制

它要求限制未经授权的人员对财产直接接触和处置，采取财产记录、实物保管、定期盘点、账实核对、财产保险等措施，确保财产的安全完整。具体内容包括：

一是限制接近：①限制接近现金。②限制接近其他易变现资产。③限制接近存货。

二是定期盘点：①定期与会计记录核对。②进行差异调整与协调。

三是记录保护：①严格限制接近会计记录的人员。②会计记录应该妥善保存。③重要资料应留有备份，以便在遭受意外情况时能够重新恢复。

四是财产保险：通过投保增加实物资产受损后补偿的程度或机会，保护企业实物安全。

五是财产记录控制：建立资产个体档案，对资产的增减变动作记录，同时加强对资产所有权凭证的登记与管理。

6．内部报告控制

它要求企业建立和完善内部报告控制，明确相关信息的收集、分析、报告和处理，及时提供业务活动中的重要信息，全面反映经济活动情况。增强内部管理的时效性和针对性。内

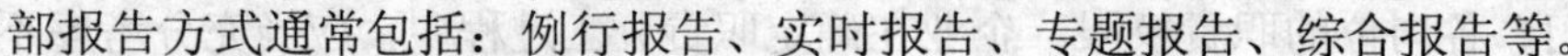

部报告方式通常包括：例行报告、实时报告、专题报告、综合报告等。

7．风险控制

它要求企业树立风险意识，针对各个风险控制点，建立有效的风险管理系统，通过风险预警、风险识别、风险评估、风险分析、风险报告等措施，对财务风险和经营风险进行全面防范和控制。常见的风险评估内容有：①筹资风险评估。②投资风险评估。③信用风险评估。④合同风险评估。

8．绩效考评控制

它要求企业科学设置业绩考核指标体系，对照预算指标、盈利水平、投资回报率、安全生产目标等方面的业绩指标，对各部门和员工的当期业绩进行考核和评价，兑现奖惩，强化对各部门和员工的激励与约束。

9．电子信息技术控制

它要求企业结合实际情况和计算机信息技术应用的程度，建立与本企业经营管理业务相适应的信息化控制流程，提高业务处理效率，减少和消除人为操纵因素，同时加强对计算机信息系统开发与维护、访问与变更、数据输入与输出、文件储存与保管、网络安全等方面的控制，保证信息系统安全、有效运行。

第二节　财务控制的意义与种类

一、财务控制的特征

财务控制是指按照一定的程序与方法，确保企业及其内部机构和人员全面落实和实现财务预算的过程。财务控制的特征有：①以价值形式为控制手段。②以不同岗位、部门和层次的不同经济业务为综合控制对象。③以控制日常现金流量为主要内容。

财务控制是内部控制的一个重要组成部分，是内部控制的核心，是内部控制在资金和价值方面的体现。从工业化国家发展的经验来看，企业的财务控制存在着宏观和微观两种不同模式。其中财务的宏观控制主要借助于金融、证券或资本市场对被投资企业直接实施影响来完成，或者通过委托注册会计师对企业实施审计来进行，前者主要反映公司治理制度、资本结构以及市场竞争等对企业的影响，后者实际是外部审计控制。

二、财务控制的基本原则

财务控制的基本原则包括：

（1）目的性原则：财务控制作为一种财务管理职能，必须具有明确的目的性，为企业理财目标服务。

（2）充分性原则：财务控制的手段对于目标而言，应当是充分的，应当足以保证目标的实现。

（3）及时性原则：财务控制的及时性是及时发现偏差，并能及时采取措施加以纠正。

（4）认同性原则：财务控制的目标、标准和措施必须为相关人士所认同。

（5）经济性原则：财务控制的手段应当是必要的，财务控制所获得的价值应大于所需费用。

（6）客观性原则：管理者应对绩效的评价客观公正，防止主观片面。

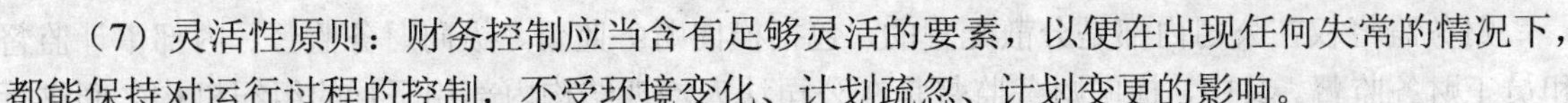

（7）灵活性原则：财务控制应当含有足够灵活的要素，以便在出现任何失常的情况下，都能保持对运行过程的控制，不受环境变化、计划疏忽、计划变更的影响。

（8）适应性原则：财务控制的目标、内容和方法与组织结构中的职位相适应。

（9）协调性原则：财务控制的手段在功能、作用、方向和范围方面不能相互掣肘，而应相互配合，在单位内部形成合力，产生协同效应。

（10）简明性原则：财务控制的目标应当明确，控制措施与规章制度应当简明易懂，易被执行者理解和接受。

三、财务控制的种类

（1）按照财务控制的内容，可分为一般控制和应用控制两类。

一般控制是指对企业财务活动赖以进行的内部环境所实施的总体控制，包括组织控制、人员控制、财务预算、业绩评价、财务记录等内容。应用控制则是指作用于企业财务的具体控制，包括业务处理程序中的批准与授权、审核与复核、为保证资产安全而采取的限制措施等控制。

（2）按照财务控制的功能，可分为预防性控制、侦查性控制、纠正性控制、指导性控制和补偿性控制。

预防性控制是指为防范风险和非法行为的发生，或减少其发生机会所进行的控制。侦查性控制是指为了及时识别已存在的风险、已经发生的错弊和非法行为，或增强识别能力所进行的控制。纠正性控制是对那些通过侦查性控制查出来的问题所进行的调整和纠正。指导性控制是为了实现有利结果而进行的控制。补偿性控制是针对某些环节的不足或缺陷而采取的控制措施。

（3）按照财务控制的时序，可分为事前控制、事中控制和事后控制三类。

事前控制是指企业为防止财务资源在质和量上发生偏差，而在行为发生之前所实施的控制。事中控制是指财务活动发生过程中所进行的控制。事后控制是指对财务活动的结果所进行的分析、评价。

四、财务控制的方法

1．合理配置财务管理权限

公司法人治理结构是公司制的核心。要明确股东会、董事会、监事会、经理层的职责，形成各负其责、协调运转、有效制衡的公司法人治理结构。公司法人治理结构是一种权力制衡机制，有权力，就应有制衡。它们之间既相互独立，又相互制约。股东会、董事会、经理层和监事会在各自的一定范围内独立行使权力，承担相应责任，享有相应利益；同时又彼此制约，谁都没有无限的权力，从而有效保护各方权益，达到相互协调和制约的作用，保证企业的可持续发展。

公司财务管理权可分为财务决策权、财务执行权、财务监督权。

财务决策权包括财务战略决策和财务战术决策。财务战略决策必须集中在股东会和董事会，而一般的或日常的财务决策即财务战术决策，则可授权经理层来作出。经理层在实施董事会的战略决策时必须采用职能专门化的授权实施体制。即日常的财务活动主要由职能化的财务管理部门来负责实施，并以责任中心和责任制的形式细化到具体部门和岗位，这便是财务执行权。

财务监督权在公司内部是分散配置的，包括横向财务监督、纵向财务监督、内部审计监督和员工财务监督。其中，横向财务监督是在公司法人治理结构内部相平行的组织机构之间进行的财务监督和约束行为，包括供、产、销部门之间的相互约束及会计部门的常规监督。纵向财务监督是公司内部上级组织或个人对下级组织或个人的财务监督约束行为。内部审计监督是审计部门通过内部常规稽核、离任审计、落实举报、监督审查企业的财务报表等手段，对会计及其他部门实施内部控制。员工财务监督是基层群众对企业财务活动进行的民主监督，是群众理财理念的具体化，有利于强化员工的主人翁意识，但它是一种软性监督，须辅之以激励方式。

上述权力是一个有机的整体。必须合理配置和落实，否则就会权责不清，导致企业管理混乱，加大经营风险和财务风险，甚至使企业倒闭。在现代企业中，权力的合理配置必须以合理的股权结构为基础。“一股独大”的情况下是很难建立合理的权力制衡机制的。

2．完善内部财务制度

建立健全内部财务制度是企业内部监督的重要环节，要严防有章不循，将已制定的企业内部控制制度“印在纸上、挂在墙上”，遇到具体问题多强调灵活性，使内部控制制度流于形式，失去了应有的刚性和严肃性。制度建设须遵循相对稳定和动态发展相结合的原则。从经济学的观点来看，财务制度的制定和选择过程是一个相关利益者根据经济社会环境的变化为自身的经济利益和政治利益进行博弈斗争的过程。通过多次博弈之后，使制度不断得到发展和完善，社会公认程度日益提高。

3．强化内部控制制度的检查和考核

为了保证企业内部控制制度能有效地发挥作用，并使之不断得到完善，企业必须定期对内部控制制度的执行情况进行检查与考核，看企业内部控制制度是否得到有效遵守，执行中还存在什么问题，并采取措施加以纠正。对于严格执行内部控制制度的，要给予精神鼓励和物质奖励；对于违规违章的，应坚决给予行政处分和经济处罚，并与职务升降挂钩。只有做到压力与动力相结合，才能最终达到内部控制的目的，使制度真正落到实处。

4．建立良好的信息沟通系统

良好的信息沟通系统可以使权益各方及时掌握企业运营状况，作出正确的决策和业绩评价。长期以来，企业会计信息失真现象普遍，难以为管理和监督提供可靠的资料，造成监督失控，经济效率低下，损害了投资者、债权人、员工及国家的利益。因此，完善信息系统，确保会计信息的真实有效，是强化财务监督的前提条件。要做到信息的可信和有效，必须严格执行《中华人民共和国会计法》和《内部会计控制规范》，杜绝会计信息失真现象的发生；形成完善的内部牵制和监督制约机制，以堵塞漏洞、消除隐患，保护财产安全。防止舞弊行为，促进经济活动健康发展。为此要加快计算机信息网络的建设，在企业内部构筑纵向沟通、横向沟通、内外沟通的信息网络体系，达到信息交换的及时性。

第三节 成本控制

一、成本控制概述

成本控制是指以成本作为控制的手段，通过制定成本总水平指标值、可比产品成本降低率及成本中心控制成本的责任等，达到对经济活动实施有效控制的目的的一系列管理活动与过程。

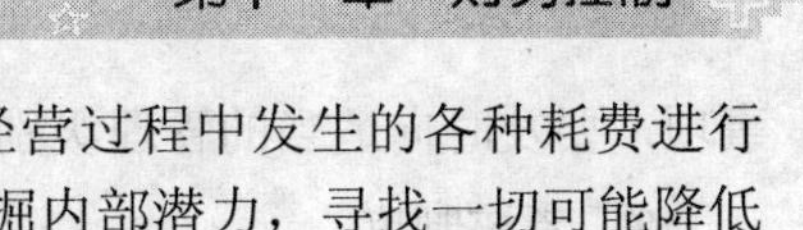

成本控制的过程是运用系统工程的原理对企业在生产经营过程中发生的各种耗费进行计算、调节和监督的过程，同时也是一个发现薄弱环节，挖掘内部潜力，寻找一切可能降低成本途径的过程。科学地组织实施成本控制，可以促进企业改善经营管理，转变经营机制，全面提高企业素质，使企业在市场竞争的环境下生存、发展和壮大。

（一）成本控制系统的组成

一个企业的成本控制系统包括组织系统、信息系统、考核制度和奖励制度等内容。

1．组织系统

组织是指人们为了一个共同目标而从事活动的一种方式。在企业组织中，通常将目标划分为几个子目标，并分别指定一个下级单位负责完成。每个子目标可再划分为更小的目标，并指定更下一级的部门去完成。一个企业的组织机构可以用管理等级和平均控制跨度来描述。管理等级是最高级单位和最低级单位之间的等级，控制跨度是指一个单位所属下级的数目。一个企业的组织机构还可以用各级管理等级之间权力集中和分散的程度来描述。在一个高度集中的组织机构中，权力集中于较高级别的管理层次，低级管理人员只拥有很少的决策权。在一个企业里，权力很可能在一个职能领域中高度集中，而在其他职能领域则高度分散。一般来说，生产、财务和人事管理都属于高度集中的领域。

成本控制系统必须与企业组织机构相适应，即企业预算是由若干分级的小预算组成的。每个小预算代表一个分部、车间、科室或其他单位的财务计划。与此有关的成本控制，如记录实际数据、提出控制报告等，也都是分小单位进行的。这些小单位作为责任中心，必须有十分明确的、由其控制的行为范围。按其所负责任和控制范围不同，分为成本中心、利润中心和投资中心。成本中心是以达到最低成本为经营目标的一个组织单位；利润中心是以获取最大净利润为经营目标的一个组织单位；投资中心是以获得最大投资收益率为经营目标的一个组织单位。按企业的组织结构合理划分责任中心，是进行成本控制的必要前提。

2．信息系统

成本控制系统的另一个组成部分是信息系统，也就是责任会计系统。责任会计系统是企业会计系统的一部分，负责计量、传送和报告成本控制使用的信息。

责任会计系统主要包括编制责任预算、核算预算的执行情况、分析评价和报告业绩三个部分。

通常企业分别编制销售、生产、成本和财务等预算。这种预算主要按生产经营的领域来落实企业的总体计划。为了进行控制，必须分别考察各个执行人的业绩，这就要求按责任中心来重编预算，按责任中心来落实企业的总体计划。这项工作被称为责任预算，其目的是使各责任中心的管理人员明确其应负的责任和应控制的事项。

在实际业务开始之前，责任预算和其他控制标准要下达给有关人员，他们以此控制自己的活动。对实际发生的成本、取得的收入和利润，以及占用的资金等，要按责任中心来汇集和分类。为此，需要在各明细账设置时考虑责任中心分类的需要，并与预算的口径一致。在进行核算时，为减少责任的转嫁，分配共同费用时，应按责任归属选择合理的分配方法。各单位之间相互提供产品或劳务的，要拟定适当的内部转移价格，以利于单独考核各自的业绩，报告预算的执行情况。在预算期末要编制业绩报告比较预算和实际的差异，分析差异的产生原因和责任归属。此外，要实行例外报告制度，对预算中没有规定的事项和超过预算限额的

事项，要及时向适当的管理级别报告，以便及时作出决策。

3. 考核制度

考核制度是成本控制系统发挥作用的重要因素。

考核制度的主要内容有：①规定代表责任中心目标的一般尺度。它因责任中心的类别而异，可能是销售额、可控成本、净利润或投资收益率。必要时还要确定若干次级目标的尺度，如市场份额、次品率、占用资金的限额等。②规定责任中心目标尺度的唯一解释方法。例如，什么是销售额，是总销售额还是扣除折让和折扣后的销售净额。作为考核标准，对它们必须事先规定正式的解释。③规定业绩考核标准的计量方法。例如，成本如何分摊，相互提供劳务和产品使用的内部转移价格，使用历史成本还是使用重置成本计量等，都应作出明确规定。④规定采用的预算标准。例如，使用固定预算还是弹性预算，是宽松的预算还是严格的预算，编制预算时使用的各种常数是多少等。⑤规定业绩报告的内容、时间、详细程度等。

4. 奖励制度

奖励制度是维持成本控制系统长期有效运行的重要因素。

人的工作努力程度受业绩评价和奖励办法的影响。经理人员往往把注意力集中到与业绩评价有关的工作上面，尤其是业绩中能够影响奖励的部分。因此，奖励可以激励人们努力工作。

奖励有货币奖励和非货币奖励两种形式，如提升、加薪、表扬、奖金等。惩罚也会影响工作努力程度，惩罚是一种负奖励。

规定明确的奖励办法，让被考核人明确业绩与奖励之间的关系，知道什么样的业绩将会得到什么样的奖励。恰当的奖励制度将引导人们去约束自己的行为，尽可能争取好的业绩。奖励制度是调动人们努力工作，以求实现企业总目标的有力手段。

（二）成本降低的基本原则

1. 经济原则

经济原则是指因推行成本控制而发生的成本不应超过因缺少控制而失去的效益。

2. 因地制宜原则

因地制宜原则是指成本控制系统必须个别设计，适合特定企业、部门、岗位和成本项目的实际情况，不可完全照搬别人的做法。

3. 领导重视与全员参加的原则

领导重视与全员参加的原则是指企业领导和每个普通职工都应负有成本责任，成本控制涉及全体职工的共同利益，只有通过全体职工协调一致的努力才能完成。

4. 成本效益分析原则

成本控制经历了从事后的成本分析与检查、防护性控制，到事中的日常成本控制的反馈性控制阶段。现代的成本控制不是消极地进行成本控制，而是应想方设法开辟财源，增加收入。应根据成本效益分析和本量利分析的原理，将成本与收益，成本、业务量与利润之间的关系结合起来，找出利润最大化的最佳成本和最佳业务量。只有这样，才能将损失和浪费消灭在成本控制前，从而有效地发挥前瞻性成本控制的作用。

5. 全面性原则

由于成本形成取决于管理人员的共同努力，因此，成本控制要对成本形成的全过程进行

控制，而且有效的成本控制与管理，要求企业所有人员都要参与。

6．责权利相结合的原则

成本控制要达到预期目标，取决于各成本责任中心管理人员的努力。而要调动各级成本责任中心加强成本管理的积极性，有效的办法就在于责权利相结合，即各成本责任中心按其成本受控范围的大小以及成本责任目标承担相应的职责。为保证职责的履行，必须赋予其一定的权力，并根据成本控制的实效进行业绩评价与考核，对成本控制责任单位及人员给予奖惩，从而调动全员加强成本控制的积极性。

（三）成本降低的主要途径

1．降低物资采购成本

严格控制采购成本。一要分析供货市场，调整采购策略。根据企业年初计算的全年材料预算，提前存储工作合理避开原料需要高峰，避开高价采购时间区域，通过采购时间差，降低采购成本。二要通过信息技术、网络技术，如电子商务，搜寻市场信息，查询市场价格，指导成本核算、指标确定和目标控制工作。通过信息网站等查询价格，及时调整成本控制指标，指导采购成本控制工作。三要稳定老供应商，立足长远发展。在保证资源基本需求的同时，要与一些长期合作、信誉良好的供应商建立长久合作关系，能够在今后的物资采购中获得一定的折扣，以此来降低成本。

2．降低原材料成本

在企业的产成品中，原材料的成本占到60%～70%，其所占的比重相当大，因此，企业应当降低原材料成本。节约原材料，杜绝生产过程中的跑、漏、滴等现象。在企业的生产过程中，原材料成本的降低也起着至关重要的作用，它直接影响着原材料采购的多少。如果在生产过程中，原材料的成本降低了，而产品的价格不变，那么企业的利润将会大大的增加。一要制定产品的单位材料消耗定额。即确定在一定生产条件下，制造单位产品或完成工作量所需消耗某种材料的数量标准，它一般为原料及主要材料、辅助材料及燃料的消耗定额。二要编制完工预算，并据此向供应部门下达材料采购计划，同时生产部门依据图纸和生产图预算再编制生产预算，制定材料消耗定额，在生产过程中，要消耗各种物资，因此实行限额领料管理制度。在材料领用方面，要严把材料消耗定额关，根据产品产量和消耗定额对材料进行限额控制，建立材料限额卡，填写限额领料单。另外，企业生产部门也应加大考核力度，对超定额领料的生产部门，除了扣其奖金外，还要扣生产部门负责人的年终分红等。通过这样层层把关，严格管理，可以大大降低材料消耗、降低材料成本，从而有效地降低产品成本。

3．提高领导和员工的管理意识及技能

许多企业领导认为，降低企业成本并不能直接为企业带来经济效益，更无法体现他们在任期内的政绩。因此，企业单纯追求产量，将产值作为经济责任的主要任务。对于抓管理特别是成本管理，认为难度大，不易奏效，不能持之以恒，效益不好时就抓，效益好时就放松，甚至不抓，没有真正把加强成本管理作为企业管理工作的主体，而只是作为增加效益的附属工具，这种管理意识的结果，必将使降低企业成本的任何方法或途径都失效。为提高企业领导及职工的管理意识，降低企业成本，一要提高企业全体人员的意识，特别是企业领导的意识，反复强调降低企业成本的重要性，使降低企业成本的工作真正得以落实；二要注重人力资源的开发。一个企业要想取得好的业绩、高的营业利润，只有靠大家的共同努力才能完成。

4．利用共享资源

共享资源是指产品的成本与分摊资源费用的产品数量有关。分享这类资源的产品数量越多，分摊到单位产品中的成本就越低（如企业固定资产、产品的研究开发费用、资源的采购费用、信息使用费用、市场开发费用、信息传播费用、建立和使用销售渠道的费用、交易费用、经验共享等，都是共享资源），增加使用这些共享资源的规模和频率，就可以降低产品的成本。

5．建立健全科学的企业成本管理体系

这个体系的建立并发挥作用后，将会大大提高企业管理者的自信心，降低企业的成本，成为一个不随企业政策或企业领导改变而改变的一个方针。它应该起到使企业进入良性循环的作用，使每一个企业领导都能感受到它的威力，并围绕着这套管理体系来制定企业的远景发展蓝图和近期的企业发展目标，实现企业价值最大化。它是降低企业成本的基础，也是企业降低成本的根本途径。

6．创新是节约成本的源泉

在传统经济环境中，节约开支、修旧利废、堵塞漏洞、降低消耗都能大幅度地降低生产成本，但是在新的经济环境下仅从这些方面降低成本，效果有限，只有创新才是降低成本最有效的途径，是企业降低成本、增加效益的不竭源泉。科技进步使先进的设备、工艺及材料应用于生产领域，依靠技术创新，发挥科技第一生产力的作用，是降成本、增效益的有效途径。一方面，生产出竞争力强并能满足社会需要的优质产品，提高了生产率，包括劳动生产率和资本生产率；另一方面，也节约了人力、能源及原材料消耗，降低了生产成本。在社会主义市场经济条件下，企业要生存和发展，要实现现代企业资产保值增值的目标，必须狠抓技术进步。要做好这项工作，企业不但自己要注重科技开发工作，而且应与科研单位紧密配合，将新的科研成果及时应用于生产实践，使其尽快转化为生产力。同时，要搞好技术引进工作。另外，在技术开发和引进过程中，一定要注意技术与经济的结合，使技术进步有利于降低成本，节约原材料和能源消耗，提高企业经济效益。

二、成本控制的类型

1．按成本形成过程分类

按照成本形成的过程，成本控制可分为事前成本控制、事中成本控制和事后成本控制。

事前成本控制是指在投产前的设计、试制阶段，对影响成本的各有关因素进行事前控制，主要是确定成本目标、制订成本计划、明确成本归口分级管理及责任，目的在于防患于未然。

事中成本控制是指产品生产过程中，从安排生产、采购原材料、生产准备、生产直到产品完工入库整个过程的成本控制。主要是对制造产品实际消耗的控制，包括材料耗费的控制、人工耗费的控制、制造费用的控制以及其他费用的控制。

事后成本控制是指完工后的成本控制。主要是根据事先确定的控制标准，对实际形成的成本进行控制、分析和评价，包括成本差异分析、确定责任归属，其目的是为未来的事前成本和事中成本控制打下基础。

2．按成本费用构成分类

按照成本费用的构成，成本控制可分为生产成本控制和非生产成本控制。

生产成本控制是指控制生产过程中为制造产品而发生的成本。其主要包括直接材料成本

控制、直接人工成本控制和制造费用的成本控制。非生产成本控制是指控制生产成本以外的非生产成本。其主要包括销售费用的控制、管理费用的控制和财务费用的控制。

三、标准成本控制

（一）标准成本的含义

标准成本制度是指围绕标准成本的相关指标(如技术指标、作业指标、计划值等)而设计的，将成本的前馈控制、反馈控制及核算功能有机结合而形成的一种成本控制系统。标准成本制度的主要内容包括成本标准的制定、标准成本的控制、成本差异揭示及分析、成本差异的账务处理四部分。在这种方法下不仅间接费用是预计的，而且直接材料和直接人工等也是按预计的数字来计算的，这种成本计算方法称为标准成本制度。

标准成本是指在正常和高效率的运转情况下制造产品的成本，而不是指实际发生的成本。在典型的实际成本制度中，间接费用是按事先规定的比率分摊到产品中去的，而标准成本制度也按同样的办法处理。这两种方法的主要区别是对直接材料和直接人工的计算方法不同。实际成本制度采用每种产品实际发生的直接成本数额；而标准成本制度则采用从直接材料和直接人工中，产生的标准单位成本。有的会计制度规定存货用标准成本记账，有的会计制度规定存货，既用标准成本，也用实际成本记账。

（二）标准成本的种类

1. 理想标准成本和正常标准成本

标准成本按其制定所根据的生产技术和经营管理水平，可分为理想标准成本和正常标准成本。

理想标准成本是指在最优的生产条件下，利用现有的规模和设备能够达到的最低成本。制定理想标准成本的依据，是理论上的业绩标准、生产要素的理想价格和可能实现的最高生产经营能力利用水平。这里所说的理论上的业绩标准，是指在生产过程中毫无技术浪费时的生产要素消耗量，最熟练的工人全力以赴工作、不存在废品损失和停工时间等条件下可能实现的最优业绩。这里所说的生产要素的理想价格，是指原材料、劳动力等生产要素在计划期间最低的价格水平。这里所说的可能实现的最高生产经营能力利用水平，是指理论上可能达到的设备利用程度，只扣除不可避免的机器修理、改换品种、调整设备等时间，而不考虑产品销路不佳、生产技术故障等造成的影响。因此，这种标准是“工厂的极乐世界”，很难成为现实，即使暂时出现也不可能持久。它的主要用途是提供一个完美无缺的目标，揭示实际成本下降的潜力。因其提出的要求太高，不能作为考核的依据。

正常标准成本是指在效率良好的条件下，根据下期一般应该发生的生产要素消耗量、预计价格和预计生产经营能力利用程度制定出来的标准成本。在制定这种标准成本时，把生产经营活动中一般难以避免的损耗和低效率等情况也计算在内，使之切合下期的实际情况，成为切实可行的控制标准。要达到这种标准不是没有困难，但它们是可能达到的。从具体数量上看，它应大于理想标准成本，但又小于历史平均水平，实施以后实际成本更大的可能是逆差而不是顺差，是要经过努力才能达到的一种标准，因而可以调动职工的积极性。

在标准成本系统中，广泛使用正常的标准成本。它具有以下特点：①它是用科学方法根据客观实验和过去实践，经充分研究后制定出来的，具有客观性和科学性。②它排除了各种偶然性和意外情况，又保留了目前条件下难以避免的损失，代表正常情况下的消耗水平，具有现实性。③它是应该发生的成本，可以作为评价业绩的尺度，成为督促职工去努力争取的目标，具有激励性。④它可以在工艺技术水平和管理有效性水平变化不大时持续使用，不需要经常修订，具有稳定性。

2．现行标准成本和基本标准成本

标准成本按其适用期，可分为现行标准成本和基本标准成本。

现行标准成本是指根据其适用期间应该发生的价格、效率和生产经营能力利用程度等预计的标准成本。在这些决定因素变化时，需要按照改变了的情况加以修订。这种标准成本可以成为评价实际成本的依据，也可以用来对存货和销货成本计价。基本标准成本是指一经制定，只要生产的基本条件无重大变化，就不予变动的一种标准成本。所谓生产的基本条件的重大变化，是指产品的物理结构变化、重要原材料和劳动力价格的重要变化、生产技术和工艺的根本变化等。只有这些条件发生变化，基本标准成本才需要修订。由于市场供求变化导致的售价变化和生产经营能力利用程度的变化、由于工作方法改变而引起的效率变化等，不属于生产的基本条件的重大变化，对此不需要修订基本标准成本。基本标准成本与各期实际成本对比，可反映成本变动的趋势。由于基本标准成本不按各期实际修订，所以不宜用来直接评价工作效率和成本控制的有效性。

（三）标准成本的制定

标准成本是企业根据产品的各项标准消耗量及标准费用率计算出来的产品成本。通过标准成本与实际成本比较，可以发现成本差异产生的原因。标准成本可以根据零件、部件和生产阶段，按照成本项目制定。制定标准成本时，应充分考虑列在有效作业状态下所需要的材料和人工数量，预期支付的材料和人工费用，以及在正常生产情况下所应分摊的间接费用等因素。标准成本的制定，应有销售、生产、计划、采购、物料、劳动工资、工艺、车间、会计等有关部门的人员参加，共同商定。标准成本不能制定得高不可攀，以避免挫伤员工的积极性，但也不能门槛太低，失去成本管理的意义，应该是切实可行的、大部分人通过努力能够达到的。同时，企业要定期对标准成本进行评审和维护，以保持标准成本的先进性和稳定性。

企业生产的产品成本主要是由直接材料、直接人工、制造费用等成本项目构成。制定标准成本，通常首先确定直接材料和直接人工的标准成本，然后确定制造费用的标准成本，最后确定单位产品的标准成本。单位产品标准成本的计算公式为：

单位产品标准成本=直接材料标准成本+直接人工标准成本+制造费用标准成本

1．直接材料标准成本的确定

直接材料成本是指为生产产品而发生的并能直接归属于产品的各种主要原料和燃料动力的成本。直接材料标准成本是指单位产品应耗用直接材料的成本目标，它是由直接材料价格标准和直接材料用量标准两个因素决定的。

直接材料的价格标准，是预计下一年度实际需要支付的进料单位成本，包括发票价格、运费、检验和正常损耗等成本，是取得材料的完全成本。

直接材料的用量标准，是现有技术条件下生产单位产品所需的材料数量，其中包括必不可少的消耗，以及各种难以避免的损失。

直接材料标准成本=Σ（直接材料价格标准×单位产品直接材料用量标准）

例 11-1

假定某企业A产品耗用甲、乙、丙三种直接材料，其直接材料标准成本的计算如表11-1所示。

表 11-1　A 产品直接材料标准成本

项　目	标　准		
	甲材料	乙材料	丙材料
价格标准①	45 元/kg	15 元/kg	30 元/kg
用量标准②	3kg/件	6kg/件	9kg/件
成本标准③=①×②	135 元/件	90 元/件	270 元/件
单位产品直接材料标准成本④=∑③	495 元		

2．直接人工标准成本的确定

直接人工成本是由直接人工价格和直接人工用量两项标准决定的。

直接人工价格标准就是标准工资率，它通常由劳动工资部门根据用工情况制定。当采用计时工资时，标准工资率就是单位标准工资率，是由标准工资总额除以标准总工时确定的，即：

标准工资率=标准工资总额÷标准总工时

直接人工用量标准即工时用量标准，是指在现有的生产技术条件下，生产单位产品所耗用的必要的工作时间，包括对产品直接加工工时、必要的间歇或停工工时以及不可避免的废次品所耗用的工时等。一般由生产技术部门、劳动工资部门等运用特定的技术测定方法和分析统计资料后确定。因此，直接人工标准成本的计算公式为：

直接人工标准成本=标准工资率×工时用量标准

例 11-2

沿用例11-1的资料，A产品直接人工标准成本的计算如表11-2所示。

表 11-2　A 产品直接人工标准成本

项　目	标　准
月标准总工时①	15 600h
月标准工资总额②	168 480 元
标准工资率③=②÷①	10.8 元/h
单位产品工时用量标准④	1.5h/件
直接人工标准成本⑤=③×④	16.2 元/件

3．制造费用标准成本的确定

制造费用标准成本是由制造费用价格标准和制造费用用量标准两项因素决定的。

制造费用价格标准即标准制造费用分配率。其计算公式为：

标准制造费用分配率=标准制造费用总额÷标准总工时

制造费用用量标准即工时用量标准，其含义与直接人工用量标准相同。因此，制造费用标准成本的计算公式为：

制造费用标准成本=标准制造费用分配率×工时用量标准

成本按照其性态分为变动成本和固定成本。前者随着产量的变动而变动；后者相对固定，不随产量波动。所以，制定费用标准时，也应分别是制定变动性制造费用和固定性制造费用的成本标准。

例 11-3

沿用 11-1 中的资料，A 产品制造费用的标准成本计算如表 11-3 所示。

表 11-3　A 产品制造费用标准成本

项　目		标　准
工　时	月标准总工时①	15 600h
	单位产品工时用量标准②	1.5h/件
变动性制造费用	标准变动性制造费用总额③	56 160 元
	标准变动性制造费用分配率④=③÷①	3.6 元/h
	变动性制造费用标准成本⑤=②×④	5.4 元/件
固定性制造费用	标准固定性制造费用总额⑥	187 200 元
	标准固定性制造费用分配率⑦=⑥÷①	12 元/h
	固定性制造费用标准成本⑧=②×⑦	18 元/件
	单位产品制造费用标准成本⑨=⑤+⑧	23.4 元

（四）成本差异的计算及分析

在标准成本管理模式下，成本差异是指一定时期生产一定数量的产品所发生的实际成本与相关的标准成本之间的差额。凡实际成本大于标准成本的，称为超支差异；凡实际成本小于标准成本的，则称为节约差异。

从标准成本的制定过程可以看出，任何一项费用的标准成本都是由用量标准和价格标准两个因素决定的，因此，差异分析就应该从这两个方面进行。实际产量下的总差异的计算公式为：

总差异=实际价格×实际用量−标准价格×标准用量

=（实际价格×实际用量−标准价格×实际用量）+（标准价格×实际用量−标准价格×标准用量）

=（实际价格−标准价格）×实际用量+标准价格×（实际用量−标准用量）

=价格差异+用量差异

其中，价格差异=（实际价格−标准价格）×实际用量

用量差异=标准价格×（实际用量−标准用量）

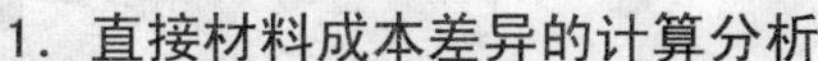

1．直接材料成本差异的计算分析

直接材料成本差异是指直接材料的实际总成本与实际产量下标准总成本之间的差异。它可进一步分解为直接材料价格差异和直接材料用量差异两部分。有关计算公式如下：

直接材料成本差异=实际产量下实际成本–实际产量下标准成本

=实际价格×实际用量–标准价格×实际产量下标准用量

=直接材料价格差异+直接材料用量差异

直接材料价格差异=（实际价格–标准价格）×实际用量

直接材料用量差异=标准价格×（实际用量–实际产量下标准用量）

直接材料价格差异的形成受各种主客观因素的影响，较为复杂，如市场价格、供货厂商、运输方式、采购批量等的变动，都可以导致直接材料的价格差异。但由于它与采购部门的关系更为密切，所以其差异应主要由采购部门承担责任。

直接材料用量差异形成的原因是多方面的，有生产部门的原因，也有非生产部门的原因。如产品设计结构、原料质量、工人的技术熟练程度、废品率的高低等都会导致材料用量的差异。直接材料用量差异的责任需要通过具体分析才能确定，但往往主要应由生产部门承担。

例 11-4

沿用例 11-1 中的资料，A 产品甲材料的标准价格为 45 元/kg，标准用量为 3kg/件。假定企业本月投产 A 产品 8 000 件，领用甲材料 32 000kg，其实际价格为 40 元/kg。其直接材料成本差异计算如下:

直接材料成本差异=40×32 000–45×3×8 000=200 000（元）（超支）

其中：直接材料价格差异=（40–45）×32 000=–160 000（元）（节约）

直接材料用量差异=45×（32 000–8 000×3）=360 000（元）（超支）

通过以上计算可以看出，A 产品本月耗用甲材料发生了 200 000 元的超支差异。由于生产部门耗用材料超出标准，导致超支 360 000 元，应该查明材料用量超标的具体原因，以便改进工作，节约材料。从材料价格来看，由于材料价格降低节约了 160 000 元，从而抵消了一部分由于材料超标耗用而形成的成本超支。这是材料采购部门的功劳，也应查明原因，巩固和发扬成绩。

2．直接人工成本差异的计算分析

直接人工成本差异是指直接人工的实际总成本与实际产量下标准总成本之间的差异。它可分为直接人工工资率差异和直接人工效率差异两部分。有关计算公式如下：

直接人工成本差异=实际产量下实际成本–实际产量下标准成本

=实际工资率×实际人工工时–标准工资率×实际产量下标准人工工时

=直接人工工资率差异+直接人工效率差异

直接人工工资率差异=（实际工资率–标准工资率）×实际人工工时

直接人工效率差异=标准工资率×（实际人工工时–实际产量下标准人工工时）

直接人工工资率差异是价格差异，其形成原因比较复杂，工资制度的变动、工人的升降级、加班或临时工的增减等都将导致直接人工工资率差异。一般地，这种差异的责任不在生产部门，而是在劳动人事部门。

直接人工效率差异是效率差异，其形成原因也是多方面的，工人技术状况、工作环境和设备条件的好坏等，都会影响效率的高低，但其主要责任还是在生产部门。

例 11-5

沿用例 11-2 中的资料，A 产品标准工资率为 10.8 元/h，单位产品工时用量标准为 1.5h/件，直接人工标准成本为 16.2 元/件。假定企业本月实际生产 A 产品 8 000 件，用工 10 000h，实际应付直接人工工资 110 000 元。其直接人工成本差异计算如下：

直接人工成本差异=110 000−16.2×8 000=−19 600（元）（节约）

直接人工工资率差异=（110 000÷10 000−10.8）×10 000=2 000（元）（超支）

直接人工效率差异=10.8×（10 000−1.5×8 000）=−21 600（元）（节约）

通过以上计算可以看出，该产品的直接人工成本总体上节约了 19 600 元。其中，直接人工效率差异节约 21 600 元，但直接人工工资率差异超支 2 000 元。直接人工工资率超过标准，可能是为了提高产品质量，调用了一部分技术等级和工资级别较高的工人，使小时工资率增加了 0.2 元（110 000÷10 000−10.8）。但也因此在提高产品质量的同时，提高了效率，使工时的耗用由标准的 12 000h（8 000×1.5）降低为 10 000h，节约工时 2 000h，从而形成了最终的成本节约。可见生产部门在生产组织上的成绩是值得肯定的。

3. 变动性制造费用成本差异的计算分析

变动性制造费用成本差异是指实际发生的变动性制造费用总额与实际产量下标准变动性制造费用总额之间的差异。它可以分解为变动性制造费用耗费差异和变动性制造费用效率差异两部分。其计算公式如下：

变动性制造费用成本差异=实际产量下实际变动性制造费用−实际产量下标准变动性制造费用

=实际变动性制造费用分配率×实际工时−

标准变动性制造费用分配率×实际产量下标准工时

=变动性制造费用耗费差异+变动性制造费用效率差异

变动性制造费用耗费差异=（实际变动性制造费用分配率−标准变动性制造费用分配率）×实际工时

变动性制造费用效率差异=标准变动性制造费用分配率×（实际工时−实际产量下标准工时）

其中，变动性制造费用耗费差异是价格差异，变动性制造费用效率差异是用量差异，变动性制造费用效率差异的形成原因与直接人工效率差异的形成原因基本相同。

例 11-6

沿用例 11-3 中的资料，A 产品标准变动性制造费用分配率为 3.6 元/h，单位产品工时用量标准为 1.5h/件。假定企业本月实际生产 A 产品 8 000 件，用工 10 000h，实际发生变动性制造费用 40 000 元。其变动性制造费用成本差异计算如下：

变动性制造费用成本差异=40 000−3.6×1.5×8 000=−3 200（元）（节约）

变动性制造费用耗费差异=（40 000÷10 000−3.6）×10 000=4 000（元）（超支）

变动性制造费用效率差异=3.6×（10 000−1.5×8 000）=−7 200（元）（节约）

通过以上计算可以看出，A 产品变动性制造费用节约了 3 200 元，这是由于提高了效率，工时由 12 000h（1.5×8 000）降为 10 000h 的结果。由于变动性制造费用分配率由 3.6 元提高到 4 元（40 000÷10 000），使变动性制造费用发生超支，从而抵消了一部分变动性制造费用的节约额，应该查明变动性制造费用分配率提高的具体原因。

4. 固定性制造费用成本差异的计算分析

固定性制造费用成本差异是指实际发生的固定性制造费用与实际产量下标准固定性制造费用的差异。其计算公式为：

固定性制造费用成本差异=实际产量下实际固定性制造费用−实际产量下标准固定性制造费用
=实际固定性制造费用分配率×实际工时−
标准固定性制造费用分配率×实际产量下标准工时

标准固定性制造费用分配率=标准固定性制造费用总额÷预算产量下标准工时

由于固定性制造费用相对固定，实际产量与预算产量的差异会对单位产品所应承担的固定性制造费用产生影响，所以，固定性制造费用成本差异的分析有其特殊性，可以分为两差异分析法和三差异分析法。

（1）两差异分析法。它是指将总差异分成固定性制造费用耗费差异和固定性制造费用能量差异两部分，计算公式如下：

固定性制造费用耗费差异=实际产量下实际固定性制造费用−预算产量下标准固定性制造费用
=实际产量下实际固定性制造费用−标准固定性制造费用分配率×
单位产品工时用量标准×预算产量
=实际产量下实际固定性制造费用−标准固定性制造费用分配率×
预算产量下标准工时

固定性制造费用能量差异=预算产量下标准固定性制造费用−实际产量下实际固定性制造费用
=标准固定性制造费用分配率×（预算产量下标准工时−实际产量下标准工时）

例 11-7

沿用例 11-3 中的资料，A 产品标准固定性制造费用分配率为 12 元/h，单位产品工时用量标准为 1.5h/件。假定企业的 A 产品预算产量为 10 400 件，实际生产 A 产品 8 000 件，用工 10 000h，实际发生固定性制造费用 190 000 元。其固定性制造费用的成本差异计算如下：

固定性制造费用成本差异=190 000−12×1.5×8 000=46 000（元）（超支）

其中，固定性制造费用耗费差异=190 000−12×1.5×10 400=2 800（元）（超支）

固定性制造费用能量差异=12×（1.5×10 400−1.5×8 000）=43 200（元）（超支）

通过以上计算可以看出，该企业 A 产品固定性制造费用超支 46 000 元，主要是由于生产能力不足，实际产量小于预算产量所致。

（2）三差异分析法。它是将两差异分析法下的能量差异进一步分解为产量差异和效率差异，即将固定性制造费用成本差异分为固定性制造费用耗费差异、固定性制造费用产量差异和固定性制造费用效率差异三个部分。其中，固定性制造费用耗费差异的概念和计算与两差异分析法一致。相关计算公式为：

固定性制造费用耗费差异=实际产量下实际固定性制造费用−预算产量下标准固定性制造费用
=实际产量下实际固定性制造费用−标准固定性制造费用分配率×单位产品工时用量标准×预算产量
=实际产量下实际固定性制造费用−标准固定性制造费用分配率×预算产量下标准工时

$$\text{固定性制造费用产量差异}=\text{标准固定性制造费用分配率}\times\left(\text{预算产量下标准工时}\right)-\left(\text{实际产量下实际工时}\right)$$

$$\text{固定性制造费用效率差异}=\text{标准固定性制造费用分配率}\times\left(\text{实际产量下实际工时}\right)-\left(\text{实际产量下标准工时}\right)$$

例 11-8

沿用例 11-7 中的资料，计算其固定性制造费用的成本差异如下：

固定性制造费用成本差异=190 000−12×1.5×8 000=46 000（元）（超支）

其中，固定性制造费用耗费差异=190 000−12×1.5×10 400=2 800（元）（超支）

固定性制造费用产量差异=12×（1.5×10 400−10 000）=67 200（元）（超支）

固定性制造费用效率差异=12×（10 000−1.5×8 000）=−24 000（元）（节约）

通过以上计算可以看出，采用三差异分析法，能够更好地说明生产能力利用程度和生产效率高低所导致的成本差异情况，便于分清责任。

5. 分析结果的反馈

标准成本差异分析是企业规划与控制的重要手段。通过差异分析，企业管理人员可以进一步揭示实际实行结果与标准不同的深层次原因。差异分析的结果，可以更好地凸显企业实际生产经营活动中存在的不足或在必要时修改成本标准，这对企业成本的持续降低、责任的明确划分以及经营效率的提高具有十分重要的意义。

本章小结

内部控制是指由企业董事会（或者由企业章程规定的经理、厂长办公会等类似的决策、治理机构，以下简称董事会）、管理层和全体员工共同实施的旨在合理保证实现企业基本目标的一系列控制活动。一般而言，内部控制的目标有以下几个方面：①企业战略。②经营的效率和效果。③财务报告及管理信息的真实可靠。④资产的安全完整。⑤遵循国家法律法规和有关监管要求。

财务控制是指按照一定的程序与方法，确保企业及其内部机构和人员全面落实和实现财务预算的过程。财务控制的特征有：以价值形式为控制手段；以不同岗位、部门和层次的不同经济业务为综合控制对象；以控制日常现金流量为主要内容。

成本控制是指以成本作为控制的手段，通过制定成本总水平指标值、可比产品成本降低率以及成本中心控制成本的责任等，达到对经济活动实施有效控制的目的的一系列管理活动与过程。

复习思考题

1. 什么是成本控制？

2. 简述内部控制的含义和基本要求。

3. 简述内部控制制度的一般原则和方法。

4. 简述财务控制的基本原则。

5. 什么是标准成本制度？

6. 什么是标准成本？具有哪些种类？

练　习　题

1. 某企业甲产品单位工时用量标准为 2h/件，标准变动性制造费用分配率为 5 元/h，标准固定性制造费用分配率为 8 元/h。本月预算产量为 10 000 件，实际产量为 12 000 件，实际工时为 21 600h，实际变动性制造费用与固定性制造费用分别为 110 160 元和 250 000 元。

要求：

（1）计算单位产品的变动性制造费用标准成本。

（2）计算单位产品的固定性制造费用标准成本。

（3）计算变动性制造费用效率差异。

（4）计算变动性制造费用耗费差异。

（5）计算两差异分析法下的固定性制造费用耗费差异。

（6）计算两差异分析法下的固定性制造费用能量差异。

2. 某产品本月成本资料如下：

（1）单位产品标准成本资料如表 11-4 所示。

表 11-4　单位产品标准成本资料

成本项目	用量标准	价格标准	标准成本
直接材料	50kg	9 元/kg	450 元/件
直接人工	A	4 元/h	B
变动性制造费用	C	D	135 元/件
固定性制造费用	E	F	90 元/件
合　计	—	—	855 元/件

本企业该产品预算产量的标准工时为 1 000h，制造费用均按人工工时分配。

（2）本月实际产量 20 件，实际耗用材料 900kg，实际人工工时为 950h。实际成本资料如表 11-5 所示。

表 11-5　实际成本资料

成本项目	实际成本
直接材料	9 000 元
直接人工	3 325 元
变动性制造费用	2 375 元
固定性制造费用	2 850 元
合　计	17 550 元

要求：

（1）填写表 11-4 中用字母表示的数据。

（2）计算本月产品成本差异总额。

（3）计算直接材料价格差异和用量差异。

（4）计算直接人工效率差异和工资率差异。

（5）计算变动性制造费用耗费差异和效率差异。

（6）分别采用二差异分析法和三差异分析法进行固定性制造费用成本差异分析。

案例分析

考核内部控制（内控措施的运用和有关各方的职责）

和平集团董事会决定，从 2009 年 7 月 1 日起执行《企业内部控制基本规范》，为此要求集团公司内部审计部门对集团公司下属的 52 家子公司的内部控制制度的健全性和有效性进行全面的检查。集团公司内部审计部门在检查中发现了以下情况：

（1）甲公司为一家物流企业，注册资本为 5 000 万元。随着业务规模的扩大，日常事务非常繁忙。为提高工作效率和防范出现重大风险，公司管理层决定，公司重大对外投资事项由经办人员直接对董事长汇报，由董事长亲自审批。

（2）乙公司为一家物业管理公司，财务部共有二人，分会计与出纳岗位。出纳岗位负责货币资金的收付和现金、银行存款账簿以及应收、应付等债权债务账簿的登记工作；会计岗位负责其他会计事项。由于会计人员少，在一方有产假、休假或其他事务情况下，只能由另一方代替其工作。比如，在出纳休假时，为了保证公司的正常运转，由会计负责各种款项的收付，并负责登记账簿和编制财务报表。

（3）丙公司为一家生产电器产品的企业，注册资本为 2 亿元。由于电器产品的竞争非常激烈，丙公司被迫采取激进的销售政策，对大部分产品实行赊销，并且信用期很长，造成了应收账款大幅度增加和坏账率的上升。为了改变这种不利局面，丙公司最近作出决定，对每一销售商由专管业务员全面负责，即某一业务员一旦与某销售商签订了供货合同，则应当由该业务员负责发货、收款、对账，出现问题，由该专管业务员负完全责任。

（4）丁公司为生产汽车配件的一家公司，为了在短时间内取得更大的市场份额，总经理在未进行可行性研究和未经管理层批准的情况下，指示基建部门加快扩建 SUV（运动型多用途汽车）配件生产线。生产线经过 3 个月的紧张施工后，未经竣工决算审计就由基建部门办理了验收手续，交付生产部门投入使用。

SUV 配件生产线投产后，由于能源供应短缺，汽油价格暴涨，导致 SUV 配件严重滞销，该生产线长期停工，丁公司损失惨重。

要求：

1．从内部控制的角度，分析、评价上述事项（1）～（4）是否存在缺陷，并简要说明理由。

2．从有关方面在内部控制中的职责的角度，分析、判断事项（3）中丙公司规定的在销售中出现问题由专管业务员负完全责任的做法是否恰当，并简要说明理由。

附　录

附表 A　复利终值系数表

期数	1%	2%	3%	4%	5%	6%	7%	8%	9%	10%	11%	12%	13%	14%	15%
1	1.010 0	1.020 0	1.030 0	1.040 0	1.050 0	1.060 0	1.070 0	1.080 0	1.090 0	1.100 0	1.110 0	1.120 0	1.130 0	1.140 0	1.150 0
2	1.020 1	1.040 4	1.060 9	1.081 6	1.102 5	1.123 6	1.144 9	1.166 4	1.188 1	1.210 0	1.232 1	1.254 4	1.276 9	1.299 6	1.322 5
3	1.030 3	1.061 2	1.092 7	1.124 9	1.157 6	1.191 0	1.225 0	1.259 7	1.295 0	1.331 0	1.367 6	1.404 9	1.442 9	1.481 5	1.520 9
4	1.040 6	1.082 4	1.125 5	1.169 9	1.215 5	1.262 5	1.310 8	1.360 5	1.411 6	1.464 1	1.518 1	1.573 5	1.630 5	1.689 0	1.749 0
5	1.051 0	1.104 1	1.159 3	1.216 7	1.276 3	1.338 2	1.402 6	1.469 3	1.538 6	1.610 5	1.685 1	1.762 3	1.842 4	1.925 4	2.011 4
6	1.061 5	1.126 2	1.194 1	1.265 3	1.340 1	1.418 5	1.500 7	1.586 9	1.677 1	1.771 6	1.870 4	1.973 8	2.082 0	2.195 0	2.313 1
7	1.072 1	1.148 7	1.229 9	1.315 9	1.407 1	1.503 6	1.605 8	1.713 8	1.828 0	1.948 7	2.076 2	2.210 7	2.352 6	2.502 3	2.660 0
8	1.082 9	1.171 7	1.266 8	1.368 6	1.477 5	1.593 8	1.718 2	1.850 9	1.992 6	2.143 6	2.304 5	2.476 0	2.658 4	2.852 6	3.059 0
9	1.093 7	1.195 1	1.304 8	1.423 3	1.551 3	1.689 5	1.838 5	1.999 0	2.171 9	2.357 9	2.558 0	2.773 1	3.004 0	3.251 9	3.517 9
10	1.104 6	1.219 0	1.343 9	1.480 2	1.628 9	1.790 8	1.967 2	2.158 9	2.367 4	2.593 7	2.839 4	3.105 8	3.394 6	3.707 2	4.045 6
11	1.115 7	1.243 4	1.384 2	1.539 5	1.710 3	1.898 3	2.104 9	2.331 6	2.580 4	2.853 1	3.151 8	3.478 6	3.835 9	4.226 2	4.652 4
12	1.126 8	1.268 2	1.425 8	1.601 0	1.795 9	2.012 2	2.252 2	2.518 2	2.812 7	3.138 4	3.498 5	3.896 0	4.334 5	4.817 9	5.350 3
13	1.138 1	1.293 6	1.468 5	1.665 1	1.885 6	2.132 9	2.409 8	2.719 6	3.065 8	3.452 3	3.883 3	4.363 5	4.898 0	5.492 4	6.152 8
14	1.149 5	1.319 5	1.512 6	1.731 7	1.979 9	2.260 9	2.578 5	2.937 2	3.341 7	3.797 5	4.310 4	4.887 1	5.534 8	6.261 3	7.075 7
15	1.161 0	1.345 9	1.558 0	1.800 9	2.078 9	2.396 6	2.759 0	3.172 2	3.642 5	4.177 2	4.784 6	5.473 6	6.254 3	7.137 9	8.137 1
16	1.172 6	1.372 8	1.604 7	1.873 0	2.182 9	2.540 4	2.952 2	3.425 9	3.970 3	4.595 0	5.310 9	6.130 4	7.067 3	8.137 2	9.357 6
17	1.184 3	1.400 2	1.652 8	1.947 9	2.292 0	2.692 8	3.158 8	3.700 0	4.327 6	5.054 5	5.895 1	6.866 0	7.986 1	9.276 5	10.761 3
18	1.196 1	1.428 2	1.702 4	2.025 8	2.406 6	2.854 3	3.379 9	3.996 0	4.717 1	5.559 9	6.543 6	7.690 0	9.024 3	10.575 2	12.375 5
19	1.208 1	1.456 8	1.753 5	2.106 8	2.527 0	3.025 6	3.616 5	4.315 7	5.141 7	6.115 9	7.263 3	8.612 8	10.197 4	12.055 7	14.231 8
20	1.220 2	1.485 9	1.806 1	2.191 1	2.653 3	3.207 1	3.869 7	4.661 0	5.604 4	6.727 5	8.062 3	9.646 3	11.523 1	13.743 5	16.366 5
21	1.232 4	1.515 7	1.860 3	2.278 8	2.786 0	3.399 6	4.140 6	5.033 8	6.108 8	7.400 2	8.949 2	10.803 8	13.021 1	15.667 6	18.821 5
22	1.244 7	1.546 0	1.916 1	2.369 9	2.925 3	3.603 5	4.430 4	5.436 5	6.658 6	8.140 3	9.933 6	12.100 3	14.713 8	17.861 0	21.644 7
23	1.257 2	1.576 9	1.973 6	2.464 7	3.071 5	3.819 7	4.740 5	5.871 5	7.257 9	8.954 3	11.026 3	13.552 3	16.626 6	20.361 6	24.891 5
24	1.269 7	1.608 4	2.032 8	2.563 3	3.225 1	4.048 9	5.072 4	6.341 2	7.911 1	9.849 7	12.239 2	15.178 6	18.788 1	23.212 2	28.625 2
25	1.282 4	1.640 6	2.093 8	2.665 8	3.386 4	4.291 9	5.427 4	6.848 5	8.623 1	10.834 7	13.585 5	17.000 1	21.230 5	26.461 9	32.919 0
26	1.295 3	1.673 4	2.156 6	2.772 5	3.555 7	4.549 4	5.807 4	7.396 4	9.399 2	11.918 2	15.079 9	19.040 1	23.990 5	30.166 6	37.856 8
27	1.308 2	1.706 9	2.221 3	2.883 4	3.733 5	4.822 3	6.213 9	7.988 1	10.245 1	13.110 0	16.738 7	21.324 9	27.109 3	34.389 9	43.535 3
28	1.321 3	1.741 0	2.287 9	2.998 7	3.920 1	5.111 7	6.648 8	8.627 1	11.167 1	14.421 0	18.579 9	23.883 9	30.633 5	39.204 5	50.065 6
29	1.334 5	1.775 8	2.356 6	3.118 7	4.116 1	5.418 4	7.114 3	9.317 3	12.172 2	15.863 1	20.623 7	26.749 9	34.615 8	44.693 1	57.575 5
30	1.347 8	1.811 4	2.427 3	3.243 4	4.321 9	5.743 5	7.612 3	10.062 7	13.267 7	17.449 4	22.892 3	29.959 9	39.115 9	50.950 2	66.211 8

（续）

期数	16%	17%	18%	19%	20%	21%	22%	23%	24%	25%	26%	27%	28%	29%	30%
1	1.160 0	1.170 0	1.180 0	1.190 0	1.200 0	1.210 0	1.220 0	1.230 0	1.240 0	1.250 0	1.260 0	1.270 0	1.280 0	1.290 0	1.300 0
2	1.345 6	1.368 9	1.392 4	1.416 1	1.440 0	1.464 1	1.488 4	1.512 9	1.537 6	1.562 5	1.587 6	1.612 9	1.638 4	1.664 1	1.690 0
3	1.560 9	1.601 6	1.643 0	1.685 2	1.728 0	1.771 6	1.815 8	1.860 9	1.906 6	1.953 1	2.000 4	2.048 4	2.097 2	2.146 7	2.197 0
4	1.810 6	1.873 9	1.938 8	2.005 3	2.073 6	2.143 6	2.215 3	2.288 9	2.364 2	2.441 4	2.520 5	2.601 4	2.684 4	2.769 2	2.856 1
5	2.100 3	2.192 4	2.287 8	2.386 4	2.488 3	2.593 7	2.702 7	2.815 3	2.931 6	3.051 8	3.175 8	3.303 8	3.436 0	3.572 3	3.712 9
6	2.436 4	2.565 2	2.699 6	2.839 8	2.986 0	3.138 4	3.297 3	3.462 8	3.635 2	3.814 7	4.001 5	4.195 9	4.398 0	4.608 3	4.826 8
7	2.826 2	3.001 2	3.185 5	3.379 3	3.583 2	3.797 5	4.022 7	4.259 3	4.507 7	4.768 4	5.041 9	5.328 8	5.629 5	5.944 7	6.274 9
8	3.278 4	3.511 5	3.758 9	4.021 4	4.299 8	4.595 0	4.907 7	5.238 9	5.589 5	5.960 5	6.352 8	6.767 5	7.205 8	7.668 6	8.157 3
9	3.803 0	4.108 4	4.435 5	4.785 4	5.159 8	5.559 9	5.987 4	6.443 9	6.931 0	7.450 6	8.004 5	8.594 8	9.223 4	9.892 5	10.604 5
10	4.411 4	4.806 8	5.233 8	5.694 7	6.191 7	6.727 5	7.304 6	7.925 9	8.594 4	9.313 2	10.085 7	10.915 3	11.805 9	12.761 4	13.785 8
11	5.117 3	5.624 0	6.175 9	6.776 7	7.430 1	8.140 3	8.911 7	9.748 9	10.657 1	11.641 5	12.708 0	13.862 5	15.111 6	16.462 2	17.921 6
12	5.936 0	6.580 1	7.287 6	8.064 2	8.916 1	9.849 7	10.872 2	11.991 2	13.214 8	14.551 9	16.012 0	17.605 3	19.342 8	21.236 2	23.298 1
13	6.885 8	7.698 7	8.599 4	9.596 4	10.699 3	11.918 2	13.264 1	14.749 1	16.386 3	18.189 9	20.175 2	22.358 8	24.758 8	27.394 7	30.287 5
14	7.987 5	9.007 5	10.147 2	11.419 8	12.839 2	14.421 0	16.182 2	18.141 4	20.319 1	22.737 4	25.420 7	28.395 7	31.691 3	35.339 1	39.373 8
15	9.265 5	10.538 7	11.973 7	13.589 5	15.407 0	17.449 4	19.742 3	22.314 0	25.195 6	28.421 7	32.030 1	36.062 5	40.564 8	45.587 5	51.185 9
16	10.748 0	12.330 3	14.129 0	16.171 5	18.488 4	21.113 8	24.085 6	27.446 2	31.242 6	35.527 1	40.357 9	45.799 4	51.923 0	58.807 9	66.541 7
17	12.467 7	14.426 5	16.672 2	19.244 1	22.186 1	25.547 7	29.384 4	33.758 8	38.740 8	44.408 9	50.851 0	58.165 2	66.461 4	75.862 1	86.504 2
18	14.462 5	16.879 0	19.673 3	22.900 5	26.623 3	30.912 7	35.849 0	41.523 3	48.038 6	55.511 2	64.072 2	73.869 8	85.070 6	97.862 2	112.455 4
19	16.776 5	19.748 4	23.214 4	27.251 6	31.948 0	37.404 3	43.735 8	51.073 7	59.567 9	69.388 9	80.731 0	93.814 7	108.890 4	126.242 2	146.192 0
20	19.460 8	23.105 6	27.393 0	32.429 4	38.337 6	45.259 3	53.357 6	62.820 6	73.864 1	86.736 2	101.721 1	119.144 6	139.379 7	162.852 4	190.049 6
21	22.574 5	27.033 6	32.323 8	38.591 0	46.005 1	54.763 7	65.096 3	77.269 4	91.591 5	108.420 2	128.168 5	151.313 7	178.406 0	210.079 6	247.064 5
22	26.186 4	31.629 3	38.142 1	45.923 3	55.206 1	66.264 1	79.417 5	95.041 3	113.573 5	135.525 3	161.492 4	192.168 3	228.359 6	271.002 7	321.183 9
23	30.376 2	37.006 2	45.007 6	54.648 7	66.247 4	80.179 5	96.889 4	116.900 8	140.831 2	169.406 6	203.480 4	244.053 8	292.300 3	349.593 5	417.539 1
24	35.236 4	43.297 3	53.109 0	65.032 0	79.496 8	97.017 2	118.205 0	143.788 0	174.630 6	211.758 2	256.385 3	309.948 3	374.144 4	450.975 6	542.800 8
25	40.874 2	50.657 8	62.668 6	77.388 1	95.396 2	117.390 9	144.210 1	176.859 3	216.542 0	264.697 8	323.045 4	393.634 4	478.904 9	581.758 5	705.641 0
26	47.414 1	59.269 7	73.949 0	92.091 8	114.475 5	142.042 9	175.936 4	217.536 9	268.512 1	330.872 2	407.037 3	499.915 7	612.998 2	750.468 5	917.333 3
27	55.000 4	69.345 5	87.259 8	109.589 3	137.370 6	171.871 9	214.642 4	267.570 4	332.955 0	413.590 3	512.867 0	634.892 9	784.637 7	968.104 4	1 192.533 3
28	63.800 4	81.134 2	102.966 6	130.411 2	164.844 7	207.965 1	261.863 7	329.111 5	412.864 2	516.987 9	646.212 4	806.314 0	1 004.336 3	1 248.854 6	1 550.293 3
29	74.008 5	94.927 1	121.500 5	155.189 3	197.813 6	251.637 7	319.473 7	404.807 2	511.951 6	646.234 9	814.227 6	1 024.018 7	1 285.550 4	1 611.022 5	2 015.381 3
30	85.849 9	111.064 7	143.370 6	184.675 3	237.376 3	304.481 6	389.757 9	497.912 9	634.819 9	807.793 6	1 025.926 7	1 300.503 8	1 645.504 6	2 078.219 0	2 619.995 6

附录 B 复利现值系数表

期数	1%	2%	3%	4%	5%	6%	7%	8%	9%	10%	11%	12%	13%	14%	15%
1	0.990 1	0.980 4	0.970 9	0.961 5	0.952 4	0.943 4	0.934 6	0.925 9	0.917 4	0.909 1	0.900 9	0.892 9	0.885 0	0.877 2	0.869 6
2	0.980 3	0.961 2	0.942 6	0.924 6	0.907 0	0.890 0	0.873 4	0.857 3	0.841 7	0.826 4	0.811 6	0.797 2	0.783 1	0.769 5	0.756 1
3	0.970 6	0.942 3	0.915 1	0.889 0	0.863 8	0.839 6	0.816 3	0.793 8	0.772 2	0.751 3	0.731 2	0.711 8	0.693 1	0.675 0	0.657 5
4	0.961 0	0.923 8	0.888 5	0.854 8	0.822 7	0.792 1	0.762 9	0.735 0	0.708 4	0.683 0	0.658 7	0.635 5	0.613 3	0.592 1	0.571 8
5	0.951 5	0.905 7	0.862 6	0.821 9	0.783 5	0.747 3	0.713 0	0.680 6	0.649 9	0.620 9	0.593 5	0.567 4	0.542 8	0.519 4	0.497 2
6	0.942 0	0.888 0	0.837 5	0.790 3	0.746 2	0.705 0	0.666 3	0.630 2	0.596 3	0.564 5	0.534 6	0.506 6	0.480 3	0.455 6	0.432 3
7	0.932 7	0.870 6	0.813 1	0.759 9	0.710 7	0.665 1	0.622 7	0.583 5	0.547 0	0.513 2	0.481 7	0.452 3	0.425 1	0.399 6	0.375 9
8	0.923 5	0.853 5	0.789 4	0.730 7	0.676 8	0.627 4	0.582 0	0.540 3	0.501 9	0.466 5	0.433 9	0.403 9	0.376 2	0.350 6	0.326 9
9	0.914 3	0.836 8	0.766 4	0.702 6	0.644 6	0.591 9	0.543 9	0.500 2	0.460 4	0.424 1	0.390 9	0.360 6	0.332 9	0.307 5	0.284 3
10	0.905 3	0.820 3	0.744 1	0.675 6	0.613 9	0.558 4	0.508 3	0.463 2	0.422 4	0.385 5	0.352 2	0.322 0	0.294 6	0.269 7	0.247 2
11	0.896 3	0.804 3	0.722 4	0.649 6	0.584 7	0.526 8	0.475 1	0.428 9	0.387 5	0.350 5	0.317 3	0.287 5	0.260 7	0.236 6	0.214 9
12	0.887 4	0.788 5	0.701 4	0.624 6	0.556 8	0.497 0	0.444 0	0.397 1	0.355 5	0.318 6	0.285 8	0.256 7	0.230 7	0.207 6	0.186 9
13	0.878 7	0.773 0	0.681 0	0.600 6	0.530 3	0.468 8	0.415 0	0.367 7	0.326 2	0.289 7	0.257 5	0.229 2	0.204 2	0.182 1	0.162 5
14	0.870 0	0.757 9	0.661 1	0.577 5	0.505 1	0.442 3	0.387 8	0.340 5	0.299 2	0.263 3	0.232 0	0.204 6	0.180 7	0.159 7	0.141 3
15	0.861 3	0.743 0	0.641 9	0.555 3	0.481 0	0.417 3	0.362 4	0.315 2	0.274 5	0.239 4	0.209 0	0.182 7	0.159 9	0.140 1	0.122 9
16	0.852 8	0.728 4	0.623 2	0.533 9	0.458 1	0.393 6	0.338 7	0.291 9	0.251 9	0.217 6	0.188 3	0.163 1	0.141 5	0.122 9	0.106 9
17	0.844 4	0.714 2	0.605 0	0.513 4	0.436 3	0.371 4	0.316 6	0.270 3	0.231 1	0.197 8	0.169 6	0.145 6	0.125 2	0.107 8	0.092 9
18	0.836 0	0.700 2	0.587 4	0.493 6	0.415 5	0.350 3	0.295 9	0.250 2	0.212 0	0.179 9	0.152 8	0.130 0	0.110 8	0.094 6	0.080 8
19	0.827 7	0.686 4	0.570 3	0.474 6	0.395 7	0.330 5	0.276 5	0.231 7	0.194 5	0.163 5	0.137 7	0.116 1	0.098 1	0.082 9	0.070 3
20	0.819 5	0.673 0	0.553 7	0.456 4	0.376 9	0.311 8	0.258 4	0.214 5	0.178 4	0.148 6	0.124 0	0.103 7	0.086 8	0.072 8	0.061 1
21	0.811 4	0.659 8	0.537 5	0.438 8	0.358 9	0.294 2	0.241 5	0.198 7	0.163 7	0.135 1	0.111 7	0.092 6	0.076 8	0.063 8	0.053 1
22	0.803 4	0.646 8	0.521 9	0.422 0	0.341 8	0.277 5	0.225 7	0.183 9	0.150 2	0.122 8	0.100 7	0.082 6	0.068 0	0.056 0	0.046 2
23	0.795 4	0.634 2	0.506 7	0.405 7	0.325 6	0.261 8	0.210 9	0.170 3	0.137 8	0.111 7	0.090 7	0.073 8	0.060 1	0.049 1	0.040 2
24	0.787 6	0.621 7	0.491 9	0.390 1	0.310 1	0.247 0	0.197 1	0.157 7	0.126 4	0.101 5	0.081 7	0.065 9	0.053 2	0.043 1	0.034 9
25	0.779 8	0.609 5	0.477 6	0.375 1	0.295 3	0.233 0	0.184 2	0.146 0	0.116 0	0.092 3	0.073 6	0.058 8	0.047 1	0.037 8	0.030 4
26	0.772 0	0.597 6	0.463 7	0.360 7	0.281 2	0.219 8	0.172 2	0.135 2	0.106 4	0.083 9	0.066 3	0.052 5	0.041 7	0.033 1	0.026 4
27	0.764 4	0.585 9	0.450 2	0.346 8	0.267 8	0.207 4	0.160 9	0.125 2	0.097 6	0.076 3	0.059 7	0.046 9	0.036 9	0.029 1	0.023 0
28	0.756 8	0.574 4	0.437 1	0.333 5	0.255 1	0.195 6	0.150 4	0.115 9	0.089 5	0.069 3	0.053 8	0.041 9	0.032 6	0.025 5	0.020 0
29	0.749 3	0.563 1	0.424 3	0.320 7	0.242 9	0.184 6	0.140 6	0.107 3	0.082 2	0.063 0	0.048 5	0.037 4	0.028 9	0.022 4	0.017 4
30	0.741 9	0.552 1	0.412 0	0.308 3	0.231 4	0.174 1	0.131 4	0.099 4	0.075 4	0.057 3	0.043 7	0.033 4	0.025 6	0.019 6	0.015 1

（续）

期数	16%	17%	18%	19%	20%	21%	22%	23%	24%	25%	26%	27%	28%	29%	30%
1	0.862 1	0.854 7	0.847 5	0.840 3	0.833 3	0.826 4	0.819 7	0.813 0	0.806 5	0.800 0	0.793 7	0.787 4	0.781 3	0.775 2	0.769 2
2	0.743 2	0.730 5	0.718 2	0.706 2	0.694 4	0.683 0	0.671 9	0.661 0	0.650 4	0.640 0	0.629 9	0.620 0	0.610 4	0.600 9	0.591 7
3	0.640 7	0.624 4	0.608 6	0.593 4	0.578 7	0.564 5	0.550 7	0.537 4	0.524 5	0.512 0	0.499 9	0.488 2	0.476 8	0.465 8	0.455 2
4	0.552 3	0.533 7	0.515 8	0.498 7	0.482 3	0.466 5	0.451 4	0.436 9	0.423 0	0.409 6	0.396 8	0.384 4	0.372 5	0.361 1	0.350 1
5	0.476 1	0.456 1	0.437 1	0.419 0	0.401 9	0.385 5	0.370 0	0.355 2	0.341 1	0.327 7	0.314 9	0.302 7	0.291 0	0.279 9	0.269 3
6	0.410 4	0.389 8	0.370 4	0.352 1	0.334 9	0.318 6	0.303 3	0.288 8	0.275 1	0.262 1	0.249 9	0.238 3	0.227 4	0.217 0	0.207 2
7	0.353 8	0.333 2	0.313 9	0.295 9	0.279 1	0.263 3	0.248 6	0.234 8	0.221 8	0.209 7	0.198 3	0.187 7	0.177 6	0.168 2	0.159 4
8	0.305 0	0.284 8	0.266 0	0.248 7	0.232 6	0.217 6	0.203 8	0.190 9	0.178 9	0.167 8	0.157 4	0.147 8	0.138 8	0.130 4	0.122 6
9	0.263 0	0.243 4	0.225 5	0.209 0	0.193 8	0.179 9	0.167 0	0.155 2	0.144 3	0.134 2	0.124 9	0.116 4	0.108 4	0.101 1	0.094 3
10	0.226 7	0.208 0	0.191 1	0.175 6	0.161 5	0.148 6	0.136 9	0.126 2	0.116 4	0.107 4	0.099 2	0.091 6	0.084 7	0.078 4	0.072 5
11	0.195 4	0.177 8	0.161 9	0.147 6	0.134 6	0.122 8	0.112 2	0.102 6	0.093 8	0.085 9	0.078 7	0.072 1	0.066 2	0.060 7	0.055 8
12	0.168 5	0.152 0	0.137 2	0.124 0	0.112 2	0.101 5	0.092 0	0.083 4	0.075 7	0.068 7	0.062 5	0.056 8	0.051 7	0.047 1	0.042 9
13	0.145 2	0.129 9	0.116 3	0.104 2	0.093 5	0.083 9	0.075 4	0.067 8	0.061 0	0.055 0	0.049 6	0.044 7	0.040 4	0.036 5	0.033 0
14	0.125 2	0.111 0	0.098 5	0.087 6	0.077 9	0.069 3	0.061 8	0.055 1	0.049 2	0.044 0	0.039 3	0.035 2	0.031 6	0.028 3	0.025 4
15	0.107 9	0.094 9	0.083 5	0.073 6	0.064 9	0.057 3	0.050 7	0.044 8	0.039 7	0.035 2	0.031 2	0.027 7	0.024 7	0.021 9	0.019 5
16	0.093 0	0.081 1	0.070 8	0.061 8	0.054 1	0.047 4	0.041 5	0.036 4	0.032 0	0.028 1	0.024 8	0.021 8	0.019 3	0.017 0	0.015 0
17	0.080 2	0.069 3	0.060 0	0.052 0	0.045 1	0.039 1	0.034 0	0.029 6	0.025 8	0.022 5	0.019 7	0.017 2	0.015 0	0.013 2	0.011 6
18	0.069 1	0.059 2	0.050 8	0.043 7	0.037 6	0.032 3	0.027 9	0.024 1	0.020 8	0.018 0	0.015 6	0.013 5	0.011 8	0.010 2	0.008 9
19	0.059 6	0.050 6	0.043 1	0.036 7	0.031 3	0.026 7	0.022 9	0.019 6	0.016 8	0.014 4	0.012 4	0.010 7	0.009 2	0.007 9	0.006 8
20	0.051 4	0.043 3	0.036 5	0.030 8	0.026 1	0.022 1	0.018 7	0.015 9	0.013 5	0.011 5	0.009 8	0.008 4	0.007 2	0.006 1	0.005 3
21	0.044 3	0.037 0	0.030 9	0.0259	0.021 7	0.018 3	0.015 4	0.012 9	0.010 9	0.009 2	0.007 8	0.006 6	0.005 6	0.004 8	0.004 0
22	0.038 2	0.031 6	0.026 2	0.021 8	0.018 1	0.015 1	0.012 6	0.010 5	0.008 8	0.007 4	0.006 2	0.005 2	0.004 4	0.003 7	0.003 1
23	0.032 9	0.027 0	0.022 2	0.018 3	0.015 1	0.012 5	0.010 3	0.008 6	0.007 1	0.005 9	0.004 9	0.004 1	0.003 4	0.002 9	0.002 4
24	0.028 4	0.023 1	0.018 8	0.015 4	0.012 6	0.010 3	0.008 5	0.007 0	0.005 7	0.004 7	0.003 9	0.003 2	0.002 7	0.002 2	0.001 8
25	0.024 5	0.019 7	0.016 0	0.012 9	0.010 5	0.008 5	0.006 9	0.005 7	0.004 6	0.003 8	0.003 1	0.002 5	0.002 1	0.001 7	0.001 4
26	0.021 1	0.016 9	0.013 5	0.010 9	0.008 7	0.007 0	0.005 7	0.004 6	0.003 7	0.003 0	0.002 5	0.002 0	0.001 6	0.001 3	0.001 1
27	0.018 2	0.014 4	0.011 5	0.009 1	0.007 3	0.005 8	0.004 7	0.003 7	0.003 0	0.002 4	0.001 9	0.001 6	0.001 3	0.001 0	0.000 8
28	0.015 7	0.012 3	0.009 7	0.007 7	0.006 1	0.004 8	0.003 8	0.003 0	0.002 4	0.001 9	0.001 5	0.001 2	0.001 0	0.000 8	0.000 6
29	0.013 5	0.0105	0.008 2	0.006 4	0.005 1	0.004 0	0.003 1	0.002 5	0.002 0	0.001 5	0.001 2	0.001 0	0.000 8	0.000 6	0.000 5
30	0.011 6	0.009 0	0.007 0	0.005 4	0.004 2	0.003 3	0.002 6	0.002 0	0.001 6	0.001 2	0.001 0	0.000 8	0.000 6	0.000 5	0.000 4

附表 C　年金终值系数表

期数	1%	2%	3%	4%	5%	6%	7%	8%	9%	10%	11%	12%	13%	14%	15%
1	1.000 0	1.000 0	1.000 0	1.000 0	1.000 0	1.000 0	1.000 0	1.000 0	1.000 0	1.000 0	1.000 0	1.000 0	1.000 0	1.000 0	1.000 0
2	2.010 0	2.020 0	2.030 0	2.040 0	2.050 0	2.060 0	2.070 0	2.080 0	2.090 0	2.100 0	2.110 0	2.120 0	2.130 0	2.140 0	2.150 0
3	3.030 1	3.060 4	3.090 9	3.121 6	3.152 5	3.183 6	3.214 9	3.246 4	3.278 1	3.310 0	3.342 1	3.374 4	3.406 9	3.439 6	3.472 5
4	4.060 4	4.121 6	4.183 6	4.246 5	4.310 1	4.374 6	4.439 9	4.506 1	4.573 1	4.641 0	4.709 7	4.779 3	4.849 8	4.921 1	4.993 4
5	5.101 0	5.204 0	5.309 1	5.416 3	5.525 6	5.637 1	5.750 7	5.866 6	5.984 7	6.105 1	6.227 8	6.352 8	6.480 3	6.610 1	6.742 4
6	6.152 0	6.308 1	6.468 4	6.633 0	6.801 9	6.975 3	7.153 3	7.335 9	7.523 3	7.715 6	7.912 9	8.115 2	8.322 7	8.535 5	8.753 7
7	7.213 5	7.434 3	7.662 5	7.898 3	8.142 0	8.393 8	8.654 0	8.922 8	9.200 4	9.487 2	9.783 3	10.089 0	10.404 7	10.730 5	11.066 8
8	8.285 7	8.583 0	8.892 3	9.214 2	9.549 1	9.897 5	10.259 8	10.636 6	11.028 5	11.435 9	11.859 4	12.299 7	12.757 3	13.232 8	13.726 8
9	9.368 5	9.754 6	10.159 1	10.582 8	11.026 6	11.491 3	11.978 0	12.487 6	13.021 0	13.579 5	14.164 0	14.775 7	15.415 7	16.085 3	16.785 8
10	10.462 2	10.949 7	11.463 9	12.006 1	12.577 9	13.180 8	13.816 4	14.486 6	15.192 9	15.937 4	16.722 0	17.548 7	18.419 7	19.337 3	20.303 7
11	11.566 8	12.168 7	12.807 8	13.486 4	14.206 8	14.971 6	15.783 6	16.645 5	17.560 3	18.531 2	19.561 4	20.654 6	21.814 3	23.044 5	24.349 3
12	12.682 5	13.412 1	14.192 0	15.025 8	15.917 1	16.869 9	17.888 5	18.977 1	20.140 7	21.384 3	22.713 2	24.133 1	25.650 2	27.270 7	29.001 7
13	13.809 3	14.680 3	15.617 8	16.626 8	17.713 0	18.882 1	20.140 6	21.495 3	22.953 4	24.522 7	26.211 6	28.029 1	29.984 7	32.088 7	34.351 9
14	14.947 4	15.973 9	17.086 3	18.291 9	19.598 6	21.015 1	22.550 5	24.214 9	26.019 2	27.975 0	30.094 9	32.392 6	34.882 7	37.581 1	40.504 7
15	16.096 9	17.293 4	18.598 9	20.023 6	21.578 6	23.276 0	25.129 0	27.152 1	29.360 9	31.772 5	34.405 4	37.279 7	40.417 5	43.842 4	47.580 4
16	17.257 9	18.639 3	20.156 9	21.824 5	23.657 5	25.672 5	27.888 1	30.324 3	33.003 1	35.949 7	39.189 9	42.752 3	46.671 7	50.980 4	55.717 5
17	18.430 4	20.012 1	21.761 6	23.697 5	25.840 4	28.212 9	30.840 2	33.750 2	36.973 7	40.544 7	44.500 8	48.883 7	53.739 1	59.117 6	65.075 1
18	19.614 7	21.412 3	23.414 4	25.645 4	28.132 4	30.905 7	33.999 0	37.450 2	41.301 3	45.599 2	50.395 9	55.749 7	61.725 1	68.394 1	75.836 4
19	20.810 9	22.840 6	25.116 9	27.671 2	30.539 0	33.760 0	37.379 0	41.446 3	46.018 5	51.159 1	56.939 5	63.439 7	70.749 4	78.969 2	88.211 8
20	22.019 0	24.297 4	26.870 4	29.778 1	33.066 0	36.785 6	40.995 5	45.762 0	51.160 1	57.275 0	64.202 8	72.052 4	80.946 8	91.024 9	102.443 6
21	23.239 2	25.783 3	28.676 5	31.969 2	35.719 3	39.992 7	44.865 2	50.422 9	56.764 5	64.002 5	72.265 1	81.698 7	92.469 9	104.768 4	118.810 1
22	24.471 6	27.299 0	30.536 8	34.248 0	38.505 2	43.392 3	49.005 7	55.456 8	62.873 3	71.402 7	81.214 3	92.502 6	105.491 0	120.436 0	137.631 6
23	25.716 3	28.845 0	32.452 9	36.617 9	41.430 5	46.995 8	53.436 1	60.893 3	69.531 9	79.543 0	91.147 9	104.602 9	120.204 8	138.297 0	159.276 4
24	26.973 5	30.421 9	34.426 5	39.082 6	44.502 0	50.815 6	58.176 7	66.764 8	76.789 8	88.497 3	102.174 2	118.155 2	136.831 5	158.658 6	184.167 8
25	28.243 2	32.030 3	36.459 3	41.645 9	47.727 1	54.864 5	63.249 0	73.105 9	84.700 9	98.347 1	114.413 3	133.333 9	155.619 6	181.870 8	212.793 0
26	29.525 6	33.670 9	38.553 0	44.311 7	51.113 5	59.156 4	68.676 5	79.954 4	93.324 0	109.181 8	127.998 8	150.333 9	176.850 1	208.332 7	245.712 0
27	30.820 9	35.344 3	40.709 6	47.084 2	54.669 1	63.705 8	74.483 8	87.350 8	102.723 1	121.099 9	143.078 6	169.374 0	200.840 6	238.499 3	283.568 8
28	32.129 1	37.051 2	42.930 9	49.967 6	58.402 6	68.528 1	80.697 7	95.338 8	112.968 2	134.209 9	159.817 3	190.698 9	227.949 9	272.889 2	327.104 1
29	33.450 4	38.792 2	45.218 9	52.966 3	62.322 7	73.639 8	87.346 5	103.965 9	124.135 4	148.630 9	178.397 2	214.582 8	258.583 4	312.093 7	377.169 7
30	34.784 9	40.568 1	47.575 4	56.084 9	66.438 8	79.058 2	94.460 8	113.283 2	136.307 5	164.494 0	199.020 9	241.332 7	293.199 2	356.786 8	434.745 1

（续）

期数	16%	17%	18%	19%	20%	21%	22%	23%	24%	25%	26%	27%	28%	29%	30%
1	1.000 0	1.000 0	1.000 0	1.000 0	1.000 0	1.000 0	1.000 0	1.000 0	1.000 0	1.000 0	1.000 0	1.000 0	1.000 0	1.000 0	1.000 0
2	2.160 0	2.170 0	2.180 0	2.190 0	2.200 0	2.210 0	2.220 0	2.230 0	2.240 0	2.250 0	2.260 0	2.270 0	2.280 0	2.290 0	2.300 0
3	3.505 6	3.538 9	3.572 4	3.606 1	3.640 0	3.674 1	3.708 4	3.742 9	3.777 6	3.812 5	3.847 6	3.882 9	3.918 4	3.954 1	3.990 0
4	5.066 5	5.140 5	5.215 4	5.291 3	5.368 0	5.445 7	5.524 2	5.603 8	5.684 2	5.765 6	5.848 0	5.931 3	6.015 6	6.100 8	6.187 0
5	6.877 1	7.014 4	7.154 2	7.296 6	7.441 6	7.589 2	7.739 6	7.892 6	8.048 4	8.207 0	8.368 4	8.532 7	8.699 9	8.870 0	9.043 1
6	8.977 5	9.206 8	9.442 0	9.683 0	9.929 9	10.183 0	10.442 3	10.707 9	10.980 1	11.258 8	11.544 2	11.836 6	12.135 9	12.442 3	12.756 0
7	11.413 9	11.772 0	12.141 5	12.522 7	12.915 9	13.321 4	13.739 6	14.170 8	14.615 3	15.073 5	15.545 8	16.032 4	16.533 9	17.050 6	17.582 8
8	14.240 1	14.773 3	15.327 0	15.902 0	16.499 1	17.118 9	17.762 3	18.430 0	19.122 9	19.841 9	20.587 6	21.361 2	22.163 4	22.995 3	23.857 7
9	17.518 5	18.284 7	19.085 9	19.923 4	20.798 9	21.713 9	22.670 0	23.669 0	24.712 5	25.802 3	26.940 4	28.128 7	29.369 2	30.663 9	32.015 0
10	21.321 5	22.393 1	23.521 3	24.708 9	25.958 7	27.273 8	28.657 4	30.112 8	31.643 4	33.252 9	34.944 9	36.723 5	38.592 6	40.556 4	42.619 5
11	25.732 9	27.199 9	28.755 1	30.403 5	32.150 4	34.001 3	35.962 0	38.038 8	40.237 9	42.566 1	45.030 6	47.638 8	50.398 5	53.317 8	56.405 3
12	30.850 2	32.823 9	34.931 1	37.180 2	39.580 5	42.141 6	44.873 7	47.787 7	50.895 0	54.207 7	57.738 6	61.501 3	65.510 0	69.780 0	74.327 0
13	36.786 2	39.404 0	42.218 7	45.244 5	48.496 6	51.991 3	55.745 9	59.778 8	64.109 7	68.759 6	73.750 6	79.106 6	84.852 9	91.016 1	97.625 0
14	43.672 0	47.102 7	50.818 0	54.840 9	59.195 9	63.909 5	69.010 0	74.528 0	80.496 1	86.949 5	93.925 8	101.465 4	109.611 7	118.410 8	127.912 5
15	51.659 5	56.110 1	60.965 3	66.260 7	72.035 1	78.330 5	85.192 2	92.669 4	100.815 1	109.686 8	119.346 5	129.861 1	141.302 9	153.750 0	167.286 3
16	60.925 0	66.648 8	72.939 0	79.850 2	87.442 1	95.779 9	104.934 5	114.983 4	126.010 8	138.108 5	151.376 6	165.923 6	181.867 7	199.337 4	218.472 2
17	71.673 0	78.979 2	87.068 0	96.021 8	105.930 6	116.893 7	129.020 1	142.429 5	157.253 4	173.635 7	191.734 5	211.723 0	233.790 7	258.145 3	285.013 9
18	84.140 7	93.405 6	103.740 3	115.265 9	128.116 7	142.441 3	158.404 5	176.188 3	195.994 2	218.044 6	242.585 5	269.888 2	300.252 1	334.007 4	371.518 0
19	98.603 2	110.284 6	123.413 5	138.166 4	154.740 0	173.354 0	194.253 5	217.711 6	244.032 8	273.555 8	306.657 7	343.758 0	385.322 7	431.869 6	483.973 4
20	115.379 4	130.032 9	146.628 0	165.418 0	186.688 0	210.758 4	237.989 3	268.785 3	303.600 6	342.944 7	387.388 7	437.572 6	494.213 1	558.111 8	630.165 5
21	134.840 5	153.138 5	174.021 0	197.847 4	225.025 6	256.017 6	291.346 9	331.605 9	377.464 8	429.680 9	489.109 8	556.717 3	633.592 7	720.964 2	820.215 1
22	157.415 0	180.172 1	206.344 8	236.438 5	271.030 7	310.781 3	356.443 2	408.875 3	469.056 3	538.101 1	617.278 3	708.030 9	811.998 7	931.043 8	1 067.279 6
23	183.601 4	211.801 3	244.486 8	282.361 8	326.236 9	377.045 4	435.860 7	503.916 6	582.629 8	673.626 4	778.770 7	900.199 3	1 040.358 3	1 202.046 5	1 388.463 5
24	213.977 6	248.807 6	289.494 5	337.010 5	392.484 2	457.224 9	532.750 1	620.817 4	723.461 0	843.032 9	982.251 1	1 144.253 1	1 332.658 6	1 551.640 0	1 806.002 6
25	249.214 0	292.104 9	342.603 5	402.042 5	471.981 1	554.242 2	650.955 1	764.605 4	898.091 6	1 054.791 2	1 238.636 3	1 454.201 4	1 706.803 1	2 002.615 6	2 348.803 3
26	290.088 3	342.762 7	405.272 1	479.430 6	567.377 3	671.633 0	795.165 3	941.464 7	1 114.633 6	1 319.489 0	1 561.681 8	1 847.835 8	2 185.707 9	2 584.374 1	3 054.444 3
27	337.502 4	402.032 3	479.221 1	571.522 4	681.852 8	813.675 9	971.101 6	1 159.001 6	1 383.145 7	1 650.361 2	1 968.719 1	2 347.751 5	2 798.706 1	3 334.842 6	3 971.777 6
28	392.502 8	471.377 8	566.480 9	681.111 6	819.223 3	985.547 9	1 185.744 0	1 426.571 9	1 716.100 7	2 063.951 5	2 481.586 0	2 982.644 4	3 583.343 8	4 302.947 0	5 164.310 9
29	456.303 2	552.512 1	669.447 5	811.522 8	984.068 0	1 193.512 9	1 447.607 7	1 755.683 5	2 128.964 8	2 580.939 4	3 127.798 4	3 788.958 3	4 587.680 1	5 551.801 6	6 714.604 2
30	530.311 7	647.439 1	790.948 0	966.712 2	1 181.881 6	1 445.150 7	1 767.081 3	2 160.490 7	2 640.916 4	3 227.174 3	3 942.026 0	4 812.977 1	5 873.230 6	7 162.824 1	8 729.985 5

附表 D　年金现值系数表

期数	1%	2%	3%	4%	5%	6%	7%	8%	9%	10%	11%	12%	13%	14%	15%
1	0.990 1	0.980 4	0.970 9	0.961 5	0.952 4	0.943 4	0.934 6	0.925 9	0.917 4	0.909 1	0.900 9	0.892 9	0.885 0	0.877 2	0.869 6
2	1.970 4	1.941 6	1.913 5	1.886 1	1.859 4	1.833 4	1.808 0	1.783 3	1.759 1	1.735 5	1.712 5	1.690 1	1.668 1	1.646 7	1.625 7
3	2.941 0	2.883 9	2.828 6	2.775 1	2.723 2	2.673 0	2.624 3	2.577 1	2.531 3	2.486 9	2.443 7	2.401 8	2.361 2	2.321 6	2.283 2
4	3.902 0	3.807 7	3.717 1	3.629 9	3.546 0	3.465 1	3.387 2	3.312 1	3.239 7	3.169 9	3.102 4	3.037 3	2.974 5	2.913 7	2.855 0
5	4.853 4	4.713 5	4.579 7	4.451 8	4.329 5	4.212 4	4.100 2	3.992 7	3.889 7	3.790 8	3.695 9	3.604 8	3.517 2	3.433 1	3.352 2
6	5.795 5	5.601 4	5.417 2	5.242 1	5.075 7	4.917 3	4.766 5	4.622 9	4.485 9	4.355 3	4.230 5	4.111 4	3.997 5	3.888 7	3.784 5
7	6.728 2	6.472 0	6.230 3	6.002 1	5.786 4	5.582 4	5.389 3	5.206 4	5.033 0	4.868 4	4.712 2	4.563 8	4.422 6	4.288 3	4.160 4
8	7.651 7	7.325 5	7.019 7	6.732 7	6.463 2	6.209 8	5.971 3	5.746 6	5.534 8	5.334 9	5.146 1	4.967 6	4.798 8	4.638 9	4.487 3
9	8.566 0	8.162 2	7.786 1	7.435 3	7.107 8	6.801 7	6.515 2	6.246 9	5.995 2	5.759 0	5.537 0	5.328 2	5.131 7	4.946 4	4.771 6
10	9.471 3	8.982 6	8.530 2	8.110 9	7.721 7	7.360 1	7.023 6	6.710 1	6.417 7	6.144 6	5.889 2	5.650 2	5.426 2	5.216 1	5.018 8
11	10.367 6	9.786 8	9.252 6	8.760 5	8.306 4	7.886 9	7.498 7	7.139 0	6.805 2	6.495 1	6.206 5	5.937 7	5.686 9	5.452 7	5.233 7
12	11.255 1	10.575 3	9.954 0	9.385 1	8.863 3	8.383 8	7.942 7	7.536 1	7.160 7	6.813 7	6.492 4	6.194 4	5.917 6	5.660 3	5.420 6
13	12.133 7	11.348 4	10.635 0	9.985 6	9.393 6	8.852 7	8.357 7	7.903 8	7.486 9	7.103 4	6.749 9	6.423 5	6.121 8	5.842 4	5.583 1
14	13.003 7	12.106 2	11.296 1	10.563 1	9.898 6	9.295 0	8.745 5	8.244 2	7.786 2	7.366 7	6.981 9	6.628 2	6.302 5	6.002 1	5.724 5
15	13.865 1	12.849 3	11.937 9	11.118 4	10.379 7	9.712 2	9.107 9	8.559 5	8.060 7	7.606 1	7.190 9	6.810 9	6.462 4	6.142 2	5.847 4
16	14.717 9	13.577 7	12.561 1	11.652 3	10.837 8	10.105 9	9.446 6	8.851 4	8.312 6	7.823 7	7.379 2	6.974 0	6.603 9	6.265 1	5.954 2
17	15.562 3	14.291 9	13.166 1	12.165 7	11.274 1	10.477 3	9.763 2	9.121 6	8.543 6	8.021 6	7.548 8	7.119 6	6.729 1	6.372 9	6.047 2
18	16.398 3	14.992 0	13.753 5	12.659 3	11.689 6	10.827 6	10.059 1	9.371 9	8.755 6	8.201 4	7.701 6	7.249 7	6.839 9	6.467 4	6.128 0
19	17.226 0	15.678 5	14.323 8	13.133 9	12.085 3	11.158 1	10.335 6	9.603 6	8.950 1	8.364 9	7.839 3	7.365 8	6.938 0	6.550 4	6.198 2
20	18.045 6	16.351 4	14.877 5	13.590 3	12.462 2	11.469 9	10.594 0	9.818 1	9.128 5	8.513 6	7.963 3	7.169 4	7.024 8	6.623 1	6.259 3
21	18.857 0	17.011 2	15.415 0	14.029 2	12.821 2	11.764 1	10.835 5	10.016 8	9.292 2	8.648 7	8.075 1	7.562 0	7.101 6	6.687 0	6.312 5
22	19.660 4	17.658 0	15.936 9	14.451 1	13.163 0	12.041 6	11.061 2	10.200 7	9.442 4	8.771 5	8.175 7	7.644 6	7.169 5	6.742 9	6.358 7
23	20.455 8	18.292 2	16.443 6	14.856 8	13.488 6	12.303 4	11.272 2	10.371 1	9.580 2	8.883 2	8.266 4	7.718 4	7.229 7	6.792 1	6.398 8
24	21.243 4	18.913 9	16.935 5	15.247 0	13.798 6	12.550 4	11.469 3	10.528 8	9.706 6	8.984 7	8.348 1	7.784 3	7.282 9	6.835 1	6.433 8
25	22.023 2	19.523 5	17.413 1	15.622 1	14.093 9	12.783 4	11.653 6	10.674 8	9.822 6	9.077 0	8.421 7	7.843 1	7.330 0	6.872 9	6.464 1
26	22.795 2	20.121 0	17.876 8	15.982 8	14.375 2	13.003 2	11.825 8	10.810 0	9.929 0	9.160 9	8.488 1	7.895 7	7.371 7	6.906 1	6.490 6
27	23.559 6	20.706 9	18.327 0	16.329 6	14.643 0	13.210 5	11.986 7	10.935 2	10.026 6	9.237 2	8.547 8	7.942 6	7.408 6	6.935 2	6.513 5
28	24.316 4	21.281 3	18.764 1	16.663 1	14.898 1	13.406 2	12.137 1	11.051 1	10.116 1	9.306 6	8.601 6	7.984 4	7.441 2	6.960 7	6.533 5
29	25.065 8	21.844 4	19.188 5	16.983 7	15.141 1	13.590 7	12.277 7	11.158 4	10.198 3	9.369 6	8.650 1	8.021 8	7.470 1	6.983 0	6.550 9
30	25.807 7	22.396 5	19.600 4	17.292 0	15.372 5	13.764 8	12.409 0	11.257 8	10.273 7	9.426 9	8.693 8	8.055 2	7.495 7	7.002 7	6.566 0

（续）

期数	16%	17%	18%	19%	20%	21%	22%	23%	24%	25%	26%	27%	28%	29%	30%
1	0.862 1	0.854 7	0.847 5	0.840 3	0.833 3	0.826 4	0.819 7	0.813 0	0.806 5	0.800 0	0.793 7	0.787 4	0.781 3	0.775 2	0.769 2
2	1.605 2	1.585 2	1.565 6	1.546 5	1.527 8	1.509 5	1.491 5	1.474 0	1.456 8	1.440 0	1.423 5	1.407 4	1.391 6	1.376 1	1.360 9
3	2.245 9	2.209 6	2.174 3	2.139 9	2.106 5	2.073 9	2.042 2	2.011 4	1.981 3	1.952 0	1.923 4	1.895 6	1.868 4	1.842 0	1.816 1
4	2.798 2	2.743 2	2.690 1	2.638 6	2.588 7	2.540 4	2.493 6	2.448 3	2.404 3	2.361 6	2.320 2	2.280 0	2.241 0	2.203 1	2.166 2
5	3.274 3	3.199 3	3.127 2	3.057 6	2.990 6	2.926 0	2.863 6	2.803 5	2.745 4	2.689 3	2.635 1	2.582 7	2.532 0	2.483 0	2.435 6
6	3.684 7	3.589 2	3.497 6	3.409 8	3.325 5	3.244 6	3.166 9	3.092 3	3.020 5	2.951 4	2.885 0	2.821 0	2.759 4	2.700 0	2.642 7
7	4.038 6	3.922 4	3.811 5	3.705 7	3.604 6	3.507 9	3.415 5	3.327 0	3.242 3	3.161 1	3.083 3	3.008 7	2.937 0	2.868 2	2.802 1
8	4.343 6	4.207 2	4.077 6	3.954 4	3.837 2	3.725 6	3.619 3	3.517 9	3.421 2	3.328 9	3.240 7	3.156 4	3.075 8	2.998 6	2.924 7
9	4.606 5	4.450 6	4.303 0	4.163 3	4.031 0	3.905 4	3.786 3	3.673 1	3.565 5	3.463 1	3.365 7	3.272 8	3.184 2	3.099 7	3.019 0
10	4.833 2	4.658 6	4.494 1	4.338 9	4.192 5	4.054 1	3.923 2	3.799 3	3.681 9	3.570 5	3.464 8	3.364 4	3.268 9	3.178 1	3.091 5
11	5.028 6	4.836 4	4.656 0	4.486 5	4.327 1	4.176 9	4.035 4	3.901 8	3.775 7	3.656 4	3.543 5	3.436 5	3.335 1	3.238 8	3.147 3
12	5.197 1	4.988 4	4.793 2	4.610 5	4.439 2	4.278 4	4.127 4	3.985 2	3.851 4	3.725 1	3.605 9	3.493 3	3.386 8	3.285 9	3.190 3
13	5.342 3	5.118 3	4.909 5	4.714 7	4.532 7	4.362 4	4.202 8	4.053 0	3.912 4	3.780 1	3.655 5	3.538 1	3.427 2	3.322 4	3.223 3
14	5.467 5	5.229 3	5.008 1	4.802 3	4.610 6	4.431 7	4.264 6	4.108 2	3.961 6	3.824 1	3.694 9	3.573 3	3.458 7	3.350 7	3.248 7
15	5.575 5	5.324 2	5.091 6	4.875 9	4.675 5	4.489 0	4.315 2	4.153 0	4.001 3	3.859 3	3.726 1	3.601 0	3.483 4	3.372 6	3.268 2
16	5.668 5	5.405 3	5.162 4	4.937 7	4.729 6	4.536 4	4.356 7	4.189 4	4.033 3	3.887 4	3.750 9	3.622 8	3.502 6	3.389 6	3.283 2
17	5.748 7	5.474 6	5.222 3	4.989 7	4.774 6	4.575 5	4.390 8	4.219 0	4.059 1	3.909 9	3.770 5	3.640 0	3.517 7	3.402 8	3.294 8
18	5.817 8	5.533 9	5.273 2	5.033 3	4.812 2	4.607 9	4.418 7	4.243 1	4.079 9	3.927 9	3.786 1	3.653 6	3.529 4	3.413 0	3.303 7
19	5.877 5	5.584 5	5.316 2	5.070 0	4.843 5	4.634 6	4.441 5	4.262 7	4.096 7	3.942 4	3.798 5	3.664 2	3.538 6	3.421 0	3.310 5
20	5.928 8	5.627 8	5.352 7	5.100 9	4.869 6	4.656 7	4.460 3	4.278 6	4.110 3	3.953 9	3.808 3	3.672 6	3.545 8	3.427 1	3.315 8
21	5.973 1	5.664 8	5.383 7	5.126 8	4.891 3	4.675 0	4.475 6	4.291 6	4.121 2	3.963 1	3.816 1	3.679 2	3.551 4	3.431 9	3.319 8
22	6.011 3	5.696 4	5.409 9	5.148 6	4.909 4	4.690 0	4.488 2	4.302 1	4.130 0	3.970 5	3.822 3	3.684 4	3.555 8	3.435 6	3.323 0
23	6.044 2	5.723 4	5.432 1	5.166 8	4.924 5	4.702 5	4.498 5	4.310 6	4.137 1	3.976 4	3.827 3	3.688 5	3.559 2	3.438 4	3.325 4
24	6.072 6	5.746 5	5.450 9	5.182 2	4.937 1	4.712 8	4.507 0	4.317 6	4.142 8	3.981 1	3.831 2	3.691 8	3.561 9	3.440 6	3.327 2
25	6.097 1	5.766 2	5.466 9	5.195 1	4.947 6	4.721 3	4.513 9	4.323 2	4.147 4	3.984 9	3.834 2	3.694 3	3.564 0	3.442 3	3.328 6
26	6.118 2	5.783 1	5.480 4	5.206 0	4.956 3	4.728 4	4.519 6	4.327 8	4.151 1	3.987 9	3.836 7	3.696 3	3.565 6	3.443 7	3.329 7
27	6.136 4	5.797 5	5.491 9	5.215 1	4.963 6	4.734 2	4.524 3	4.331 6	4.154 2	3.990 3	3.838 7	3.697 9	3.566 9	3.444 7	3.330 5
28	6.152 0	5.809 9	5.501 6	5.222 8	4.969 7	4.739 0	4.528 1	4.334 6	4.156 6	3.992 3	3.840 2	3.699 1	3.567 9	3.445 5	3.331 2
29	6.165 6	5.820 4	5.509 8	5.229 2	4.974 7	4.743 0	4.531 2	4.337 1	4.158 5	3.993 8	3.841 4	3.700 1	3.568 7	3.446 1	3.331 7
30	6.177 2	5.829 4	5.516 8	5.234 7	4.978 9	4.746 3	4.533 8	4.339 1	4.160 1	3.995 0	3.842 4	3.700 9	3.569 3	3.446 6	3.332 1

参 考 文 献

[1] 荆新，王化成，刘俊彦．财务管理学[M]．4 版．北京：中国人民大学出版社，2006．
[2] 陈玉菁，宋良荣．财务管理[M]．北京：清华大学出版社，2005．
[3] 何瑞丰，徐斌．财务管理学[M]．上海：华东师范大学出版社，2009．
[4] 张涛．财务管理学[M]．北京：经济科学出版社，2008．
[5] 王斌．财务管理[M]．北京：高等教育出版社，2007．
[6] 中国注册会计师协会．财务成本管理[M]．北京：中国财政经济出版社，2009．
[7] 斯坦利 B 布洛克，杰弗里 A 赫特．财务管理基础[M]．王静，译．北京：中国人民大学出版社，2005．
[8] 财政部会计资格评价中心．财务管理[M]．北京：中国财政经济出版社，2010．
[9] 张梅．财务管理[M]．北京：北京理工大学出版社，2010．
[10] 姚晓民．财务管理学[M]．上海：上海财经大学出版社，2007．